OBSERVAR EL CIELO
CIELO

Título original
Atlante del cielo

Dirección editorial
Isabel Ortiz

Coordinación
Myriam Sayalero

Textos
Adriana Rigutti

Traducción
Rosa Solá Maset

Asesor científico
Prof. Fabrizio Mazzucconi,
Observatorio Astrofísico de Arcetri, Florencia

Diseño gráfico
Enrico Albisetti

Tablas y gráficos
Enrico Albisetti
Bernardo Mannnucci

Mapas estelares
Bernardo Mannucci

Maquetación
adosaguas

Imposición electrónica
Miguel A. San Andrés

Agradecimientos
Agradecemos la valiosa colaboración del Comitato per la Divulgazione dell'Astronomia de Florencia, que nos cedió los mapas estelares, disponibles en la web www.cd.astro.org.
Igualmente damos las gracias a don Antonio Rodríguez Zabalgo por sus oportunas observaciones.

Tikal Ediciones
Campezo, 13 - 28022 Madrid
Tel.: 913 009 100 - Fax: 913 009 118

OBSERVAR EL CIELO

CIELO

UN VIAJE ENTRE ESTRELLAS
Y PLANETAS PARA CONOCER
EL UNIVERSO

TIKAL

Pies de fotos de las imágenes de las páginas

8-9: astrolabio atribuido a Egnazio Danti, cosmógrafo de Cosme I de Médicis. Instrumento característico de la última generación de instrumentos astronómicos que precedieron la observación con telescopio. Este astrolabio tiene un diámetro de 84 cm, es de bronce y posee un "solo tímpano para la latitud de 45° 24' correspondiente a la ciudad de Padua". Galileo también lo usó.
En el centro: el Telescopio espacial Hubble, uno de los instrumentos más modernos que ha revolucionado el modo de mirar al universo.
26-17: imagen por satélite del huracán Fran acercándose a las costas de Florida. La imagen ha sido elaborada por ordenador.
En el centro: el Saturn 5, la lanzadera de la misión Apolo 11 hacia la meta lunar, mientras despega en la rampa de lanzamiento.
28: el cuerno de África visto desde un satélite en órbita.
42: huella de Neil Armstrong, el primer hombre que llegó a la Luna.
62-63: esta imagen, tomada en el intervalo visible por la segunda cámara planetaria gran angular (WFPC2) del Telescopio espacial Hubble muestra un detalle de la nebulosa Dorado 30. Mediante el análisis por infrarrojos se ha visto que en esta zona del espacio se están formando muchas estrellas nuevas.
En el centro: una esfera celeste austriaca de finales del s. XVIII con dibujos de las constelaciones.
64: mapa de las constelaciones en un grabado checoslovaco del s. XVII.
76: principales estrellas de la constelación de Orión.
120: movimiento de la bóveda celeste tras el Gemini, uno de los telescopios más innovadores del Observatorio de Mauna Kea.
136-137: panorámica del Sol durante el desarrollo de una inmensa protuberancia tomada por el SOHO. Las zonas más cálidas son casi blancas; las más frías tiene colores rojizos más oscuros.
En el centro: el Solar and Heliospheric Observatory (SOHO) que envió los primeros datos inesperados sobre la estructura y los fenómenos solares.
138: una bellísima imagen de una protuberancia de anillo tomada por el SOHO.
154: fotomontaje de los planetas del sistema solar sin la Tierra. Los más lejanos son los planetas terrestres; los más cercanos, los exteriores.
186-187: imagen de la nebulosa galáctica NGC603 tomada por el Hubble, muestra la supergigante azul llamada Sher 25, un cúmulo dominado por las estrellas Wolf-Rayet, "jóvenes" y calientes, y por estrellas de tipo O, que producen radiaciones ionizantes y vientos estelares que interactúan con los materiales nebulares circundantes, creando entre otras cosas los gigantescos chorros gaseosos. Abajo a la derecha, las marcas más oscuras son los glóbulos de Bok, probablemente la fase inicial de la formación de nuevas estrellas.
En el centro: colisión entre las galaxias NGC6872 e IC4970 captada por el Hubble.
188: la nebulosa Huevo (CRL2688), a unos 3.000 a.l., vista por el Hubble en el infrarrojo y reproducida con colores simulados. Dos haces de radiación emergen de la estrella en vía de conclusión de su evolución, escondida por unas nubes de polvo y gas que se expanden a una velocidad de 20 km/s.
208: la galaxia espiral NGC1232, en la constelación de Eridano, se halla a 20° bajo el ecuador celeste, a unos 100 millones de años luz de la Tierra. Fue tomada por el Very Large Telescope del European Southern Observatory (ESO).

REFERENCIAS FOTOGRÁFICAS

pp. 23, 121, 195: Nigel Sharp, NOAO/NSO/Kitt Peak FTS/AURA/NSF; p. 123: NOAO/AURA/NSF; p. 125: NOAO/AURA/NSF; p. 141: NOAO/AURA/NSFM; p. 145: T.Rimmele, M.Hanna/NOAO/AURA/NSF; p. 196: NOAO/AURA/NSF; p. 210: C. Howk (JHU), B. Savage (U. Wisconsin), N.A.Sharp (NOAO)/WIYN/NOAO/NSF; pp. 10, 13, 25, 29, 32b, 33, 34b, 34, 36, 37, 39, 40, 51-51, 52, 69, 70, 72, 73, 74, 75, 77, 111, 112, 113, 114, 115, 116, 117, 118, 118-119, 119, 120, 124, 149, 189, 198: Corbis/Grazia Neri y Science Photo Library/Grazia Neri; pp. 8-9, 10a, 11, 12, 14, 15, 16, 17, 18, 19, 20, 21, 22, 23a, 24, 42, 53, 54, 63, 64, 70, 71, 72, 73, 75, 80, 81, 82b, 83, 84, 118c, 148bda, 155bd, 166bas, 182, 183a, 183bs, 189bsb; 192b, 198d, 208d; 208b: Archivio Iconografico Giunti; pp. 27, 28, 34c, 42, 43, 44, 45, 46, 47, 48, 49, 50l, 53b, 55, 56, 57, 58, 59, 60, 61, 70la, 76, 126, 127, 128, 129, 130, 131, 132a, 133, 134as, 134b, 146l, 154, 155a, 155c, 155bs, 158, 159, 160, 161, 162, 163, 164, 165, 166, 167, 168, 170bs, 171l, 173, 175 b, 177 b, 178, 179as, 179b, 180, 181, 202c: NASA/NSSDC; pp. 26-27: Nasa/Goddard Space Flight Center; p. 38: Nasa/Goddard Space Flight Center; p. 28: NOAA; pp. 71la, 132l, 135b: ESA; p. 134: ESA/NASA/JPL/Caltech; pp. 121, 136-137, 133, 135a, 136, 137, 138, 139, 141, 142, 143, 144, 145, 146, 147, 148, 149, 152, 153: Solar & Heliospheric Observatory (SOHO). SOHO is a project of international cooperation between ESA and NASA; pp. 120, 122, 123a, 123c: ESO; pp. 187, 221cd: ESO (VLT ANTU/UT1+FORS1), p. 200a: ESO (VLT ANTU/UT1+ISAAC); p. 204: ESO (VLT KUEYEN/UT2+FORS2); p. 207b: ESO (VLT KUEYEN+FORS2+FIERA); p. 208as: ESO (VLT ANTU/UT1+FORS1), p. 211a: ESO (VLT ANTU+FORS1), p. 224ad: ESO (VLT KUEYEN/UT2+FORS2); 131b: Edward A. Guinness, Washington University in St. Louis; 165b: Mary A. Dale-Bannister, Washington University in St. Louis; pp. 62-63: NASA, John Trauger (Jet Propulsion Laboratory) and James Westphal (California Institute of Technology); p. 64: Don Figer (Space Telescope Science Institute) and NASA; p. 70lb: Steve Lee (Univ. Colorado), Todd Clancy (Space Science Inst., Boulder, CO), Phil James (Univ. Toledo), and NASA; p. 71la: Erich Karkoschka (University of Arizona), and NASA; p. 82: NASA/K.L.Luhman (harvard-Smithsonian Center for Astrophysics, Cambridge, Mass.)/G.Schneider, E. Young, G. Rieke, A. Cotera, H. Chen, M. Rieke, R. Thompson (Steward Observatory, University of Arizona, Tucson, Ariz.); pp. 9, 126, 127, 128, 129, 130, 131, 133, 134b, 154, 155, 158-159, 160-161, 162-163, 164, 165, 166, 167, 168, 171 c, 173, 175 b, 177 b, 178, 179as, 179b, 180as, 180ad, 180b, 217ad: NASA; pp. 162-163, 160c: NASA/USGS; p. 166a: GSFC/NASA; p. 164b: Steve Lee (University of Colorado), Jim Bell (Cornell University), Mike Wolff (Space Science Institute) and NASA, p. 164l: Jim Bell (Cornell University), Justin Maki (JPL); and Mike Wolff (Space Sciences Institute) and NASA; p. 164s: Jim Bell (Cornell University), Justin Maki (JPL), and Mike Wolff (Space Sciences Institute) and NASA; p. 166as: Phil James (Univ. Toledo), Todd Clancy (Space Science Inst., Boulder, CO), Steve Lee (Univ. Colorado), and NASA: p. 169: Ben Zellner (Georgia Southern University), Peter Thomas (Cornell University) and NASA; 170 bd: Reta Beebe (New Mexico State University) and NASA; 171 b: NASA/ESA, John Clarke (University of Michigan); 174a: J. Trauger (JPL) and NASA; p. 174bs: Erich Karkoschka (University of Arizona), and NASA; p. 174bd: Erich Karkoschka (University of Arizona Lunar & Planetary Lab) and NASA; p. 175c: NASA and The Hubble Heritage Team (STScI/AURA). Acknowledgment: R.G. French (Wellesley College), J. Cuzzi (NASA/Ames), L. Dones (SwRI), and J. Lissauer (NASA/Ames); p. 177as: Heidi Hammel (Massachusetts Institute of Technology) and NASA; p. 177ad: Erich Karkoschka (University of Arizona) and NASA; p. 179ad: Lawrence Sromovsky (University of Wisconsin-Madison), NASA; p. 181: Dr. R. Albrecht, ESA/ESO Space Telescope European Coordinating Facility; NASA; p. 183bd: NASA/Harold Weaver (The John Hopkins University)/the HSY Comet LINEAR Investigation Team/the Unversity of Hawaii; p. 184: anRodger Thompson, Marcia Rieke and Glenn Schneider (University of Arizona) and NASA; pp. 186-187: Wolfgang Brandner (JPL/IPAC), Eva K. Grebel (Univ. Washington), You-Hua Chu (Univ. Illinois Urbana-Champaign), and NASA; p. 188a: R. Sahai and J. Trauger (JPL), the WFPC2 Science Team and NASA; p. 188b: Yves Grosdidier (Universitie de Montreal and Observatoire de Strasbourg), Anthony Moffat (Universitie de Montreal), Gilles Joncas (Universite Laval), Agnes Acker (Observatoire de Strasbourg), and NASA; p. 189a: C. Burrows and J. Krist (ST ScI) and NASA; p. 189bda: CfA and NASA; p. 190: C.A. Grady (National Optical Astronomy Observatories, NASA Goddard Space Flight Center), B. Woodgate (NASA Goddard Space Flight Center), F. Bruhweiler and A. Boggess (Catholic University of America), P. Plait and D. Lindler (ACC, Inc., Goddard Space Flight Center), M. Clampin (Space Telescope Science Institute), and NASA; p. 191a: Don F. Figer (UCLA) and NASA; p. 191bs: C.A. Grady (National Optical Astronomy Observatories, NASA Goddard Space Flight Center), B. Woodgate (NASA Goddard Space Flight Center), F. Bruhweiler and A. Boggess (Catholic University of America), P. Plait and D. Lindler (ACC, Inc., Goddard Space Flight Center), M. Clampin (Space Telescope Science Institute), and NASA; p. 191bd: The Hubble Research Team, led by Paul Kalas (Space Telescope Science Institute, Baltimore, Md.), consists of John Larwood (Queen Mary and Westfield College, London, United Kingdom), Bradford Smith (University of Hawaii, Institute for Astronomy, Honolulu, Hawaii), and Alfred Schultz (Space Telescope Science Institute); p. 192c: Don Figer(STScI) and NASA; p. 198s: NASA/C:R: O'Dell and S.K. Wong (Rice University); 198d: NASA/K.L.Luhman (harvard-Smithsonian Center for Astrophysics, Cambridge, Mass.)/G.Schneider, E. Young, G. Rieke, A. Cotera, H. Chen, M. Rieke, R. Thompson (Steward Observatory, University of Arizona, Tucson, Ariz.); p. 199: A. Caulet (ST-ECF, ESA) and NASA; 200 b: STScI and NASA; p. 201: Chris Burrows (STScI), the WFPC2 Science Team and NASA; 202 as: NASA, The Hubble Heritage Team (STScI/AURA); p. 202ac: Hubble Heritage Team (AURA/STScI/NASA); p. 202ad: Matt Bobrowsky (Orbital Sciences Corporation), K. Sahu (ST ScI) and NASA; p. 202c: Harvey Richer (University of British Columbia, Vancouver, Canada) and NASA; p. 203ad: Bruce Balick (University of Washington), Vincent Icke (Leiden University, The Netherlands), Garrelt Mellema (Stockholm University), and NASA; p. 203bs: NASA/the Hubble Heritage Team (AURA/STScI); p. 203bd: T. Nakajima and S. Kulkarni (Caltech), S. Durrance and D.Golimowski (JHU), NASA; p. 204as: NASA, Peter Challis and Robert Kirshner (Harvard-Smithsonian Center for Astrophysics), Peter Garnavich (University of Notre Dame), and the SINS Collaboration; p. 204ac: Roeland P. van der Marel (STScI), Frank C. van den Bosch (University of Washington), and NASA; p. 205a: Gary Bower, Richard Green (NOAO), the STIS Instrument Definition Team, and NASA; p. 205ba: Dave Finley (National Radio Astronomy Observator), Bill Junor (University of New Mexico), Space Telescope Science Institute and NASA; p. 205bd, NASA and John Biretta (STScI/JHU); p. 205bc, National Radio Astronomy Observatory/Associated Universities, Inc.; p. 206c: Mike Shara, Bob Williams, and David Zurek (STScI); Roberto Gilmozzi (European Southern Observatory); Dina Prialnik (Tel Aviv University); and NASA; p. 207as: C. Barbieri (Univ. of Padua), and NASA/ESA; p. 207ad: D. Golimowski (Johns Hopkins University), and NASA; p. 207c: NASA and The Hubble Heritage Team (STScI/AURA); p. 209: The Hubble Space Telescope Key Project Team, and NASA; p. 211b: Jeff Hester (Arizona State University)/NASA; p. 212bd: NASA and The Hubble Heritage Team (STScI/AURA); p. 213a: NASA and Jeff Hester (Arizona State University); p. 213b: STScI and NASA; p. 215: NASA, Brian D. Moore, Jeff Hester, Paul Scowen (Arizona State University), Reginald Dufour (Rice University); p. 216: NASA, The Hubble Heritage Team (AURA/STScI); p. 217as: NASA, John Trauger (Jet Propulsion Laboratory) and James Westphal (California Institute of Technology); p. 217b: NASA, Donald Walter (South Carolina State University), Paul Scowen and Brian Moore (Arizona State University); p. 218a: STScI and NASA; p. 218c: Michael Rich, Kenneth Mighell, and James D. Neill (Columbia University), and Wendy Freedman (Carnegie Observatories) and NASA; p. 218b: NASA, ESA, and Martino Romaniello (European Southern Observatory, Germany). Acknowledgments: The image processing for this image was done by Martino Romaniello, Richard Hook, Bob Fosbury and the Hubble European Space Agency Information Center; p. 219s: Hubble Heritage Team (AURA/STScI/NASA); p. 219d: R. Saffer (Villanova University), D. Zurek (STScI) and NASA; p. 220, Ground-based image: Allen Sandage (Carnegie Observatories), John Bedke (STScI). WFPC2 image: NASA and John Trauger (JPL). NICMOS image: NASA, ESA, and C. Marcella Carollo (Columbia University); 221 ad: Hubble Heritage Team (AURA/STScI/NASA); p. 221cs: NASA, Jayanne English (University of Manitoba), Sally Hunsberger (Pennsylvania State University), Zolt Levay (Space Telescope Science Institute), Sarah Gallagher (Pennsylvania State University), and Jane Charlton (Pennsylvania State University) Science Credit: Sarah Gallagher (Pennsylvania State University), Jane Charlton (Pennsylvania State University), Sally Hunsberger (Pennsylvania State University), Dennis Zaritsky (University of Arizona), and Bradley Whitmore (Space Telescope Science Institute); p. 221b: G. Fritz Benedict, Andrew Howell, Inger Jorgensen, David Chapell (University of Texas), Jeffery Kenney (Yale University), and Beverly J. Smith (CASA, University of Colorado), and NASA; p. 222a: Hubble Heritage Team (AURA/STScI/NASA); p. 222b: Brad Whitmore (ST ScI) and NASA; p. 223a: Allan Sandage (The Observatories of the Carnegie Institution of Washington) and John Bedke (Computer Sciences Corporation and the Space Telescope Science Institute)/NASA/ESA and Reynier Peletier (University of Nottingham, UK); p. 223b: NASA and The Hubble Heritage Team (STScI/AURA); p. 224as. NASA, William C. Keel (University of Alabama, Tuscaloosa); p. 224bs: NASA, Andrew S. Wilson (University of Maryland); Patrick L. Shopbell (Caltech); Chris Simpson (Subaru Telescope); Thaisa Storchi-Bergmann and F. K. B. Barbosa (UFRGS, Brazil); and Martin J. Ward (University of Leicester, U.K.); p. 224bd: John Hutchings (Dominion Astrophysical Observatory), Bruce Woodgate (GSFC/NASA), Mary Beth Kaiser (Johns Hopkins University), Steven Kraemer (Catholic University of America), and the STIS Team. and NASA; p. 225a: Christopher D. Impey (University of Arizona); p. 225b: Karl Gebhardt (University of Michigan), Tod Lauer (NOAO), and NASA; p. 226: R. Williams and the HDF Team (STScI) and NASA; p. 227: NASA, A. Fruchter and the ERO Team, STScI, ST-ECF.

SUMARIO

DIEZ MIL AÑOS DE ASTRONOMÍA 9
- ■ Un poco de historia 10
- ● *Primeros cálculos astronómicos* 12
- ■ Siguen los griegos 13
- ■ De Tolomeo a Copérnico 14
- ■ Copérnico: una revolución silenciosa 15
- ■ Kepler y Brahe: las pruebas matemáticas 16
- ■ Galileo, el paladín de la revolución 18
- ■ Newton y la gravitación universal 21
- ■ Kirchhoff y la química de las estrellas 22
- ■ El diagrama HR: el camino hacia el futuro 23

DE LA TIERRA A LA LUNA

EL PLANETA AZUL 28
- ■ El planeta del agua y sus cuatro esferas 29

LA LITOSFERA 30
- ■ Minerales, rocas y movimientos de la corteza 30
- ■ La dinámica del planeta 32
- ● *Tipos de rocas* 32
- ■ La tectónica de placas 33

LA HIDROSFERA 34

LA BIOSFERA 36

LA ATMÓSFERA 38
- ■ Estructura 39

LA TIERRA EN EL ESPACIO 40
- ■ Rotación y precesión 40
- ■ Traslación 41

LA LUNA Y EL SISTEMA TIERRA-LUNA 42
- ■ Observaciones 42
- ■ Distancia Tierra-Luna y otras medidas 43

GEOLOGÍA LUNAR 44
- ■ Las principales estructuras geológicas 44
- ● *El origen de la Luna* 44
- ● *Cráteres, circos, agujeros y fisuras* 46
- ■ Minerales, rocas y regolitas 48
- ■ El interior de la Luna 49

MOVIMIENTOS Y FENÓMENOS LUNARES 50
- ■ La rotación y sus consecuencias 50
- ■ La traslación y sus consecuencias 51
- ■ Fases lunares 51
- ■ Eclipses 52
- ■ Movimientos de libración 53
- ■ Distancia Tierra-Luna 54
- ■ Movimiento de la Luna en el cielo 55

EXPLORACIÓN Y CONQUISTA ESPACIAL 56
- ● *Conquista de la Luna* 58

LAS EXPEDICIONES APOLO 59

OBSERVAR EL CIELO

ORIENTARSE EN EL ESPACIO 64
- ■ Coordenadas geográficas 64
- ■ Coordenadas celestes 65

OBSERVAR LOS OBJETOS CELESTES 69
- ■ Qué hay que observar 69
- ■ Equipo 71
- ■ Los instrumentos: prismáticos y telescopios 71
- ● *Telescopios* 72

EL LUGAR DE LAS OBSERVACIONES 74
- ● *¿Hay vida ahí arriba?* 75
- ■ La unión hace la fuerza 75

FIGURAS DE ESTRELLAS 76
- ■ Figuras y leyendas 76
- ■ Constelaciones conocidas y menos conocidas 77

OBSERVAR EL CIELO 78
- ■ Constelaciones y mapas celestes 78
- ■ Nomenclatura 79

LAS CONSTELACIONES MÁS CONOCIDAS 80
- ■ Hemisferio Norte 80
- ■ Entre el hemisferio Norte y el hemisferio Sur 82
- ■ Hemisferio Sur 82

EL ZODIACO 84
- ■ Hemisferio Norte, *regiones polares, solsticio de invierno* 86
- ■ Hemisferio Norte, *regiones polares, equinoccio de primavera* 87
- ■ Hemisferio Norte, *regiones polares, solsticio de verano* 88
- ■ Hemisferio Norte, *regiones polares, equinoccio de otoño* 89
- ■ Hemisferio Norte, *latitudes medias, solsticio de invierno* 90
- ■ Hemisferio Norte, *latitudes medias, equinoccio de primavera* 91
- ■ Hemisferio Norte, *latitudes medias, solsticio de verano* 92
- ■ Hemisferio Norte, *latitudes medias, equinoccio de otoño* 93
- ■ Hemisferio Norte, *regiones tropicales, solsticio de invierno* 94
- ■ Hemisferio Norte, *regiones tropicales, equinoccio de primavera* 95
- ■ Hemisferio Norte, *regiones tropicales, solsticio de verano* 96
- ■ Hemisferio Norte, *regiones tropicales, equinoccio de otoño* 97
- ■ Hemisferio Sur, *regiones tropicales, solsticio de verano* 98
- ■ Hemisferio Sur, *regiones tropicales, equinoccio de otoño* 99
- ■ Hemisferio Sur, *regiones tropicales, solsticio de invierno* 100
- ■ Hemisferio Sur, *regiones tropicales, equinoccio de primavera* 101
- ■ Hemisferio Sur, *latitudes medias, solsticio de verano* 102
- ■ Hemisferio Sur, *latitudes medias, equinoccio de otoño* 103
- ■ Hemisferio Sur, *latitudes medias, solsticio de invierno* 104
- ■ Hemisferio Sur, *latitudes medias, equinoccio de primavera* 105
- ■ Hemisferio Sur, *regiones polares, solsticio de verano* 106
- ■ Hemisferio Sur, *regiones polares, equinoccio de otoño* 107
- ■ Hemisferio Sur, *regiones polares, solsticio de invierno* 108
- ■ Hemisferio Sur, *regiones polares, equinoccio de primavera* 109

OBSERVAR LA LUNA 110
- ■ Instrumentos para observar, estudiar y fotografiar 110
- ● *Primer octante* 111
- ● *Tercer octante* 113
- ● *Luna llena* 114
- ● *Quinto octante* 115
- ● *Cuarto menguante* 116
- ● *Séptimo o último octante* 117

OBSERVAR ECLIPSES 118
- Eclipses lunares 118
- Eclipses solares 118

INSTRUMENTOS Y EXPEDICIONES ESPACIALES 120
- Instrumentos básicos 120

LA EXPLORACIÓN DEL SISTEMA SOLAR 126
- Sondas lunares 126
- Laboratorios e instrumentos espaciales 127
- Planetas y satélites, asteroides y cometas 129
- Sondas solares 134

EL SOL Y SUS PLANETAS

NUESTRA ESTRELLA 138
- La radiación del Sol 139

ESTRUCTURA Y FENÓMENOS 140
- ● *La radiación del Sol* 140
- La actividad del Sol 150
- ● *Reacciones de fusión en el Sol* 151

DE MERCURIO A PLUTÓN 154

MOVIMIENTOS Y CONFIGURACIONES 156
- Dirección de los movimientos 157
- Órbitas y movimientos aparentes 157
- Alineamientos 157

MERCURIO 158

VENUS 160
- Un planeta como la Tierra, aunque muy distinto 161
- Atmósfera «pesada» y suelo volcánico 162

MARTE 164
- Geología 166
- ● *Los volcanes del sistema solar* 166
- El paisaje marciano 167
- Phobos y Deimos 167

EL CINTURÓN DE ASTEROIDES 168

JÚPITER 170
- A medio camino entre un planeta y una estrella 170
- Anillos y satélites 172

SATURNO 174

URANO 177

NEPTUNO 179

PLUTÓN Y CARONTE 181

COMETAS, METEORITOS
Y MEDIO INTERPLANETARIO 182
- Meteoritos y estrellas fugaces 183
- La luz zodiacal 183

HIPÓTESIS SOBRE EL ORIGEN DEL SISTEMA SOLAR 184

ESTRELLAS, GALAXIAS Y OTROS

UN UNIVERSO DE SOLES 188
- Qué es una estrella 189
- Distancias y dimensiones 189

LUMINOSIDAD Y DISTANCIA 190
- ● *La investigación de los sistemas planetarios* 190

ESPECTROS ESTELARES 192
- Espectros, átomos y elementos químicos 192
- ● *Estructura atómica y niveles de energía* 193
- Clases espectrales 196

EVOLUCIÓN DE UNA ESTRELLA 198

ESTRELLAS BINARIAS Y VARIABLES 206
- ● *Dinámica de pareja* 206

LA VÍA LÁCTEA Y OTRAS GALAXIAS 208
- Movimiento de la galaxia 209

LA ESTRUCTURA 210

CERCA DE LA GALAXIA 218
- ● *El efecto Doppler y la velocidad* 219

MÁS ALLÁ DE LA VÍA LÁCTEA 220
- Radiaciones galácticas 224
- Del *Big bang* al futuro 226

GLOSARIO 228

ÍNDICE ANALÍTICO 236

AVGVSTVS
CAPRICORNVS
AQVARIVS
AQVILA·VEPVLTVR·VOLANS·CAVDA·DELFINI
RICTVS·PEGASEI
SAGITTA
CAVDE·CAPRIC·PRECEDENS
LIRA
CAPVT·HERCVLIS
TIBIA·AQVARII
CRVX·PEGASEI
HVMERVS·PEGASEI
ANDROMEDA·INASPICE·TRIANGVLI
ARIES
CAVDA·CETI
CETI·NARES

Diez mil años de astronomía

UN POCO DE HISTORIA

La astronomía es el estudio de los cuerpos celestes, sus movimientos, los fenómenos ligados a ellos, y es, sin duda, la ciencia más antigua. Puede decirse que nació con el hombre y que está íntimamente ligada a su naturaleza de ser pensante, a su deseo de medir el tiempo, de poner orden en las cosas conocidas (o que cree conocer), a su necesidad de hallar una dirección, de orientarse en sus viajes, de organizar las labores agrícolas o de dominar la naturaleza y las estaciones y planificar el futuro.

Los hallazgos arqueológicos más antiguos muestran sorprendentes contenidos astronómicos. Stonehenge se construyó sobre conocimientos astronómicos muy precisos. También se desprende una función astronómica de la disposición de los crómlech y monolitos bretones, los trilitos ingleses, las piedras y túmulos irlandeses, la *medicine wheel* de los indios norteamericanos, o la Casa Rinconada de los indios anasazi. Es evidente la importancia astronómico-religiosa de los yacimientos mayas de Uaxactun, Copán y Caracol, de las construcciones incas de Cuzco o de Machu Picchu, así como la función exquisitamente científica de antiguos observatorios astronómicos indios, árabes o chinos.

Cuanto más avanzan los estudios arqueoastronómicos más numerosas son las pruebas de los conocimientos astronómicos de nuestros antepasados y más retrocede la fecha en que estos comenzaron. El último indicio relaciona el estudio del cielo con las pinturas rupestres de Lascaux. Tanto si este descubrimiento es válido como si no, es indudable que la contemplación del cielo nocturno ha suscitado admiración, temor e interrogantes desde la noche de los tiempos. ¿Cuál es la naturaleza de los cuerpos celestes? ¿Por qué se mueven? ¿Cómo se mueven? ¿Interaccionan entre sí? Pero, sobre todo, ¿influyen en la Tierra y en el destino de sus habitantes? ¿Podemos prever dichos efectos y leer el futuro en el movimiento de los planetas? Todas las civilizaciones de todas las épocas han hallado sus propias respuestas a estas preguntas y a otras similares, y a menudo se ha tratado de respuestas relacionadas con complejos mitos cosmológicos.

DE LOS PRIMEROS ASTRÓNOMOS A ARISTÓTELES

Los primeros astrónomos fueron los sumerios, quienes dejaron constancia escrita de su historia en tablillas de arcilla. Pero no fueron los primeros que apreciaron que ciertos puntos luminosos de la bóveda celeste se desplazaban con el paso del tiempo, mientras que otros permanecían fijos.

STONEHENGE, 2800 A.C. Mientras la parte más espectacular, formada por 30 pilares que sostienen los arquitrabes de piedra para formar un círculo de casi 30 m de diámetro a 5 m de altura, es repetitiva, la construcción megalítica original está formada por un terraplén de unos 100 m de diámetro en cuyo interior se excavaron 56 cavidades de más de 1 m de profundidad. En el exterior, un menhir que superaba los 6 m de altura indicaba a quien mirara desde el centro la dirección exacta de la salida del Sol en el solsticio de verano. A la izquierda, muy cerca de la entrada del edificio, algunas cavidades servían para colocar postes de madera capaces de indicar con el mismo procedimiento los puntos de referencia del complicado recorrido de la Luna.

En la actualidad la distinción que hicieron entre «estrellas fijas» y «estrellas errantes» (en griego se llamarían «planetas») puede parecer banal, pero hace 6.000 u 8.000 años este descubrimiento fue un acontecimiento muy significativo.

Distinguir a simple vista, sin la ayuda de instrumentos, un planeta de una estrella y reconocerlo cada vez que, transcurridas ciertas horas, vuelve a aparecer en el cielo no es ninguna nimiedad. Los incrédulos pueden comprobarlo: sin saber nada de astronomía, sin ningún instrumento, bajo un cielo repleto de estrellas como esos que ya sólo se ven en lugares aislados o en mitad del mar, no es fácil distinguir Marte de Júpiter o de Saturno.

Admitamos que se consigue. Ahora, noche tras noche, hay que encontrar esa misma lucecita en movimiento, seguir su recorrido y volver a identificarla cada vez que reaparezca tras una larga ausencia. En el mejor de los casos, se necesitará mucho tiempo y paciencia antes de empezar a tomar conciencia de la orientación, y es muy probable que la mayoría no lo consiga.

A pesar de esas dificultades evidentes, todos los pueblos, por antiguos que fueran, conocían muy bien los movimientos de los astros, tan regulares que espontáneamente hablaron de «mecánica celeste» cuando empezaron a usar las matemáticas para describirlos. Si los sumerios fueron los primeros en medir con exactitud los movimientos planetarios y en prever los eclipses de Luna ➝52 organizando un calendario perfecto, los que mejor usaron la imaginación para llegar a explicaciones teóricas que no dependieran sólo de la mitología fueron los griegos.

En el siglo VI a.C., tras milenios en los que la obra de un dios bastaba para explicarlo todo, se empezó a buscar una lógica en el orden natural que relacionara los fenómenos. Los filósofos naturalistas fueron los pioneros en afirmar la posibilidad del hombre de comprender y describir la naturaleza usando la mente. Era, en verdad, una idea innovadora.

Los primeros «científicos» se reunieron en Mileto. Tales, Anaximandro y Anaxímenes hicieron observaciones astronómicas con el gnomon, diseñaron cartas náuticas, plantearon hipótesis más o menos relacionadas con los hechos observados referidas a la estructura de la Tierra, la naturaleza de los planetas y de las estrellas, las leyes seguidas por los astros en sus movimientos. En Mileto, la ciencia, entendida como interpretación racional de las observaciones, dio los primeros pasos.

Por supuesto, la mayor parte de la humanidad continuaba creyendo en dioses y espíritus... como ahora. A pesar de que esta nueva actitud filosófica frente al mundo sólo fuera entendida durante siglos por una elite de pensadores, la investigación racional de la naturaleza ya no se detendría jamás.

En el siglo VI se constituyó la escuela pitagórica. En un ambiente de secta, Pitágoras y otros filósofos creyeron que el mundo estaba ordenado por dos principios antagónicos: lo finito (el bien, el cosmos y el orden) y lo infinito (el mal, el caos y el desorden). Sus estudios matemáticos tenían un valor mágico y simbólico: Pitágoras descubrió relaciones numéricas enteras tras cada armonía formal y musical y, dado que la música es armonía de los números, la astronomía era armonía de las formas geométricas.

Lascaux
En una gruta que sólo se ilumina en el solsticio de invierno, los hombres, recién convertidos en *sapiens*, pintaron unas refinadísimas figuras animales. Según interpretaciones recientes, estos reprodujeron las constelaciones visibles en el cielo de aquel tiempo, como si se tratara de una caza bajo las estrellas en una gruta oscura durante todo el año.

Sextante astronómico
Arriba, en la página anterior, vemos un sextante de los que utilizaba Brahe.
El funcionamiento es distinto al de los sextantes «modernos» que usan espejos. En este caso se trata de un instrumento que mide angulos de modo directo, con una «mira» móvil llamada «alidada». El nombre de sextante viene del intervalo de medida angular ($^{2}/_{6}$) igual que el del «cuadrante» (un instrumento parecido, se debe a que el intervalo de medida es de $^{1}/_{4}$).

Los mayas en los siglos iv-viii d.C.
Los mayas desarrollaron una astronomía cenital, elaborando un complejo calendario que atribuía a Venus una enorme importancia. Estaban interesados en la recurrencia de los fenómenos astrales, favorecida por su posición geográfica cercana al ecuador. En el manuscrito reproducido a la izquierda, aparece el movimiento de Venus durante 104 años. Abajo, hay dos figuras yacentes que simbolizan el Sol en eclipse ➢52 (a la izquierda) y Venus en fase invisible ➢160. Las figuras centrales son divinidades celestes que matan a los dos astros.

Por tanto, la Tierra *debía* ser esférica, el movimiento de los astros *debía* seguir la ley de los números, las órbitas de los cuerpos celestes (que *debían* ser esféricos, es decir, formas perfectas, y *debían* ser 10, número perfecto) *debían* ser circulares, formas perfectas. Esta fue una visión que influyó durante siglos en la forma de observar el cielo y sus fenómenos.

Incluso Aristóteles (384-322 a.C.), considerado en la Edad Media el máximo referente del saber, no sólo se apropió de esta idea de perfección celeste, sino que encontró una «explicación» de por qué las cosas debían ser así. La Tierra, lugar «de lo bajo» donde convergen tierra y agua (dos de los cinco elementos que formaban el universo), sólo podía hallarse en el centro del universo. El aire y el fuego quedaban «arriba», sus lugares naturales. El éter, el quinto elemento desconocido para los hombres, formaba los cuerpos celestes, que por naturaleza se movían en círculo, transportados por un sistema de 55 esferas concéntricas constituidas de un cristal especial, incorruptible y eterno. En torno a la Tierra inmóvil giraban la Luna, Mercurio, Venus, el Sol, Marte, Júpiter, Saturno y la última esfera de las estrellas fijas, mantenida en movimiento por el amor del «divino motor inmóvil». Esta última esfera es la que establecía el ritmo del día y la noche y trasmitía un movimiento uniforme y circular a todo el sistema de esferas. Según la teoría, a medida que nos aproximamos a la Tierra el movimiento se degrada y, por

PRIMEROS CÁLCULOS ASTRONÓMICOS

1. Sabiendo que, si la Luna se encuentra en el primer o último cuarto ➢51, el ángulo entre la línea de unión Tierra-Luna y la línea de unión Luna-Sol es de 90°, midiendo en esos días el ángulo entre la línea de unión Tierra-Luna y la de la Tierra-Sol se obtiene la relación entre los lados del triángulo Sol-Tierra-Luna. Aristarco midió un ángulo de 87° y concluyó que la distancia entre la Tierra y el Sol equivalía a 19 veces la distancia Tierra-Luna. Hoy sabemos que este ángulo es, en realidad, de 89° 45′. En grados, es una diferencia minúscula (2° 45′), pero traducido en longitud la magnitud se dispara: en lugar de estar a 19 veces la distancia a la Luna, el Sol se halla a 389 veces.

2. Eratóstenes estaba convencido de que la Tierra era redonda y observó cómo, en el día del

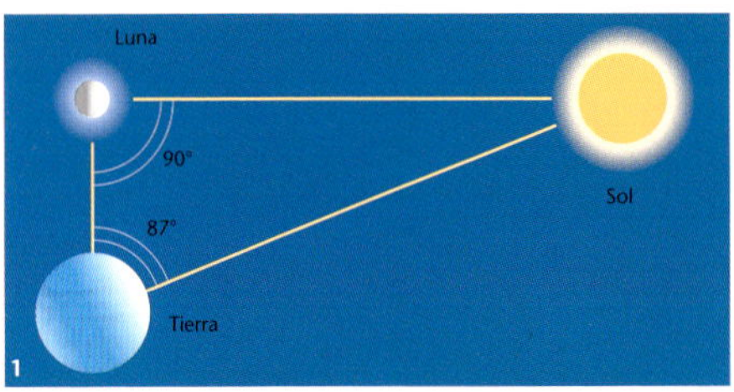

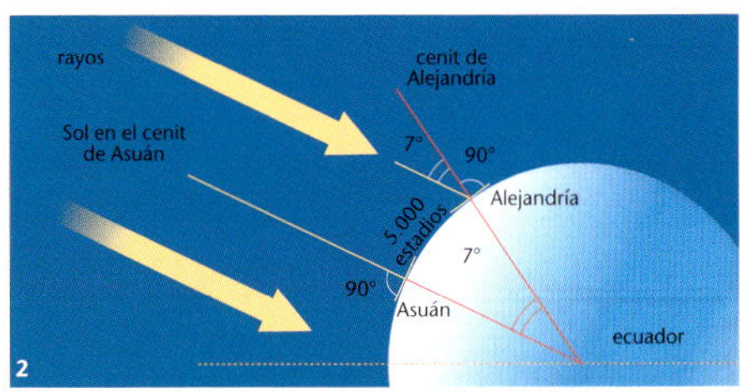

ECLIPSE SOLAR
El ángulo visual que ocupa el Sol y el que ocupa la Luna difieren muy poco. El error de Hiparco fue basarse en los resultados de Aristarco: en realidad, el Sol está mucho más lejano y, por ello, se deduce que es mucho mayor que la Luna.

debajo de la esfera de la Luna, los movimientos son rectilíneos. Aquí la mezcla continua de los cuatro elementos fundamentales daba origen a todas las sustancias conocidas. Era una explicación que convenció durante mucho tiempo y que armonizaba misticismo y física, mecánica celeste y fantasía.

SIGUEN LOS GRIEGOS

El prestigio y la fama que Aristóteles conquistó en otros campos (filosofía, política, economía, física, metafísica y ciencias naturales) contribuyó al éxito de esta idea geocéntrica del universo. No cabe duda de que en el siglo IV a.C. ya se sabía que para explicar los movimientos de los astros había que utilizar al menos dos tipos de sistemas geocéntricos y un sistema heliocéntrico. Para obtener la información necesaria para gobernantes, agricultores o navegantes bastaba con poder «prever» los fenómenos celestes e identificar las configuraciones astrales hallando los planetas en su órbita. Las hipótesis sobre las causas de todo lo que se observaba eran investigaciones filosóficas, carentes de pruebas concretas. Así, muchos expertos lanzaron hipótesis sobre el universo, su estructura y sus mecanismos... A veces eran fantasías, pero otras fueron intuiciones correctas.

Hubo quien incluso decidió medir. Aristarco de Samos (310-230 a.C.) fue el primer astrónomo genuino de la historia. No sólo sus convicciones eran lógicas y correctas, como se demostró más tarde, sino que fue el primero en usar instrumentos matemáticos para investigar el cosmos. Estaba convencido de que la Tierra giraba alrededor del Sol siguiendo una órbita circular, y de que el Sol permanecía inmóvil en el centro de la esfera estelar y que esta también era inmóvil. Dado que no conseguía observar efectos de paralajes estelares, dedujo que las estrellas se encontraban a una distancia enorme de la Tierra. Entonces intentó medir la enormidad de dicho espacio estableciendo la distancia Tierra-Sol en función de la de la Tierra-Luna y, para ello, se basó en la medida de los ángulos y en simples cálculos geométricos. Descubrió que la Luna se halla a 30 diámetros terrestres de nuestro planeta y que el Sol está 19 veces más

solsticio, la altura del Sol a mediodía era distinta en el cielo de Alejandría que en el de Siena (la actual Asuán), dos ciudades que se hallan prácticamente en el mismo meridiano.

Con el gnomon, pudo establecer que la diferencia de inclinación era de 7°. Por otro lado, sabía que la distancia entre las dos ciudades era de unos 5.000 estadios. Aplicando una sencilla regla de tres obtuvo cuál era la longitud del meridiano terrestre, que, como era redondo, equivalía a 360°. Resultó ser de 257.143 estadios, esto es, unos 39.400 km, muy cerca del valor real.

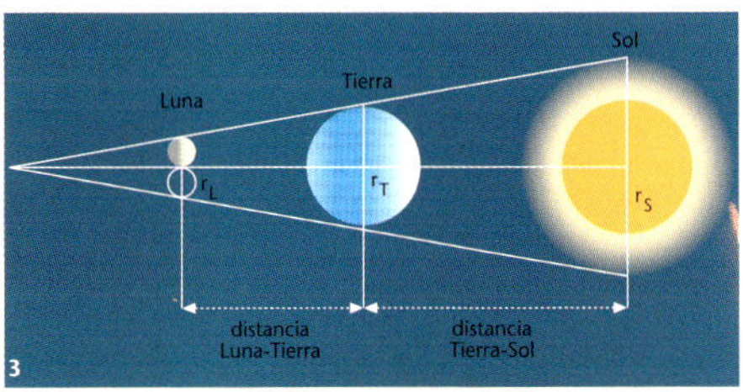

3. Sabiendo que la Luna emplea casi una hora en recorrer un tramo del cielo igual a su propio diámetro (0,5°), si se mide el tiempo que en la fase total de un eclipse total invierte en cruzar la sombra de la Tierra, se obtiene el radio lunar. Dado que la distancia a la que un objeto tiene que encontrarse para ocupar un ángulo visual de 0,5° es casi 120 veces su propio tamaño, la distancia Tierra-Luna es aproximadamente una cuarta parte del diámetro terrestre multiplicado por 120, lo que da 30 diámetros terrestres (o 60 radios terrestres). Tal como ocurrió con Aristarco, también Hiparco erró en la medida de los ángulos y, en la del paralaje lunar, se equivocó sólo en cuatro minutos (53′ frente a los 57′ reales). En cambio, en el caso del Sol, da por buena la distancia hallada por Aristarco y, considerando que en los eclipses la Luna y el Sol ocupan el mismo ángulo visual, concluyó, equivocadamente, que el diámetro del Sol debía ser 19 veces el de la Luna, unas 6 veces el de la Tierra.

Tolomeo
En este manuscrito del siglo XVI, Tolomeo estableció la posición de la Luna respecto a la bóveda celeste. A su espalda está Astronomía guiándolo. Faltaban más de 100 años para la revolución copernicana.

Tolomeo, trabajando
Aquí aparece Tolomeo en una cerámica realizada por Andrea Pisano para el campanario de Giotto destinada a la catedral de Florencia (1337-1348). La validez de las conclusiones del sabio y la aprobación de su obra aparecen subrayadas por las figuras secundarias: Jesús, en el centro de una hilera de ángeles, observa la esfera celeste evidenciada por los símbolos del fondo que representan los signos zodiacales. Tolomeo, desde su estudio abierto al cielo, observa y trabaja con la bendición de Dios.

El universo tolemaico
En el centro del universo, la Tierra se halla en el mundo sublunar, donde los cuatro elementos forman todo lo que existe. Le siguen las esferas de los planetas formados de éter: la Luna, Mercurio, Venus, el Sol, Marte, Júpiter y Saturno. Por último, la esfera de las estrellas fijas, donde se leen los nombres de las constelaciones zodiacales. La inspiración aristotélica es evidente.

lejos (1.140 diámetros terrestres). Ahora sabemos que son datos erróneos a causa de leves inexactitudes de las medidas «a ojo», pero esta diferencia no resta un ápice a la importancia conceptual y filosófica del enfoque. Era la primera vez en la historia que alguien intentaba aumentar sus conocimientos sobre el universo de forma experimental, es decir, usando la lógica, las leyes matemáticas y geométricas conocidas, observando y midiendo. Es un enfoque moderno de un complejo problema astronómico.

Eratóstenes de Cirene (276-194 a.C.) procedió de forma semejante. Con un sencillo y genial cálculo matemático halló las dimensiones de nuestro planeta: el meridiano terrestre equivale a, unos 39.400 km (un valor sorprendentemente cercano al valor medio, establecido en 40.009 km).

Hiparco (188-125 a.C.) también fue un atento e inteligente observador. Compiló un catálogo de 1.080 posiciones estelares y comparó sus observaciones con las realizadas 154 años antes por Timocaris. Así descubrió la precesión de los de equinoccios ➤ 40 y cuantificó este lentísimo desfase de la eclíptica respecto al ecuador en unos 47" al año (un valor muy parecido al calculado hoy: 50,1").

Y si la Tierra era inmensa, el Sol debía de serlo aún más. Así, el espacio asumió dimensiones incalculables. Pocos escogidos eran capaces de asimilar y aceptar estas afirmaciones revolucionarias. Quizá por ello, después de Hiparco no sucedió nada más durante 300 años. Resultaba más sencillo dar por válidas las teorías del gran Aristóteles.

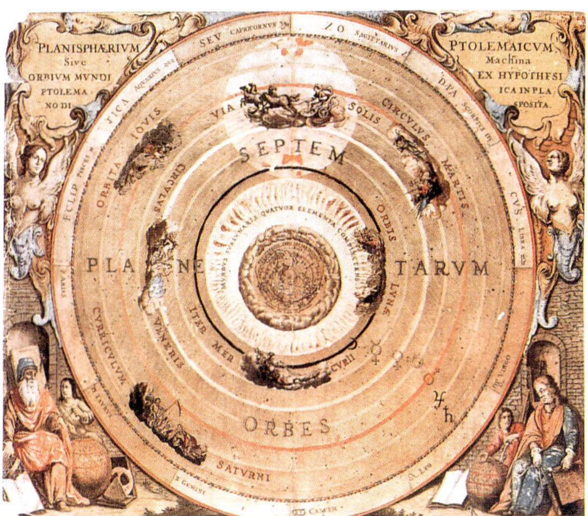

DE TOLOMEO A COPÉRNICO

Sin embargo, con el paso del tiempo, las ideas de Aristóteles empezaron a agrietarse bajo la ingente cantidad de observaciones acumuladas. Los planetas observados tenían movimientos inexplicables respecto a la esfera celeste: disminuían la velocidad, volvían a moverse en el sentido «correcto» dibujando a veces anillos... Era necesario revisar el modelo aristotélico. Y de ello se encargó Claudio Tolomeo (100 ca.-170 d.C.). Este afirmó que la Tierra era esférica y que estaba en el centro del universo; que el cielo, también esférico, rotaba alrededor de un eje fijo movido por una esfera exterior carente de estrellas, como decía Aristóteles. Pero para explicar los equinoccios y los movimientos «extraños» de los planetas bastaba con añadir otras esferas o, como indicaba Apolonio casi 200 años a.C., añadir nuevos círculos de rotación: esferas excéntricas, epiciclos, epiciclos de epiciclos... El espacio que rodeaba la Tierra se llenó de engranajes.

A Tolomeo tampoco le interesó que el modelo geocéntrico del universo correspondiera a una realidad física: él definió su complicado sistema como un «útil instrumento matemático» para calcular las posiciones planetarias. Resulta curioso que esta misma definición se usara para divulgar la hipótesis opuesta sin suscitar las críticas de eclesiásticos y tradicionalistas. También resulta extraño que Tolomeo prefiriera perfeccionar el modelo de Aristóteles, haciéndolo mucho más complejo, en lugar de adop-

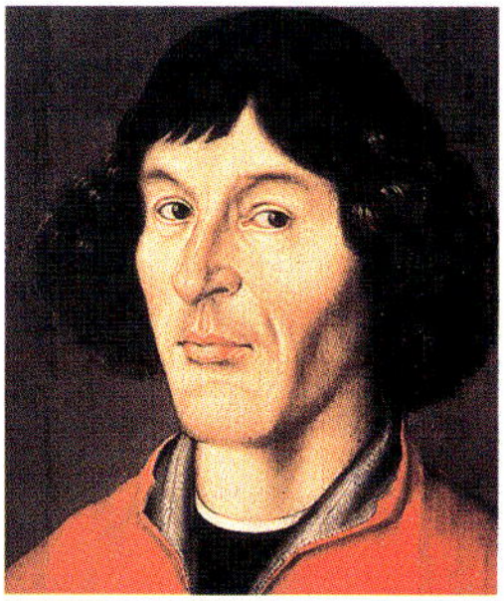

Retrato de Copérnico
Este tranquilo, sereno y respetado creyente tuvo miedo de enfrentarse a la opinión de los sabios y de arriesgar su tranquilidad por defender sus ideas. Algunos lo comparan con Giordano Bruno, quien, inspirándose en los conceptos copernicanos, terminó en la hoguera por no renunciar a sus convicciones sobre la infinidad del universo y de los mundos vividos, y lo califican de cobarde. Pero la introversión de Copérnico posiblemente se debió a su simpatía por la filosofía pitagórica, que afirma que los descubrimientos deben compartirse con un restringido grupo de elegidos. ¿Para qué hablar a quien no quiere o no es capaz de comprender? ¿Para qué arriesgarse a sufrir a manos de incompetentes? Ello demuestra que Copérnico también tuvo sus razones y su decisión, de hecho, es casi la misma que adoptó Galileo cuando se vio obligado a guardar silencio si quería continuar investigando.

tar el modelo sencillo e innovador de Aristarco. Si sólo buscaba un instrumento matemático, el de Aristarco era mucho más fácil de usar y habría cambiado la historia. Después de Tolomeo se perdió hasta el recuerdo de la hipótesis heliocéntrica y, a pesar de que la suya fuera «sólo una hipótesis matemática», durante más de 1.300 años se creyó que la Tierra era inmóvil y que estaba en el centro de un universo movido por círculos complicadísimos. No obstante, escribió *Mathematikè synthaxis* («Síntesis matemática»), al que los árabes llamaron *al-Magisti,* quizá por derivación del griego *e meghistè* («el más grande»), conocido en la Edad Media como *Almagesto.* Se trata de una obra monumental, donde Tolomeo reorganizó toda la astronomía del pasado. Gracias a su inmenso trabajo conocemos gran parte de lo que sucedió en los siglos anteriores. Sintetizando y perfeccionando las ideas de Apolonio e Hiparco y completando los cálculos con los resultados de su investigación, elaboró un sistema teórico que se adaptaba a las observaciones. «Su» universo estaba movido por 40 ruedas que se movían al unísono, como si se tratara de un inmenso reloj mecánico que, con el tiempo, acumulaba pequeños errores, que se arreglaban actualizándolo de vez en cuando.

Sólo un gran matemático podía construir una obra tan enorme y compleja, razón por la que sobrevivió al paso del tiempo y por la que, a lo largo de los siglos, el sistema geocéntrico se ha conocido como «sistema tolemaico». Después de Tolomeo, tener una idea distinta sobre el universo resultó casi imposible. El *Almagesto* es tan complejo que simplificarlo significaba obtener resultados erróneos. Además, la hipótesis tolemaica gustaba mucho a los cristianos, cuyo poder era cada vez mayor: era lógico que el planeta creado por Dios para el hombre se hallara en el centro del universo. Lo que Tolomeo concibió como un instrumento matemático se convirtió en dogma y en una hipótesis que era peligroso contradecir.

Hubo que esperar a que otra mente con la capacidad de Tolomeo invirtiera esa perspectiva, simplificara el panorama y destruyera ciclos, epiciclos y círculos excéntricos; esperar a que un gran astrónomo recogiera una masa ingente de datos muy precisos y a que un gran matemático libre de prejuicios los elaborara y hallara pruebas objetivas de la validez de una nueva hipótesis. Hubo que esperar a que otro astrónomo con la suficiente valentía impusiera esta nueva idea al mundo científico, desafiara a las autoridades eclesiásticas y revolucionara el modo de observar la naturaleza. Hubo que esperar más de mil años para que Copérnico, Brahe, Kepler y, sobre todo, Galileo revolucionaran la astronomía.

COPÉRNICO: UNA REVOLUCIÓN SILENCIOSA

Por fin el hombre reconoció que la Tierra, considerada plana a pesar de Tolomeo, era una esfera inexplorada. Se difundió el uso de la imprenta y hacia mediados del siglo XV se abrieron las puertas al descubrimiento del mundo, así como a la circulación de ideas. Venían cambios radicales.

El universo copernicano
En este grabado aparece el Sol en el centro; en el globo sublunar, las órbitas de Mercurio y Venus; la Tierra, al límite del globo sublunar y, por primera vez, la Luna girando a su alrededor. Siguen la órbita de Marte, Júpiter y Saturno. Como en el modelo de Tolomeo, la esfera de las estrellas fijas, reconocibles por las constelaciones zodiacales, rodea y cierra el universo.

Retrato de Tycho Brahe y Johannes Kepler
Estos dos retratos, en el estilo de las pinturas cortesanas de la época, nos muestran a Tycho Brahe (a la izquierda) y a Johannes Kepler (a la derecha) cuando trabajaban como matemáticos para la corte.

Observatorio de Tycho
Vista exterior del observatorio de Stjoernerborg realizado por Brahe. Los únicos elementos visibles son los instrumentos y las cúpulas, el resto se hallaba en los sótanos.

La primera doctrina en resentirse fue la astronomía. A los viajeros no les satisfacía el modelo tolemaico y para «identificar» referencias geográficas necesitaban tablas de movimientos planetarios mucho más precisas. También se revisó el calendario, pues hasta esa fecha se usaba el calendario de Julio César. Hacía falta algo nuevo y los intentos de salvar el sistema tolemaico añadiendo nuevas esferas y epiciclos habían transformado el universo en una maraña de círculos en rotación.

En ese momento Nicolás Copérnico (del nombre polaco Nicklas Koppernigk, 1473-1543) lanzó su mensaje de renovación. Rechazó todo lo que había aprendido, negó que filósofos, científicos y teólogos hubieran explicado la realidad, negó que lo que parecía evidente –que el Sol se levantara, se moviera en el cielo y se pusiese– correspondiera a la verdad. Destronó a los hijos de Dios del centro del universo en una época en que uno de ellos era condenado a la hoguera por mucho menos, y tuvo la audacia de declarar que el planeta del hombre era sólo uno de los muchos que giran alrededor del Sol.

Esfera armilar
Dibujo de una esfera armilar extraído del *Códice Settala,* conservado en la Biblioteca Ambrosiana de Milán. La esfera ilustra el universo y los movimientos celestes según la concepción tolemaica del sistema solar.

Pero su doctrina era la de la escuela pitagórica, esto es, comunicar sus ideas en voz baja y sólo a pocos iniciados. De esta forma, su trabajo pretendidamente teórico avanzó en silencio y Copérnico realizó pocas observaciones directas, se fió de los datos de los observadores de la Antigüedad, de quienes leyó los originales, y examinó las críticas y las dudas sobre el sistema tolemaico. Tal como escribió en *De revolutionibus orbium caelestium* («Sobre las revoluciones de los cuerpos celestes»), fue la diversidad de opiniones, incertidumbres e incongruencias halladas lo que le convenció de que algo fallaba en la teoría tolemaica.

Pero, al igual que la de Tolomeo, su construcción era exquisitamente matemática y su pensamiento esencialmente aristotélico. Era cierto que el Sol se hallaba en el centro y a su alrededor rotaban los planetas, pero todo seguía igual: las órbitas eran perfectamente circulares, el movimiento natural de la Tierra no estaba sujeto a fuerzas; la Tierra, el Sol y el universo eran esféricos porque «esta forma es la más perfecta de todas, una integridad total [...] que debe atribuirse a cuerpos divinos». Pero se introdujo algo radicalmente nuevo: Copérnico, contra toda evidencia, creía que el movimiento de la Tierra era real y que la geometría astronómica describía el verdadero funcionamiento de la máquina celeste.

Para elaborar su sistema heliocéntrico empleó 25 años, durante los cuales tuvo que guardar su secreto por temor a ser denunciado. A los 63 años aún no había publicado nada, pero los rumores sobre su trabajo se habían extendido. En 1539, Retico, un joven profesor luterano de la Universidad de Wittenberg, estudió el manuscrito de *De revolutionibus* y consiguió la autorización de Copérnico para escribir un resumen, publicado en 1540, que cosechó un éxito inmediato. Copérnico fue presentado como un nuevo Tolomeo y, por fin, se decidió a divulgar su trabajo. Murió en 1542, antes de ver sus efectos. Quizá porque el prefacio, escrito por una tercera persona, declaraba que la teoría publicada era sólo una opinión entre tantas, quizá por las excelentes relaciones que Copérnico mantuvo con la Iglesia, lo cierto es que el libro no fue prohibido hasta 1616. Se produjo una reacción, pero quedó circunscrita a las elites académicas. De nuevo, tuvo que pasar mucho tiempo para que las cosas cambiaran.

KEPLER Y BRAHE: LAS PRUEBAS MATEMÁTICAS

El alemán Johannes Kepler (1571-1630) estudió matemáticas y astronomía a partir de textos antiguos, escribió en latín y realizó pronósticos astrológicos de meteorología y agricultura que le hicieron famoso. Era religioso y místico, y veía en la astrología un elemento esencial para interpretar el nexo entre el hombre y el cosmos. Estaba convencido de que en cualquier fenómeno podía hallarse un orden superior o una armonía geométrica. Era un copernicano convencido y ya en su *Misterio cósmico* explicaba cómo algunas observaciones que Tolomeo no

consiguió aclarar hallaban fácil solución en el sistema de Copérnico. Pero las cuestiones que se planteaba derivaban de su búsqueda de la armonía y sus explicaciones formaban parte de un contexto complejo donde astrología, simbolismo, religión y necesidad de perfección geométrica y matemática desempeñan un papel esencial. Esferas copernicanas, vértices, caras y lados de sólidos perfectos interpuestos a las órbitas planetarias, las órbitas mismas y sus relaciones matemáticas... Para Kepler todo estaba unido a una única armonía: al construir el mundo, Dios siguió leyes matemáticas y geométricas, y la teoría copernicana se ajustaba a dicho esquema.

Brahe brindó una ocasión de oro a Kepler para hallar las pruebas numéricas de esta idea cuando le ofreció su inmenso archivo de observaciones. Tycho Brahe (Dinamarca, 1546-1601) estaba obsesionado por la precisión. Para realizar observaciones más exactas, construyó nuevos instrumentos. Su fama rebasó las fronteras del país y el rey de Dinamarca le ofreció la isla de Hveen para construir un observatorio. Uraniborg, el primer observatorio europeo, era futurista: torres, cúpulas, péndulos, cuadrantes solares, globos solares, un cuadrante mural de más de 4,5 m de diámetro, un globo celeste de bronce de 1,6 m de diámetro y en el sótano los talleres para construir los instrumentos, el laboratorio de alquimia, la imprenta, la fábrica de papel... También construyó un segundo observatorio subterráneo, del que solo emergían las cúpulas: Stjoernerborg.

Durante su vida Brahe acumuló datos, medidas y observaciones; usó nuevos métodos de medición que contuvieron los errores entre 1′ y 2′, un resultado excepcional si se piensa que nadie había tomado medidas con errores inferiores a 8′-10′. Durante años, día tras día anotó cada fenómeno celeste: la posición de las estrellas, el Sol y los planetas, la distancia y el movimiento de los cometas, observó la explosión de la nova ➤ 206 de 1572, que tardó poco más de un año en desaparecer, y comprendió que la hipótesis de Tolomeo no podía explicar lo que estaba viendo.

Brahe no fue copernicano, afirmó que la Tierra, «pesada y perezosa», «no puede moverse», pues sería contrario a las evidencias física y religiosa. Pero tampoco fue tolemaico cuando sostenía que las estrellas no eran inmutables, y que los cometas seguían una órbita «no exactamente circular, sino oblonga, como la figura oval», premisas que rompían con la idea de las esferas de cristal. Propuso una hipótesis sobre el universo que conjugaba los fenómenos con las Escrituras, lo que gustó a todos: físicos, filósofos, católicos y protestantes. Poco importaba que su universo fuera más complicado que el tolemaico y que para hallar la posición de los planetas hubiera que remitirse a los astrónomos precedentes.

En esa época Kepler y Brahe colaboraron juntos. Al morir Brahe legó a Kepler el puesto de matemático imperial y todos los datos recopilados. Al elaborarlos, Kepler descubrió que era matemáticamente imposible que el Sol no estuviera en el centro del sistema solar y se convenció de que de él emanaba una fuerza que actuaba sobre el resto de los planetas. Halló que los planetas se desplazaban por sus órbitas a velocidad variable, con lo que ganó peso la hipótesis de que las órbitas fueran elípticas, pero era tal

Brahe, trabajando
Este antiguo grabado muestra a Tycho en su observatorio de Uraniborg, en el que se aprecia la estructura semisubterránea. En el exterior, sus ayudantes y otros investigadores emplean globos celestes, cuadrantes e instrumentos diversos mientras que Tycho, en el centro, indica la dirección del observador de la derecha, que mide la altura de una estrella mirando directamente por el ocular del gran cuadrante mural. Abajo a la izquierda, detrás del perro, aparece parte del laboratorio de alquimia.

Las tres leyes de Kepler
1. Primera ley de Kepler. Los planetas describen órbitas elípticas alrededor del Sol, que ocupa uno de los focos. **2.** Segunda ley de Kepler. El radio del vector Sol-planeta barre áreas iguales en tiempos iguales (es decir, áreas proporcionales a los tiempos considerados). La velocidad de los planetas aumenta a medida que se acercan al Sol, y viceversa. **3.** Tercera ley de Kepler. Los cuadrados de los tiempos de las revoluciones planetarias son proporcionales a los cubos de los semiejes mayores de las órbitas. Esta ley permite expresar todas las distancias de los planetas al Sol teniendo una sola, pues permite construir un

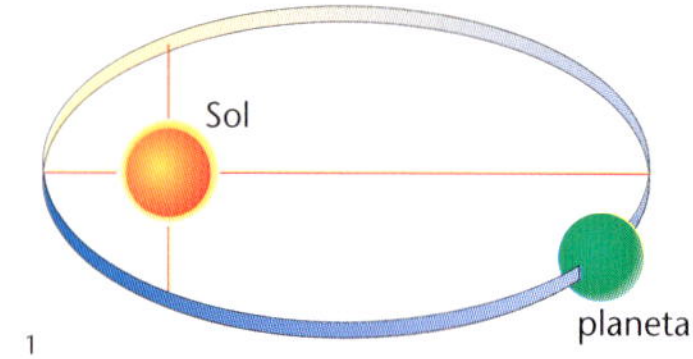

1

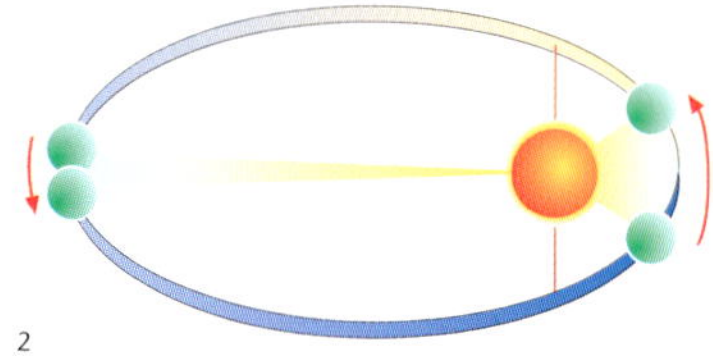
2

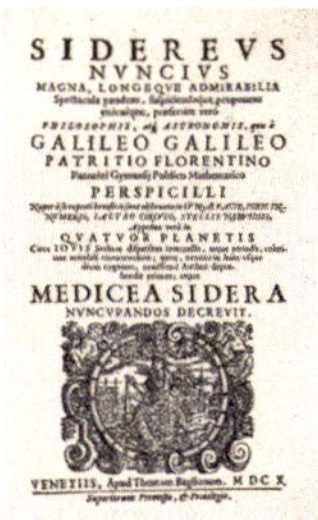

Portada del *Sidereus nuncius*
En las 24 páginas de este «Mensajero de las estrellas» abundan novedades revolucionarias: estudios sobre el movimiento de Venus o la conformación de la Luna y los anillos de Saturno, así como sobre las manchas solares.

la repulsión hacia las formas imperfectas que la mantuvo como hipótesis y volvió a calcularlo todo a partir de los datos referidos a la Tierra. Así descubrió que la Tierra giraba a velocidad no constante alrededor del Sol. La verdad emanaba de los cálculos.

A partir del examen de las cifras surgió la intuición: las velocidades varían porque varía la distancia al Sol y, con ella, la fuerza a la que se ven sometidos los planetas. Era la segunda ley de Kepler. Pero la órbita de Marte presentaba problemas y Kepler repitió las observaciones, las medidas y los cálculos. Esta vez partía de los datos antes de decidir qué tipo de órbita se adaptaba mejor a las observaciones. Fue el reto decisivo que permitió comprender que todo problema desaparecía sólo si se consideraba la órbita con forma de elipse y con el Sol en uno de los focos. Así sentó la primera ley de Kepler.

Casi por casualidad, dio con la tercera ley. Mientras preparaba una síntesis universal que armonizara ciencia, religión, astrología, arte, filosofía, geometría y música, se dio cuenta de las relaciones entre los cuadrados y los cubos de las distancias planetarias. Acababa de superarse la astronomía de la Antigüedad. Durante cinco años repitió los cálculos 70 veces, pero, por primera vez en la historia, el modelo propuesto dejó de ser sólo una hipótesis para convertirse en la imagen del universo real. Como sucediera con Copérnico, la obra de Kepler fue incluida en el *Índice*.

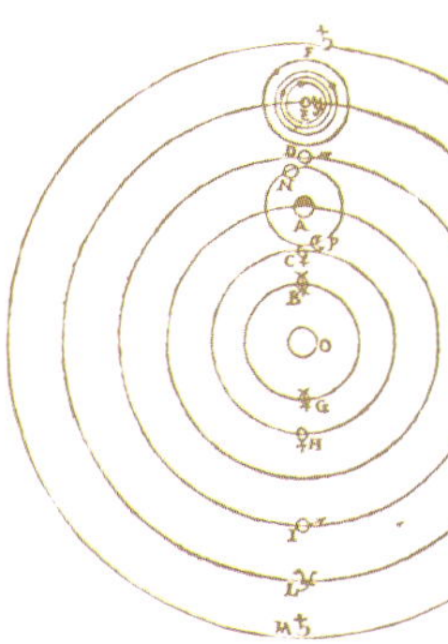

Sistema copernicano
Este modelo de sistema copernicano, diseñado por Galileo y publicado en su *Diálogo sobre los sistemas máximos* (1632), muestra los satélites de Júpiter y la Luna girando alrededor de la Tierra. Los satélites de Júpiter, descubiertos el 7 de enero de 1610 por Galileo, fueron una prueba irrefutable de la exactitud de las tesis de Copérnico.

GALILEO, EL PALADÍN DE LA REVOLUCIÓN

Copérnico, Brahe, Kepler y sus revolucionarias innovaciones no consiguieron acabar con la tradición tolemaica popular, ya fuera porque escribían en latín y su saber llegaba sólo a otros especialistas, ya porque se limitaban a exponer sus hipótesis sin pretender imponerlas a sus contemporáneos.

Las dudas abundaban: aunque el nuevo modelo se apoyara en datos concretos, si la Tierra se moviera, todo lo que se hallara sobre su superficie tendría que salir disparado. Una cosa era crear modelos y otra explicar algo tan extraño como eso. Pero llegó Galileo Galilei (1564-1642), con su talante agudo y anticonformista. Este italiano orgulloso, irónico, polémico, literato y físico, amante de la discusión, gran trabajador y excelente artesano, creador de nuevos instrumentos y experimentos, iba a sentar los fundamentos de la física moderna e idear el método científico que abriría las puertas a la era moderna.

Al principio trabajaba con imanes, termómetros, con el movimiento y la mecánica, deducía leyes y afirmaba que los cuerpos tienden a caer por el efecto de la gravedad. Creía que los movimientos planetarios eran naturales, uniformes y circulares, en contraposición a la teoría de Kepler, quien le había mandado su *Misterio cósmico,* y criticaba su confianza ciega en los datos de Brahe: Galilei argumentaba que alguien capaz de realizar instrumentos y experimentos debía conocer lo inexactas que podían ser las mediciones. Estaba convencido de que la realidad sólo podía conocerse a través de experimentos ideales, extrapolados a partir de lo obtenido mejorando al máximo los instrumentos.

Revolucionó el modo de estudiar la física. Introdujo los conceptos de velocidad, velocidad media y aceleración, y analizó las leyes del movimiento sustituyendo la antigua filosofía aristotélica, puramen-

modelo a escala del sistema solar. Estas leyes empíricas hallan una explicación en la ley de la gravedad elaborada por Newton, que, a su vez, abarca las tres leyes de Kepler.

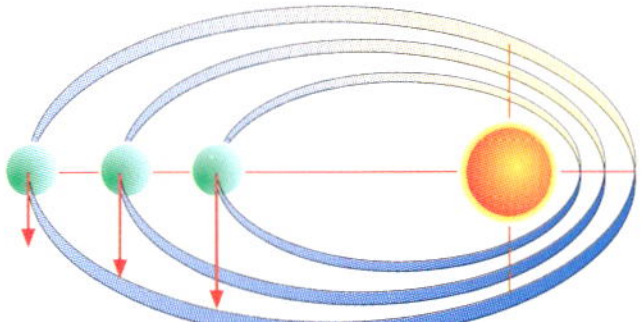

3

Retrato de Galileo
J. Sustermans es el autor de este famoso retrato de Galileo, conservado en la Galleria Uffizi.

te especulativa, por una nueva racionalidad. Se basó en la observación de fenómenos y en datos obtenidos con experimentos y razonamientos matemáticos y geométricos que permitían extrapolar las experiencias ideales a partir de experimentos reales.

Observaba el cielo con su telescopio y había descubierto un universo desconocido: la Luna no era lisa como se pensaba desde hacía dos mil años, sino que se parecía a la Tierra, con llanuras, montañas y mares; las estrellas visibles eran sólo una pequeñísima parte de las que forman la Vía Láctea, que de hecho no era una nube, sino una agrupación de multitud de estrellas. Además, descubrió cuatro pequeños planetas alrededor de Júpiter y se los dedicó a Cosme II, gran duque de Toscana. Por primera vez en la historia se anunció un descubrimiento exterior a la Tierra realizado con un instrumento y no con la imaginación.

Galileo observó las fases de Venus, un fenómeno que no hallaba explicación en el sistema tolemaico y que confirmaba las teorías de Copérnico y Kepler. Observó durante dos años la migración de las manchas solares, sus cambios y variaciones numéricas, y concluyó que formaban parte del Sol y que el Sol rotaba alrededor de su eje. Era inadmisible: si el Sol era un cuerpo perfecto, ¿cómo iba a tener manchas o a moverse? Muchos protestaron. ¿Cómo iba a haber más de siete planetas si siete son los días de la Creación, los pecados capitales o las virtudes teológicas...? Hasta Kepler dudaba de lo que Galileo declaraba haber visto; al igual que otros, se preguntó por qué Dios habría creado un mundo de objetos que nadie podía ver. La Academia negó la autenticidad del instrumento porque, aunque las lentes existían desde hacía siglos, se sabía que distorsionaban lo observado con reflexiones, luces inexistentes, efectos extraños e ilusiones ópticas.

Pero Galileo sabía que tenía razón y construyó decenas de telescopios para regalárselos a amigos, expertos y príncipes de toda Europa. Kepler pudo observar lo mismo que Galileo y se entusiasmó tanto que unos meses después publicó *Dióptrica*, un tratado sobre la teoría geométrica de las lentes que explica el funcionamiento del telescopio y el principio del teleobjetivo. Era la primavera de 1611 cuando, tras un milenio de oscuridad, dos genios iluminaron el espacio. El telescopio refractor se convirtió a todos los efectos en una prolongación de los ojos.

Pero la actitud de Galileo era errónea. Con la seguridad que le otorgaban sus observaciones y conclusiones pretendía saber más que Aristóteles y que cualquier otro, y afirmaba que su método científico era la única forma de investigación válida. Su presuntuosidad no tenía límites cuando sentenciaba que las diferencias con las Escrituras se debían a errores de interpretación, porque lo que los descubrimientos científicos mostraban era obra de Dios y Dios no podía contradecirse a sí mismo. Fue un desafío a los tradicionalistas y a la Iglesia. El mundo académico y el poder eclesiástico entendieron el poder demoledor de semejantes afirmaciones e intentaron silenciarlo prohibiéndole dar clases y apoyar la teoría copernicana.

Y Galileo calló... por poco tiempo. En 1623 dedicó a su amigo Maffeo Barberini –el Papa Urbano VIII–, *Il Saggiatore*, la primera obra en lengua romance, que se convirtió en piedra angular de la ciencia moderna. En ella invitaba a estudiar la naturaleza con humildad, cordura e imaginación, observando y preguntándose, distinguiendo entre realidad y apariencia, objetividad y subjetividad; añadía que las matemáticas, la geometría y el razonamiento racional eran los únicos medios de extrapolar de la realidad imperfecta las leyes ideales que regulaban la creación. Era la nueva filosofía del conocimiento.

Poco después, publicó *Diálogo sobre los sistemas máximos del mundo (tolemaico y copernicano)*, donde el temerario Galileo cometió dos errores gravísimos. Primero, afirmó que las mareas se debían a la rotación de la Tierra: un tema prohibido. Pero el más grave fue mofarse del Papa, quien había sido muy claro: Dios omnipotente puede hacer que ocurra cuanto desea y los fenómenos pueden ocurrir de mil formas; por ello, la observación de los hechos naturales no puede llevar al conocimiento de la verdad.

Nuevos instrumentos
Estos son los dos telescopios que usó Galileo para sus revolucionarias observaciones del cielo. En el centro, enmarcada, aparece la lente que confeccionó el propio Galileo.

Galileo, ciego
En los últimos días de vida, Galileo, ya ciego y ayudado por discípulos solícitos, vivía en la villa Il Gioiello, cerca de Arcetri, a escasos kilómetros de Florencia, en compañía de su hija, sor María Celeste. En 1992, la Iglesia rehabilitó su trabajo y su figura. Habían transcurrido 350 años desde su muerte.

Simplicio, encarnación de la obtusa mentalidad aristotélica y conservadora, digna de todo desprecio, declaró que, si bien la hipótesis de la rotación de la Tierra para explicar las mareas parecía la mejor, había que rechazarla en favor de una «consolidadísima doctrina, enseñada por personas doctísimas y eminentísimas, que es de obligación acatar». Contemporáneamente, Salviati, portavoz de las convicciones galileanas, respaldaba que el hombre pudiera alcanzar un conocimiento sobre la creación igual al de Dios: «De los escasos entendimientos del intelecto humano, creo que el de la cognición iguala al divino en certeza objetiva, puesto que llega a comprender la necesidad, sobre la que no parece que haya seguridad mayor».

Justo lo contrario de lo que afirmaba el Papa. Todas las víctimas de insultos y burlas de Galileo comprendieron que había llegado la hora de la venganza. El libro era un ataque a la Iglesia, a su autoridad sobre la ciencia, a su infalibilidad y además, por estar escrito en italiano, cualquiera que supiera leer podía acceder a estas ideas subversivas y diabólicas. La condena sólo podía ser ejemplar. Galileo estuvo a punto de ser condenado a la hoguera, donde recientemente había acabado Giordano Bruno. Pero, por suerte, sintió miedo, o quizá comprendiera que la razón no vale con los locos o entendiera que no podía seguir contando con sus grandes protectores, o quizá se convenciera de que, si quería avanzar con otras ideas, valía la pena inclinar la cabeza.

Se sometió a la Iglesia y se mostró humilde y arrepentido. Pidió comprensión por su decadente vejez, pero a pesar de ello fue juzgado con vehemencia, acusado de sospecha de herejía, y fue obligado a confesar públicamente: «Maldigo y detesto los antedichos errores y herejías». En la actualidad, diríamos que fue condenado a arresto domiciliario; su obra fue prohibida e incluida en el *Índice,* junto a la de Copérnico y Kepler. En 1637 perdió la vista por completo, aunque no por ello dejó de trabajar. Halló elementos de apoyo para su nuevo método y negó la física aristotélica basada en la imaginación. A pesar de su escasa salud, el trabajo que desempeñó en los últimos años de vida fue su máxima contribución a la física. *Consideraciones y demostraciones matemáticas sobre dos nuevas ciencias, referida a la mecánica y a los movimientos locales,* fue su penúltima obra, donde definiciones, conceptos, teoremas, demostraciones y corolarios forman el cuerpo coherente de la nueva física, donde plantea todos los problemas que deberían afrontarse y resolverse en los decenios siguientes por sus discípulos y expertos hasta llegar a Newton. El 8 de enero de 1642 murió. La curia romana paralizó el proyecto de construir una sepultura solemne en la capilla de la Santa Cruz de Florencia para «no escandalizar a los buenos» y «no ofender la reputación» de la Santa Inquisición. Sus obras estuvieron prohibidas hasta 1757. Por fortuna, esta prohibición fue repetidamente transgredida y el trabajo de Galileo devino rápidamente en fermento de nuevas y fecundas ideas.

Portada de *Diálogo*
Esta obra, publicada por Galileo en 1632, le costó la condena de la Inquisición y el arresto domiciliario vitalicio.

Isaac Newton
Newton, generoso, profundamente contrario a la violencia y la hipocresía, tenía una poco frecuente honestidad intelectual. Así se definió: «Desconozco cómo me juzgará el mundo, pero para mí soy como un niño que juega a orillas del mar, que se divierte recogiendo una piedra, una concha que brilla más que el resto, mientras el océano ilimitado de la verdad se extiende inexplorado ante ese niño». Afirmó, aludiendo a Descartes, creador de la geometría analítica; a Kepler, de quien usó las leyes sobre el movimiento planetario; a Galileo, de quien utilizó las leyes de la dinámica: «Si he podido ver más lejos que otros es porque me he izado en los hombros de gigantes».

NEWTON Y LA GRAVITACIÓN UNIVERSAL

En el mismo año en que Galileo murió, nació en Inglaterra Isaac Newton (1642-1727). Él recopiló todos los conocimientos de sus predecesores y contemporáneos para diseñar el universo que conocemos. En una Inglaterra desangrada por la guerra, Newton estudió en el colegio de la Santa e Indivisa Trinidad de Cambridge, donde tenía a disposición una surtida biblioteca que le permitió elaborar el método de las series infinitas, que sería el primer paso hacia el cálculo infinitesimal. Pero la peste bubónica obligó a cerrar la universidad y Newton tuvo que regresar a su pueblo, donde, en dos años, inventó el cálculo de las fluxiones (derivadas e integrales), experimentó sobre los colores de la luz y desarrolló una teoría corpuscular opuesta a la ondulatoria de Huygens y Hooke e inventó el telescopio reflector.

Estaba convencido de que todos los movimientos tenían algo en común, y que si la naturaleza de los cuerpos celestes es análoga a la de la Tierra, como afirmaba Galileo, todos los cuerpos celestes debían tener una «gravedad» como la Tierra. Kepler había pensado que una fuerza magnética mantenía unidos los planetas al Sol, pero quizá fuera la gravedad. Newton no fue el único que barajaba esta idea: Boulliau sugería que la gravedad es proporcional a la masa e inversamente proporcional al cuadrado de su distancia (1645); Hooke avanzó la hipótesis de que los planetas están sometidos a una atracción recíproca que origina su movimiento (1674) y que la atracción entre el Sol y los planetas es inversamente proporcional a la distancia que los separa (1679). Pero nadie tenía las ideas tan claras y tan matemáticamente delineadas como Newton. Así, en 1687 publicó *Philosophiae naturales principia mathematica* («Principios matemáticos de la filosofía natural»), que introdujo la física teórica a la ciencia, organizó de forma definitiva la mecánica y definió la ley de gravitación. Este se convirtió en uno de los libros fundamentales de la historia del hombre. Newton constató la inevitable existencia de esta misteriosa «acción a distancia», inaceptable desde el punto de vista filosófico. Estableció una ley universal: dos cuerpos se atraen con una fuerza proporcional al producto de sus masas e inversamente proporcional al cuadrado de la distancia que las separa. Las leyes empíricas de Kepler son consecuencia lógica de esta ley o, incluso, podríamos decir que esta ley perfecciona la tercera ley de Kepler, porque permite evaluar la influencia de la masa en cada planeta, una precisión que Kepler olvidó a favor de la del Sol.

Negar la idea copernicana se había convertido en una tarea realmente difícil. Esta sencilla ley resolvía muchos problemas astronómicos: la forma y la velocidad de la órbita de los planetas y cometas alrededor del Sol y de los satélites alrededor de los planetas, la sucesión de equinoccios, la forma de la Tierra, los movimientos de los objetos en esta, las mareas...

Se consolidó la percepción de que todo fenómeno estaba regulado por unas pocas leyes naturales fundamen-

Telescopio reflector de Newton
Un espejo parabólico cóncavo situado en el interior del tubo hace converger las radiaciones emitidas por el objeto observado en un único haz. Otro espejito plano inclinado 45° respecto al eje del instrumento provoca que la trayectoria del eje se desvíe 90° y que las imágenes se formen fuera del tubo, donde resultan más fáciles de observar.

Instrumentos cada vez más potentes
Los siglos que siguieron a Newton vieron cómo creció la importancia de los instrumentos para realizar observaciones cada vez más precisas. En este grabado aparece el telescopio reflector realizado en Irlanda por William Parsons, conde de Rosse (1800-1867). Un espejo de 1,80 m de diámetro, popularmente llamado «el Leviatán de Parsonstown», le permitió descubrir la estructura espiral de algunas galaxias.
Abajo: Dos ilustraciones de la época que reproducen momentos de la construcción del instrumento.

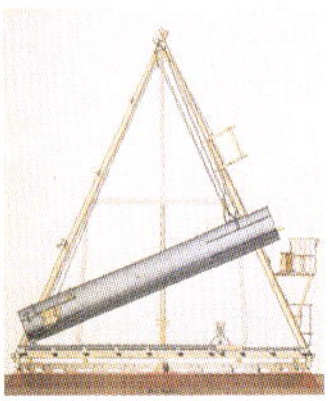

tales que pueden determinarse con la observación y la experimentación, y que se traducen en sencillas fórmulas matemáticas, como avanzó Galileo. En el prefacio del tercer libro de los *Principia,* Newton expuso las cuatro reglas que describían esta nueva actitud:

1. «De las cosas naturales no deben admitirse causas más numerosas que las que son reales y suficientes para explicar los fenómenos».

2. «Por ello, y mientras pueda hacerse, las mismas causas deberán atribuirse a efectos naturales del mismo género».

3. «Las cualidades de los cuerpos que no pueden ser aumentadas ni disminuidas, y las que pertenecen a todos los cuerpos con los que se puede realizar experimentos, deberán ser consideradas cualidades de todos los cuerpos».

4. «En la filosofía experimental, los supuestos obtenidos por inducción de los fenómenos, a pesar de las hipótesis contrarias, deben considerarse ciertos o tenerse en cuenta al menos hasta que aparezcan nuevos fenómenos con los que estos puedan hacerse más exactos o verse sujetos a excepciones».

La teoría newtoniana serviría de base para el desarrollo de toda la mecánica. Ni siquiera la teoría de la relatividad conseguiría desbaratarla. Todo nuestro mundo, el sistema solar, la física de la galaxia, sigue siendo –a pequeña escala– newtoniano.

A pesar de ello, muchos rechazaron las ideas de Newton, y no sólo por rivalidad personal: Leibniz, Kant y Goethe fueron detractores implacables. Hegel llegó a afirmar: «Las impropiedades y las incorrecciones de las observaciones y de los experimentos [...], así como la falta de solidez de estos y, aún más, tal como Goethe ha demostrado, su mala fe [...]. También cabe citar la mala calidad de los razonamientos, ilaciones y demostraciones realizadas mediante datos empíricos impuros». Newton, cansado de controversias, mezquindades y polémicas suscitadas tras la publicación de su teoría sobre la composición de los colores, renunció a publicar las *Lecciones de óptica* y se dedicó básicamente a estudios teológicos y alquímicos hasta 1684. A pesar de ello, a su muerte se le tributaron honores fastuosos.

KIRCHHOFF Y LA QUÍMICA DE LAS ESTRELLAS

Los cambios se estaban produciendo a una velocidad cada vez mayor. Al siglo de Newton también pertenecieron, entre otros, el matemático Fermat; Römer, quien midió la velocidad de la luz; Grimaldi, que estudió la difracción; Torricelli, que demostró la existencia del vacío; Pascal y Boyle, que definieron la física de los fluidos... La precisión de los telescopios y los relojes aumentó notablemente, y con ella el número de astrónomos deseosos de establecer con exactitud la posición de las estrellas y compilar catálogos estelares cada vez más completos para comprender la Vía Láctea.

La naturaleza de los cuerpos celestes quedaba fuera de su interés: aunque se pudiera determinar la forma, la distancia, las dimensiones y los movimientos de los objetos celestes, comprender su composición no estaba a su alcance. A principios del siglo XIX, William Herschel (1738-1822), dedujo la forma de la galaxia, construyó el mayor telescopio del mundo y descubrió Urano. Creía firmemente que el Sol estaba habitado.

Al cabo de pocos años, nacía la astrofísica, que, a diferencia de la astronomía (ya llamada «clásica» o «de posición»), se basaba en pruebas de laboratorio. Comparando la luz emitida por sustancias incandescentes con la recogida de las estrellas se sentaban las bases de lo imposible: descubrir la composición química y la estructura y el funcionamiento de los cuerpos celestes. Estaba mal vista por los astrónomos «serios» y se desarrolló gracias a físicos y químicos que inventaron nuevos instrumentos de análisis a partir de las demostraciones de Newton sobre la estructura de la luz.

En 1814, Joseph Fraunhofer (1787-1826) realizó observaciones básicas sobre las líneas que Wollaston había visto en el espectro solar: sumaban más de 600 y eran iguales a las de los espectros de la Luna y de los planetas; también los espectros de Pólux, Capella y Procyon son muy similares, mientras que los de Sirio y Cástor no lo son. Al perfeccionar el

Albert Einstein, en el observatorio de Yerkes (1921)
Las respuestas que necesitaban los astrofísicos surgieron cuando Einstein estableció, de una vez por todas, que la masa era «una forma de ser», un estado, de la energía, y viceversa. Según la sencilla relación que halló, la masa podía transformarse en energía y viceversa. Por fin se había descubierto el mecanismo que permitía a las estrellas producir ingentes cantidades de energía sin «consumirse» más que muy lentamente.

espectroscopio ➢121 con la invención de la retícula de difracción (más potente y versátil que el prisma de cristal), Fraunhofer observó en el espectro solar las dos líneas del sodio: así se inició el análisis espectral de las fuentes celestes.

Mientras, en laboratorio, John Herschel observó por primera vez la equivalencia entre los espectros y las sustancias que los producen, Anders J. Ångström (1814-1868) describía el espectro de los gases incandescentes y los espectros de absorción ➢196 y Jean Foucault (1819-1874) comparó los espectros de laboratorio y los de fuentes celestes. Gustav Kirchhoff (1824-1887) formalizó las observaciones en una sencilla ley que cambió la forma de estudiar el cielo: «La relación entre el poder de emisión y de absorción para una longitud de onda igual es constante en todos los cuerpos que se hallan a la misma temperatura». En 1859, esta ley empírica, que relacionaba la exploración del cielo con la física atómica, permitía penetrar en la química y la estructura de los cuerpos celestes y las estrellas. De hecho, basta el espectro de una estrella para conocer su composición. Y, con la espectroscopia, Kirchhoff y Robert Bunsen (1811-1899) demostraron que en el Sol había muchos metales.

La observación del Sol obsesionó a la mayoría de los astrofísicos. A veces, resultaba difícil identificar algunas líneas y ello condujo a descubrir un nuevo elemento químico; se empezó a sospechar que el Sol poseía una temperatura mucho más elevada de lo imaginado. Las líneas de emisión ➢194 de los espectros de estrellas y nebulosas demostraron que casi un tercio de los objetos estudiados eran gaseosos. Además, gracias al trabajo de Johann Doppler (1803-1853) y de Armand H. Fizeau (1819-1896), que mostró que el alejamiento o el acercamiento respecto al observador de una fuente de señal sonora o luminosa provoca el aumento o la disminución de la longitud de onda de dicha señal ➢219, empezó a precisarse la forma de objetos lejanos. El cielo volvía a cambiar y hasta las «estrellas fijas» se movían.

EL DIAGRAMA HR: EL CAMINO HACIA EL FUTURO

El padre Angelo Secchi (1818-1878) fue el primero en afirmar que muchos espectros estelares poseen características comunes, una afirmación refrendada hoy día con abundantes datos. Secchi clasificó las estrellas en cinco tipos, en función del aspecto general de los espectros ➢196. La teoría elegida era correcta: el paso del color blanco azulado al rojo oscuro indica una progresiva disminución de la temperatura, y la temperatura es el parámetro principal que determina la apariencia de un espectro estelar.

Más tarde, otros descubrimientos permitieron avanzar en astrofísica: Johan Balmer (1825-1898) demostró que la regularidad de las longitudes de onda de las líneas del espectro del hidrógeno podía resumirse en una sencilla expresión matemática; Pieter Zeeman (1865-1943) descubrió que un campo magnético de intensidad relativa influye en las líneas espectrales de una fuente subdividiéndolas en un número de líneas proporcional a su intensidad, parámetro que nos permite medir los campos magnéticos de las estrellas. En otros descubrimientos empíricos la teoría surgió tras comprender la estructura del átomo, del núcleo atómico y de las partículas elementales. Los datos recogidos se acumularon hasta que la física y la química dispusieron de instrumentos suficientes para elaborar hipótesis y teorías exhaustivas. Gracias a dichos progresos pudimos asistir a asociaciones como Faraday y su

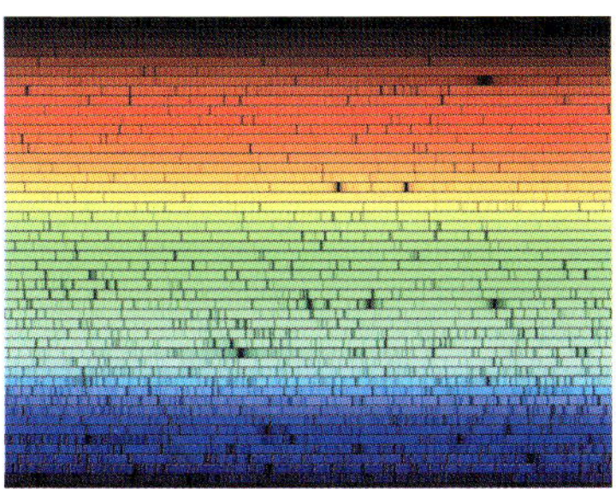

Espectro solar
El impacto que la ley de Kirchhoff tuvo en la astronomía de los siglos XIX y XX es parecido al de las leyes de Kepler en la astronomía de los siglos XVII y XVIII.

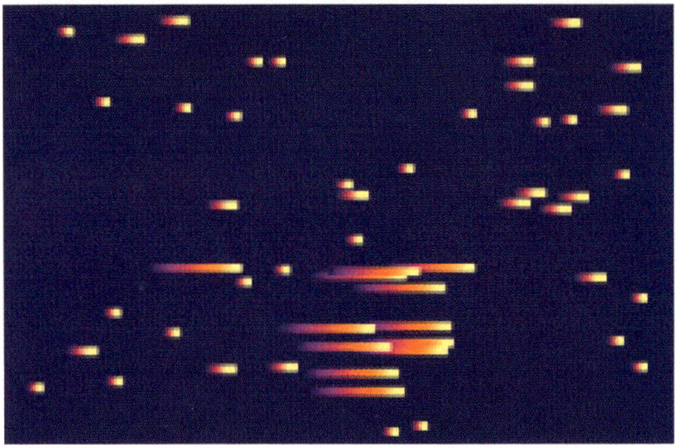

Espectros de estrellas y galaxias
A partir de mediados del siglo XIX, la fotografía permitió registrar de forma fiel e indeleble fenómenos que hasta entonces se habían observado sólo directamente y, en el mejor de los casos, habían sido dibujados por un astrónomo. Además, una fotografía puede examinarse varias veces con técnicas diversas, incluso años después, y puede poner de manifiesto objetos invisibles: gracias a los tiempos de exposición cada vez más largos, en el negativo fotográfico se fijan informaciones cada vez más detalladas, que pueden analizarse después con calma y precisión.
La imagen de la izquierda muestra los espectros de un grupo de estrellas.

concepto de «campo» como «estado» del espacio en torno a una «fuente»; Mendeleiev y su tabla de elementos químicos; Maxwell y su teoría electromagnética; Becquerel y su descubrimiento de la radiactividad; las investigaciones de Pierre y Marie Curie; Rutherford y Soddy y sus experimentos con los rayos α, β y γ; los estudios sobre el cuerpo negro ➢195 que condujeron a Planck a determinar su constante universal; Einstein y su trabajo sobre la cuantización de la energía para explicar el efecto fotoeléctrico; Bohr y su modelo cuántico del átomo; la teoría de la relatividad especial de Einstein que relaciona la masa con la energía en una ecuación simple... Todos fueron descubrimientos que permitieron explicar la energía estelar y la vida de las estrellas, elaborar una escala de tiempos mucho más amplia de lo que jamás se había imaginado y elaborar hipótesis sobre la evolución del universo.

En 1911, Ejnar Hertzsprung (1873-1967) realizó un gráfico en el que comparaba el «color» con las «magnitudes absolutas» ➢190 de las estrellas y dedujo la relación entre ambos parámetros. En 1913, Henry Russell (1877-1957) realizó otro gráfico usando la clase espectral ➢196 en lugar del color y llegó a idénticas conclusiones. El diagrama de Hertzsprung-Russell (diagrama HR ➢197) indica que el color, es decir, la temperatura, y el espectro están relacionados, así como que el tipo espectral está ligado a la luminosidad ➢190. Y debido a que esta también depende de las dimensiones de la estrella, a partir de los espectros puede extraerse información precisa sobre las dimensiones reales de las estrellas observadas. Ya sólo faltaba una explicación de causa-efecto que relacionara las observaciones entre sí en un cuadro general de leyes. El progreso de la química y la física resolvió esta situación, pues, entre otros avances, los cálculos del modelo atómico de Bohr reprodujeron las frecuencias de las líneas del hidrógeno de Balmer. Por fin, la astrofísica había dado con la clave interpretativa de los espectros, y las energías de unión atómica podían explicar el origen de la radiación estelar, así como la razón de la enorme energía producida por el Sol.

Las líneas espectrales dependen del número de átomos que las generan, de la temperatura del gas, su presión, la composición química y el estado de ionización. De esta forma pueden determinarse la presencia relativa de los elementos en las atmósferas estelares, método que hoy también permite hallar diferencias químicas muy pequeñas, relacionadas con las edades de las estrellas. Así, se descubrió que la composición química de las estrellas era casi uniforme: 90% de hidrógeno y 9% de helio (en masa, 71% y 27%, respectivamente). El resto se compone de todos los elementos conocidos en la Tierra.

Asimismo, el desarrollo de la física ha permitido perfeccionar los modelos teóricos y explicar de forma coherente qué es y cómo funciona una estrella. Dichos modelos sugirieron nuevas observaciones con las que se descubrieron tipos de estrellas desconocidas: las novas, las supernovas ➢204, los púlsares ➢203 con periodos o tiempos que separan los pulsos, muy breves... También se descubrió que las estrellas

Albert Einstein
Aunque siempre se ocupó de problemas puramente físicos, como el efecto fotoeléctrico, Einstein llegó a conclusiones que sirvieron para esclarecer definitivamente los problemas más espinosos de la astrofísica de los siglos XIX y XX.

Ordenadores, la aceleración de la mente
La última y gran novedad es la evolución de los ordenadores con posibilidades de cálculo y de elaboración cada vez mayores. Permiten realizar modelos del interior de una estrella y calcular los valores de los distintos parámetros quimicofísicos (desde la composición química a la temperatura, desde la presión a la intensidad) para cualquier distancia desde la superficie. En tiempos relativamente breves, una vez introducidas las leyes que debe tener en cuenta, el ordenador mostrará las características del espectro que debamos observar: el modelo propuesto será mejor cuanto más se parezca el espectro «teórico» al observado en la realidad.

evolucionan, que se forman grupos que luego se disgregan por las fuerzas de mareas galácticas.

La radioastronomía, una nueva rama de la astronomía, aportó más datos sobre nuestra galaxia, permitió reconstruir la estructura de la Vía Láctea y superar los límites de la astronomía óptica.

Se estaban abriendo nuevos campos de estudio: los cuerpos galácticos, los cúmulos globulares ➢218, las nebulosas ➢214, los movimientos de la galaxia ➢208 y sus características se estudiaron con la ayuda de instrumentos cada vez más sofisticados. Y cuanto más se observaba más numerosos eran los objetos desconocidos descubiertos y más profusas las preguntas. Se descubrieron nuevos y distintos tipos de galaxias fuera de la nuestra; examinando el efecto Doppler ➢219, se supo que todas se alejan de nosotros y, lo que es más, que cuanto más lejanas están más rápidamente se alejan.

Acabábamos de descubrir que el universo no terminaba en los límites de la Vía Láctea, sino que se había ampliado hasta el infinito, con galaxias y objetos cada vez más extraños. Sólo en el horizonte del *Hubble* se contabilizan 500 millones de galaxias. Y los descubrimientos continúan: desde el centro galáctico se observa un chorro de materia que se eleva más de 3.000 años luz perpendicular al plano galáctico; se observan objetos como α Cygni, que emite una energía radial equivalente a 10 millones de veces la emitida por una galaxia como Andrómeda; se estudian los quásares ➢224, que a veces parecen más cercanos de lo que sugieren las mediciones del efecto Doppler; se habla de «efectos de perspectiva» que podrían falsear las conclusiones... Y nos asalta una batería de hipótesis, observaciones, nuevas hipótesis, nuevas observaciones, dudas...

Todavía no se ha hallado una respuesta cierta y global. Un número cada vez mayor de investigadores está buscándola en miles de direcciones. De esta forma se elaboran nuevos modelos de estrellas, galaxias y objetos celestes que quizá sólo la fantasía matemática de los investigadores consigue concretar: nacen los «agujeros negros», los universos «de espuma», las «cadenas»...

En la actualidad, el número de investigadores centrados en problemas relacionados con la evolución estelar, la astrofísica y las teorías cosmogenéticas es tan elevado que ya no tiene sentido hablar de uno en particular, ni de un único hilo de investigación. Al igual que ocurre con otras ramas científicas, la astronomía se ha convertido en un trabajo de equipo a escala internacional que avanza sin cesar en una concatenación de innovaciones, inventos, nuevos instrumentos, interpretaciones cada vez más elaboradas y, a menudo, más difíciles de entender, incluso para los investigadores, que avanzan por infinidad de caminos paralelos. Es una situación que ya vaticinaba Bacon en tiempos de Galileo.

Hasta la astronomía se ha hiperespecializado y, por ejemplo, quienes estudian problemas particulares de la física de las estrellas pueden desconocerlo todo sobre planetas y galaxias. También el lenguaje es cada vez más técnico, y los términos, capaces de resumir itinerarios de investigación, son complejos de traducir al lenguaje común. Así, mientras la divulgación avanza a duras penas entre una jungla de similitudes y silogismos, las informaciones que proceden de otras disciplinas son aceptadas por los científicos y los resultados de cada cual se convierten en instrumentos para todos.

Las investigaciones sobre planetas, estrellas, materia interestelar, galaxia y universo van paralelas, como si fueran disciplinas independientes, pero en continua ósmosis. Y mientras la información sobre el Sol y los cuerpos del sistema solar es más completa, detallada y fiable, y las hipótesis sobre nuestra galaxia hallan confirmación, el universo que empezamos a distinguir más allá de nuestros límites no se parece a lo que hace un siglo se daba por sentado. Y mientras los modelos matemáticos dibujan uno o mil universos cada vez más abstractos y complejos, que tienen más que ver con la filosofía que a la observación, vale la pena recordar cómo empezó nuestro conocimiento hace miles de años.

La Tierra es el tercer planeta del sistema solar a partir del Sol. Para situarlo, se podría decir que está bastante cerca de la fuente de energía más rica de la zona, pero no tanto como para quemarse. Nuestro planeta, al igual que los demás, posee una historia de casi 5.000 millones de años, pero sólo en los últimos siglos –desde que el hombre empezó a hacerse preguntas y a darse respuestas, no siempre comprobadas o comprobables– se han oído verdades y mentiras sobre ella. Es pequeña, es grande, es esférica, es plana, es cilíndrica, se apoya en el caparazón de una tortuga gigante, flota en un océano de agua, está en el centro del universo... Pero eso no es todo: es hueca, es maciza, está formada por una capa de roca, en su interior hay un mar de lava, siempre ha sido así, ha cambiado varias veces de aspecto, está hinchándose como una pelota... También la Luna, compañera de la Tierra en su viaje celeste, se ha llevado su parte: astro mutable, siempre asociado a la mujer, al ciclo de la feminidad, a la siembra y a las estaciones. La Luna ha sido símbolo de contrastes, icono del nacimiento y la muerte, la pureza y la sensualidad, la fidelidad y la inconstancia, la fantasía y la racionalidad; pero también ha sido un importante instrumento celeste para medir el transcurso del tiempo, para marcar las estaciones y los ritmos de los cultivos o la pesca. Hoy sabemos que su influencia es notable. Si no hubiera Luna, la órbita de la Tierra sería distinta, los mares y los océanos no tendrían mareas y la rotación terrestre no se vería progresivamente ralentizada, ni observaríamos los eclipses, entre otros fenómenos.

En este capítulo veremos cuáles son las características de los cuerpos celestes conocidos y sus principales interacciones.

De la Tierra a la Luna

EL PLANETA AZUL

En tiempos muy recientes se han intentado esclarecer las creencias sobre la estructura y la dinámica de la Tierra. Numerosos científicos de varias disciplinas, que proceden diligentemente basándose en pruebas irrefutables, en investigaciones tecnológicamente avanzadas, en observaciones esperables, en hipótesis minuciosamente comprobadas, han permitido avanzar en el conocimiento de la Tierra a pasos agigantados. A pesar de ello, sabemos muy poco sobre determinados aspectos de nuestro planeta. Podemos aceptar que se sepa poco sobre lo que ocurre en su interior, pero que, por ejemplo, se invierta menos en estudiar los fondos oceánicos que en investigar Venus sólo es culpa del hombre.

La Tierra es un cuerpo esférico que, visto desde el espacio, parece redondo. Lo parece, pero en realidad, si se analiza con instrumentos precisos desde los satélites geodésicos, se descubre que no lo es. Pero tampoco es plana. Sin embargo, si de lejos la altura de las montañas es insignificante respecto al diámetro del planeta y si cada desnivel se aplana respecto a la inmensidad del globo, existen algunas zonas donde el perfil se aleja, ligera pero significativamente, del de una esfera ideal. Por ejemplo, el diámetro de la Tierra entre los polos es ligeramente más corto que el del ecuador, y el radio del hemisferio Norte respecto al centro de la Tierra es menor que el del hemisferio Sur. Existen muy pocas zonas en las que la superficie sea más plana que en otras: la forma que más se aproxima a la de la Tierra es la de una pera, una pera casi esférica, pero una pera al fin y al cabo. Los científicos la han bautizado como geoide, que significa «forma de la Tierra».

La razón de que nuestro planeta tenga precisamente esa forma no se sabe con certeza. Las hipótesis más avanzadas consi-

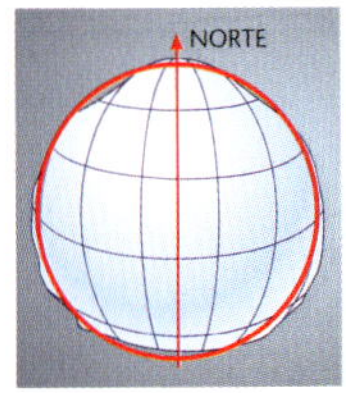

La Tierra, desde el espacio
Visto de lejos, nuestro planeta parece realmente esférico. Pero en realidad, si se mide con precisión las diversas alturas de la superficie terrestre respecto a una hipotética superficie esférica, se aprecian diferencias significativas. Arriba, la reconstrucción del geoide muestra las más evidentes.

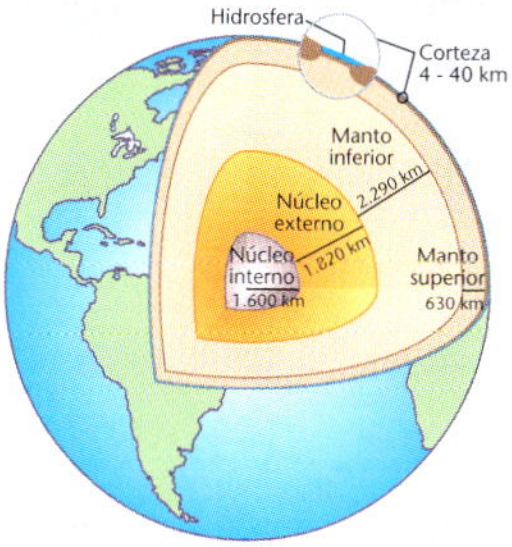

La Tierra en cifras

Edad (10^9 años = mya)	4,5
Radio ecuatorial (km)	6.378,388
• medio (km)	6.367,65
• polar (km)	6.356,912
Longitud	
• del meridiano (km)	40.009,152
• del eje meridiano mayor (Norte, km)	6.388
• del eje meridiano menor (Sur, km)	6.356,912
• del ecuador (km)	40.076,592
• de la órbita (10^8 km)	9,42
Superficie (10^8 km^2)	5,1
• de las tierras emergidas (10^8 km^2)	1,55
• de los mares (10^8 km^2)	3,55

Volumen (10^{12} km^3)	1,083
Masa (10^{24} kg)	5,9742
Densidad media (g/cm^3)	5,5
Gravedad superficial (cm/s^2)	980,655
Inclinación del ecuador sobre la elíptica	23° 27¢
Distancia al Sol	
• mínima (perihelio, 10^8 km)	1,411
• media (10^8 km)	1,496
• máxima (afelio, 10^8 km)	1,521
Velocidad de fuga (km/s)	11,2
Velocidad	
• angular de rotación (°/h)	15
• orbital media (km/s)	29,8

Periodo	
• de rotación sideral (h solares medias)	23,93
• de traslación (d solares medios)	365,26
Temperatura superficial media (en el suelo, K)	289
Presión atmosférica a nivel del mar (Pa)	101.325
Albedo	0,37

Relaciones de masa de las principales partes de la litosfera (10^9 kg)

atmósfera	$5,3 \cdot 10^9$
hidrosfera	$1,4 \cdot 10^{12}$
biosfera	$1,0 \cdot 10^6$
litosfera	$6,0 \cdot 10^{15}$

deran que entre las causas principales se cuenta la rotación → 40 del globo alrededor de su propio eje y la distribución asimétrica de los continentes. Pero el problema sigue sin resolverse. De todas formas, la Tierra continúa considerándose una esfera: la diferencia de 21,476 km existente entre el radio polar y el radio ecuatorial equivale al 0,34% del radio medio. Es como decir que una mesa cuadrada no es cuadrada porque, en lugar de medir 1 m de lado, uno de los lados mide 100,3 cm y el otro 997. Por ello, continúa hablándose de círculos máximos (ecuador y meridianos), de radio (si no se especifica lo contrario, es siempre «medio»), de diámetro (también «medio»), de ángulos al centro, etc.

EL PLANETA DEL AGUA Y SUS CUATRO ESFERAS

La Tierra, sobre todo en la superficie, es muy rica en agua. Esta cubre más del 71% de la superficie del planeta y le confiere su color azul. Por las particulares características de esta sustancia y las condiciones de temperatura típicas de la Tierra, el agua puede encontrarse, al mismo momento, en estado sólido, líquido y gaseoso: una condición con considerables repercusiones, tanto en el equilibrio térmico (efecto invernadero natural) como en el origen y la distribución de los organismos en diversos ambientes.

El agua moldea las rocas y condiciona la vida: los cambios estacionales; la erosión de ríos, mares y glaciares, la sedimentación en las grandes cuencas marinas; los fenómenos atmosféricos... todos ellos son aspectos ligados a la presencia del agua, a menudo visible incluso desde el espacio.

Precisamente el mundo del agua constituye una de las «esferas» en las que se subdivide, para su estudio, el planeta Tierra (o geosfera): la atmósfera (esfera del vapor, del griego *atmòs);* la biosfera (esfera de la vida, del griego *biòs);* la litosfera (esfera de la piedra, del griego *lithòs),* y la hidrosfera (esfera del agua, del griego *hydròs),* todas ellas bastante uniformes en cuanto a composición y estructura físico-química. Luego se produce una subdivisión, por zonas con características más homogéneas, como se expone a continuación.

Agua
La Tierra es el único planeta de nuestro sistema solar que posee agua en estado líquido, sólido y gaseoso en la superficie. El agua es el primer factor limitador esencial para la vida, el elemento que mantiene la temperatura planetaria dentro de unos baremos y el principal factor de la dinámica exógena de la Tierra: por dilatarse cuando se transforma en hielo y por solubilizar casi todos los minerales es el agente erosivo más eficaz de modificación continua del aspecto de nuestro planeta.

ES LA PARTE MÁS EXTENSA Y DESCONOCIDA DE LA TIERRA: MASAS ROCOSAS EN ESTADO SÓLIDO Y FLUIDO, SITUADAS A PROFUNDIDADES DE MÁS DE 6.000 KM (HASTA EL CENTRO DEL PLANETA), MANTIENEN ACTIVA UNA POTENTE DINÁMICA ENDÓGENA.

LA LITOSFERA

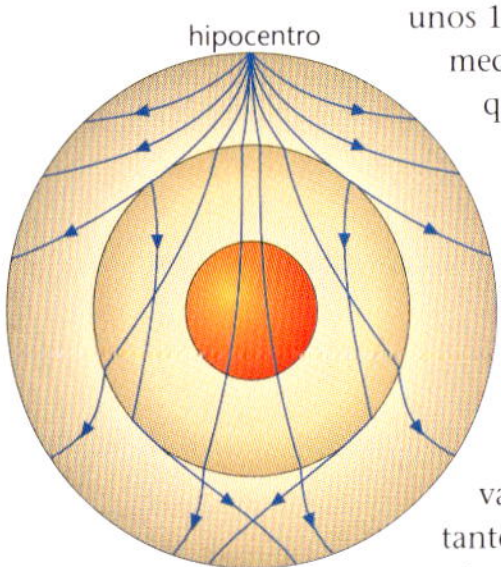

ONDAS SÍSMICAS
En el movimiento de los estratos rocosos sacudidos por un terremoto, se distinguen diversos tipos de ondas sísmicas, reconocibles en el trazado del sismógrafo. Se caracterizan por movimientos mayores de la roca (compresivos, entrecortados...) y por su distinta velocidad. Las ondas de compresión, longitudinales o primarias (P), son las primeras en llegar: se propagan a una velocidad de 5,6 km/s en la corteza continental, y de 6,5 km/s en la oceánica; de 8,1 km/s en los primeros 100 km de manto y de 7,8 km/s por debajo. Las ondas transversales o secundarias (S; 4,4 km/s) y las ondas de Love, sólo superficiales (3,3 km/s).

La información cierta sobre la Tierra se circunscribe a la superficie. Con las perforaciones más profundas realizadas se ha llegado a unos 15 km, algo más de dos milésimas del radio medio del planeta. La hipótesis barajada sobre lo que hay bajo nuestros pies es una elaboración teórica basada en el análisis del movimiento de las ondas sísmicas a través del globo. De hecho, cuando se produce un terremoto la energía acumulada en las capas rocosas se libera repentinamente y desplaza la roca. A partir del hipocentro, numerosas ondas sísmicas de diverso tipo se propagan en todas direcciones, atenuándose progresivamente. Es decir, la Tierra vibra durante bastantes minutos después de cada terremoto.

Las sacudidas quedan registradas en los sismógrafos de todo el planeta y los expertos comprueban el tipo, la fuerza y la velocidad.

En 1909, mientras estudiaba los sismogramas registrados por el observatorio de Zagreb, Andrija Mohorovicic descubrió que la señal de un seísmo producido a más de 200 km de distancia llegaba a mucha más velocidad que la producida por un terremoto cercano. Aquello parecía absurdo, pero halló una explicación convincente. Las ondas tenían que atravesar rocas de diversas densidades: en las zonas menos densas y más superficiales avanzaban a una velocidad inferior que en las zonas más densas y profundas; sólo las ondas producidas por terremotos lejanos se transmiten en profundidad.

Se empezó a hablar de corteza y de manto, y la superficie de discontinuidad que separaba estas dos zonas tomó el nombre de su descubridor. Hoy sabemos que la discontinuidad de Mohorovicic (o Moho), donde cambia la velocidad de las ondas sísmicas, tiene un grosor de casi 0,78% del radio terrestre y se halla a una profundidad variable de entre 6 y 40 km –es más profunda bajo los continentes y más superficial bajo los océanos.

La idea de Mohorovicic convenció. Pocos años después, el alemán Beno Gutenberg se dio cuenta de que no conseguía registrar las ondas S de los terremotos del hemisferio contrario y, puesto que este tipo de ondas no se propaga en los fluidos, dedujo que el corazón del planeta tenía que ser un núcleo «blando» donde las ondas se dispersaban.

Muchos expertos se dedicaron a estudiar los terremotos (también los producidos por explosiones nucleares subterráneas). Así se descubrió que el interior de la Tierra está mucho más estratificado de lo que se creía. Teniendo en cuenta los valores que pueden adquirir la presión y la temperatura a distintas profundidades y a tenor de los datos gravimétricos, de las características magnéticas de las distintas zonas de la corteza y de muchas otras variantes se realizaron modelos estructurales del planeta cada vez más acordes con las observaciones. Se concluye de ellos que la composición de la Tierra es la mostrada en la imagen de la derecha.

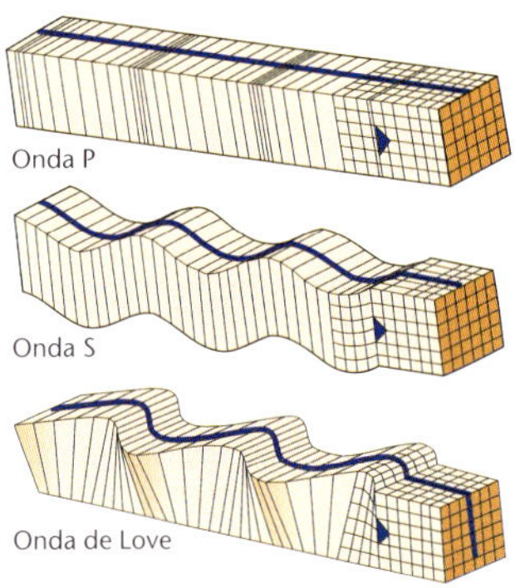

MINERALES, ROCAS Y MOVIMIENTOS DE LA CORTEZA

Si para un profano «mineral» y «roca» son sinónimos, para quien estudia la Tierra la diferencia es evidente: los minerales son piedras formadas por un solo compuesto químico que suele tener aspecto

RELACIONES DE MASA DE LAS PRINCIPALES PARTES DE LA LITOSFERA (109 kg)

CORTEZA CONTINENTAL	$1{,}6 \cdot 10^{8}$
CORTEZA OCEÁNICA	$7{,}0 \cdot 10^{13}$
MANTO	$4{,}1 \cdot 10^{15}$
NÚCLEO	$1{,}9 \cdot 10^{15}$

COMPOSICIÓN QUÍMICA DE LA CORTEZA TERRESTRE

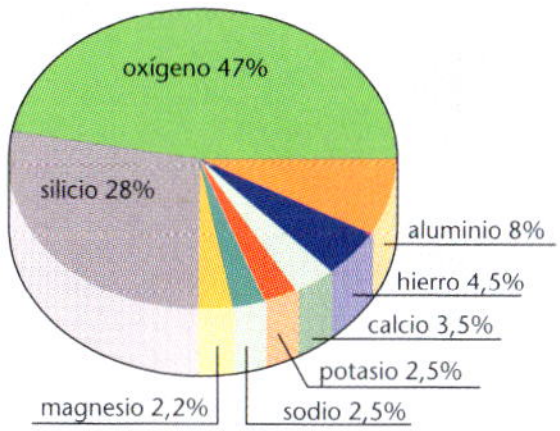

ESTRUCTURA
ABAJO: La Tierra está formada por capas concéntricas de rocas con diversa constitución química y distintos valores de temperatura y densidad, separadas por superficies de discontinuidad que toman el nombre de los científicos que las identificaron. El modelo abajo reproducido indica sólo los principales datos sobre los que la comunidad científica está de acuerdo.

cristalino y una estructura geométrica precisa; las rocas son masas informes, agregados de sustancias diversas que a menudo contienen cristales o minerales distintos. Por ello, los minerales se clasifican en función del elemento químico principal que los compone (minerales de hierro o férricos, de azufre o sulfúricos, de silicio o silicatos...) y las rocas se dividen según el origen.

Hasta las piedras más duras son modificadas si se someten a una fuerza. Si esta es inferior al límite de plasticidad, las capas rocosas se curvan, pero no se agrietan, y dan lugar a los pliegues: rectos o verticales, tumbados o acostados, si la roca se fractura. Cuando la acción de la fuerza supera el límite de plasticidad, las capas rocosas se rompen y, si la fuerza es suficientemente grande, los trozos se alejan

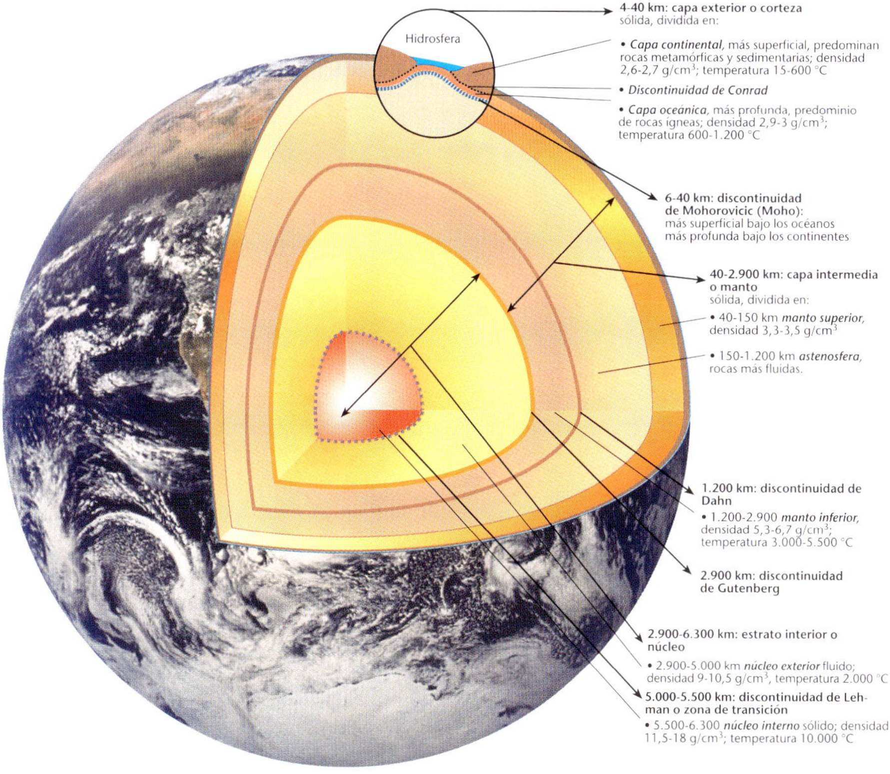

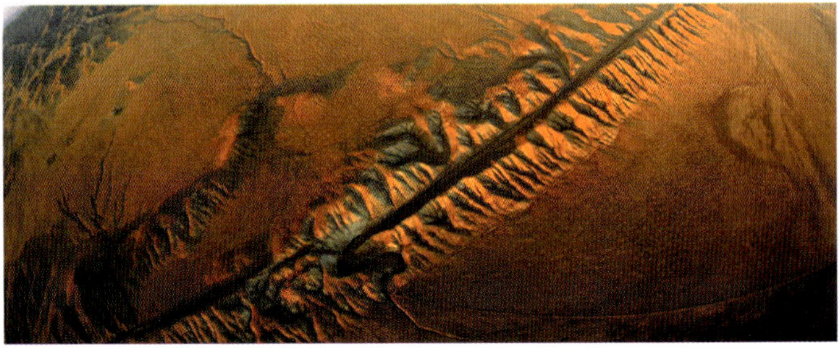

La falla de San Andrés
Es la falla más famosa del mundo. Marca el límite de la placa continental californiana que se desliza lentamente junto a la placa continental norteamericana. El movimiento queda aún más patente con los valles excavados por cursos de agua que cambian repentinamente de dirección.

con violencia. Las rocas partidas y las capas interrumpidas forman las fallas y muestran siempre puntos de la corteza en los que las fuerzas de compresión o distensión son rápidas y potentes.

LA DINÁMICA DEL PLANETA

El movimiento de la corteza es continuo. A pesar de ello, hasta hace apenas un siglo nadie se había dado cuenta. Se observaba la erosión, los terremotos, los corrimientos de tierra, los volcanes... pero se pensaba que la Tierra era eternamente inmutable. A partir del siglo XIX, con datos cada vez más numerosos y verosímiles, se empezó a pensar que debía de existir un mecanismo que formaba las montañas y «reciclaba» los sedimentos.

El inglés John Pratt elaboró una teoría orogenética de gran éxito. Según su teoría isostática, las montañas menos densas «flotaban» en llanuras o fondos marinos más densos. La corteza estaba formada por prismas o bloques enormes rocosos que se hundían en mayor o menor medida en la astenosfera, la parte plástica del manto. La isostasia tuvo muchos defensores y, en algunos casos, sigue siendo válida.

Pero, Alfred Wegener, un climatólogo amante de la geología, abrió las puertas a la moderna interpretación de los fenómenos geológicos. Lanzó la hipótesis de que todos los continentes, antaño unidos en un enorme continente llamado Pangea, se alejaron entre sí como balsas a la deriva. En 1915, expuso en *Die Entstehung der Kontinente und Ozeane* («La formación de los continentes y los océanos») su teoría de la deriva de los continentes, que fue rechazada de pleno por toda la comunidad de geólogos con el argumento de que, por más sugerente que fuera, no se basaba en pruebas creíbles ni proporcionaba ninguna hipótesis sobre el «mecanismo» que la determinaba, y además no la proponía un geólogo.

Wegener dedicó toda su vida a recoger pruebas, pero no convenció a nadie. A diferencia de la teoría isostática, la deriva de los continentes presuponía la existencia de un «motor». ¿Por qué se fragmentó Pangea? ¿Por qué los pedazos iban a la deriva? Wegener no tenía la menor idea.

TIPOS DE ROCAS

Rocas ígneas o volcánicas. Son las «rocas vírgenes» producidas por la actividad endógena de la Tierra. Tienen origen en la solidificación del magma, la roca fundida que se forma principalmente en zonas de contacto entre la corteza y el manto. Están constituidas por silicatos, son ricas en cristales y a menudo tienen burbujas producidas por el desarrollo de gas durante el enfriamiento. Se dividen en:

- *Plutónicas:* el magma se solidifica con presión y temperatura elevadas dentro de la corteza terrestre. Ello provoca el desarrollo de cristales de medidas homogéneas (por ejemplo, el granito).
- *Lávicas:* el magma se solidifica en la superficie, a presión y temperatura ambiente. Ello provoca la rápida conversión del gas en burbujas (lapilli, piedra pómez), la formación de cristales heterogéneos y de rocas vitrificadas (por ejemplo, oxidiana).

Rocas sedimentarias. Tienen origen en el medio marino. En los ***geosinclinales,*** puntos donde los fondos ceden y se doblan bajo el peso de los sedimentos, tiene lugar la transformación de materiales incoherentes en una nueva roca. Bajo el peso de miles de metros de sedimentos, la arena y el fango depositados se comprimen, pierden agua y adquieren la consistencia de la roca. Al mismo tiempo, los gránulos de carbonato de calcio se sueldan en un lento proceso llamado ***diagénesis.*** Tras millones de años, con la arena se forma la arenisca y con el fango, la marga. Un geosinclinal puede hundirse hasta 10 o 20 km bajo la superficie del fondo marino. La presión es suficiente para realizar la diagénesis. Solo los sedimentos acumulados en los geosinclinales se transforman en roca sedimentaria: los que caen en otros lugares se desperdigan en los fondos y son arrastrados por las corrientes profundas. Las rocas sedimentarias se reconocen por su tendencia a descomponerse en láminas, debido a la presen-

LA TECTÓNICA DE PLACAS

En los sesenta, Hess descubrió que en las dorsales mediooceánicas, auténticos cinturones volcánicos, los fondos crecen. Por tanto, ellas eran el motor o la causa de la deriva de los continentes. En esta hipótesis se basa la teoría orogenética de la **tectónica de placas** propuesta por McKenzie y Parker: la corteza terrestre es un inmenso puzzle de bloques rocosos (las placas) en movimiento, que descansan sobre el manto, por encima de la discontinuidad de Moho.

Cada placa nace de una dorsal oceánica que, al expulsar nuevos basaltos, la obliga a deslizarse sobre el manto, al igual que los glaciares se deslizan sobre la montaña. Cada placa, al moverse, fricciona las placas circundantes y ello provoca terremotos superficiales. Algunas chocan y dan origen a una cadena montañosa interna, y otras se deslizan superpuestas y crean una fosa oceánica. Las rocas de la placa que se hunde se «pierden» en el manto o remontan en forma de magma a través de las grietas de la placa superior y crean las cadenas montañosas costeras de origen volcánico. Es la hipótesis más aceptada, que da una explicación coherente y completa a muchísimos fenómenos geológicos, porque los relaciona con la dinámica de la Tierra producida por la radiactividad natural.

Un planeta vivo
Toda la Tierra se halla en continuo movimiento: el aire, las nubes, el agua de los océanos, los glaciares... La vida hierve por doquier. Hasta las rocas se mueven: los terremotos hacen vibrar la corteza continuamente renovada por la dinámica litosférica; las rocas, dobladas, partidas o transformadas, construyen montañas que serán allanadas por la erosión, y la lava fluida se desliza por la superficie rocosa y renueva el aspecto de regiones enteras...
La Tierra es el planeta solar más activo.

cia tanto de cavidades producidas por la desaparición de residuos orgánicos como por fósiles. Aunque casi todas sean de silicio, pueden distinguirse:

- *Rocas de tipo orgánico*. Están formadas casi exclusivamente por restos de plancton o de animales (por ejemplo, barreras coralinas).
- *Rocas evaporíticas*. Son el resultado del depósito salino producido por la evaporación de una notable masa de agua debida, por ejemplo, a la progresiva desaparición de un mar o a la perduración de condiciones climáticas particulares. El aumento de la concentración salina precipita poco a poco numerosas sales: primero los carbonatos (por ejemplo, yeso) y, luego, los sulfanatos y los cloruros.

Rocas metamórficas. Si en los geosinclinales se produce la cementación de los sedimentos y la diagénesis hasta 10-20 km de profundidad, y a partir de los 40-50 km las rocas se vuelven fluidas, en el espacio intermedio (entre 20 y 40 km) la temperatura y la presión tienen valores demasiado elevados para que se formen rocas sedimentarias y demasiado bajos para que se forme magma. Las rocas y los sedimentos se transforman en profundidad, pero no se licuan: así se forman otros tipo de roca nueva, abarquilladas por el esfuerzo térmico y bárico que sufren y que derivan de la *metamorfosis* de las rocas sedimentarias o ígneas. Las rocas metamórficas son todas silicatadas, menos los mármoles: a menudo se reconocen por la presencia de láminas iridiscentes (esquisto), pero tienen características distintas según haya sido la génesis de su metamorfosis.

Metamorfismo de contacto. La roca se transforma por la cercanía del magma, que cuece las rocas circundantes (la roca calcárea se transforma en mármol).

Metamorfismo de presión. Entre los 20 y 30 km de profundidad, lejos de las zonas magmáticas, la presión modifica hasta las rocas ígneas, menos sensibles al calor, y normalmente no se generan nuevas rocas, sino nuevos tipos de cristales (por ejemplo, el diamante).

Una película de agua, de sólo 9 o 10 milésimas como máximo del diámetro terrestre, envuelve la litosfera. El agua se halla por doquier: discurre por el corazón de las rocas, erosiona las faldas de los montes, construye llanuras y playas... El agua, la sustancia más característica de la Tierra, permite la vida, condiciona su distribución y marca el clima.

LA HIDROSFERA

Un mundo de agua
Si observamos la Tierra desde el espacio, podremos apreciar la importancia del agua en nuestro planeta. Además de las extensiones marinas, las superficies heladas de los polos, los lagos y los ríos, y además de los inmensos bancos de nubes, gran parte de la materia viva está compuesta por agua.

Así se denomina la parte del planeta ocupada por agua líquida (océanos, mares, lagos, ríos, faldas subterráneas...) y sólida (casquetes polares, glaciares y banquisas): un elemento que se extiende desde casi 8 km de altura (en la cima de las montañas más altas) hasta casi 11 km de profundidad (las fosas oceánicas).

El agua de la hidrosfera está en continuo movimiento: corrientes, olas y mareas agitan mares, lagos y ríos, los glaciares se deslizan por las montañas, los iceberg flotan a la deriva empujados por el viento y las corrientes, y miles de riachuelos atraviesan las rocas, horadan grutas y disuelven sales en su camino hacia el mar.

Así, la hidrosfera modela la litosfera, la erosiona, transporta los detritos y los acumula hasta formar nuevas estructuras geológicas.

Dado que el agua tiene un elevado calor específico, la hidrosfera constituye un enorme depósito de calor e influye de forma determinante en los climas y los vientos de las tierras emergidas.

MARES Y OCÉANOS

Los mares son grandes masas de agua salada delimitadas por archipiélagos, grandes islas o penínsulas, o cerrados por tierras relativamente cercanas entre sí. También hay grandes lagos de agua dulce que son muy extensos, profundos e importantes desde el punto de vista ambiental. Los océanos, mucho mayores, dividen los continentes y normalmente alcanzan una profundidad superior a la de los mares, cubren las plataformas continentales, en otras palabras, las zonas de fondos comprendidos entre el continente y la dorsal continental, un abismo sumergido con los pies en las grandes llanuras abisales.

Aunque mares y océanos estén unidos, pueden variar en cuanto a salinidad, densidad y temperatura. Ya sea por la fuerte evaporación o porque las sales se disuelven más fácilmente en agua caliente, las aguas tropicales son más saladas que las de los mares fríos o de las zonas cercanas a la desembocadura de grandes ríos. La salinidad más eleva-

La barrera coralina
Las barreras coralinas, características de los climas tropicales, son uno de los ecosistemas con mayor densidad biológica de la Tierra.

Grutas
Las formaciones subterráneas visibles en las grutas cársticas se originan por la filtración de agua, que primero solubiliza los minerales de calcio y después los deposita.

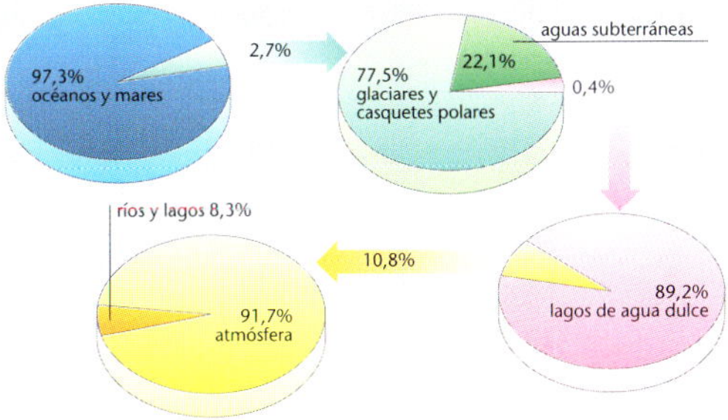

La hidrosfera en números

Superficies de océanos y mares respecto a la:	
- superficie terrestre	71%
- superficie del hemisferio Norte	61%
- superficie del hemisferio Sur	84%
Masa	$1,4 \cdot 10^{21}$ kg
Volumen en km^3	
- total	$1,4 \cdot 10^9$
- mares y océanos	$1,4 \cdot 10^8$
- casquetes polares y glaciares	$2,9 \cdot 10^6$
- faldas hídricas	$8,4 \cdot 10^5$
- ríos y lagos	$2,0 \cdot 10^5$

da es la del mar Rojo, con más del 40%, y la más baja, la del Báltico, con un 5%.

Mares y océanos se subdividen en función de la profundidad en zonas con características bastante homogéneas:

La ***zona eufótica*** (del griego *eu*, «bien», y *fotós*, «luz») comprende la primera capa, poco profunda, donde llega la luz solar; aquí viven muchas plantas y la oxigenación es máxima. Según la profundidad, se divide en *zona hemipelágica* (0-50 m de profundidad) y en *zona mesopelágica* (50-200 m), donde sólo llegan los rayos ultravioletas y la vegetación se reduce a las algas de color marrón rojizo.

La ***zona afótica*** («sin luz») comprende el resto del agua. Aquí la oscuridad es total. Según la profundidad, se subdivide en *zona infrapelágica* (200-600 m de profundidad), rica en nutrientes por la cercanía de las costas y de la zona eufótica y poblada con mucha fauna íctica, y la *zona batipelágica* (2.500-11.000 m), casi desierta.

La presión del agua es proporcional a la profundidad y aumenta a razón de 10.000 hPa cada 10 m. A 200 m bajo el nivel del mar, cada centímetro cuadrado de superficie soporta un peso de 20,46 kg.

La temperatura decrece de forma irregular, con notables diferencias en función de la latitud: en el ecuador, la temperatura media superficial es de 30 °C, y baja a 15 °C a –250 m, a 8 °C a –500 m, a 5 °C a –1.000 m, y se estabiliza alrededor de los 5-0 °C a 4.000 m de profundidad. En el ecuador, la temperatura de la superficie polar, se registra a 4.000 m de profundidad.

LAGOS Y RÍOS

Los lagos constituyen importantes reservas de agua dulce. En función de su origen se dividen en lagos volcánicos, con forma circular; glaciares, irregulares y alargados; tectónicos, irregulares, producidos por los movimientos de la corteza terrestre (por ejemplo, el mar Muerto); costeros, formados también por agua salobre; cársticos; pelágicos, si son los restos de antiguos mares o golfos (como el mar Caspio); de aluvión, de barrera natural o artificial.

Los ríos pueden alimentarse de las precipitaciones atmosféricas (torrentes) o de los glaciares, caracterizados por un flujo constante de agua.

La cantidad de agua que circula por segundo a través de una sección de un curso de agua se llama ***caudal***, y se mide en metros cúbicos por segundo (m^3/s): es máximo durante el deshielo y mínimo en los periodos secos. Los afluentes que forman parte de la misma ***cuenca hidrográfica*** contribuyen al caudal.

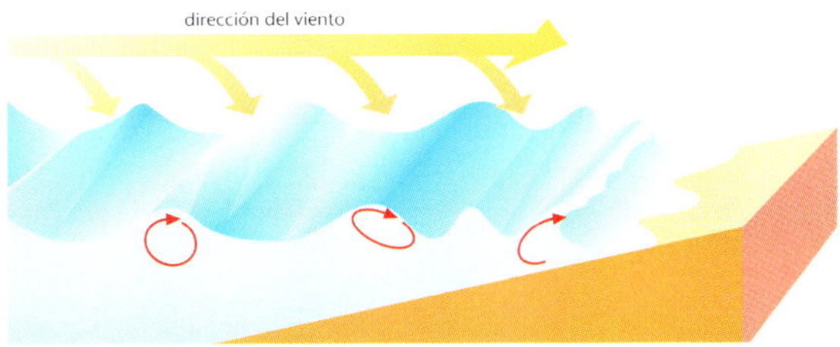

Dinámica de las olas
El viento imprime un movimiento rotatorio a las partículas de la superficie del agua (olas). Cuando el fondo marino obstaculiza el movimiento, se deforma hasta crear el oleaje.
Abajo: Las principales corrientes oceánicas cálidas (flechas rojas) y frías (flechas azules).

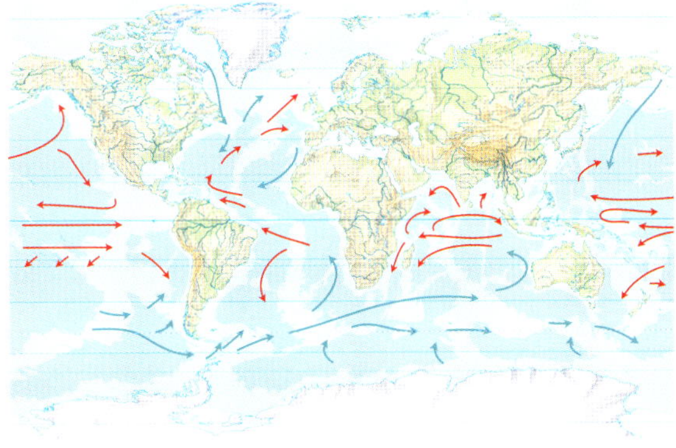

Es una esfera que apenas alcanza los 20 km de grosor. Es el espacio destinado a la vida. Se sitúa entre el cielo y el mar, entre la tierra y el aire. En ella viven millones de especies que nadan, vuelan, corren, excavan, saltan, reptan... Es un mundo en ebullición, lleno de seres enormes y microscópicos, que cambia continuamente en un equilibrio precario.

LA BIOSFERA

Entornos extremos
Las áreas del planeta en las que se forma la nueva roca, las rocas desérticas, las grutas más profundas, las cimas montañosas y los abismos marinos constituyen los entornos naturales más extremos, en los que escasea o falta la vida.

La biosfera y la hidrosfera están estrechamente relacionadas: el agua es el elemento esencial de todas las formas de vida, y la distribución del agua en el planeta (es decir, los límites de la hidrosfera) condiciona directamente la distribución de los organismos (los límites de la biosfera). El término «biosfera», de reciente creación, indica el conjunto de zonas de la Tierra donde hay vida, y se circunscribe a una estrecha región de unos 20 km de altura comprendida entre las cimas montañosas más elevadas y los fondos oceánicos más profundos. Sólo pueden hallarse formas de vida en la biosfera, donde las condiciones de temperatura, presión y humedad son adecuadas para las más diversas formas orgánicas de la Tierra.

Obviamente, las fronteras de dicha «esfera» son elásticas y su extensión coincide con la de la hidrosfera, se superpone a las capas más bajas de la atmósfera y a las más superficiales de la litosfera, donde se sumerge, como máximo, unos 2 km. Sin embargo, si por biosfera se entiende la zona en la que hay vida así como la parte inorgánica indispensable para la vida, deberíamos incluir en este concepto toda la atmósfera, sin cuyo «escudo» contra las radiaciones más fuertes no existiría ningún tipo de vida; o la corteza terrestre entera y las zonas superiores del manto, sin las cuales no existiría la actividad volcánica, que resulta necesaria para enriquecer el suelo con nuevas sustancias minerales.

Por tanto, la biosfera es un ecosistema tan grande como el planeta Tierra y en continua modificación por causas naturales y artificiales. Las modificaciones naturales se producen a escalas temporales muy variables: en tiempos larguísimos determinados por la evolución astronómica y geológica, que influyen decididamente en las características climáticas de los distintos ambientes (por ejemplo, durante las glaciaciones), o en tiempos más breves, relacionados con cambios climáticos desencadenados por sucesos geológico-atmosféricos imprevistos (por ejemplo, la erupción de un volcán, que expulsa a la atmósfera grandes cantidades de ceniza capaces de modificar el clima de extensas áreas durante periodos considerables).

Ecosistemas artificiales
El entorno modificado por la actividad humana es radicalmente distinto del natural, y está en constante equilibrio precario. Aquí, la variedad de especies vivas se reduce trágicamente tanto por las condiciones ambientales llevadas al extremo como por la continua selección practicada por el hombre.

En cambio, las modificaciones artificiales debidas a la actividad humana tienen efectos rápidos: la deforestación producida en África por las campañas de conquista romanas contribuyó a acelerar la desertificación del Sáhara, como tampoco hay duda de que la actividad industrial de los últimos siglos determina modificaciones dramáticas y repentinas en los equilibrios biológicos.

LOS FACTORES LIMITANTES

La biosfera es el punto de encuentro entre las diversas «esferas» en las que se subdivide la Tierra: está surcada por un flujo continuo de energía procedente tanto del interior del planeta como del exterior y se caracteriza por el intercambio continuo de materia, en un ciclo incesante que une todos los entornos.

Pero no por esta razón hay vida por doquier, pues la vida requiere condiciones particulares e imprescindibles. Existen determinados elementos físicos y químicos que «limitan» el desarrollo de la vida. La presencia y disponibilidad de agua es el primero y más importante. El agua es el solvente universal para la química de la vida, es el componente primario de todos los organismos y sin agua la vida es inconcebible. Pero no sólo eso; al pasar del estado sólido al líquido y al gaseoso, y viceversa, el agua mantiene el «efecto invernadero natural», capaz de conservar la temperatura del planeta dentro de los niveles compatibles con la vida (es decir, poco por debajo de los 0 °C y poco por encima de los 40 °C).

La presión, que no deberá superar mucho el kilogramo por centímetro cuadrado (como sucede alrededor de los 10 m de profundidad en el mar), así como una amplia disponibilidad de sales minerales y de luz solar (indispensables para la vida de las plantas) son también factores que marcan las posibilidades de vida.

Existen seres vivos capaces de sobrevivir en condiciones extremas, en las que la temperatura, la presión o la intensidad luminosa están muy alejadas de los valores medios necesarios, pero son comparativamente pocos.

Agua y vida
El agua es el elemento esencial de la vida y el primer factor limitador. Donde falta, sólo viven organismos con sistemas de supervivencia especiales, como esta planta que despunta sobra la lava (izquierda). Donde abunda, la vida se muestra en miles de aspectos diversos, como esta selva tropical (derecha).

Auroras polares y rayos, nubes densas y grises, estrellas de hielo, vientos de más de 300 km/h y zonas de calma perenne... Es la atmósfera, un océano de gas en continuo movimiento que protege la Tierra de las radiaciones.

LA ATMÓSFERA

Ciclón
La troposfera, la capa más baja y densa de la atmósfera, rica en vapor acuoso, se caracteriza por los fenómenos atmosféricos más visibles y espectaculares. El vapor al condensarse o cristalizarse origina las precipitaciones y las nubes.

La atmósfera es quizá el término más vago usado para identificar una parte de un cuerpo celeste. Indica el envoltorio superficial de un planeta o una estrella, formado sobre todo por gas e iones (plasma). Parece fácil decirlo, pero los gases no son como un líquido o un trozo de roca, en los que puede determinarse exactamente dónde está la superficie que los separa del entorno circundante. Es imposible indicar el nivel preciso donde acaba la atmósfera y empieza el plasma interplanetario.

De hecho, los gases apenas están sometidos a la fuerza de la gravedad; se «esfuman» hacia el espacio y abandonan continuamente el cuerpo celeste. En el caso de la Tierra, por estar tan cerca del Sol, determinar dónde termina la atmósfera terrestre y dónde empieza la solar (el denominado viento solar ➢148, que, a esta distancia, es aún bastante denso) es un problema al que sólo puede responderse teóricamente. El límite exterior de la atmósfera terrestre se define como el nivel en el que se presume que las moléculas de gas atmosférico dejan de sentir la atracción terrestre y las interacciones con el campo magnético de la Tierra. Estas condiciones se producen a alturas que varían según la latitud: en el ecuador, la atmósfera se acaba a una cuota aproximada de 60.000 km y en los polos, a 30.000 km.

Pero estos datos son sólo indicativos: el campo magnético terrestre está deformado por el viento solar y su forma varía. Por tanto, también varía el grosor de la atmósfera. Ésta sufre la influencia del movimiento de rotación del sistema Tierra-Luna ➢54

Radiación
La atmósfera absorbe gran parte de la radiación solar que llega a la Tierra. El gráfico muestra cómo el pico de flujo a nivel del mar se halla en la franja visible y cerca de la ultravioleta. Más del 70% de la radiación solar se refleja en el espacio, y casi el 30% se transforma en calor, que alimenta el ciclo del agua.

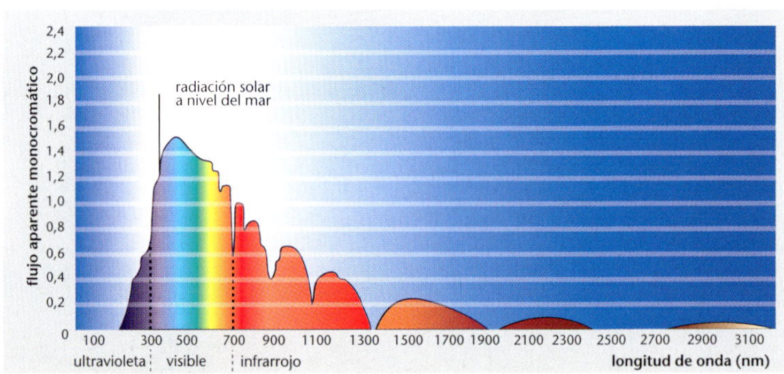

PRINCIPALES COMPONENTES EN CANTIDADES CASI CONSTANTES EN LOS ESTRATOS BAJOS DE LA ATMÓSFERA (AIRE SECO, %)

NITRÓGENO MOLECULAR	780,84
OXÍGENO MOLECULAR	209,46
ANHÍDRIDO CARBÓNICO	430
ARGÓN	9,34
NEÓN	0,0018
HELIO	0,0005
KRIPTÓN	0,000114
XENÓN	0,000009
HIDRÓGENO MOLECULAR	0,00005
METANO	0,00017
VAPOR DE AGUA	0-4

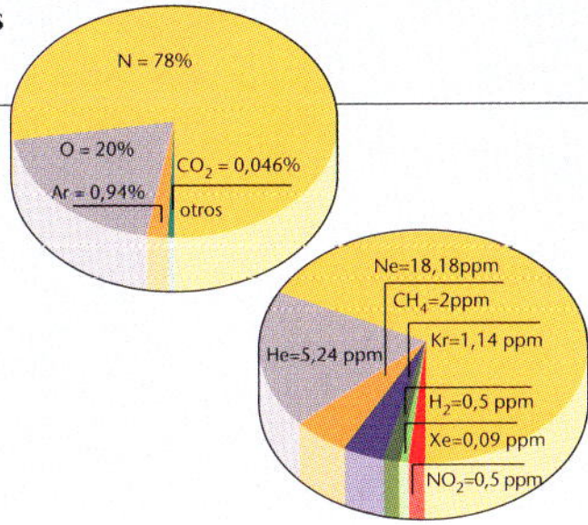

PRINCIPALES COMPONENTES EN CANTIDADES VARIABLES EN LOS ESTRATOS BAJOS DE LA ATMÓSFERA (AIRE SECO)

OZONO (ORIGEN: RADIACIÓN ULTRAVIOLETA)	0-0,50 ppm
ANHÍDRIDO SULFUROSO (ORIGEN: INDUSTRIA Y VOLCANES)	0-1,00 ppm
DIÓXIDO DE NITRÓGENO (ORIGEN: INDUSTRIA)	0-0,02 ppm
NITRÓGENO MOLECULAR (ORIGEN: INDUSTRIA)	10^4 g/m^3
CLORURO SÓDICO (ORIGEN: MAR)	10^4 g/m^3
AMONIACO (ORIGEN: INDUSTRIA)	TRAZAS
ÓXIDO DE CARBONO (ORIGEN: INDUSTRIA)	TRAZAS

y las interferencias gravitatorias de la Luna y el Sol. Como las moléculas de gas, más ligeras y menos unidas entre sí que las del agua, tienen más posibilidades de movimiento, las mareas atmosféricas son más visibles que las oceánicas. Aunque la atmósfera está formada por gas en movimiento, ni su composición ni sus características son homogéneas.

ESTRUCTURA

La atmósfera no es como un cuerpo sólido en el que las moléculas se distribuyen uniformemente, sino que el 90% del gas atmosférico se halla concentrado en la parte más cercana al suelo. Por ello, la densidad atmosférica es máxima a nivel del suelo y disminuye al alejarnos de la superficie. Sucede lo mismo con la presión y con la concentración del vapor de agua, que desaparece por completo a los 45 km. En cambio, las variaciones de temperatura se deben a la fuente térmica de mayor influencia: en las capas más cercanas al nivel del suelo, el aumento de temperatura se debe a la radiación terrestre, mientras que en las capas más exteriores domina la radiación solar. En las zonas intermedias hay frío. Según los valores asumidos por estas variables, la atmósfera se subdivide en «esferas» más homogéneas:

- ***Homosfera:*** (del griego *hómos,* «igual») hasta 100 km de altura, con composición similar a la del suelo.
- ***Heterosfera:*** (del griego *héteros,* «distinto»), el aire por encima de los 100 km, con composiciones diversas.

Otras subdivisiones describen mejor las variaciones:

- ***Troposfera:*** hasta 7 km en los polos y 18 km en el ecuador. Aquí se producen todos los fenómenos meteorológicos.
- ***Estratosfera:*** de 7-18 km a 30-60 km de altura.
- ***Mesosfera:*** de 30-60 km a 80-100 km.
- ***Termosfera:*** de 80-100 km en adelante.

Las «esferas» se hallan separadas por tres superficies de discontinuidad (o pausas), indicadas por una brusca variación de los parámetros: ***tropopausa, estratopausa y mesopausa.*** Hay otras «esferas» que se añaden a las principales:

- ***Ionosfera:*** parte de la mesosfera y la termosfera. Los iones y electrones se estratifican de forma diversa y reflejan las ondas magnéticas.
- ***Magnetosfera:*** las partículas con carga quedan atrapadas en las líneas de fuerza del campo magnético terrestre *(cinturones de Van Allen)* y originan las auroras boreales.
- ***Exosfera:*** a más de 1.000 km, se halla fuera del alcance de la gravedad y está compuesta por plasma.

UN COPO DE NIEVE
Todos los fenómenos meteorológicos se hallan relacionados con la presencia de vapor de agua en el aire. Son característicos de los estratos atmosféricos más bajos (la troposfera y los estratos inferiores de la estratosfera).

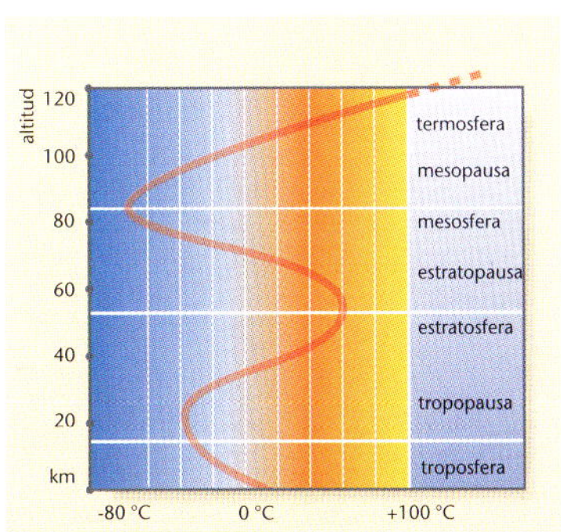

DIAGRAMA
La variación de presión y temperatura al aumentar la altura permite distinguir con facilidad las diversas «esferas» atmosféricas.

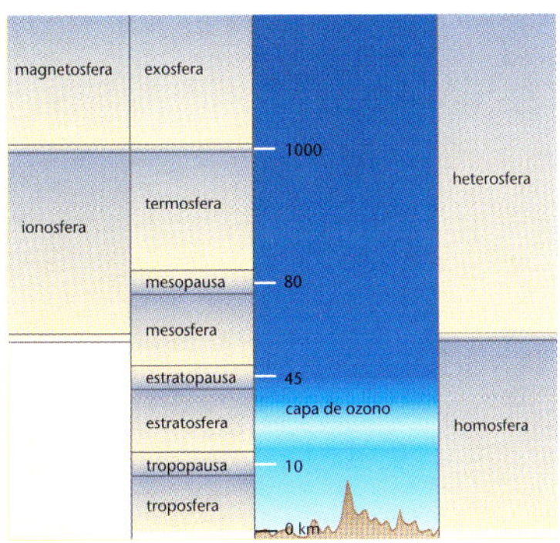

ESTRUCTURA
Desde el nivel del suelo se distinguen numerosas «esferas», separadas por sus respectivas «pausas» caracterizadas por valores medios distintos de temperatura, densidad y presión.

La Tierra, al igual que todos los cuerpos en el espacio, se mueve. Su movimiento es tan complejo que, para estudiarlo mejor, se descompone en movimientos más simples y luego se recomponen según las leyes de la física, con lo que nos permiten describirlo con exactitud y aclarar todas sus dinámicas.

LA TIERRA EN EL ESPACIO

El movimiento de la Tierra
El movimiento de la Tierra en el espacio es muy complejo y se descompone en varios movimientos de más sencilla descripción matemática. Existe un movimiento de rotación alrededor de su propio eje, uno de precesión y otro de traslación alrededor del Sol. Además, la Tierra se mueve alrededor del centro galáctico y con la galaxia ➢208 se desplaza en el espacio.

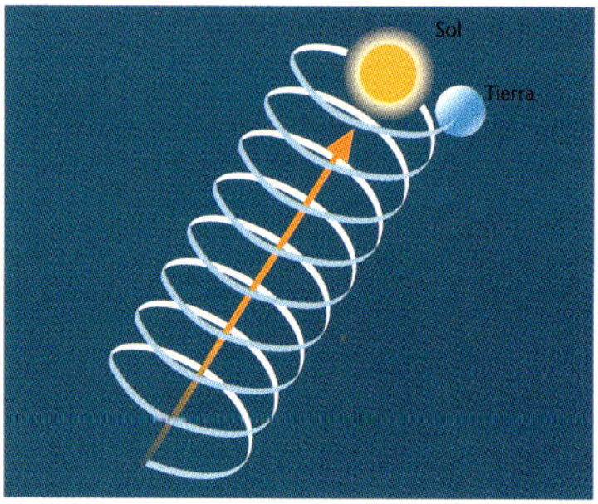

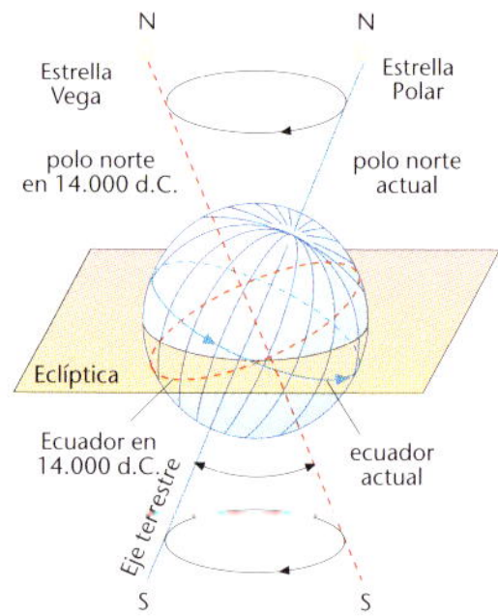

Los movimientos más importantes en los que se subdivide el movimiento de la Tierra son la ***rotación*** alrededor de su propio eje, la ***precesión*** y la de ***traslación*** alrededor del Sol. Cada uno de estos movimientos, combinado con las características generales de nuestro planeta y, en particular, con la más importante, la inclinación del eje de rotación, produce numerosos efectos en el clima y en las condiciones de vida de nuestro planeta, así como en las posibilidades de observación astronómica.

ROTACIÓN Y PRECESIÓN

La Tierra gira alrededor de un eje de rotación que marca en la superficie terrestre el polo norte y el polo sur y que apunta hacia la Estrella Polar, la α-Polaris de la constelación de la Osa Menor ➢77. Esta dirección es constante durante periodos de tiempo bastante largos, pero a causa del movimiento de precesión cambia en el curso de miles de años. Como el eje de una peonza, la Tierra describe una circunferencia completa para lo que emplea 260.000 años. Esto provoca también un desplazamiento del punto γ ➢66, que, realiza una revolución completa. Pero el movimiento más importante es el de rotación en torno a su eje, que define nuestro día. Dado que la Tierra es sólida, la rotación tiene una velocidad angular igual en todos los puntos de su superficie (360°/24 h = 15°/h), excepto en los lugares que se hallan sobre los ejes (polos): en un día, cada punto recorre una circunferencia completa (360°) cuya longitud depende de la latitud (indicada por ϕ).

Rotación de la esfera celeste
Las estrellas próximas al polo tienen una declinación ➢66 y, por ello, siempre son visibles desde los observatorios del mismo hemisferio, igual que sucede con el Sol en las latitudes polares.

CONSECUENCIAS DE LA ROTACIÓN Y PRECESIÓN
Son numerosas y de diverso tipo.
1. ***La rotación de la esfera celeste.*** A diferencia del Sol, las estrellas presentan una declinación (δ) ➢66 constante. Si δ ≥90° – ϕ (donde ϕ es la latitud del observatorio), serán estrellas circumpolares, es decir, estarán fijas, ni saldrán ni se pondrán nunca. En

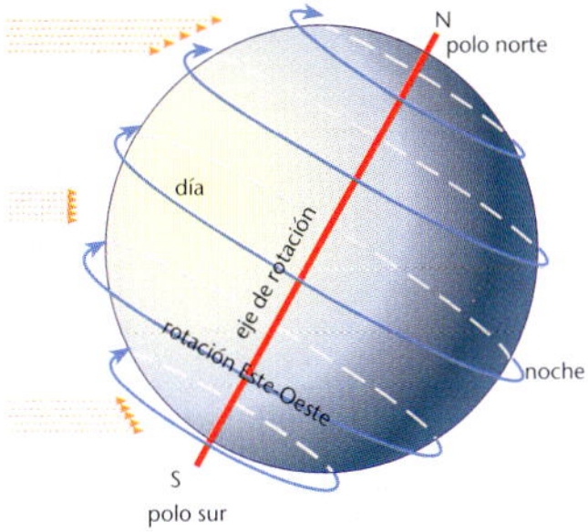

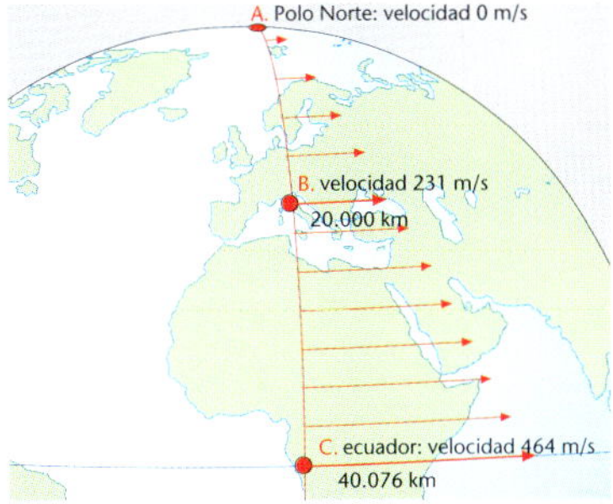

Exposición solar
La altura del Sol en el horizonte cambia con la latitud y la estación.

Velocidades tangenciales
Un punto determinado en el polo ($\phi = 90°$) sobre el eje de rotación tiene una velocidad de 0 km/h. Un punto $\phi = 45°$ recorre en 24 horas 20.000 km, a unos 833 km/h. Un punto $\phi = 0°$ sobre el ecuador recorre en 24 horas unos 40.076 km, a 1.670 km/h.

cambio, $\delta \geq 90° - \phi$ saldrán y se pondrán, como hace el Sol en nuestras latitudes.

2. ***La alternancia del día y la noche.*** Durante el año la declinación del Sol que recorre la eclíptica varía entre 23°27'N y 23°27'S. Para lugares donde la latitud sea $\phi < 90°$ y $> 66°33'$, el Sol puede ser circumpolar un día o más, hasta un máximo de seis meses en los polos ($\phi = 90°$). La alternancia de luz y oscuridad en 24 horas toma el nombre de fotoperiodo, regulador de todas las actividades de los seres vivos. Además, el paso del tiempo se mide en función de la rotación aparente del Sol: el día se divide en 24 horas (h), cada una en 60 minutos (min), que a su vez se dividen en 60 segundos (s), y cada uno de estos se subdivide en décimas, centésimas y milésimas.

Por ello, durante el día entre un lugar y otro se produce una diferencia de «tiempo horario»: allí donde el Sol sale, la medida del tiempo es distinta de donde el Sol se pone o de allí donde ya es noche cerrada. Para aclararlo se establecieron los *husos horarios* y el *día solar medio*.

3. ***El aplastamiento polar.*** La Tierra es sólida, pero es plástica. La rotación imprime un aceleración diversa a distintas profundidades del planeta, así como a la superficie. Con el tiempo, estos esfuerzos tangenciales llevan al aumento progresivo del diámetro ecuatorial y a la reducción del polar.

4. ***El efecto de Coriolis.*** Dado que los lugares de la Tierra recorren en un mismo tiempo una longitud distinta en función de la latitud, también la velocidad de rotación será distinta. Esto provoca el *efecto de Coriolis*, es decir, que los cuerpos en movimiento hacia el Sur, a lo largo de un meridiano, tiende a desviarse hacia el Oeste.

TRASLACIÓN

Es el movimiento de la Tierra alrededor del Sol, considerado inmóvil y situado en el centro de uno de los dos focos de la eclíptica. La traslación respeta las leyes de Kepler ➢18 y de Newton ➢21: la velocidad es mayor en el *perihelio* y menor en el *afelio*, aunque no sean diferencias relevantes, dado que la *excentricidad de la órbita* solo es de 0,017. La Tierra viaja alrededor del Sol a una media de 30 km/s.

CONSECUENCIAS DE LA TRASLACIÓN

La ***alternancia de las estaciones.*** Se debe tanto a la traslación como a la inclinación del eje de la Tierra. Según la posición de la Tierra respecto al Sol, cambia la altura en el horizonte de la trayectoria que sigue el Sol y, por consiguiente, la cantidad de energía recibida. De este fenómeno dependen directamente las condiciones climáticas.

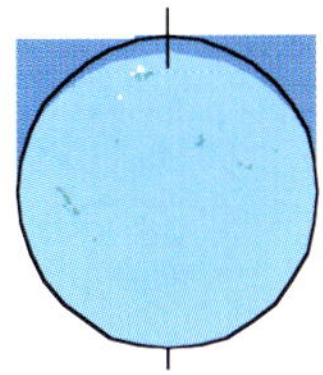

Las estaciones
La energía que las zonas de la Tierra reciben con la insolación varía en función de la posición del planeta en la órbita y de la latitud. Las dos imágenes del mismo hemisferio Norte durante el verano (arriba) y durante el invierno (abajo) muestran esta diferencia.

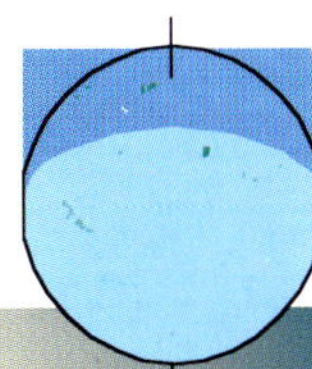

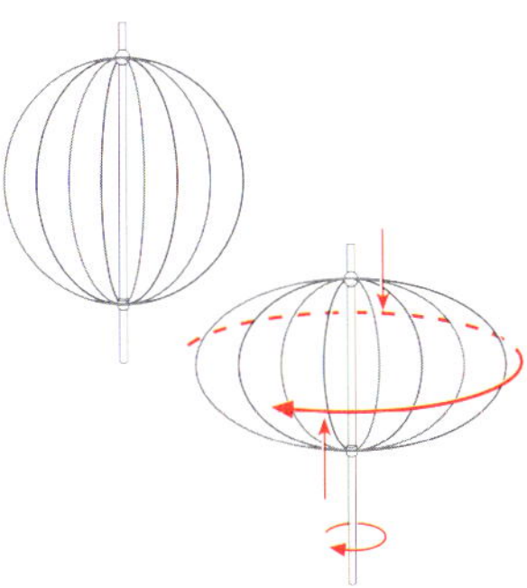

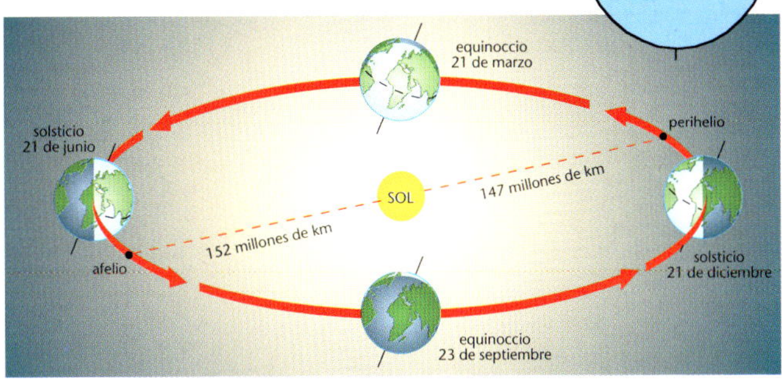

La Luna, que en realidad es pequeñísima, nos parece tan grande como el Sol. Es esa la razón por la que fue adorada como una divinidad de igual importancia. Por la variación cíclica de su aspecto, ha sido instrumento de medida y símbolo de elementos contrastados y contrapuestos: representados por la Luna llena, voluminosa y benévola, o por la Luna nueva, oscura y misteriosa. A pesar de los conocimientos adquiridos, de haberla alcanzado con sondas y expediciones, de haber resuelto muchos interrogantes y de saber que la Luna sólo es una bola de roca que gira en el espacio, muchos siguen creyendo en la influencia que ejerce sobre los acontecimientos terrestres, como el ritmo de las lluvias o los nacimientos.

LA LUNA
Y EL SISTEMA TIERRA-LUNA

La Luna tiene una superficie «vieja, agujereada y consumida», como la definió Qfwfq, el personaje imaginario de las novelas «cosmocómicas» de Italo Calvino. Además de los cráteres volcánicos, relativamente raros, está surcada por grandes llanuras de lava, llamadas *mares* o *cuencas*, que parecen más oscuras que las zonas circundantes, llamadas *tierras* o *mesetas*. A su alrededor surgen cadenas montañosas con cañones, desfiladeros, depresiones y picos, también constelados de cráteres originados por los meteoritos de eras antiguas. El tamaño excesivamente pequeño de la masa no consigue retener las moléculas de gas, razón de la ausencia de atmósfera y de líquidos en su superficie. Esto ha llevado a que las formaciones lunares se conserven tal como se formaron; las más antiguas, que se remontan a unos cuatro mil millones de años, se yerguen junto o bajo las más recientes.

La Luna es un pequeño mundo rocoso, con oscilaciones de temperatura de más de 200 °C (la media al Sol es de 100 °C y a la sombra de -100 °C). El suelo, cubierto por una arena polvorienta, impalpable y finísima, sufre anualmente unas 3.000 debilísimas sacudidas sísmicas endógenas. En cambio, la caída de un meteorito de varias decenas de kilos puede provocar terremotos que hacen temblar la Luna durante varios minutos.

OBSERVACIONES

La Luna brilla porque refleja la luz del Sol. Este es un fenómeno que intuían los pueblos más antiguos que medían el tiempo a partir de observaciones astronómicas, pero fue prácticamente desconocido hasta Anaxímenes, quien interpretó correctamente la dinámica de los eclipses.

Según Parménides, la Luna «mira siempre hacia los rayos resplandecientes del Sol», mientras que Empédocles pensaba que los eclipses se debían a la interposición de la Luna entre la Tierra y el Sol, y los aprovechaba para calcular una distancia Luna-Sol que estimaba el doble de la distancia Tierra-Luna.

Demócrito fue el primero en interpretar las manchas lunares como las sombras de valles y montañas, mientras que Plutarco las observó y concluyó que desde la Tierra se veía siempre la misma cara y que la Luna tenía una superficie irregular con valles, mon-

Sidereus nuncius
Galileo fue el primero en realizar un retrato real de la Luna, y las páginas del *Sidereus nuncius* destilan la emoción del descubrimiento: *«Una cosa bellísima y atractiva en medida superlativa es poder mirar el cuerpo lunar [...]. Con la certeza que deriva de la experiencia visual, se conoce que la Luna no está en absoluto revestida de una superficie lisa y planchada, sino escabrosa y desigual, y de modo idéntico a la cara de la Tierra, se presenta cubierta de toda suerte de prominencias enormes, valles profundos y hendiduras».*

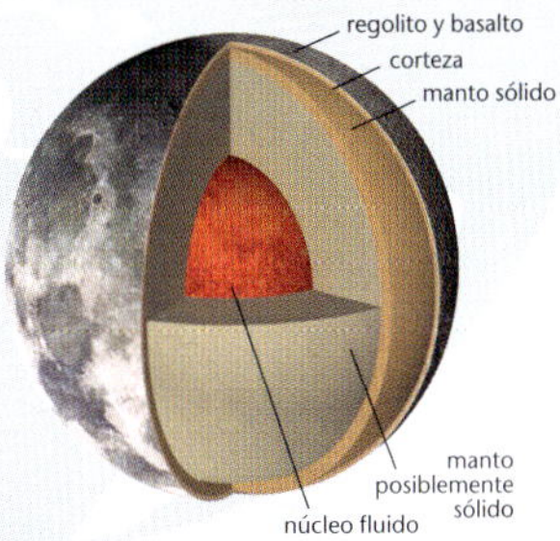

La Luna en cifras		Respecto a la Tierra
Radio		
• ecuatorial (km)	1.738	0,272
• polar (km)	1.740	0,272
Superficie (10^7 km^2)	3,8	0,075
Volumen (10^{10} km^3)	2,2	0,02
Masa (en 10^{23} kg)	0,74	0,012
Densidad (g/cm^3)	3,34	0,61
Gravedad (g, cm/s^2)	163,38	0,166
Velocidad de fuga (km/s)	2,4	0,21
Edad (103 mya)	~4,5	
Mes sideral (d solares medios)	27,32	
Lunación (o mes lunar) (d solares medios)	29,53	
Excentricidad de la órbita	0,055	
Inclinación de la órbita sobre la eclíptica	5°9'	
Inclinación del eje de rotación sobre el plano de la órbita	6°41'	
Distancia media de la Tierra (km)	384.400	

tes y océanos que reflejaban de forma distinta la luz solar. Fueron las últimas observaciones, porque la filosofía de Aristóteles ➢12 impidió cualquier avance durante cientos de años. Hasta Galileo ➢19, quien vio que la Luna era un objeto físico áspero, rocoso y comparable a la Tierra. La midió, «demostrando que las asperezas terrestres son mucho menores que las lunares; digo menores hablando incluso en términos absolutos y no en razón sólo de los tamaños de los respectivos globos». Así nació la topografía lunar.

Newton ➢21 se preguntó si la fuerza que hace caer un proyectil con trayectoria parabólica no sería la misma que la que hace mover la Luna en su órbita elíptica, y la respuesta que halló cambió el curso de la ciencia. Pero para disponer de más información sobre la estructura real de la Luna y su topografía hubo que esperar varios siglos. La solución vendría con las expediciones espaciales rusas, estadounidenses y chinas, que fotografiaron incluso la cara oculta. Sin embargo, es probable que bajo la blanda superficie de nuestro satélite nos esperen nuevos descubrimientos.

DISTANCIA TIERRA-LUNA Y OTRAS MEDIDAS

Los primeros intentos de medir la distancia Tierra-Luna a partir de una base trigonométrica y respecto al diámetro terrestre se remontan a Aristarco e Hiparco ➢12, quienes obtuvieron valores cercanos a la realidad. Las medidas más precisas se consiguieron aplicando la misma lógica a partir de mediados del siglo XVI, pero los mejores resultados se cosecharon con las nuevas técnicas, como la medición del tiempo que un haz de ondas electromagnéticas emplea en ir y volver de la Tierra a la Luna. En 1946, el estadounidense Evans fue pionero en usar el radar. Luego llegó el láser, que, apuntado a reflectores situados en la Luna que habían dejado las sondas soviéticas y los astronautas de las misiones Apolo 11, 14 y 15, permitía obtener la medida de las distancias lunares al perigeo, al apogeo y a los nodos ➢51 con un error de $4{\cdot}10^{-10}$ m, lo que permitió establecer la distancia media Tierra-Luna en 384.000 km. Conocer estas medidas permite comprobar la teoría del movimiento lunar y cuantificar los intercambios energéticos entre la Tierra y la Luna, así como la desaceleración de la rotación terrestre; también nos da información para valorar modelos sobre la estructura interna de la Luna. Además, estas medidas permitieron comprobar el principio de equivalencia que propuso Einstein al afirmar que la masa gravitatoria y la masa inercial son idénticas, así como la invariabilidad de la constante gravitatoria calculada por Cavendish.

La forma de la Luna es muy similar a una esfera. A partir de las medidas del diámetro terrestre, la distancia media Tierra-Luna y el diámetro angular medio de la Luna (31'5''), se calcula fácilmente el diámetro, la superficie y el volumen de nuestro satélite. Por la atracción terrestre y la rotación, también la Luna presenta un achatamiento en dirección a la Tierra, aunque la diferencia entre los dos ejes resulta insignificante: 1,5 km , apenas el 0,43%.

La masa se determinó gracias a las medidas gravitatorias valorando las mareas terrestres o las perturbaciones en la órbita del asteroide Eros ➢162, muy parecido al sistema Tierra-Luna.

Sistema Tierra-Luna Mientras que el centro de masa se halla en el interior de la Tierra, el «punto neutro», donde la fuerza de la gravedad de la Tierra y la de la Luna están compensadas, se halla en el espacio a 38.440 km de nuestro satélite y a 345.960 km de la Tierra. Los vehículos espaciales lanzados desde la Tierra que superan este límite entran en la esfera de atracción lunar.

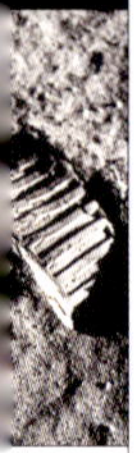

En tiempos de Galileo se pensaba que la Luna era lisa y perfecta, pero el telescopio pareció descubrir océanos y tierras, montes y llanuras habitadas. Hoy sabemos que las sombras que vemos en la Luna son enormes cráteres meteoríticos, volcanes apagados, inmensas extensiones de lava y llanuras polvorientas sin vida.

GEOLOGÍA LUNAR

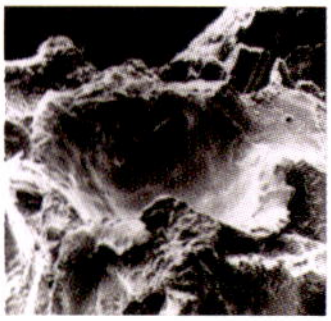

Microcráteres por impacto
En esta microfotografía de una roca lunar, se aprecia claramente un pequeño cráter producido por el impacto de un micrometeorito, que ha conducido a la fusión de la roca.

Aunque la exploración directa de la Luna haya dado una respuesta definitiva a muchos interrogantes, la observación desde la Tierra proporciona valiosas informaciones sobre la geología lunar y, por ejemplo, a partir del número de cráteres y de su estratificación se puede deducir la edad relativa de las rocas de una región (cuanto más superpuestos y numerosos sean, más antigua será el área); midiendo la difusión de la luz solar se puede decir que el suelo lunar está formado principalmente por partículas pequeñas e incoherentes con una elevada porosidad; las técnicas de radar pueden «sondear» la corteza lunar hasta una profundidad de casi 1.300 m (así se hallaron bolsas de hielo subterráneo en una zona del polo sur lunar, que se atribuyen a los restos de un cometa). Otras muchas informaciones se apoyan en técnicas de observación a distancia con telescopios y en el estudio de fotografías. Por último, las perturbaciones gravitatorias medidas por las sondas de la órbita lunar permiten valorar la distribución de masas con distinta densidad en la Luna. Así se descubrieron los *mascons*, anomalías gravitatorias negativas detectadas en las cuencas circulares, posiblemente debidas a la colisión en tiempos remotos de enormes asteroides.

LAS PRINCIPALES ESTRUCTURAS GEOLÓGICAS

MARES O CUENCAS
Se llaman *mares* porque presentan un color más oscuro y se creía que estuvieron cubiertos de agua. Estas llanuras lunares o *cuencas* son en realidad enormes extensiones de roca basáltica formada probablemente en épocas remotas, cuando el impacto de algún gran meteorito rompió la corteza sólida e hizo manar material fluido del interior.

Las cuencas sólo ocupan el 15% de la superficie lunar y están prácticamente ausentes en la cara invisible desde la Tierra; además, las rocas que las componen se caracterizan por una alta densidad (3,4 veces la del agua) y por ser mucho más «jóvenes» que las recogidas en otras formaciones lunares, algo que avala la hipótesis de un origen efusivo.

EL ORIGEN DE LA LUNA

La edad de la Luna se conoce con precisión. Los resultados concuerdan y dejan pocas dudas; las regiones más antiguas son las mesetas (cuatro mil millones de años) y las más recientes, las cuencas (unos tres mil millones de años). La Luna, al igual que todo el sistema solar, se originó hace cinco mil millones de años. Pero, ¿cómo fue? No faltan hipótesis, aunque las pruebas recogidas no permiten decantarse por ninguna. Veamos las más significativas. Para que una hipótesis sea aceptada, debe explicar los hechos con datos comprobables y, para la Luna, se parte de los siguientes supuestos:

- Tiene la misma edad que el resto de los cuerpos del sistema solar, como lo demuestra el análisis de las muestras.
- Tiene una densidad y composición mineral superficial muy similar a la de la corteza terrestre.
- Se halla muy cercana a la Tierra desde hace no más de dos millones de años, como lo demuestra la dinámica de las mareas.
- Se formó en la misma región

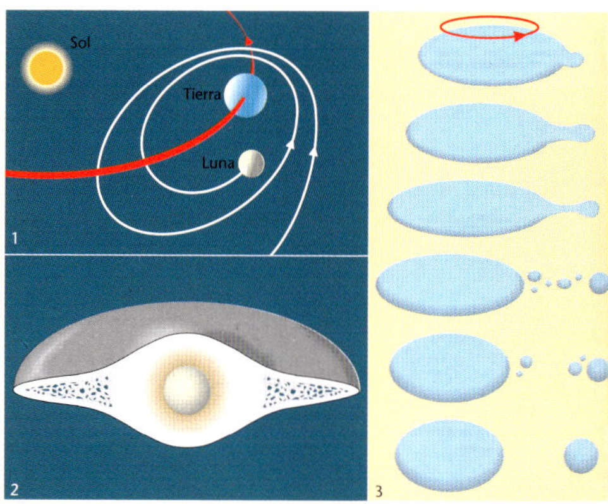

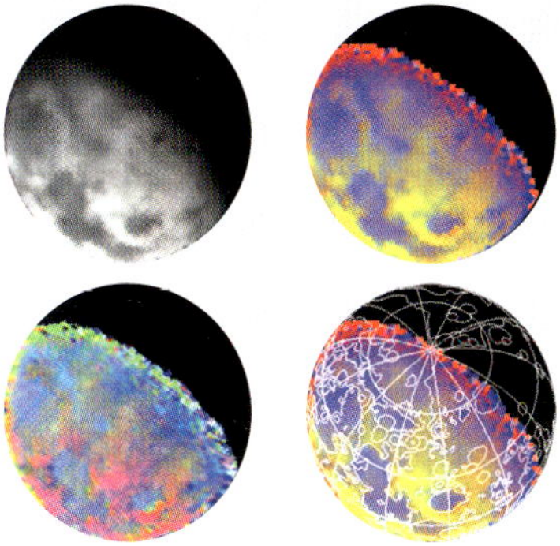

Observaciones lunares
Las observaciones con luz polarizada, infrarrojos o ultravioletas proporcionan datos sobre la composición y la naturaleza de las rocas superficiales.

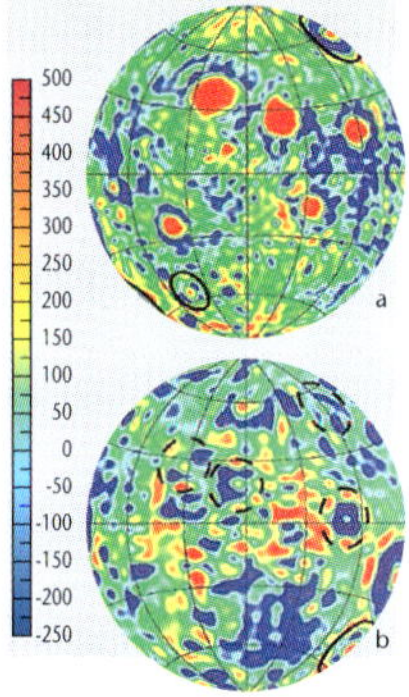

Gravimetría
Los *mascons* se localizan en la cara visible (**a**) y en la oculta (**b**).

Rocas lunares
Análisis microscópico de una fina sección de roca lunar. Los diferentes colores indican la presencia de cristales con distinta estructura química.

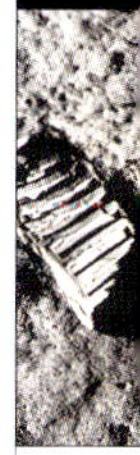

CONTINENTES O MESETAS

Los *continentes* o *mesetas,* llamados así por contraposición a los mares, son lo que queda de la corteza primitiva. Aquí las huellas de los meteoritos son más numerosas. Representan el 85% de la superficie lunar (el 70% de la cara visible) y sus rocas son menos densas que las de las cuencas (unas tres veces el agua) y más antiguas (casi cuatro mil millones de años). A diferencia de la corteza terrestre, la lunar no se divide en placas en movimiento y las cadenas montañosas lunares no están producidas por la dinámica interna, sino por los meteoritos. Además, por tener una gravedad inferior a la de la Tierra, han podido formarse montes mucho más altos proporcionalmente, tal como apreció Galileo, y es fácil que superen los 6 km, con abundantes picos de 8 km.

Por otro lado, es evidente que la Luna no tiene movimientos internos, pues las estructuras geológicas lunares no se desplazan un ápice y el flujo de calor interior es demasiado bajo para que pueda existir una dinámica tectónica sostenida por corrientes convectivas. Las mediciones de la expedición Apolo 17 indican que el flujo de calor endógeno sólo es de 2-4 mW/cm^2, es decir, prácticamente la mitad del terrestre. A veces, más que cadenas montañosas se trata de precipicios que separan dos mesetas de altura distinta. Una vez más, podemos relacionar su origen con algún impacto.

Montañas en la Luna
El origen meteorítico de las montañas lunares se suele confirmar por su forma arqueada que rodea las grandes cuencas. Los impactos de enorme potencia han hundido la corteza por el centro y la han extendido por los laterales. En esta imagen, los Montes Apeninos, que forman parte de una serie de cordilleras montañosas, encierran la enorme cuenca del Mare Imbrium.

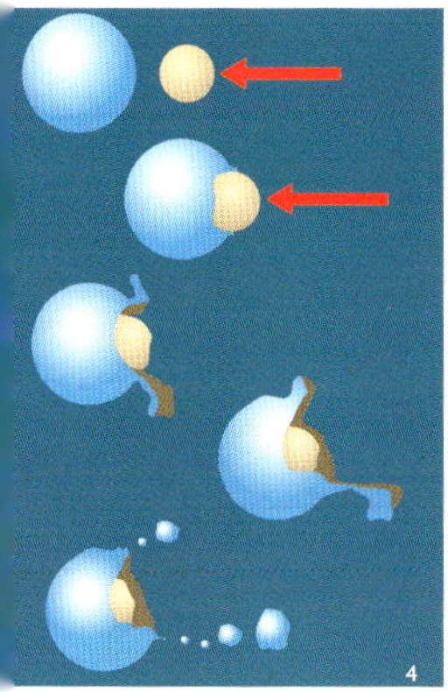

del espacio que la Tierra, como lo demuestra el análisis isotópico de las muestras.

Hipótesis

1. La Luna era un cuerpo errante que se formó lejos del planeta Tierra (como los cometas o asteroides) y fue capturada por casualidad por el campo gravitatorio terrestre.
2. Como la Tierra y el resto de planetas, la Luna se consolidó a partir de la nebulosa primitiva por la gradual agregación de asteroides. Una variación de esta teoría supone que la Tierra original estaba rodeada por un disco de crecimiento similar al de Saturno, que se extendía hasta una distancia de casi tres radios terrestres; ése sería el material que alimentó el crecimiento de la protoluna.
3. La Luna es una «gota» de Tierra que se desprendió de nuestro planeta, cuando aún era semifluido, a causa de la rápida rotación.
4. La Luna fue arrancada de la corteza terrestre por el impacto violento de un meteorito.
5. La hipótesis más aceptada es un punto medio entre las anteriores, basada en simulaciones por ordenador que han intentado introducir en un único escenario todos los datos recopilados desde 1986. Cuando la Tierra acababa de consolidar la corteza rocosa, un protoplaneta de al menos 6.000 km de diámetro (del tamaño de Marte) chocó con la Tierra, rompió la corteza y el manto y provocó en pocos minutos la formación de dos gigantescas protuberancias de material vaporizado en el impacto. A las pocas horas del impacto, el material expulsado empezó a condensarse en la órbita que rodeaba la Tierra. Según este modelo matemático, habrían bastado 23 horas para que la protoluna tomara forma.

CRÁTERES, CIRCOS, AGUJEROS Y FISURAS

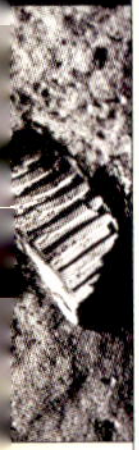

Aunque sean estructuras geológicas menores, son las que más caracterizan a la Luna. Además, en algunos casos, alcanzan dimensiones enormes. Todas ellas están clasificadas, así como sus fenómenos geológicos.

Cráteres y circos

Son más numerosos en las mesetas. Tienen formas y dimensiones muy heterogéneas: el diámetro puede estar comprendido entre unos centenares de kilómetros y un milímetro; pueden tener un pico central o no, un fondo de colinas o ser completamente planos (en este caso, se denominan *circos);* pueden estar rodeados de numerosos anillos rocosos concéntricos; tener forma circular, elíptica o irregular; estar repletos de lava hasta prácticamente el borde; estar bien conservados, semidestruidos, hendidos de fisuras... La variedad es enorme.

En un porcentaje elevadísimo han sido originados por antiguos impactos meteoríticos, como demuestran el análisis de las rocas, las investigaciones geológicas y el hecho de que casi todos los cuerpos del sistema solar presenten estructuras superficiales similares. El examen de los cráteres por impacto de la Tierra es lo que ha permitido delinear ciertos criterios para identificar un cráter por impacto:

- Está asociado a material meteorítico (metálico o rocoso-metálico).
- Suele mostrar anomalías gravitatorias negativas, probablemente debidas a la presencia subterránea del meteorito.
- Casi siempre tiene forma circular o alargada.
- Tiene las capas de los bordes elevadas y la estratigrafía está invertida.
- Presenta un pico central.
- Está rodeado por bloques de un material llamado *eyecta,* distribuidos a distancias que crecen proporcionalmente a la violencia del impacto. A veces la *eyecta* ha conservado energía suficiente para producir ***cráteres secundarios,*** que se reconocen por la alineación, la forma a menudo alargada, la menor profundidad y el borde irregular.

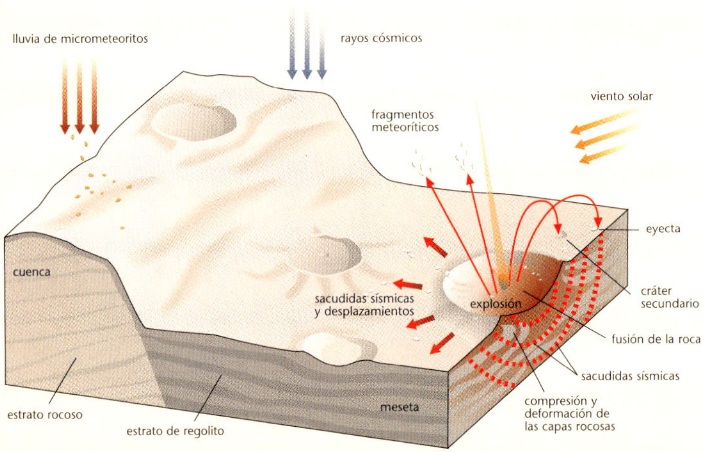

Canales, fisuras y cráteres
a, **d** y **f** : Imágenes de canales lunares. Probablemente se formaron por una actividad efusiva, seguramente ligada a la formación de las cuencas. **b, c, d, e** y **g**. Cráteres. En **b** se aprecian las fisuras internas derivadas de impactos meteoríticos; en **c** se reconocen las terrazas internas y el pico central; en **d** y **e** son pequeños, perfectamente circulares y relativamente profundos; **g**, el cráter Tsiolkosvsky, muestra una característica coloración oscura, quizá debida a un proceso efusivo. A la izquierda: Dinámica de la formación de un cráter por impacto.

A pesar del origen común, la estructura de los cráteres varía con las dimensiones:

- *Cráteres grandes:* siempre circulares, con un borde bien definido y altura uniforme. En las paredes interiores presentan una serie de fracturas concéntricas y terrazas; en la pared exterior se ven huellas del corrimiento de materiales fundidos y, desde lejos, se reconoce una ***corona continua*** de eyecta a la que le sigue una corona discontinua de materiales más finos (franja clara).
- *Cráteres pequeños:* tienen un diámetro inferior a 20 km y cuanto más pequeños son más perfecta es la forma circular. Taludes de guijarros con pocas terrazas rodean estas depresiones en forma de tazón o embudo. A veces, estos cráteres son de naturaleza volcánica y, en ese caso, no suelen disponer de un pico central. En proporción, son más profundos que los cráteres grandes.

Fisuras y agujeros

Las ***fisuras*** visibles en el fondo de los cráteres están relacionadas con el agrietamiento de la corteza lunar producido por el impacto. En cambio, se cree que los agujeros visibles en las cuencas están producidos por coladas de lava: pueden llegar a 300 m de profundidad, se alargan tortuosamente a lo largo de centenares de kilómetros y muestran características análogas a los pasillos de lava terrestre. Al parecer, la escasa gravedad ha agigantado sus dimensiones, mientras que los terremotos y los meteoritos han destruido las capas exteriores

Arrugas y canales

Estas formaciones parecen estar originadas por los mismos fenómenos que las cuencas, con emisiones rápidas de lava, aisladas y muy distanciadas en el tiempo. Aún sin pruebas sustanciales, esta hipótesis se confirma con la asimetría de las vertientes, más inclinadas en el lado «exterior» de la cuenca donde se hallan.

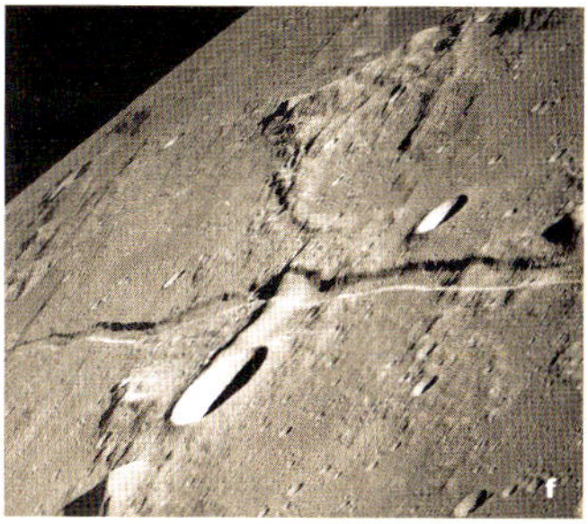

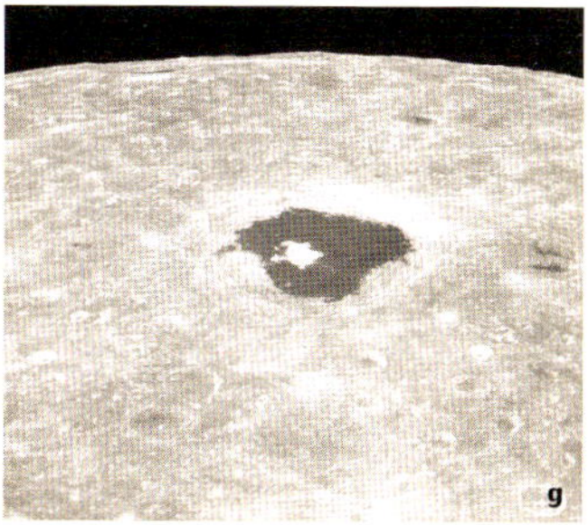

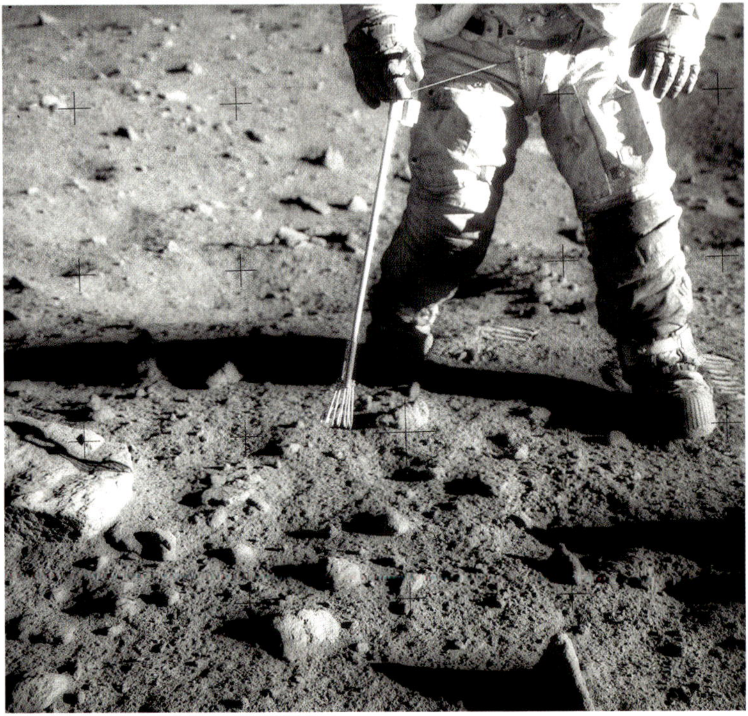

Examen directo
A la derecha y en la página siguiente, recogida de muestras rocosas durante la misión Apolo 12.

El regolito
El 1% del regolito es material meteorítico: se piensa que fue producida por el bombardeo y acumulación de meteoritos de dimensiones distintas.

En el centro: Una roca lunar, recogida por una expedición *Apolo*.

MINERALES, ROCAS Y REGOLITOS

Aunque en la Luna, por falta de atmósfera, agua y vida, no existan rocas similares a las terrestres, y aunque todas ellas carezcan casi por completo de gas y sean anhidras (carentes de agua), las rocas lunares son esencialmente similares a las terrestres, incluso en la composición isotópica.

Las características de los minerales varían mucho en función de que la roca proceda de una cuenca o de una meseta. Las cuencas están formadas principalmente por basalto de densidad media 3,350 g/cm^3, muy cercana a la densidad media de todo el satélite (3,340 g/cm^3). Si consideramos la presión y la temperatura interiores que deberían derivarse de esas cifras, se deduce que la Luna no puede ser completamente basáltica y que el núcleo sólo puede ser muy pequeño.

Aunque más rico en hierro, titanio y elementos refractarios y más pobre en elementos nobles, el basalto lunar es parecido al terrestre: es rico en piroxeno y pobre en aluminio, que, en cambio, abunda en las rocas de las mesetas.

A pesar de ser mineralógicamente muy heterogéneas, las mesetas se caracterizan por rocas metamórficas: los impactos meteoríticos, muy abundantes en estas zonas, han fundido, fragmentado y comprimido las rocas durante millones de años.

La anortita, un silicato de calcio y aluminio poco común en la Tierra, es la roca que cubre la mayoría de la superficie lunar. En cambio, son exclusivas de la Luna la *piroxiferrita,* el primer mineral extraterrestre conocido, y la *armacolita,* formada predominantemente por hierro, magnesio y óxido de titanio.

Pero la mayoría de la superficie lunar no es rocosa: está cubierta de *regolito,* un material formado por fragmentos con una granulometría muy variable. La capa de regolito tiene un grosor mínimo en las cuencas, donde varía desde unos pocos centímetros hasta 5 m, y un grosor máximo en las mesetas, donde alcanza los 30 m.

Estructura de la Luna
Los hipocentros de los seísmos endógenos se hallan entre los 600 y los 950 km de profundidad. Quizá esa sea la frontera geológica entre la corteza y el interior fluido. La propagación de las ondas sísmicas sugiere también la existencia de algunas discontinuidades.

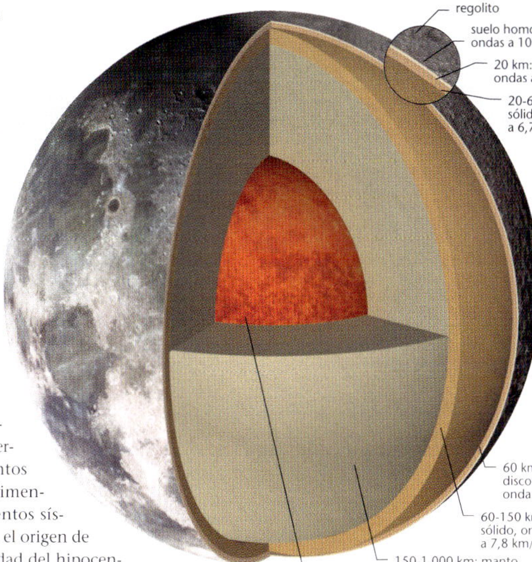

EL INTERIOR DE LA LUNA

Todas las misiones Apolo han dejado en la superficie lunar instrumentos capaces de medir tridimensionalmente movimientos sísmicos que determinan el origen de las ondas, la profundidad del hipocentro y cuantifican la energía liberada. Análogamente a lo que se realizó en la Tierra, recogen información sobre el interior de la Luna. De los casi 3.000 lunamotos registrados de media en un año, ninguno es superior al grado II de la escala de Richter. Son *superficiales,* debido a las variaciones térmicas; *artificiales,* producidos por el impacto de módulos espaciales o de las cargas que se han hecho estallar en las expediciones; *meteoríticos* (del 2,5 al 5%) y *profundos,* debido a la actividad endógena residual de la Luna o a las fuerzas de las mareas. Se extrapolan otras informaciones a partir de las observaciones gravimétricas.

Orange soil
Detalle de las muestras de «suelo anaranjado» que trajo a la Tierra la misión Apolo 17. Son vidriosas, quizá de origen volcánico, y como otras muestras poseen abundante titanio (8%) y óxido de hierro (22%), pero se caracterizan por la alta concentración de zinc (las dimensiones son de 20-45 mm).

Instrumentos
En la zona del hallazgo del *orange soil* se utilizó un gnomon con papel fotométrico para fijar el ángulo de incidencia de los rayos solares, la escala y el color de la Luna.

AL IGUAL QUE TODOS LOS CUERPOS CELESTES, TAMBIÉN LA LUNA GIRA ALREDEDOR DE SU PROPIO EJE POLAR. COMO TODOS LOS SATÉLITES, LA LUNA GIRA ALREDEDOR DE SU PLANETA, LA TIERRA. PERO, VISTO DESDE AQUÍ ABAJO, EL MOVIMIENTO DE LA LUNA ES REALMENTE COMPLEJO Y DA LUGAR A FENÓMENOS QUE SIEMPRE HAN CREADO ESTUPOR.

MOVIMIENTOS Y FENÓMENOS LUNARES

LA LUNA ESCONDIDA
Este mapa, construido gracias a las fotografías tomadas por las sondas soviéticas de la serie Luna (abajo, *Luna 1*), muestra la cara oculta de la Luna.
El hecho de que desde la Tierra sólo pueda verse una cara es consecuencia de la combinación entre la rotación y la traslación lunares.

El movimiento de la Luna en el espacio, así como el de todos los cuerpos celestes, es extremadamente complicado. Está dominado por la presencia gravitatoria de la Tierra y muy influido por el Sol ➤136 y el resto de los planetas ➤154.

Al igual que el movimiento terrestre, el lunar se ha descompuesto en movimientos más simples, descritos en las leyes de Newton ➤21: la Luna gira sobre su eje con un *movimiento de rotación* y alrededor de la Tierra con el *movimiento de traslación*. Pero debería hablarse del movimiento del sistema Tierra-Luna alrededor del centro común de gravedad,que se halla a 4.635 km del centro de la Tierra sobre la línea que une los centros de masa de los dos cuerpos, es decir, 1.740 km bajo la corteza terrestre. Ése es el punto que recorre la órbita elíptica alrededor del Sol denominada *órbita terrestre*.

La Tierra, al moverse alrededor del Sol y rotar alrededor del centro de masa del sistema, se halla, respecto a dicho punto, más adelantada o retrasada, determina sobre todo la llamada *desigualdad lunar*, una desviación periódica de la posición del Sol de 6,4''. En lo referente a los movimientos lunares, los cálculos necesarios para hablar en términos de «sistema» serían extremadamente complejos: dado que el centro de gravedad se halla dentro de la Tierra, la simplificación practicada en la actualidad es aceptable.

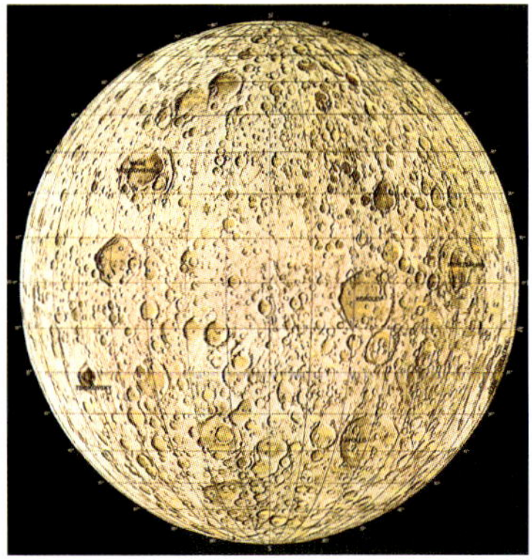

LA ROTACIÓN Y SUS CONSECUENCIAS

La Luna gira alrededor de su eje polar; el eje está inclinado unos 5° respecto a la perpendicular del plano de giro y ello provoca los siguientes efectos:

- El día lunar sufre unas variaciones estacionales mínimas.
- El día lunar tiene diferencias de duración mínimas, independientemente de la latitud.

Planos orbitales
Relación angular entre la eclíptica y el plano orbital de la Luna.

La intersección entre ambos planos se llama *línea de los nodos*.

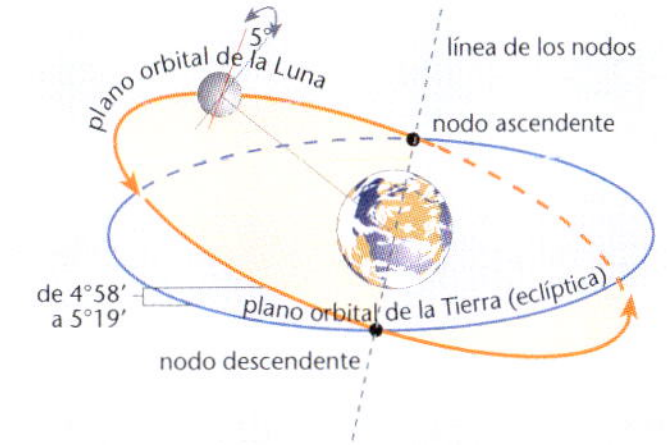

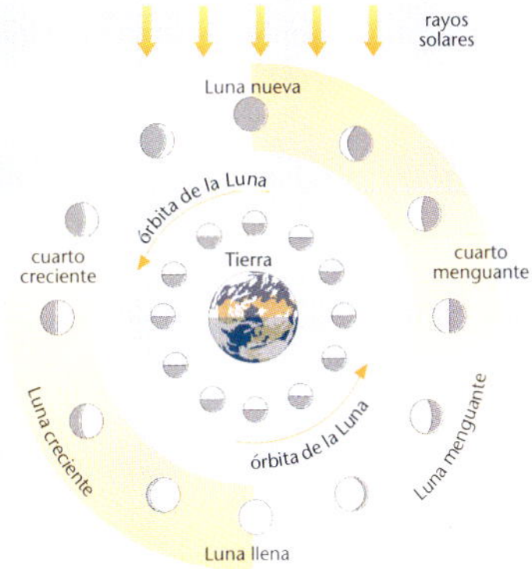

Dinámica de las fases lunares
El esquema muestra, en la franja exterior, cómo varía el aspecto de la cara lunar visible desde la Tierra al cambiar la posición de la Luna respecto al Sol y la Tierra. En la franja interna de la figura, la Luna realiza una traslación y se ilumina siempre la mitad.

• El Sol llega siempre al horizonte de los polos lunares. Además, dado que el periodo y el sentido de rotación son iguales al periodo y al sentido de la traslación, la Luna expone a la Tierra siempre la misma mitad: es un fenómeno originado por la atracción terrestre que, como demostró Lagrange en 1764, frenó la rotación lunar original.

LA TRASLACIÓN Y SUS CONSECUENCIAS

La órbita que describe la Luna alrededor de la Tierra equivale, aproximadamente, a una elipse en la que la Tierra ocupa uno de los focos. El movimiento es de Oeste a Este, en el mismo sentido de la rotación y la traslación terrestres.

El periodo de traslación lunar, es decir, el tiempo que tarda la Luna en volver a pasar por el mismo punto de la órbita, se denomina ***mes sidéreo*** y tiene una duración de 27,32 días solares medios.

El plano de traslación lunar está inclinado respecto a la eclíptica en un ángulo que varía (según las interferencias gravitatorias del Sol) entre 4°58′ y 5°19′. La ***línea de los nodos,*** común a ambos planos, se cruza con las trayectorias orbitales en dos puntos llamados ***nodos.*** Estos se desplazan cada año a lo largo de la eclíptica 19° y para recorrerla al completo emplean 18,61 años solares medios.

La ***línea de los ábsides*** es la que une el perigeo y el apogeo, y también se desliza a lo largo de la eclíptica, pero en dirección opuesta respecto a la línea de los nodos, y para realizar el giro completo emplea 8,85 años solares medios.

FASES LUNARES

La iluminación de la cara lunar dirigida hacia nosotros cambia con la posición de nuestro satélite respecto a la Tierra y el Sol. Los distintos aspectos que muestra la Luna se llaman *fases*, y las principales son:

• Fase de ***Luna nueva*** (o ***novilunio):*** Se produce cuando el Sol, la Luna y la Tierra –en este orden– se colocan sobre la misma línea. La Luna está visible porque sale y se pone con el Sol: de día no la vemos porque nos muestra el lado no iluminado y de noche, simplemente no está.

• Fase de ***Luna creciente:*** Tiene lugar tras la Luna nueva. La parte iluminada de la Luna se convierte en un gajo delgadísimo, en aumento continuo. A veces, en este periodo, puede verse brillar levemente la parte oscura de la Luna: es la *luz cenicienta*. De hecho, la Luna refleja hacia nosotros la luz que le llega reflejada desde la Tierra iluminada por el Sol.

Fases lunares
Nuestro satélite da una vuelta alrededor de su eje polar en cuatro semanas y, dado que emplea el mismo tiempo en girar alrededor de la Tierra, siempre nos muestra la misma mitad (casi el 58% de la superficie). Nuestro satélite es *síncrono,* lo que significa que si el día lunar dura 708 h, un lugar en el ecuador lunar permanece 354 h al Sol y 354 h en la oscuridad. Pero la Luna no siempre tiene el mismo aspecto y según la posición en que se halle respecto al Sol y a la Tierra cambia la porción iluminada que vemos.
De izquierda a derecha: Luna creciente, cuarto creciente, Luna llena, Luna menguante, cuarto menguante. Falta la Luna nueva, que es invisible.

Fenómenos lunares
a. Luz cenicienta.
b. Eclipse de Luna.
c. Eclipse parcial de Sol. Los eclipses son quizá los fenómenos celestes que más han interesado a los astrónomos de la Antigüedad; caldeos, egipcios y griegos ya fueron capaces de prever algunos.

Meses lunares
Mientras que el mes sideral concluye cuando la Luna adopta de nuevo la misma posición respecto a una estrella fija, tan lejana que los desplazamientos en la órbita solar son irrelevantes, el mes sinódico (o lunación) concluye cuando la Luna vuelve a colocarse en la misma posición respecto al Sol. La lunación tiene una duración mayor que el mes sideral.

• Fase de ***cuarto creciente:*** La línea de conjunción Tierra-Luna se halla a 90° de la conjunción Tierra-Sol; se ve un cuarto de la superficie lunar (primera mitad del disco).

• Fase de ***Luna llena*** o ***plenilunio:*** El Sol, la Tierra y la Luna –por este orden– se hallan en conjunción; todo el disco lunar aparece iluminado porque la Luna sale cuando el Sol se pone.

• Fase de ***Luna menguante:*** tras la Luna llena, la parte iluminada de la Luna va encogiéndose hasta reducirse a un gajito.

• Fase del ***cuarto menguante:*** la conjunción Luna-Tierra está a 270° de la conjunción Tierra-Sol; se ve un cuarto de la superficie lunar (segunda mitad del disco, la que permanece oscura en el primer cuarto).

El tiempo que tarda la Luna en finalizar una conjunción completa y volverse a hallar en la misma fase se llama *mes sinódico* o *lunación,* y dura 29,53 días solares medios. Esta fue una de las primeras medidas de tiempo adoptadas por el hombre, pues la regularidad con que se concatenan las fases lunares es absoluta: se producen dos fases idénticas cada 29 d 12 h 44 min 3 s. Muchos pueblos se basaron en la Luna para marcar el tiempo y organizar un calendario; en la actualidad, el calendario musulmán continúa basándose en el ciclo lunar y, por ello, el año islámico dura 354 días y está compuesto de seis meses lunares de 29 días alternados con seis meses lunares de 30 días. Naturalmente, el calendario musulmán es tan preciso como el que usamos nosotros (basado en el movimiento del Sol), si no más, pero dado que marca el tiempo de forma distinta, no coincide con el nuestro.

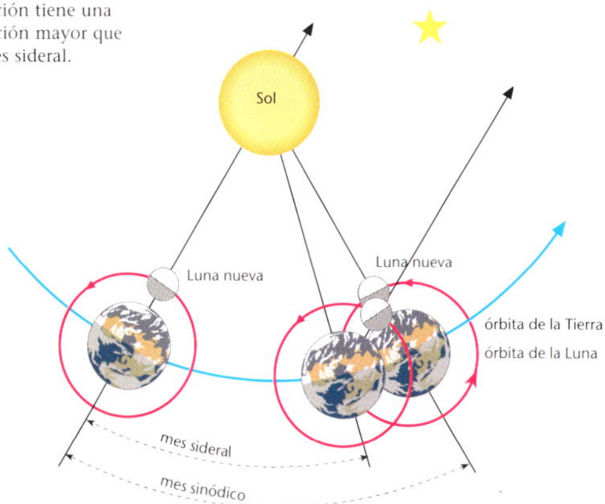

ECLIPSES

• Si la fase de Luna llena tiene lugar cuando la Luna se halla en un punto de su órbita cercano a la eclíptica, el cono de sombra de la Tierra la puede oscurecer y se produce el ***eclipse parcial de Luna.***

• Si la fase de Luna llena coincide cuando la Luna se halla en un nodo, los centros del Sol, la Tierra y la Luna –en este orden– se hallan alineados, la Luna entra por completo en el cono de sombra proyectado por la Tierra y se produce el ***eclipse total de Luna.***

Durante los eclipses la Luna no desaparece nunca por completo, sino que adopta un color rojizo. Esto se debe a que la sombra que produce la Tierra está siempre ligeramente iluminada por rayos ultrarrojos, que son refractados por la atmósfera terrestre como si fuera una puesta de sol grandiosa.

• Si la fase de Luna nueva tiene lugar cuando la Luna se halla en un punto de su órbita cercano a la eclíptica, el cono de sombra puede oscurecer una parte de la superficie terrestre y tendremos un ***eclipse parcial de Sol.*** Visto desde la Tierra, el disco de sombra de la Luna cubre parcialmente el del Sol.

• Si la fase de Luna nueva tiene lugar cuando la Luna se halla en un nodo, los centros del Sol, la Luna y la Tierra –en este orden– están en conjunción: todo el cono de sombra de la Luna se proyecta sobre la Tierra y se produce un ***eclipse total de Sol.*** Visto desde la Tierra, el disco oscuro de la Luna –con un diámetro aparentemente casi igual al del

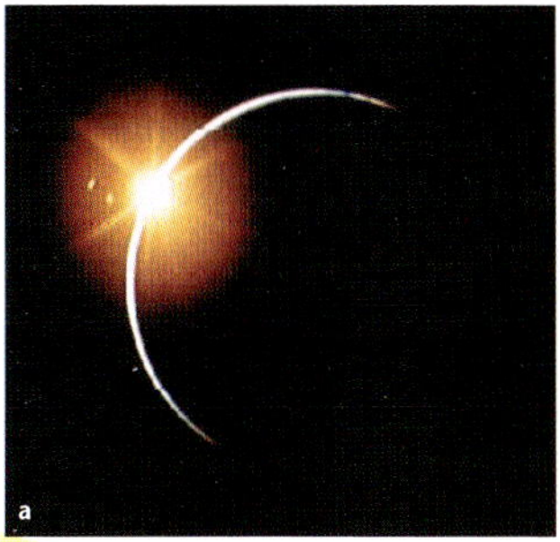

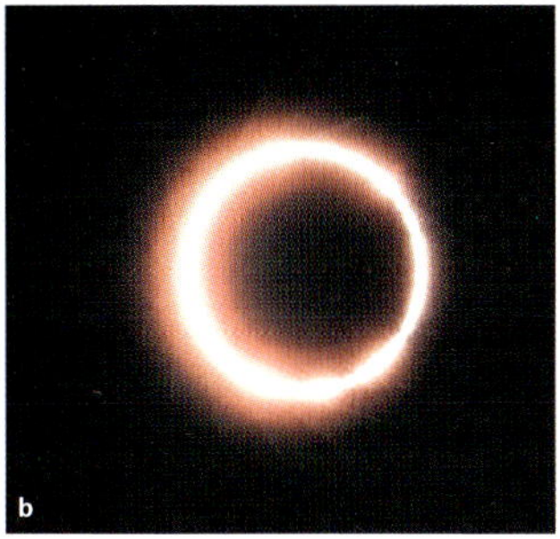

Eclipses solares
a. Eclipse total de Sol.
b. Eclipse anular.
c. En este antiguo grabado se muestra la anécdota que cuenta que Cristóbal Colón, aprovechando sus conocimientos astronómicos, predijo un eclipse solar, ante el estupor de los indígenas.

Eclipses lunares
El dibujo muestra la disposición de los cuerpos celestes implicados en un eclipse parcial de Luna y un eclipse total de Luna.

Eclipse solar
El dibujo muestra la disposición de los cuerpos celestes implicados en un eclipse parcial y total de Sol. La foto obtenida en el espacio muestra la sombra de la Luna en la superficie terrestre durante un eclipse total de Sol.

Sol– cubre progresivamente todo el disco del Sol y lo oscurece durante unos segundos. En esos instantes de oscuridad total pueden verse las estrellas y las partes del Sol que normalmente resultan invisibles (por ejemplo, la corona ➤142). La Luna avanza con su movimiento y la sombra «barre» amplias áreas de nuestro planeta.

Cuando la Luna se halla en el apogeo ➤54, su disco presenta un diámetro aparente algo inferior al del Sol; si en estas condiciones se produjera un eclipse total de Sol, la Luna no cubriría totalmente el disco luminoso y tendríamos un ***eclipse anular.***

Como media, cada 18 años se producen 70 eclipses: 42 de Luna y 28 de Sol.

MOVIMIENTOS DE LIBRACIÓN

A pesar de que la Luna nos muestre siempre la misma cara, podemos ver algo más del 59%. Es un fenómeno originado por la oscilación aparente del globo lunar y provocado por ligeros cambios de nuestro punto de vista. Estas oscilaciones, llamadas ***libraciones,*** son de cuatro tipos:

- ***En latitud:*** La libración es análoga al fenómeno de las estaciones terrestres y se debe a que la Luna mantiene el eje de rotación inclinado sobre la órbita, efecto que permite ver, en periodos alternos, una parte de las regiones polares lunares además del límite del hemisferio habitualmente expuesto a la Tierra.

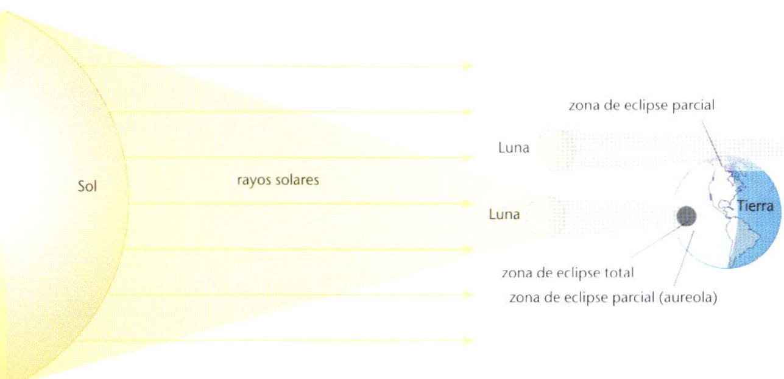

Stonehenge
El estudio del movimiento lunar llevó a construir edificios de observación desde los que fue posible fijar y reconocer puntos particulares del horizonte correspondientes a momentos de «éxtasis» del recorrido de la Luna.

Las mareas
La acción gravitatoria de la Luna y el Sol y las fuerzas de rotación del sistema Tierra-Luna provocan las mareas. La altura máxima, de la marea coincide con la Luna nueva o llena; la altura mínima con el cuarto menguante o creciente. Las mareas oceánicas y marinas son muy evidentes en algunas zonas costeras por la contribución de condiciones meteorológicas particulares o por la formación de las simas. Las mareas afectan a los continentes, a la atmósfera y, en la Luna, han determinado una deformación permanente de la corteza y el desplazamiento del centro de masa hacia nuestro planeta.

• En longitud: Se debe a que la rotación y la traslación no son perfectamente síncronas, porque mientras que la rotación es un movimiento uniforme, la traslación sigue las leyes de Kepler ➢21 y aumenta la velocidad en el perigeo y disminuye en el apogeo. Permite ver algunas regiones orientales y occidentales más allá del límite del hemisferio habitualmente expuesto a la Tierra.

• **Paraláctica o diurna:** Debida a que el observador no se halla en el centro de la Tierra, sino en la superficie. Al salir la Luna puede verse un poco de superficie más allá de la frontera Este y al ponerse, un poco más allá de la frontera Oeste.

• **Física:** Originada por irregularidades reales de rotación. Tiene efectos insignificantes.

El resultado de las tres primeras libraciones se llama *libración aparente*.

DISTANCIA TIERRA-LUNA

Dado que la Luna tiene una masa relativamente pequeña, incluso las fuerzas que parecen no influir en el movimiento de la Tierra provocan variaciones sensibles en el movimiento lunar. Las principales perturbaciones se deben a la variación de la distancia Luna-Sol que origina la oscilación de la fuerza

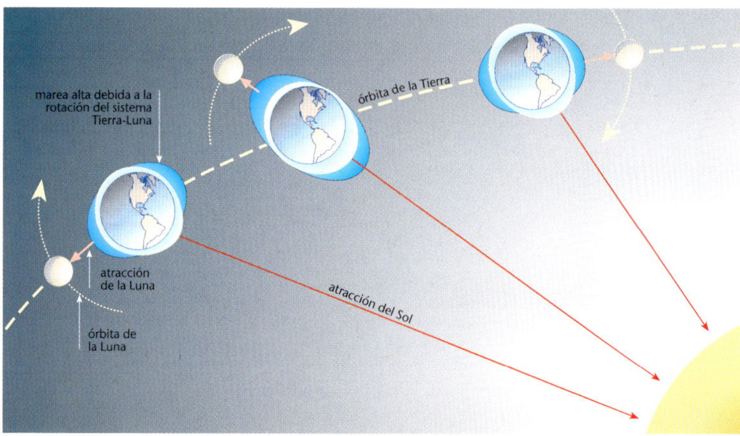

Perigeos: menos de 356.425 km		**Apogeos: más de 406.710 km**	
Fecha	Distancia de la Tierra	Fecha	Distancia de la Tierra
15 de diciembre de 1548	356.407 km	9 de enero de 1921	406.710 km
26 de diciembre de 1566	356.399 km	2 de marzo de 1984	406.712 km
30 de enero de 1771	356.422 km	23 de enero de 2107	406.716 km
23 de diciembre de 1893	356.396 km	3 de febrero de 2125	406.720 km
4 de enero de 1912	356.375 km	14 de febrero de 2143	406.713 km
15 de enero de 1930	356.397 km	27 de diciembre de 2247	406.715 km
6 de diciembre de 2052	356.421 km	7 de enero de 2266	406.720 km
29 de enero de 2116	356.403 km	18 de enero de 2284	406.714 km
9 de febrero de 2134	356.416 km	29 de noviembre de 2388	406.715 km
22 de diciembre de 2238	356.406 km	11 de diciembre de 2406	406.718 km
1 de enero de 2257	356.371 km	21 de diciembre de 2424	406.712 km
12 de enero de 2275	356.378 km	21 de enero de 2452	406.710 km
26 de enero de 2461	356.408 km	1 de febrero de 2470	406.714 km
7 de febrero de 2479	356.404 km	12 de febrero de 2488	406.711 km

con la que el Sol atrae a la Luna. Por ejemplo, en las fases de los cuartos creciente y menguante, tanto la Tierra como la Luna sufren una atracción solar casi igual, pero convergente, y tienden a acercarse. En la fase de la Luna nueva, la fuerza que atrae a la Luna es mayor y con la Luna llena, menor.

No obstante, a causa de las perturbaciones del movimiento lunar las distancias máximas y mínimas entre Tierra y Luna, el apogeo y el perigeo, pueden determinarse con una oscilación de 20 m. La tabla muestra las distancias calculadas por Meeus a partir de una simplificación de la teoría de los Chapront. Los apogeos máximos y perigeos mínimos se producen siempre durante el invierno en el hemisferio Norte terrestre, porque precisamente en ese periodo es cuando el sistema Tierra-Luna, en el perihelio, sufre las mayores perturbaciones gravitatorias.

Por ello, la diferencia entre las distancias de los perigeos (51 km) es superior a las de los apogeos (10 km). A causa de las perturbaciones del movimiento lunar, el perigeo también se desplaza en la misma dirección del movimiento orbital de la Tierra: el tiempo que la Luna tarda en volver al perigeo se llama *mes lunar anomalístico* (27 ^{d} 13 ^{h} 18 ^{min} 33 ^{s}).

MOVIMIENTO DE LA LUNA EN EL CIELO

Si observamos la Luna a la misma hora en noches sucesivas, la veremos cambiar. Cambia de forma, porque cambia la porción visible iluminada por el Sol (fase); cambiará la inclinación de la trayectoria seguida en el cielo, que –como en el Sol– depende de la estación y del lugar de observación; cambiará el punto en el que se levanta y se pone en el horizonte, que se desplaza a diario, y también cambiará la hora de salir y ponerse, pues cada día sale con un retraso de unos 53 min, equivalente al tiempo que la esfera celeste invierte en realizar una rotación de 13° (por la rotación ➛40 de la Tierra, esta se mueve de Este a Oeste 15° por hora). El cambio de los puntos donde se levanta y se pone, así como el retraso diario con que lo hace son consecuencia del movimiento de rotación de la Luna alrededor de la Tierra, como sucede con el Sol en el caso de las estaciones. En el giro de un año, el Sol también cambia el punto y la hora del nacimiento y la puesta, porque el Sol, al «rotar» alrededor de la Tierra a lo largo de la eclíptica, en el periodo comprendido entre el equinoccio de primavera y el de otoño, se levanta cada vez más al Norte respecto al punto Este, y se levanta cada vez más al Sur en el periodo entre el equinoccio de otoño y el de primavera. Pero el Sol realiza una oscilación completa respecto al punto Este en un año entero, mientras que la Luna realiza una oscilación completa respecto al punto Este en un mes.

Epigeo y apogeo
La Luna tiene un diámetro aparente distinto en función de la distancia a la Tierra. Arriba: comparación entre las imágenes a escala de la Luna en el perigeo y en el apogeo.

Movimientos solares y lunares
Variaciones en el lugar de nacimiento y puesta del Sol (en un año) y de la Luna (en un mes) a latitudes medias.

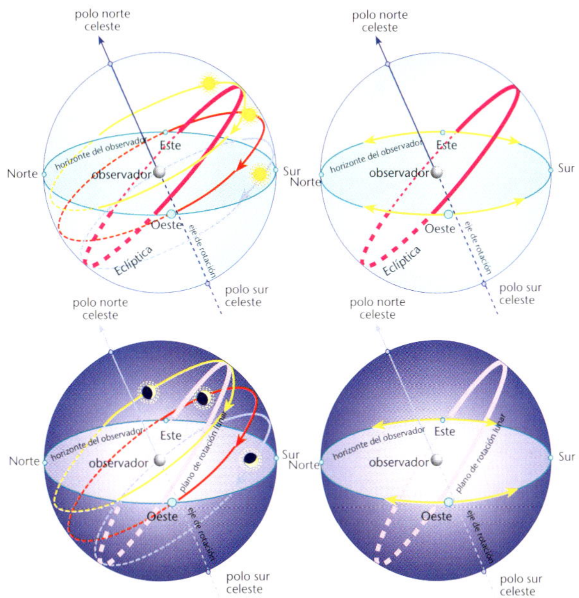

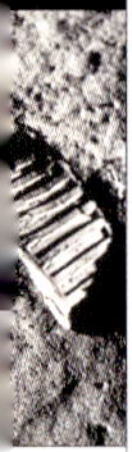

Gracias a la exploración espacial, tenemos un gran conocimiento sobre la Luna, pero la conquista de nuestro satélite fue fruto de una reñida competición internacional que costó millones de dólares en pocos años. Y la vida de algunos valientes.

EXPLORACIÓN Y CONQUISTA ESPACIAL

Lunakhod 2
Fue el segundo vehículo lunar, un todoterreno ruso teledirigido desde la Tierra. La sonda *Luna 21* lo trasladó, fue depositado cerca del cráter Le Monnier y recorrió 37 km en cuatro meses. Sólo estaba activo durante el día lunar y envió muchísima información.

Abajo, derecha y en el centro: El módulo *Mercury* durante la preparación y las pruebas en Tierra; el chimpancé Ham después del viaje en el cohete *Mercury Redstone*.

Los soviéticos iniciaron la carrera a la Luna y llegaron a ella con sondas cada vez más perfeccionadas que liberaron en la superficie lunar autómatas teledirigidos para recoger muestras, realizar comprobaciones y recopilar datos e imágenes que enviaban a la Tierra.

Se trataba de los proyectos *Luna* y *Zond*, consistentes en 32 sondas equipadas con instrumentos cada vez más sofisticados que en 17 años permitieron trazar el mapa casi completo de la cara oculta de la Luna, recoger muestras de suelo lunar y realizar análisis químicos, así como descubrir el campo magnético lunar mediante comprobaciones específicas.

Ello implicaba dominar por completo la tecnología del alunizaje suave, de la técnica teledirigida y de la automatización, que permitió desarrollar numerosas actividades en vuelo y en la Luna.

Era un desafío que Estados Unidos no podía ignorar. El empeño en llevar seres humanos a la Luna se convirtió en una cuestión de honor nacional que requirió una inversión de 100.000 millones de dólares y el trabajo de más de 500.000 científicos y técnicos durante 15 años. Así, el programa Apolo convirtió a Estados Unidos en el único país que habría plantado una bandera en la Luna.

Pero el coste de poco más de 300 horas de paseos lunares y visitas a los cráteres en vehículos espaciales fue muy superior. No hay que olvidar los costosos programas de sondas, como la *Surveyor* y la *Lunar Orbiter*, que practicaron reconocimientos

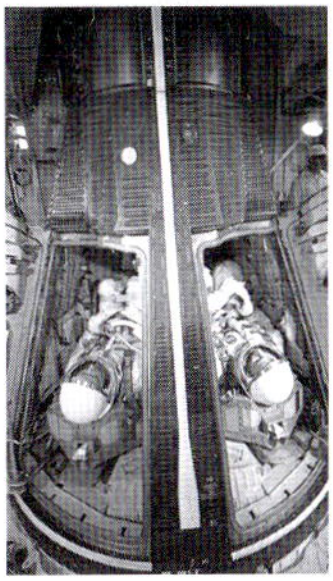

ALREDEDOR DE LA TIERRA
Primeras EVA (Extra Vehicular Activity) de un hombre en el espacio. El programa Géminis tuvo que perfeccionar toda la tecnología necesaria para alunizar. ARRIBA: La cápsula en órbita y su interior. ABAJO: La recuperación del módulo tras el amerizaje.

preliminares minuciosos de la superficie lunar, o como los programas Mercury y Géminis, que de 1958 a 1962 desarrollaron la tecnología necesaria para el programa Apolo.

• El *programa Mercury* (393 millones de dólares y más de 2 millones de personas implicadas) llevó a los primeros norteamericanos a la órbita terrestre. Era el inicio de la solución de grandes problemas técnicos, como el del escudo térmico para el regreso, la estabilidad del cohete vector, el microclima de la cápsula, los trajes... Sólo se lanzaba a un astronauta en cada ocasión, a poca distancia de la Tierra y durante poco tiempo.

• El *programa Géminis* (con más de 1.000 millones de dólares y el doble de equipo humano) organizó encuentros espaciales y las primeras salidas de la nave. Así se consolidaron las metodologías espaciales adquiridas.

¿Mereció la pena? Desde el punto de vista científico, no hay duda de que sí, y las protestas tuvieron que callar ante los numerosos avances en los campos más dispares, que han compensado el enorme esfuerzo.

CONQUISTA DE LA LUNA

FECHA	MISIÓN
1959	
2.1	**Luna 1**: pasó a 4.000-6.000 km de la superficie lunar
3.3	**Pioneer**: pasó a unos 60.000 km de la superficie lunar
12.9	**Luna 2**: antes de chocar contra la Luna, midió el campo magnético lunar
4.10	**Luna 3**: pasó a unos 7.000 km de la Luna y fotografió el lado visible
1962	
26.1	**Ranger 3**: pasó a 37.000 km de la Luna
23.4	**Ranger 4**: se estrelló en la cara oculta de la Luna
18.10	**Ranger 5**: intento de alunizaje lunar, pasó a unos 700 km de la Luna y recopiló datos
1963	
2.4	**Luna 4**: pasó a unos 8.500 km de la Luna
1964	
30.1	**Ranger 6**: se estrelló contra la Luna
28.7	**Ranger 7**: colisionó contra la Luna, pero envió a Tierra más de 4.300 fotografías tomadas desde 1.500 m sobre el Mare Nubium, que, por esta razón, fue rebautizado como Mare Cognitum. Algunas fotografías tienen resolución de 40 cm.
1965	
17.2	**Ranger 8**: se estrelló contra la Luna, pero envió a Tierra más de 7.000 fotografías con panorámicas del Mare Tranquillitatis (algunas con resolución de 2 m)
18.11	**Ranger 9**: se estrelló en el cráter Alphonsus y envió a Tierra más de 5.800 fotografías
9.5	**Luna 5**: se estrelló en la Luna
8.6	**Luna 6**: intento de alunizaje, pasó a 160.000 km de la Luna
18.7	**Zond 3**: sobrevoló la Luna y envió a Tierra 25 fotografías del lado visible
4.10	**Luna 7**: se estrelló en la Luna
3.12	**Luna 8**: se estrelló en la Luna
1966	
28.9	**Luna 9**: primer alunizaje suave; realizó 27 fotografías y midió la radiactividad lunar
31.3	**Luna 10**: fue el primer satélite artificial de la Luna, repitió las medidas de la radiactividad y quedó en órbita
30.5	**Surveyor 1**: alunizó y envió a Tierra más de 11.000 fotografías
1.7	**Explorer 33**: intento de entrar en la órbita lunar
10.8	**Lunar Orbiter 1**: entró en la órbita lunar; realizó 211 fotografías, pruebas gravimétricas con las que se descubrieron los *mascons*
24.8	**Luna 11**: entró en órbita lunar y recopiló datos
20.9	**Surveyor 2**: intentó alunizar, pero se estrelló en la Luna
22.10	**Luna 12**: entró en una órbita lunar que después cambió; realizó 422 fotografías
6.11	**Lunar Orbiter 2**: desde la órbita lunar disparó 184 fotografías, realizó pruebas gravimétricas y descubrió otros *mascons*
21.12	**Luna 13**: alunizó y realizó algunas mediciones del suelo de las cuencas
1967	
4.2	**Lunar Orbiter 3**: en la órbita lunar realizó 182 fotografías y pruebas gravimétricas; descubrió otros *mascons*
17.4	**Surveyor 3**: alunizó, examinó el suelo lunar y envió más de 6.300 fotografías
8.5	**Lunar Orbiter 4**: desde la órbita lunar envió a Tierra 326 fotografías y, con nuevas pruebas gravimétricas, descubrió nuevos *mascons*
14.7	**Surveyor 4**: intento de alunizar, pero se estrelló
19.7	**Explorer 35**: en la órbita lunar realizó mediciones sobre el magnetismo y las radiaciones lunares
6.11	**Lunar Orbiter 5**: desde la órbita lunar disparó 426 fotografías y, con otras pruebas gravimétricas, descubrió nuevos *mascons*
8.9	**Surveyor 5**: alunizó y realizó un examen químico del suelo lunar; envió más de 18.000 fotografías
7.11	**Surveyor 6**: alunizó y envió más de 30.000 fotografías; intentó despegar
1968	
7.1	**Surveyor 7**: alunizó y envió a Tierra más de 21.200 fotografías; examinó el suelo de las mesetas
7.4	**Luna 14**: desde la órbita realizó pruebas de gravitación
15.9	**Zond 5**: alunizó y recogió muestras de suelo
10.11	**Zond 6**: giró en la órbita de la Luna y realizó fotografías
1968	
21.12	**Apolo 8**: viaje de ida y vuelta con tripulación a la órbita de la Luna
1969	
18.5	**Apolo 10**: viaje con tripulación; llegó a 8 km de la superficie lunar
13.7	**Luna 15**: orbitó alrededor de la Luna y se estrelló en el Mare Crisum
16.7	**Apolo 11**: primer paso del hombre en la Luna, en el Mare Tranquillitatis. La misión duró 21 h 35 min y regresó con 21 kg de piedra. Dejaron instrumentos
7.8	**Zond 7**: orbitó alrededor de la Luna y aportó fotografías
14.11	**Apolo 12**: segundo desembarco en la Luna. Los astronautas pisaron el Oceanus Procellarum durante 31 h 31 min; recogieron 35 kg de rocas y dejaron numerosos instrumentos
1970	
11.4	**Apolo 13**: paseo con tripulación alrededor de la Luna
12.9	**Luna 16**: alunizó en el Mare Foeconditatis y recogió 100 g de materia lunar
20.10	**Zond 8**: orbitó alrededor de la Luna y recopiló una serie de fotografías
10.11	**Luna 17**: alunizó en el Mare Imbrium, realizó experimentos científicos y envió a la Tierra más de 20.000 fotografías
1971	
31.1	**Apolo 14**: tercer desembarco en la Luna. Los hombres pisaron el circo de Fra Mauro 33 h 31 min, realizaron experimentos, llevaron a Tierra 43,5 kg de roca y dejaron numerosos instrumentos
26.7	**Apolo 15**: cuarta llegada a la Luna. Los hombres circularon con un vehículo por la base de los Montes Apeninos y la llanura de Palus Putredinis. Permanecieron en la Luna 66 h 55 min. Realizaron muchos experimentos, pusieron en órbita un satélite y volvieron a Tierra con más de 100 kg de rocas
2.9	**Luna 18**: envió datos desde la órbita lunar y después se estrelló
28.9	**Luna 19**: permaneció en la órbita lunar durante más de cuatro años, envió datos y realizó experimentos
1972	
14.2	**Luna 20**: alunizaje en el Mare Foeconditatis y recopilación de muestras de suelo
16.4	**Apolo 16**: quinto desembarco en la Luna. La tripulación se desplazó en un vehículo 4x4 por la meseta de Cayley y montó el primer observatorio astronómico lunar. Realizaron numerosos experimentos durante 71 h 2 min
7.12	**Apolo 17**: sexto desembarco en la Luna. Los cosmonautas circularon por el Mare Serenitatis y realizaron un extenso programa de investigación y experimentos. Permanecieron 71 h 2 min y trajeron consigo 560 kg de rocas y 110 kg de piedras y polvo
1973	
8.1	**Luna 21**: alunizaje en el cráter Le Monnier y liberación del módulo teledirigido *Lunekhod 2*, que realizó más de 80.000 fotografías
10.6	**Explorer 49**: desde la órbita realizó medidas radioastronómicas en el lado oscuro
1974	
2.6	**Luna 22**: permaneció en órbita y transmitió imágenes durante más de un año y medio
28.10	**Luna 23**: alunizó en el Mare Crisum y realizó experimentos
1976	
14.8	**Luna 24**: alunizó en el Mare Crisum y tomó muestras en el suelo de hasta 2 m de profundidad
1990	
24.1	**Hiten 24**: desde una órbita cercana recogió datos durante casi tres meses antes de estrellarse contra la Luna
1994	
25.1	**Clementine**: en órbita durante casi cuatro meses, realizó mapas de la superficie lunar con diversos instrumentos
1997	
24.12	**AsiaSat3/HGS-1**: vuelo cercano
1998	
7.1	**Lunar Prospector**: en órbita polar durante un año. Realizó mapas de la composición superficial y buscó depósitos de hielo, midió los campos magnético y gravitatorio
2002	
	SMART 1: recopilación de datos geológicos, morfológicos, topográficos, mineralógicos y geoquímicos para responder al origen del sistema Tierra-Luna, a la actividad volcánica y tectónica lunares y a los procesos térmicos y dinámicos de la evolución lunar
2003	
	Lunar-A: desde la órbita lanzó penetradores que perforaron casi 3 m el suelo lunar y llevaron a cabo una investigación sobre los seísmos lunares, las propiedades térmicas y el flujo energético
	Selene: equipado con 13 instrumentos, recopiló datos desde la órbita y lanzó una sonda para recopilar datos

El día en que el hombre pisó la Luna por primera vez constituyó uno de los momentos más relevantes de la historia del siglo XX y permitió dar un salto cualitativo decisivo, no sólo en el conocimiento de nuestro satélite, sino también en el desarrollo de las técnicas espaciales.

LAS EXPEDICIONES APOLO

A continuación, se citan algunos detalles, curiosidades, nombres y datos sobre las expediciones. Se trata de algunas pinceladas de la enorme masa informativa, histórica y científica de este programa espacial que quedará grabado en los anales de la NASA y en el imaginario del hombre.

APOLO 1

Roger Chaffe, Virgil Grissom y Edward White

El terrible incendio que provocó la muerte de los astronautas durante el despegue estuvo a punto de detener el programa. Siguieron en sordina cinco pruebas sin tripulación: Apolo 2, 3, 4, 5 y 6.

APOLO 7

Walter Cunningham, Donn Eisele y Walter Shirra

Primera prueba de entrada en la órbita terrestre con una cápsula *Apolo* tripulada. Se experimentó la conexión con otra cápsula en el espacio. La duración de la misión fue de casi 264 horas.

APOLO 8

William Anders, Frank Borman y James Lovell

La tripulación estuvo en órbita alrededor de la Luna y regresó a la Tierra. Era la primera vez que el hombre veía directamente la cara oculta de la Luna. La duración de la misión fue de 147 horas.

APOLO 9

J.R. McDivitt, R.L. Schweickart y D.R. Scott

El programa fue un vuelo experimental en órbita alrededor de la Tierra. En él, el módulo lunar (LEM) y el módulo principal se separaron y se volvieron a unir. La duración de la misión fue de 240 horas.

APOLO 10

Eugene Cernan, John Young y Thomas Stafford

Young permaneció en órbita alrededor de la Luna en la astronave *Charlie Brown,* mientras Stafford y Cernan llegaron con el módulo lunar (LEM) *Snoopy* a 8 km de la superficie lunar. No alunizaron: volvieron a la nave, desengancharon el módulo y regresaron. La duración de la misión fue de 192 h 3 min.

APOLO 11

Edwin Aldrin, Neil Armstrong y Michael Collins

Collins quedó al mando del *Columbia*, en una órbita de la Luna a 110 km de altura, mientras Armstrong y Aldrin alunizaron con el LEM *Eagle* en el Mare Tranquillitatis. Se alejaron hasta 60 m del LEM, instalaron un telesismómetro y un

***Spider* en órbita**
El módulo lunar de la misión Apolo 9 gira alrededor de la Tierra, listo para el alunizaje.

Primeras fases
Las primeras fases de construcción del *Saturno IB*, en la zona de ensamblaje preliminar al lanzamiento.

Apolo 8
La tripulación de la misión Apolo 8. De izquierda a derecha, James A. Lovell jr., William A. Anders y Frank Borman.

Apolo 11
Momentos históricos de la misión Apolo 11, que llevó a los primeros hombres a la Luna. De arriba a abajo: Dos instantes del lanzamiento del *Saturno 5* con la misión Apolo 11 y la separación de los depósitos de carburante.

Apolo 13
Tras casi cien horas de angustia y trabajo frenético para salvar a la tripulación, al final la cápsula con los tres astronautas fue recogida en el océano tras el *splash down*.

reflector láser, recogieron 21 kg de piedras, que llevaron a la Tierra, y realizaron imágenes filmadas y fotografías. Despegaron 21h 36 min después. Antes, dejaron una placa y una bandera estadounidense. Se unieron al *Columbia*, desengancharon el LEM, que cayó sobre la Luna, y regresaron a la Tierra. La duración de la misión completa fue de 195 h 17 min.

APOLO 12
Alan Bean, Charles Conrad y Richard Gordon
Gordon giraba alrededor de la Luna en la Yankee Glipper, mientras Bean y Conrad alunizaban en el Oceanus Procellarum con el *Intrepid*. Se alejaron unos 400 m del LEM, hallaron los restos de la *Surveyor 3*, recogieron algunas piezas y 35 kg de rocas de hasta 70 cm de profundidad. En el EVA de 31 h 3 min instalaron numerosos instrumentos, entre ellos un sismómetro que registró el impacto del LEM al desengancharlo. Duración de la misión: 284 h 30 min.

APOLO 13
Fred Haise, James Lovell y John Swigert
Una explosión dañó los depósitos de oxígeno, impidió cumplir el programa y puso en peligro la vida de la tripulación. La astronave *Odyssey*, con el LEM *Acquarius*, giró alrededor de la Luna. Luego, los astronautas volvieron a la Tierra. La aventura duró 134 h 36 min.

APOLO 14
Edgar Mitchell, Stuart Roosa y Alan Shepard
Roosa se quedó en órbita en el módulo *Antares*, mientras Shepard y Mitchell alunizaron con el *Kitty Hawk* en el circo de Fra Mauro, donde estuvieron 33 h 31 min. Se alejaron más de 2 km del LEM y escalaron casi 120 m del cráter Cono. Además de un sismómetro –realizaron mediciones con 13 cargas explosivas–, instalaron un reflector láser, un aparato de radio, un magnetómetro –que descubrió un campo magnético lunar 50 veces superior al previsto–, un medidor de viento solar y un generador de plutonio para producir energía eléctrica. Recogieron 43,5 kg de rocas de hasta 80 cm de profundidad. Duración de la misión: 216 h 42 min.

APOLO 15
James Irwin, David Scott y Alfred Worden
Worden se quedó en órbita en el *Endeavour*, mientras Irwin y Scott alunizaron con el módulo *Falcon* en la base de los Montes Apeninos, en la Pallus Putredinis. Con el todoterreno *Moon Rover* se alejaron más de 8 km del LEM y, en 66 h 55 min, instalaron muchos instrumentos (sismógrafo, espectrómetro, reflector láser, detector de cenizas, generador eléctrico...), realizaron varios experimentos y excursiones, recogieron más de 100 kg de muestras de rocas de hasta 2 m de profundidad –entre ellas la «piedra del

Paseo lunar
Buzz Aldrin, piloto del módulo lunar *Eagle,* camina por la superficie de la Luna durante el paseo lunar previsto en la misión Apolo 11.

Plantas y tarjetas de visita
El suelo lunar es fértil, tal como lo certificaron las numerosas pruebas de cultivo realizadas usando las muestras traídas a la Tierra por las misiones Apolo. Allí sólo falta el agua.

Abajo: Placa conmemorativa que dejó en la Luna la expedición Apolo 11.

Momentos cruciales
De arriba a abajo: El LEM de la misión Apolo 11, alejándose de la astronave. Aldrin, descendiendo del módulo a la superficie lunar. *Splash down* de la cápsula *Apolo 16.* Desfile en honor de los astronautas del Apolo 11.

Lunar Roving Vehicle
Todoterreno de la misión Apolo 15.

Génesis», hasta el momento la más antigua de las datadas–. Ha sido la misión más larga de todo el programa: 775 h 26 min.

APOLO 16

Charles Duke, Thomas Mattingly y John Young

Mattingly permaneció en órbita al mando de la *Caspar.* Duke y Young aterrizaron con el *Orion* en la meseta de Cayley. Una avería técnica acortó 25 horas el programa previsto. A pesar de ello, con el *Lunar Rover* se alejaron a 6 km del módulo, montaron un telescopio para rayos ultravioletas, realizaron experimentos biológicos y químicos haciendo explotar 30 cargas, lanzaron un pequeño satélite lunar que transmitió información durante un año y recogieron 96 kg de rocas. Estuvieron en la Luna 71 h 2 min, después regresaron a la Tierra. La misión duró 268 h 16 min.

APOLO 17

Eugene Cernan, Harrison Schmitt y Ronald Evans

Evans quedó en órbita en el *America,* mientras Cernan y Harrison alunizaban con el *Challenger* en el Mare Serenitatis, no lejos del cráter Littrowk y del Mons Argaeus. Esta fue la última y más coherente de las expediciones del programa Apolo, pues en 87 h de EVA los astronautas se alejaron 6,5 km del LEM y recogieron 670 kg de materiales, entre ellos las extrañas «bolas de cristal» rojizo (las *orange soil),* que se cree que se originaron como mínimo a 300 km de profundidad; realizaron mediciones gravimétricas, sismológicas, térmicas y eléctricas de la microatmósfera lunar, la ceniza espacial y la emisión de neutrones de las rocas. Además, tomaron muestras de rocas, realizaron experimentos incluso en órbita, emplearon una sonda radar, un altímetro-láser, un radiómetro y un espectrómetro. Al dejar caer el módulo sobre la Luna se produjo un seísmo de una fuerza nunca registrada antes en la Luna, equivalente a la energía producida por la explosión de 700 kg de TNT. El registro que realizó el sismógrafo fue enviado a Tierra. La misión duró 301 horas.

Lo vemos todas las noches, en un incesante movimiento alrededor del polo, y casi no nos damos cuenta de que existe, pues la luz cegadora de nuestras ciudades lo ahoga. El cielo, salpicado de miles de estrellas, el mismo cielo que inspiró poemas y religiones, miedos y revoluciones. El cielo, lugar donde nace y muere el Sol, donde la Luna cambia de aspecto y donde las estrellas se desplazan lentamente y pasan de un signo a otro del zodiaco. A pesar de quejarnos de que las estaciones ya no son como antes, de que nuestra vida ya no está ligada a sus ritmos, son pocos los que saben por qué durante el año el Sol se desplaza en el cielo o por qué la Luna sale cada día un poco más tarde, o cómo se halla una determinada constelación entre miles de estrellas en una noche oscura. Sin embargo, la fascinación por la bóveda estrellada sigue viviendo en nosotros y en el fondo todos sentimos la necesidad de mirar hacia arriba y comprender algo. Porque hoy podemos entender algunas cosas. La Luna sigue siendo mágica y también es el único cuerpo celeste, aparte de la Tierra, en el que el hombre ha puesto los pies. Marte sigue siendo un puntito de luz rojiza casi ilocalizable a simple vista, pero también es un planeta al que llegaremos pronto. Y Venus, Júpiter y Saturno pueden verse con unos simples prismáticos, mientras que las «estrellas fijas», las nebulosas y las galaxias están al alcance de los telescopios. Sólo hay que saber mirar y dónde mirar. Sólo hay que saber cómo funciona la máquina celeste para disponer de mucho más de lo que tuvo Galileo.

Observar el cielo

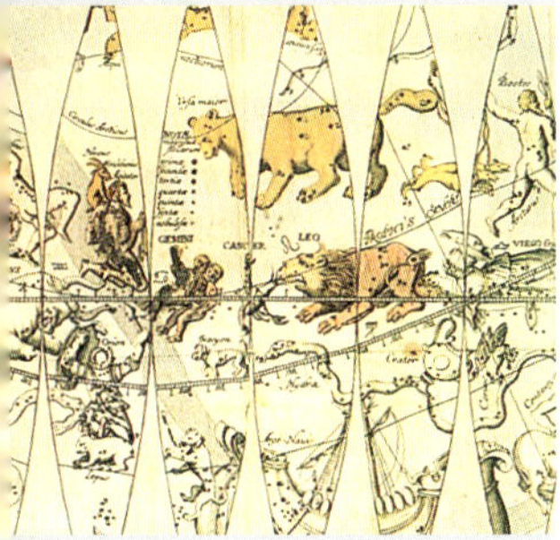

ORIENTARSE EN EL ESPACIO

«¿VES ESA LUZ BRILLANTE? ¿Y ÉSA UN POCO MÁS A LA DERECHA? ÚNELAS CON UNA LÍNEA Y CONTINÚA HACIA ARRIBA EN LA MISMA DIRECCIÓN, HASTA QUE ENCUENTRES UNA ESTRELLITA... NO ES MUY LUMINOSA... ¿LA VES? ES LA ESTRELLA POLAR, Y JUNTO CON OTRAS FORMA COMO UNA ESPECIE DE CUCHARA. ES LA OSA MENOR. Y UN POCO A LA DERECHA... ¿VES CASIOPEA, ESA ENORME W DE ESTRELLAS? ¡ESTA SÍ QUE ES FÁCIL! ESA SERIE DE ESTRELLITAS ENTRE LA OSA MAYOR Y LA OSA MENOR ES LA CONSTELACIÓN DEL DRAGÓN...». SIGUE VIVA LA FASCINACIÓN POR DESCUBRIR ESOS DIBUJOS MÁGICOS QUE, EN EL INSTANTE EN QUE LOS VEMOS, DESTACAN EN PRIMER PLANO SOBRE EL POLVILLO CAÓTICO DEL RESTO DE LAS ESTRELLAS. UNA VEZ VISTOS Y RECONOCIDOS, YA NO PODREMOS MIRAR EL CIELO COMO ANTES; SERÁ IMPOSIBLE NO INTENTAR VOLVER A VERLOS.

Las distancias que nos separan de las estrellas son tan elevadas (la más cercana se halla a casi $4 \cdot 10^{13}$ km) que no conseguimos medirlas ni siquiera con el telescopio. Parece que todas estén a la misma distancia, dispuestas en la superficie de una esfera cuyo centro es la Tierra; es la esfera celeste, que, a causa del movimiento de la Tierra, parece completar un giro en 24 horas.

Sin embargo, para observar un fenómeno natural y compartir o repetir las observaciones hay que regirse por un sistema de coordenadas, ya que permiten indicar exactamente la posición del fenómeno, tanto si se encuentra en la superficie de la Tierra como en la inmensidad del espacio.

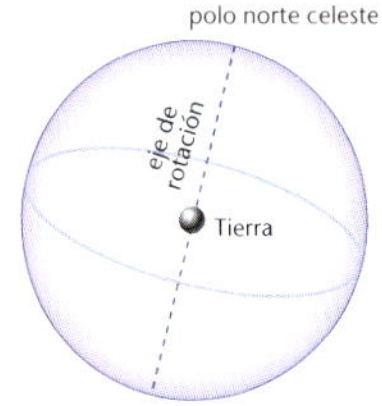

LA ESFERA CELESTE
Las estrellas están tan lejos de nosotros que todas parecen hallarse a la misma distancia: en la esfera celeste. Esta se mueve alrededor de nosotros a causa de la rotación de la Tierra.

COORDENADAS GEOGRÁFICAS

En la Tierra este sistema consiste en las coordenadas geográficas, es decir, los *meridianos* y los *paralelos,* que se cortan en ángulo recto. Dado que hay infinitos paralelos y meridianos, también hay infinitos ángulos en la superficie terrestre. El paralelo de referencia más importante es el *ecuador,* que corresponde a un ángulo de 0° y divide la Tierra en dos hemisferios: el *hemisferio boreal* o Norte, que va desde 0° a 90° Norte, y el *hemisferio austral* o Sur, que va desde 0° a 90° Sur (por convención, las coordenadas del hemisferio Sur se indican con signo negativo).

ROTACIÓN DEL CIELO
La Tierra nos permite ver todas las noches fragmentos distintos del cielo estrellado porque gira. La imagen del *Hubble* muestra el cúmulo Arches, cerca del centro de nuestra galaxia. Si tuviéramos la visión del *Hubble* en latitudes medias, lo veríamos nacer y ponerse.

COORDENADAS ACIMUTALES
Acimut y altura de una estrella en el hemisferio Norte.

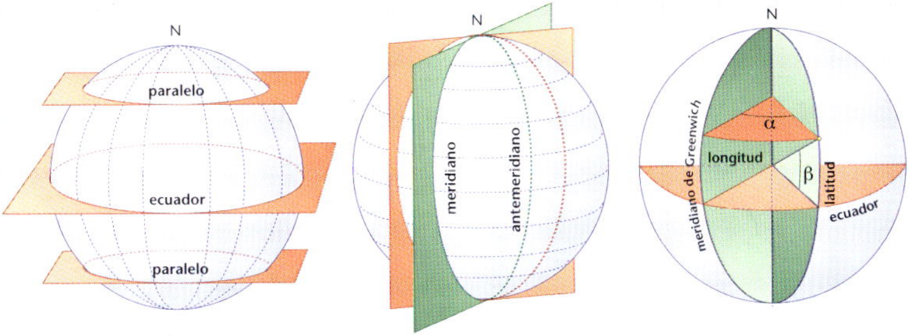

Coordenadas geográficas
Galileo señaló la importancia del sistema de referencia para examinar los fenómenos naturales. Las *coordenadas geográficas* indican la distancia de cada punto de la superficie terrestre a dos círculos máximos de referencia:
• La *longitud* se mide con los *paralelos*.
• La *latitud* se mide con los *meridianos*.

Todos los meridianos son iguales y, por convención, se escogió como referencia el que pasa por el observatorio astronómico de Greenwich, cerca de Londres, y que corresponde a 0°. La posición de cualquier punto de la superficie terrestre se determina calculando la distancia en grados desde el paralelo en el que se halla el punto de referencia al paralelo 0 o ecuador *(latitud)* y desde el meridiano de dicho punto al meridiano de Greenwich *(longitud)*.

COORDENADAS CELESTES

Al igual que sucede en la superficie terrestre, la intersección de dos círculos máximos marca un punto en la esfera celeste. Pero en astronomía se utilizan diversos tipos de sistemas de coordenadas que toman como referencia parejas de círculos máximos distintos.

SISTEMA ALTACIMUTAL

Adopta como círculos de referencia el *horizonte celeste* y el *meridiano del lugar.* El primero es la proyección en la esfera celeste del horizonte del observador y el segundo, el meridiano que pasa a través del Norte, el cenit (el punto en el que la vertical del lugar toca la esfera celeste), el Sur y el nadir (diametralmente opuesto al cenit) del observador.

Las coordenadas son:

• *El acimut* (A). Se mide en grados sobre el horizonte, con valores comprendidos entre 0° y 360°, a partir del punto Sur en dirección al movimiento de la estrella (Este-Oeste).

• *La altura* (h). Se mide en grados, a partir del horizonte a lo largo del círculo de altura (el que pasa por el cenit, el nadir y la estrella). Los valores de la altura están comprendidos entre 90° y -90° (son positivos si la estrella está sobre el horizonte).

Este sistema permite situar una estrella conociendo la dirección del punto cardinal Sur. Estas coordenadas dependen del horizonte del observador y varían tanto con el cambio de la posición del observador en la Tierra como con el tiempo (a causa de la rotación terrestre).

El único valor fijo es la altura del polo norte en el hemisferio Norte y del polo sur en el hemisferio austral, y corresponde a la latitud del lugar.

SISTEMAS ECUATORIALES

Los sistemas de coordenadas ecuatoriales son dos: el *sistema de coordenadas ecuatoriales fijo,* ligado al observador, y el *sistema de coordenadas ecuatoriales móvil,* independiente del lugar de observación. Ambos tienen como círculo de referencia el *ecuador celeste,* pero el primer sistema adopta como segundo círculo de referencia el *meridiano del lugar,* mientras que el segundo se refiere al *círculo horario* (es decir, el círculo que pasa por los polos celestes) que pasa por el

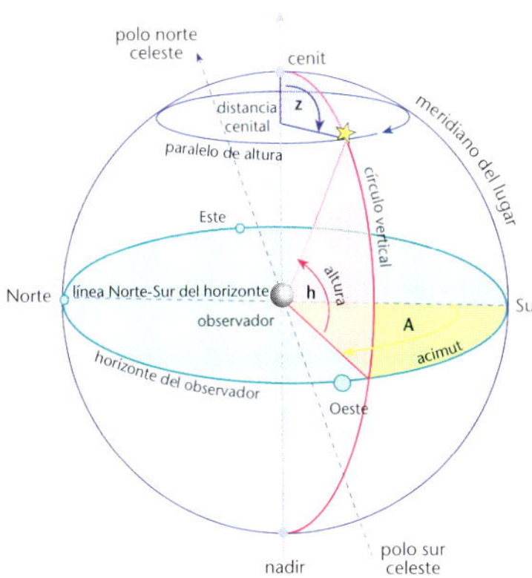

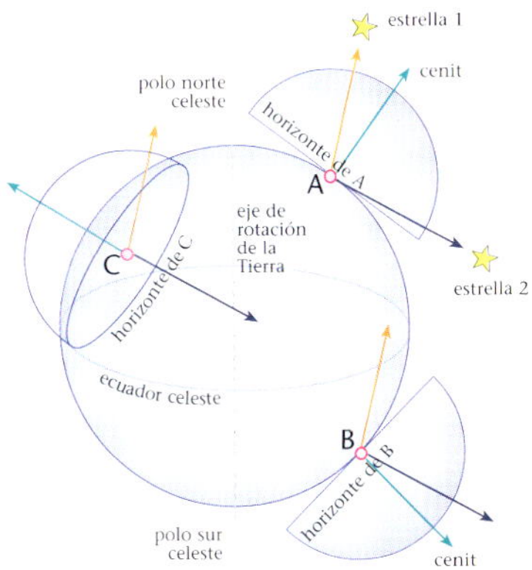

Variaciones de las coordenadas acimutales
El acimut y la altura varían en cada punto y con el tiempo.
Las imágenes resumen la situación que se produce al observar las mismas estrellas en tres puntos distintos de la superficie terrestre: las estrellas están «en el infinito» y, por ello, las direcciones en que se mira son paralelas. Cada observador tiene su propia esfera celeste con sus coordenadas particulares: la altura de las estrellas es distinta en función del horizonte.

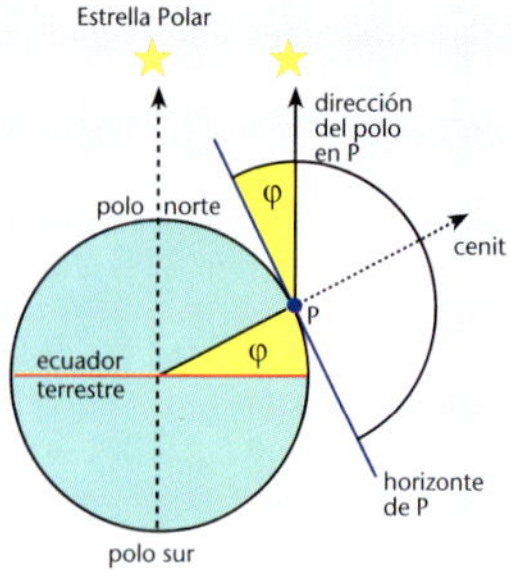

Hallar el polo
Resulta indispensable hallar la posición del polo norte (o sur) celeste, es decir, el punto en el que el eje de rotación terrestre corta con la esfera celeste. Para quien se encuentre en el hemisferio boreal, la altura del polo norte celeste en el horizonte local coincide con la latitud φ del lugar.

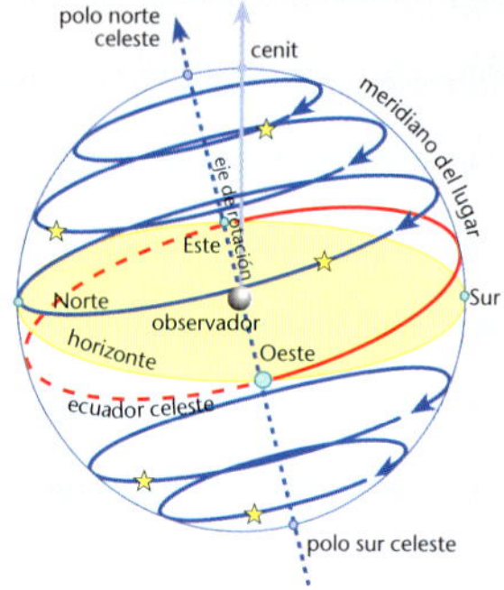

Trayectoria de las estrellas
Una estrella recorre cada día un círculo propio paralelo al ecuador celeste. Aparte de ligerísimos desplazamientos en la esfera celeste, que se producen en tiempos muy largos, la estrella describe siempre el mismo paralelo.

punto γ (o punto del equinoccio de primavera, punto vernal o punto de Aries: es uno de los puntos en los que la eclíptica –la trayectoria de la órbita terrestre alrededor del Sol– corta con el ecuador celeste).

Sistema ecuatorial fijo

En este sistema las coordenadas de una estrella son:

• *El ángulo horario* (**t**). Se mide a lo largo del ecuador celeste (desde punto *M* de intersección entre el ecuador celeste y el meridiano del lugar) en la dirección del movimiento de la estrella (hacia el Oeste). El valor del ángulo horario, medido en horas, minutos y segundos, con valores comprendidos entre 0 y 24 horas, varía a lo largo del día. Dado que la esfera celeste realiza un giro completo en 24 horas, se toman las equivalencias: 24 h = 360°; 1 h = 15°; 1 min = 15′; 1 s = 15″, etcétera.

• *La declinación* (δ). Se mide en el círculo horario que pasa por la estrella a partir del punto en que corta el ecuador, en grados, minutos y segundos con valores comprendidos entre 90° y -90°. Es de 0° si la estrella se halla en el ecuador, positiva si se halla en el hemisferio Norte y negativa si está en el hemisferio Sur. En una primera aproximación, el valor de δ es constante en el tiempo. La trayectoria de una estrella cruza a diario dos veces el meridiano del lugar y se dice que *pasa por el meridiano*. Para un punto dado en la Tierra, los pasos por el meridiano de una estrella corresponden a la altura máxima y mínima de la estrella en el horizonte: en el primer caso se dice que se halla en la *culminación superior* y en el segundo, en la *culminación inferior*. El ángulo horario de una estrella en la culminación superior es 0 h, y el de una estrella en la culminación inferior es de 12 h.

Sistema ecuatorial móvil

En este sistema las coordenadas de una estrella son:

• *la ascensión recta* (α), que se mide en el ecuador a partir del punto γ en dirección opuesta al movimiento de la estrella (hacia el Este). Se mide en horas, minutos y segundos, con valores comprendidos entre 0 h y 24 h.

• *la declinación* (δ), medida sobre el círculo horario que pasa por la estrella a partir del ecuador. Se indica en grados, minutos y segundos con valores comprendidos entre 90° y -90°.

En una primera aproximación los valores de α y δ son constantes en el tiempo e independientes del observador. De hecho, el punto γ gira alrededor del eje polar con la misma velocidad angular que las

Sistemas ecuatoriales
A la izquierda: El sistema ecuatorial fijo, con coordenadas del ángulo horario y la declinación.
A la derecha. Respecto a dos estrellas en hemisferios opuestos:
◘ culminación superior
☒ culminación inferior

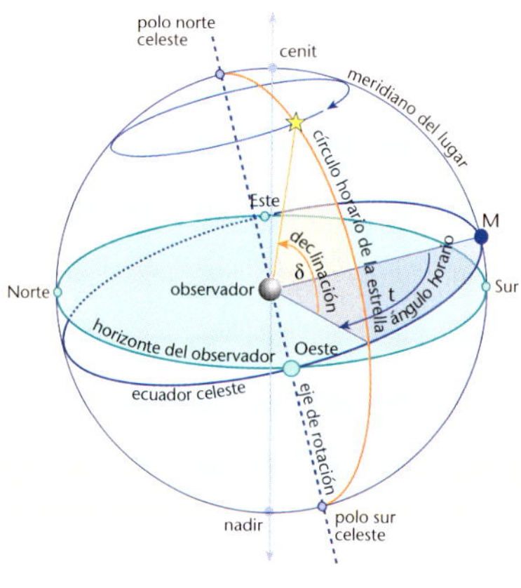

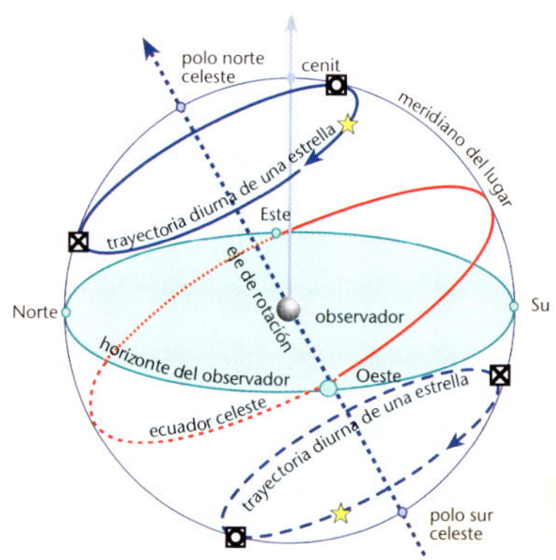

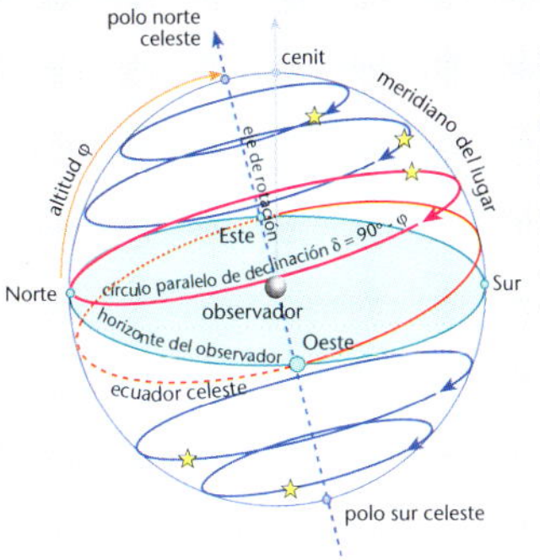

Latitud y declinación
A la izquierda: Una estrella circumpolar presenta una declinación de $\delta \geq 90° - \varphi$, donde φ es la latitud del lugar. Una estrella con declinación $\delta < \varphi - 90°$ no aparecería jamás en el horizonte.

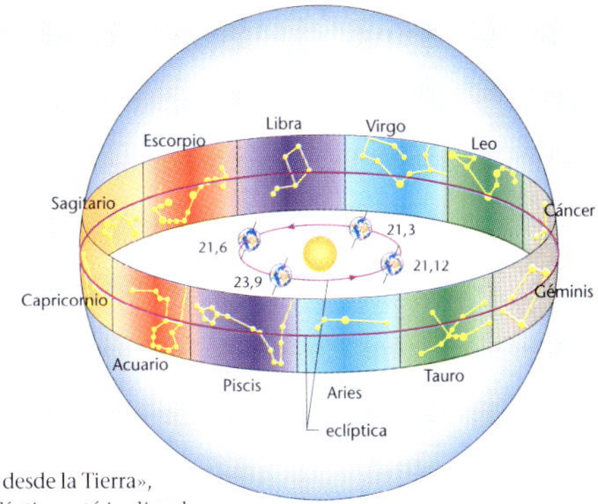

Eclíptica y constelaciones
A causa de la traslación de la Tierra, el Sol se proyecta en zonas distintas del cielo en función del periodo del año. Las constelaciones visibles son las que se hallan en la parte opuesta a la zona en la que se proyecta el Sol.

estrellas. El arco de ecuador comprendido entre el punto M y el punto γ se llama *tiempo sidereo*. Este indica cuánto tiempo hace que el punto γ ha pasado por el meridiano local.

LA ECLÍPTICA Y EL SISTEMA ECLÍPTICO

La órbita terrestre, llamada *eclíptica,* se halla en un plano imaginario que, al cortar la esfera celeste, describe una circunferencia también llamada eclíptica. Con este término también se indica el círculo que corresponde a la proyección del recorrido de la Tierra en la esfera celeste o el recorrido del Sol en la bóveda celeste.

Si consideramos el Sol como un cuerpo celeste análogo a los demás, podemos imaginar que ocupa una parte específica del cielo y, por ello, se afirma que el Sol «se proyecta» en un sector preciso de la esfera celeste. Sin embargo, dado que la Tierra se desplaza, cada día se proyecta en una zona ligeramente distinta de la bóveda celeste. Al cabo de un año, todo «vuelve» a la posición inicial y este «recorrido» del Sol corresponde a la intersección de la eclíptica con la esfera celeste.

Respecto al plano de la eclíptica, el eje de rotación terrestre presenta una inclinación de 66°33′. Y viceversa, «visto desde la Tierra», el plano de la eclíptica está inclinado 66°33′ respecto al eje terrestre y 23°27′ respecto al ecuador tanto terrestre como celeste.

Los dos puntos en los que la eclipse intersecciona con el ecuador celeste se llaman *puntos equinocciales*. Cuando el Sol se proyecta en uno de ellos, se dice que se halla en el *equinoccio:* el punto equinoccial en el que se proyecta el 21 de marzo corresponde al punto γ. Cuando el Sol se halla a medio camino entre los puntos equinocciales, es el *solsticio*.

A causa del movimiento de la Tierra, el fondo de estrellas en el que se proyecta el Sol cambia lentamente: el cielo invernal es distinto al de verano, porque el Sol se mueve casi 1° al día (360° en 365 días) a lo largo de la eclíptica. Las constelaciones ➢86 visibles también cambian con las estaciones.

Además, dado que la eclíptica está inclinada respecto al ecuador, también la declinación del Sol varía a lo largo del año y, con ella, el recorrido diurno solar. Por este motivo la duración de los días y las noches siempre es distinta, excepto en el ecuador y en el día de equinoccio, cuando el Sol se halla en el punto γ. En las semanas inmediatamente precedentes y sucesivas a un equinoccio, la variación de la altura máxi-

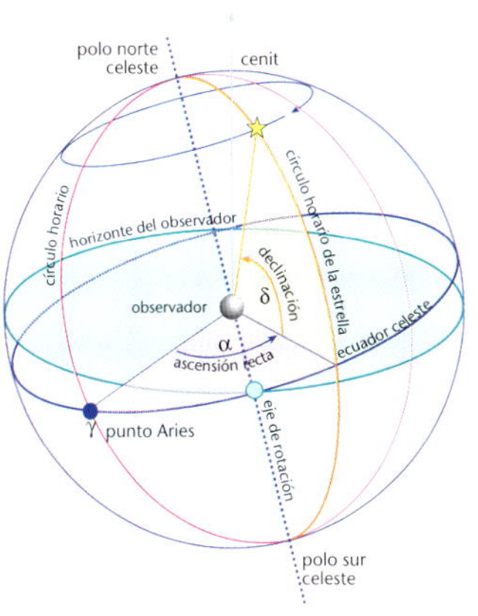

Sistemas ecuatoriales
A la izquierda: El sistema ecuatorial móvil, cuyas coordenadas son la ascensión recta y la declinación. Cuando la latitud de un lugar es distinta a 0° y a 90°, la esfera celeste se llama *oblicua*, que es el caso más frecuente.
Cuando $\varphi = 90°$ (en los polos), se tiene una esfera celeste paralela y las estrellas con declinación positiva son visibles y las demás están en el horizonte. Cuando $\varphi = 0°$ (en el ecuador), tenemos una esfera celeste recta: todas las estrellas son visibles y nacen y se ponen.

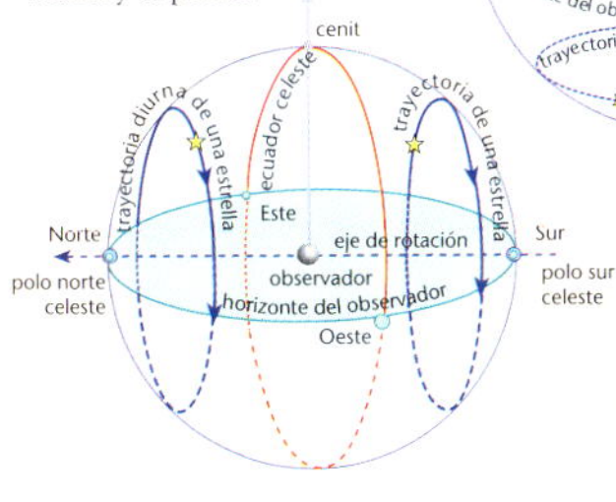

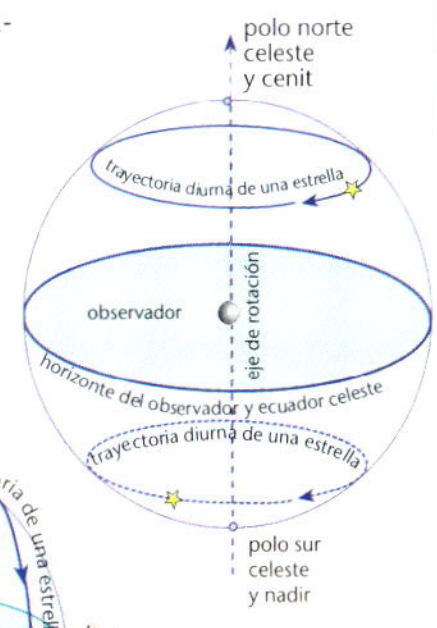

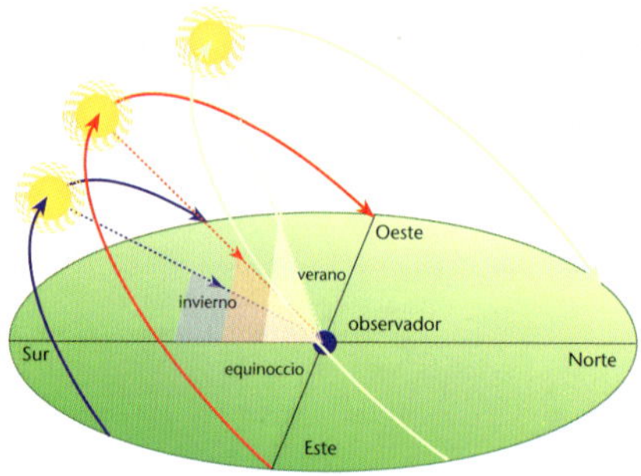

Trayectorias solares
Trayectorias diarias del Sol respecto a un horizonte con latitud φ ≈ 40° durante los dos solsticios (invierno y verano) y los dos equinoccios (coincidentes). La altura del Sol varía continuamente durante el año.

ma del Sol en el horizonte registrada en dos días consecutivos es la más elevada y el día se alarga progresivamente (o se acorta) varios minutos.

Si, cuando se proyectan en la esfera celeste, los solsticios (puntos de la eclíptica situados a medio camino entre los puntos equinocciales) se hallan a la máxima distancia (Norte y Sur) del ecuador celeste, entonces en dichos puntos el Sol tiene una declinación δ ± 23° 27′. En las semanas precedentes y posteriores al solsticio, la variación de la altura máxima del Sol en el horizonte entre dos días consecutivos es mínima (cada día se alarga o se acorta escasos segundos).

En las regiones de la Tierra con latitud superior a 66°33′ el Sol se convierte durante periodos variables, en función de la estación (o, lo que es lo mismo, de su declinación), en una estrella circumpolar: no sale ni se pone a diario y puede verse por encima del horizonte incluso a medianoche. En los polos, el Sol sale y se pone una sola vez al año a causa de la traslación terrestre: el día en el polo norte y en el sur dura seis meses y la noche otros seis.

EL SISTEMA ECLÍPTICO

Se usa sobre todo para describir el movimiento de los planetas y para calcular los eclipses; los círculos de referencia son la eclíptica y el *círculo de longitud* que pasa por los polos de la eclíptica y el punto γ; las coordenadas son:

- *La longitud eclíptica* (λ). Se mide en la eclíptica desde el punto γ y en sentido opuesto al movimiento de las estrellas hasta encontrar el punto de intersección entre la eclíptica y el círculo de longitud que pasa por la estrella. Se calcula en grados, minutos y segundos; tiene valores entre 0° y 360°.
- La *latitud eclíptica* (β). Se mide en el círculo de longitud que pasa por la estrella y está comprendido entre la estrella y la eclíptica; también se mide en grados, minutos y segundos, y tiene valores comprendidos entre 90° y -90° (es positiva si la estrella está en el hemisferio Norte de la eclíptica, y viceversa).

EL SISTEMA GALÁCTICO

Se usa en estadística estelar y para describir movimientos y posiciones de cuerpos galácticos. Los círculos principales son la intersección del plano ecuatorial galáctico con la esfera celeste y el círculo máximo que pasa por los polos de la Vía Láctea y el ápice del Sol, es decir, el punto de la esfera celeste adonde se dirige el movimiento solar. Las coordenadas son la longitud y la latitud galácticas.

El Sol a lo largo de la eclíptica
Como todas las estrellas, el Sol también recorre todos los días un círculo paralelo al ecuador celeste. A diferencia de las estrellas, demasiado lejanas para que sean sensibles las variaciones de ángulo derivadas de la traslación terrestre, el Sol sigue una trayectoria que recorre toda la eclíptica, y se desplaza casi 1° al día.

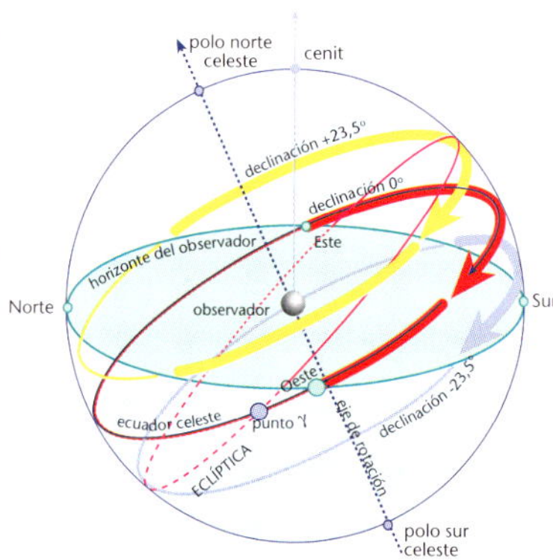

Sistema eclíptico
A la izquierda: Este sistema independiente del observador tiene como coordenadas la latitud y la longitud.

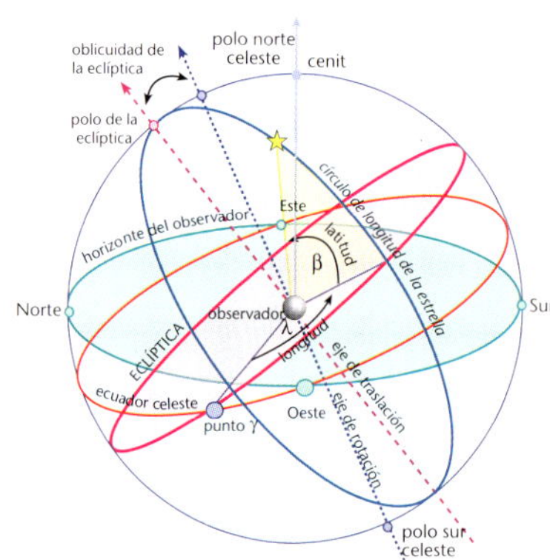

HASTA HACE POCOS AÑOS, PARA OBSERVAR EL CIELO CON TELESCOPIO HABÍA QUE ACUDIR A UN OBSERVATORIO ASTRONÓMICO Y SEGUIR LAS INDICACIONES DE UN ASTRÓNOMO. HOY, LOS AVANCES DE LA ÓPTICA PERMITEN A CUALQUIER AFICIONADO DISPONER DE INSTRUMENTOS DE CALIDAD PARA REALIZAR BUENAS OBSERVACIONES. Y TODO ELLO SE DEBE A LOS TELESCOPIOS REFLECTORES.

OBSERVAR LOS OBJETOS CELESTES

Al principio conviene mirar al cielo sólo con los ojos y adquirir cierta práctica en algunas operaciones, como la orientación, antes de querer moverse entre constelaciones, estrellas y planetas.

En primer lugar hay que encontrar el Norte, si fuera necesario con brújula. Conviene saber que la dirección indicada por la punta oscura de la aguja es la del Norte magnético, que no coincide con la del Norte geográfico. De todas formas, el ángulo entre ambas direcciones (llamado *declinación magnética*) es muy pequeño y puede desestimarse.

En las latitudes medias Norte, subiendo en vertical desde el punto Norte indicado por la brújula, se halla una región en la que destaca una estrellita poco brillante, aunque bastante aislada. Se trata de la Estrella Polar, que se halla, grosso modo, a medio camino entre el horizonte y la vertical que sale sobre nuestra cabeza (cenit). Es la última estrella de la Osa Menor, fácilmente reconocible gracias a la conjunción de dos estrellas brillantes de la Osa Mayor: son estrellas que, en nuestras latitudes, se ven siempre (son circumpolares).

Es fácil localizar las constelaciones principales. Sólo hay que seguir una sucesión de alineaciones entre estrellas brillantes que suele aparecer marcada en los mapas estelares ➢77.

Para empezar a orientarse en el cielo es preferible escoger un lugar no completamente oscuro, de forma que sólo se vean bien las estrellas más brillantes. Con una linterna muy débil y con luz concentrada, puede intentarse seguir las estrellas y constelaciones más conocidas.

Después, cuando pasemos a objetos menos luminosos, convendrá recordar que es mejor no mirar directamente el cielo en la dirección en que se hallen, sino que es preferible hacerlo en dicha dirección con el rabillo del ojo; así, la sensibilidad ocular es superior.

Una vez que no tengamos problemas en reconocer las constelaciones, podremos intentar ver algo con unos prismáticos o un telescopio pequeño.

QUÉ HAY QUE OBSERVAR

Pueden observarse muchas cosas en el cielo nocturno. En primer lugar, las estrellas. Para observarlas e identificarlas sólo hay que contar con algo de práctica, a pesar de que se requiere un análisis más preciso y experto para buscar sistemáticamente una estrella, identificar constelaciones menores o reconocer y observar las masas estelares y nebulosas.

También podrá apreciarse que la luminosidad de determinadas estrellas varía con el tiempo; es probable que se trate de estrellas dobles ➢206, estrellas variables ➢206, novas o incluso supernovas ➢204. A menudo los aficionados, con su apasionado, sistemático y atento escudriñamiento del cielo, descubren nuevos objetos y se los muestran a los astrónomos profesionales. En cambio, es difícil que descubran nuevas galaxias, porque, a pesar de ser

ESTAR PREPARADO
Nunca hay que infravalorar el frío durante la observación de las estrellas. Incluso en las noches veraniegas más cálidas, conviene tener a mano un cortavientos capaz de detener la humedad nocturna y la brisa más fresca.

Objetos celestes

A la derecha: Andrómeda o M31, una galaxia cercana a la Vía Láctea. Es una galaxia espiral gigante de 200.000 años luz de diámetro, bastante parecida a la nuestra en aspecto y forma. Puede observarse a simple vista y se muestra como un punto difuminado.

De arriba a abajo: Cráteres lunares. Cara visible de la Luna. Marte.

objetos muy luminosos, se hallan a distancias enormes de la Tierra. De los más de 100.000 millones de galaxias ➢222 existentes, sólo tres pueden verse a simple vista (aunque con dificultad). Sólo una mirada experta puede identificar la Gran y la Pequeña Nube de Magallanes o la galaxia M31. Además, las Nubes de Magallanes, descubiertas en 1519 por ese famoso explorador portugués, sólo se observan en el hemisferio austral (la Pequeña Nube se halla entre las constelaciones de Dorado y de la Montaña de la Mensa, y la Grande, en Tucán). La galaxia M31 es más conocida con el nombre de Andrómeda; puede verse en la constelación de Andrómeda, a una distancia de $2{,}3 \cdot 10^6$ años luz, y cuenta con dos galaxias satélite (NGC 221 y NGC 205), ambas visibles a simple vista. Observar los objetos del sistema solar procura muchas satisfacciones: en primer lugar, la Luna con sus aspectos cambiantes y, después, los planetas rocosos (sobre todo Marte y Venus; Mercurio, debido a su cercanía con el Sol, cuesta mucho de ver) y los gaseosos, enormes, con abundantes satélites y colores, como Júpiter y Saturno con sus anillos. Con un poco de suerte, puede observarse un asteroide o un cometa.

Los planetas se diferencian con facilidad de las estrellas. En primer lugar, no todos emiten destellos, sino que tienen una luz «firme», debido a que no son puntiformes y, por tanto, la interferencia con la atmósfera no es tan importante. Además, los planetas se desplazan, respecto a las estrellas fijas, de forma consistente al cabo de varios días. Aprender a distinguir los movimientos y prever su órbita es relativamente fácil.

Más difícil resulta observar un cometa. Hay que tener mucha paciencia y ojo para poder distinguirlo de otros cuerpos celestes cuando aún no está lo suficientemente cerca del Sol como para que desarrolle la cola.

Las «estrellas fugaces», meteoritos que precipitan en masa, son un espectáculo del que todos podemos disfrutar, porque resulta imposible observarlas con aparatos y la única posibilidad que ofrece la tecnología es fotografiarlas con una larga exposición.

A diferencia del resto de los cuerpos celestes, nunca hay que observar el Sol directamente, pues hacerlo a ojo descubierto puede lesionar la vista para siempre y con prismáticos o telescopio lleva a la ceguera completa. Tampoco hay que fiarse de los cristales ahumados ni de las lentes tratadas; ni siquiera así hay que mirar directamente al Sol. Conviene evitarlo siempre.

El mejor modo de observar el Sol es el mismo que se usaba en tiempos de Galileo: proyectando su imagen en una pantalla, así nos aseguraremos de no mirarlo nunca directamente, ni siquiera por accidente. También en ese caso hay que tomar precauciones para no quemarse: el instrumento que proyecta la imagen del Sol en la pantalla concentra la radiación y la temperatura, y esta puede aumentar hasta incendiar el papel. El mejor momento para

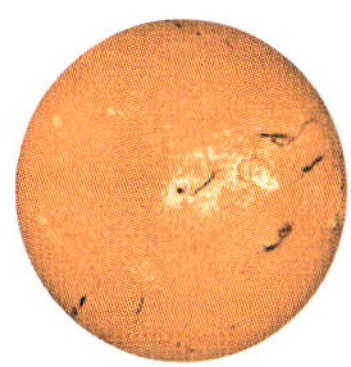

Imágenes desde el cielo
Arriba: Imagen del cometa Hyakutake.
Abajo, en orden descendente: Saturno. Las Pléyades. Una imagen del Sol en H-α.

observar el Sol es al alba o al ocaso, porque la luminosidad no es tan elevada y pueden recogerse mejor los detalles de la fotosfera.

EQUIPO

No se necesita mucho para observar el cielo, pero algunas sugerencias pueden resultar de utilidad. En primer lugar, es mejor estar cómodos para evitar tortícolis y dolor de espalda, sobre todo en invierno. Una tumbona, una manta o un colchoncito (en la playa) serán suficiente, sin olvidar que de noche la humedad puede jugar malas pasadas; incluso en verano, conviene abrigarse. Una brújula y una linterna resultan de gran utilidad. Luego, están los aparatos especializados; para realizar numerosas observaciones no se requieren grandes aparatos, porque muchos objetos se ven a simple vista o con unos prismáticos de campo (de seis u ocho ampliaciones), como los de los ornitólogos. Por ejemplo, con unos prismáticos pueden verse los satélites de Júpiter, algunas nebulosas y detalles de la superficie lunar.

Para fotografiar los objetos celestes sólo se necesita una cámara con enfoque fijo y un trípode (o una superficie estable). Si la luminosidad de los objetos es débil, habrá que aplicar una cámara especial a un telescopio dotado de dispositivo para corregir la rotación de la Tierra. Los aficionados deberán conseguir un telescopio con más aumentos que unos prismáticos para ver los planetas y los cuerpos del sistema solar.

LOS INSTRUMENTOS: PRISMÁTICOS Y TELESCOPIOS

Los prismáticos para observar los cuerpos celestes presentan ciertas características fundamentales. En primer lugar, hay que saber leer las indicaciones de las características ópticas del aparato. Los números grabados (por ejemplo, 8 x 30) indican, respectivamente, los aumentos y el diámetro de la lente anterior en milímetros. Cuanto mayor sea el aumento, menores serán el campo visual y la luminosidad; por ello, es inútil usar unos prismáticos de muchos aumentos para observar una estrellita temblorosa; sin duda, no la veremos mejor que a simple vista. Además, con aumentos superiores a 10 hay que usar trípode. Asimismo, las ampliaciones actúan sobre la imagen del objeto, así como en las interferencias atmosféricas, y a partir de cierto nivel las distorsiones perjudican la observación.

Por otra parte, ampliar sólo sirve en caso de observar fuentes no puntiformes, como la Luna, los planetas, los cometas y las nebulosas. Para observar las estrellas no es muy útil, pues, dada la distancia, la estrella aparecerá como un puntito luminoso desenfocado, sea cual sea el aumento. En estos casos, la luminosidad resulta más importante, porque si los prismáticos no captan luz suficiente no sirven para la observación nocturna. El factor principal para ello es la apertura, es decir, el diámetro de la lente.

Teniendo en cuenta todas las variables, los prismáticos más aconsejables son de 7x50, pues el campo es suficientemente grande para no perder las referencias y la capacidad para ver detalles permite observar casi 15″ de arco y magnitudes ➤190 cercanas a 10 (es decir, objetos 40 veces por debajo del umbral de visibilidad).

También hay que valorar el peso, porque es difícil mantener fijos unos prismáticos de más de 1 kg

ASTRÓNOMOS AFICIONADOS Muchos grupos de aficionados encuentran en los observatorios un buen apoyo a sus numerosas actividades y desempeñan un excelente trabajo de vigilancia y catalogación de fenómenos y objetos terrestres.

ABAJO: Para empezar a observar el cielo nocturno, suele bastar con unos buenos prismáticos.

y hay que disponer de un trípode, que, además de ser caro, obstaculiza los movimientos. Por último, aunque existen prismáticos de 4, 7, 10, 20 y 30 aumentos, no resulta muy conveniente decantarse por los más potentes, dado que, por el mismo precio, existen telescopios pequeños con 100 o 200 aumentos.

Por ello, hay que sopesar la conveniencia de comprar un TELESCOPIO, que también tiene sus pros y sus contras. Aunque sea pequeño, ocupa y pesa bastante, a pesar de que se comercializan telescopios buenos de dimensiones y precios razonables. La mejor elección podría ser un Schmidt-Cassegrain con una lente de 20 cm de diámetro, 10 kg de peso, con un aumento correcto, que permite observar detalles alrededor de los 2″ de arco y, en condiciones particularmente buenas, objetos de magnitud 13 $^{\succ 190}$, es decir, 600 veces por debajo del umbral de la visibilidad. Una precisión mayor se vería obstaculizada por las turbulencias atmosféricas, con lo que superar los 20 cm de diámetro resulta inútil.

Las características de un telescopio, ya sea por refracción o reflexión, son la luminosidad, el aumento y su resolución.

La ***luminosidad*** es un número proporcional a la raíz cuadrada de los erg por segundo y por unidad de superficie que el instrumento es capaz de concentrar en el plano focal. Para una longitud de onda fija, en el caso de las estrellas es igual a la rela-

TELESCOPIOS

Un telescopio óptico está formado por un tubo en cuyo extremo se encuentra un objetivo (un conjunto de lentes) o un espejo.

El objetivo del telescopio proporciona una imagen del objeto observado, que puede verse, fotografiarse o analizarse con instrumentos adecuados a través de un *ocular*.

Si la radiación es recogida por una lente (o por un conjunto de lentes) se trata de un telescopio *refractor*, y si la recoge un espejo es *reflector*.

A. Telescopio de Galileo.

Consiste en un sistema compuesto por un objetivo que recoge la luz procedente del objeto observado y un ocular que amplía una imagen no invertida.

B. Telescopio de Kepler.

Es un telescopio refractor, análogo al de Galileo, que, al sustituir la lente divergente del ocular por una lente convergente, obtiene una imagen invertida.

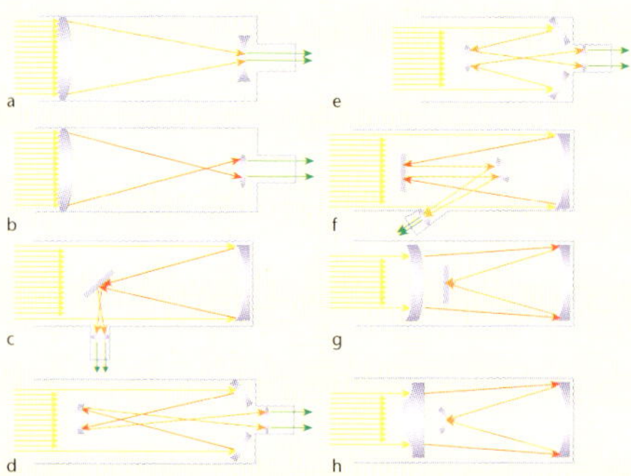

C. Telescopio reflector newtoniano.

Fue concebido por Newton. Posee un espejo parabólico cóncavo que hace converger el haz de rayos procedente de la fuente en un espejo plano inclinado 45° en el eje del instrumento, de modo que forma la imagen en un lado del tubo. Esto facilita mucho la observación. En telescopios mayores, en lugar del espejo plano se coloca una cabina, donde se alojan el observador o los instrumentos.

D. Telescopio de Gregory.

Su inventor fue James Gregory y aprovechó el principio de reflexión de Newton, pero aplicó una montura distinta que permite colocar el ocular en la cola del tubo.

E. Telescopio de Cassegrain.

Su creador fue N. Cassegrain y presenta una estructura similar a los dos telescopios anteriores. En lugar del espejo plano, monta un espejo hiperbólico convexo con la convexidad dirigida hacia el espejo principal. Con iguales prestaciones, el tubo puede ser más corto, a la vez que se gana en solidez y estabilidad.

Observar el Sol
Como en tiempos de Galileo, el modo más seguro para observar el Sol es proyectar su imagen a través de un agujerito sobre una superficie clara, en una habitación oscura.

Para expertos
Un telescopio de este tipo, uno de los más comunes entre los aficionados, puede llevar filtros especiales para observar las protuberancias solares.

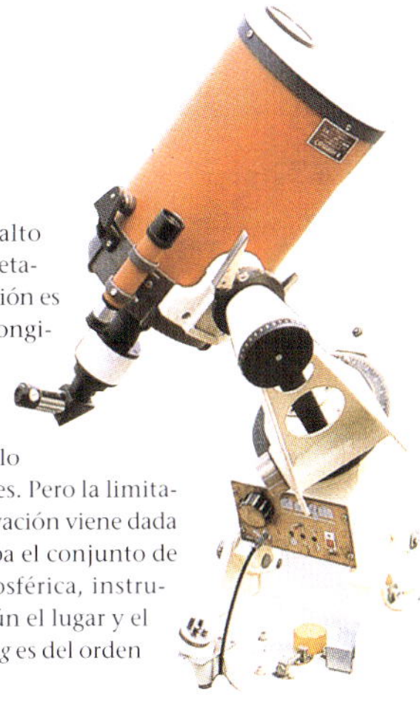

ción entre el cuadrado del diámetro del objetivo (o del espejo, llamado *apertura absoluta)* y la focal, mientras que para los objetos mismos se extrae de la relación (llamada *apertura relativa)* entre el diámetro del objetivo y el foco. La posibilidad de ver estrellas «débiles» depende de la luminosidad, y no de los aumentos.

El ***aumento***, conocido como *angular*, es la relación entre el foco del objetivo (o del espejo) y el foco del ocular: cuanto más corto sea, mayor será el aumento. Los aumentos importantes sólo son significativos cuando se observan objetos no puntiformes.

El poder de ***resolución*** es el ángulo mínimo con que dos puntos siguen viéndose separados y distintos: un poder de resolución alto permite ver imágenes nítidas y detalles diminutos. El poder de resolución es directamente proporcional a la longitud de onda de la radiación observada e inversamente proporcional a la apertura absoluta. Una resolución alta resulta útil sólo en caso de objetos no puntiformes. Pero la limitación de las posibilidades de observación viene dada por el *seeing,* concepto que agrupa el conjunto de condiciones de visibilidad atmosférica, instrumental, etcétera, y que varía según el lugar y el momento. Normalmente, el *seeing* es del orden de 1'' de arco o más.

F. Telescopio coudé.
Tiene la estructura del Cassegrain, con el añadido de un espejo plano que desvía el haz, de forma que el rayo sale por el telescopio en la misma dirección, sea cual sea la posición del tubo principal.

Telescopios catadióptricos
Combinan lentes y espejos.

G. Telescopio de Maksutov
También fue bautizado con el nombre de su inventor. Gracias a una lente convexa-cóncava muy gruesa, imprime a la imagen una aberración esférica que luego se corrige con el espejo primario esférico.

H. Telescopio de Schmidt.
Presenta una lámina correctora de forma compleja, colocada cerca del centro de curvatura del espejo principal, que es esférica. Este tipo de telescopio se utiliza principalmente para fotografía.

La montura

En un telescopio también resulta importante la montura, es decir, la articulación con la que el tubo del telescopio puede orientarse y moverse. La más común es la montura ecuatorial, que permite usar las coordenadas del sistema ecuatorial fijo. El telescopio puede rotar tanto sobre un eje paralelo al eje terrestre como sobre un eje perpendicular al mismo (paralelo al plano del ecuador celeste). En un círculo que rodea el primer eje, dividido en 360° y fracciones de grado, se leen las declinaciones; en otro círculo con centro en el segundo eje, dividido en horas y fracciones de hora, se leen los ángulos horarios. Una vez fijado el objetivo, un mecanismo de relojería hace girar el telescopio siguiendo al objeto observado.

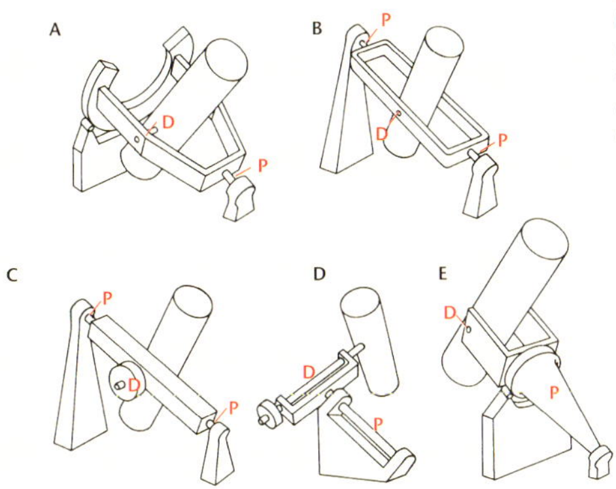

Montura ecuatorial o paraláctica
Existen distintos tipos de montura ecuatorial:
A: herradura
B: inglesa
C: ejes cruzados
D: alemana
E: en horquilla
P = Eje polar
D = Eje de declinación

La observación del cielo es la profesión de muchos científicos y la pasión de numerosos aficionados a la astronomía. Mientras en los observatorios la investigación avanza, sobre todo, a partir de la elaboración de datos recopilados en el espacio con instrumentos cada vez más potentes, los astrónomos aficionados se reúnen en asociaciones para intercambiar conocimientos.

EL LUGAR DE LAS OBSERVACIONES

Los observatorios astronómicos más antiguos, como el histórico de Greenwich, se hallan en las grandes ciudades, pero han quedado muy limitados a causa de la luz artificial. Por ello, los observatorios se han instalado en zonas cada vez más alejadas de las poblaciones y a altitudes elevadas, para eliminar al máximo las perturbaciones debidas a la atmósfera.

Algunos de los observatorios más potentes son: Zelenchukskaya en el Cáucaso; Monte Palomar, en California; Kitt Peak ➢125, en Arizona, con su famosa torre solar; el Cerro Totolo ➢123, en los Andes chilenos; Mauna Kea, en Hawai... Aquí, los grandes telescopios e instrumentos de largo focal se hallan en salas enormes, casi siempre circulares, coronados con parabólicas móviles que se abren al cielo y permiten enfocar en cualquier dirección.

Hasta hace poco tiempo, los instrumentos instalados en los observatorios eran propiedad de organismos nacionales y alcanzaban un máximo de 6 m de diámetro.

En la actualidad, en estos mismos observatorios o en nuevas zonas aún más aisladas, se construyen instrumentos cada vez mayores, gracias a las nuevas tecnologías y a la inversión de consorcios internacionales.

Así tenemos, por ejemplo, el ESO (European Southern Observatory), en Cerro La Silla, en el norte de Chile, a unos 2.500 m sobre el nivel del mar; está financiado por varios países, Bélgica, Dinamarca, Francia, Alemania, Italia, Holanda, Suecia y Suiza, entre otros.

En los centros utilizados por toda la comunidad internacional de investigadores se hallan los grandes ***radiotelescopios*** ➢124, que reciben y analizan las ondas de radio emitidas por objetos espaciales y satélites artificiales.

Algunos de los centros más importantes de estudio de radioastronomía son Jodrell Bank, cerca de Manchester, con un gran radiotelescopio de espejo metálico orientable de 76 m de diámetro; Arecibo, dotado con un reflector de 305 m de diámetro, donde las señales recogidas convergen en una antena aérea suspendida por tres torres laterales; Zelenchukskaya, con su RATAN (Radio Astronomical Telescope of the Academy of Sciences), compuesto por 900 paneles de aluminio dispuestos en un círculo de 576 m de diámetro; el VLA (Very Large Array) ➢124, en Socorro (Nuevo México), con 27 parabólicas móviles de 25 m de diámetro cada una.

Parabólicas
Los radiotelescopios poseen una gran parabólica que recoge la señal electromagnética y la concentra en la antena. Aquí, los sensores la recogen y la envían a aparatos capaces de procesarla.

Arecibo
Este enorme radiotelescopio, construido en un valle natural al norte de Puerto Rico, también se usa para buscar señales de vida inteligente en el espacio. Con este radiotelescopio pueden observarse objetos con declinaciones comprendidas entre 43° y -6°.

A la construcción de grandes instrumentos ópticos o acústicos se yuxtapone la realización de aparatos para ponerlos en órbita desde la atmósfera terrestre ➤124: estos registran la parte de radiaciones absorbida por la atmósfera de nuestro planeta (rayos infrarrojos, ultravioletas, X y γ, rayos cósmicos).

Además, ya casi nadie observa directamente el cielo, porque los astrónomos trabajan sobre todo con elaboraciones realizadas por ordenador o a partir de fotografías. La tradicional «vigilancia» del cielo ha quedado en manos de los aficionados a la astronomía, quienes a menudo identifican nuevos cuerpos del sistema solar.

LA UNIÓN HACE LA FUERZA

Los lugares y las ocasiones en que los aficionados pueden ampliar sus conocimientos, mejorar las técnicas de observación y discutir los resultados son numerosos.

Las asociaciones disponen cada vez con mayor frecuencia de aparatos propios de alta calidad y los grupos de aficionados colaboran con astrónomos profesionales y emplean esos instrumentos que, en los observatorios públicos, el personal científico ha dejado de utilizar a causa de la contaminación lumínica.

Tarjeta de visita
El *Voyager 1*, enviado a explorar los planetas exteriores al sistema solar y destinado a alejarse progresivamente en el espacio galáctico, lleva en su exterior esta placa para manifestar la existencia de nuestra civilización a posibles organismos inteligentes que vivan en un planeta de otro sistema solar.

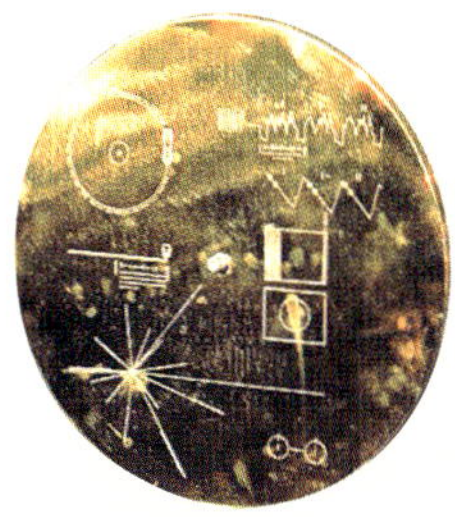

¿HAY VIDA AHÍ ARRIBA?

No hay duda de que el gran esfuerzo, también económico, que exige la investigación espacial está ligado de alguna manera a la búsqueda de vida en el universo. Por ejemplo, las sondas espaciales han explorado con mayor atención los planetas del sistema solar que se estimaban potencialmente más idóneos para albergar formas de vida, aunque fuera primitiva, con el fin de demostrar que la Tierra no es una excepción en el universo.

La búsqueda de formas de vida extraterrestre, que implica a numerosos investigadores del mundo, sigue dos direcciones principales.

1. Excluida la existencia de formas de vida superior en otros planetas del sistema solar y, con mayor razón, de civilizaciones inteligentes, se avanza en la búsqueda de formas de vida primitiva (como bacterias) mediante una comprobación directa realizada por sondas interplanetarias automatizadas.

2. Dado que es más fácil identificar una forma de vida superior (una civilización como la nuestra es más ruidosa que un ejército de bacterias y se hace notar a distancias planetarias con emisiones de ondas electromagnéticas de claro origen artificial), en el supuesto de que la vida tenga necesidades análogas en cualquier lugar del universo y de que –en particular– sea compatible sólo con estrechas franjas de temperatura similares a las terrestres, se buscan sistemas planetarios parecidos al nuestro, para iniciar un rastreo de emisiones artificiales. En esta actividad se emplean grandes instrumentos, como el radiotelescopio de Arecibo.

Aunque las investigaciones en ambas direcciones aún no han dado resultado, según los cálculos de probabilidad de algunos estudiosos tarde o temprano se descubrirá alguna forma de vida. Los planetas similares a la Tierra suman 600 millones, y eso sólo en nuestra galaxia.

FIGURAS DE ESTRELLAS

Todos los ángulos, las medidas para ubicar los objetos de la esfera celeste con un telescopio, etc. son útiles. Pero quien quiera empezar a observar el cielo, antes tendrá que familiarizarse con él. Las constelaciones, delicadas ilusiones ópticas que «ordenan» la noche, permiten pasearse con comodidad entre las estrellas, en compañía de esa pizca de magia con la que han llegado a nuestros días: las Osas, el Dragón, Casiopea, Orión, Pegaso y otros personajes, monstruos, animales, instrumentos y objetos se convierten en figuras conocidas. Luego, las buscaremos hasta en cielos desconocidos, como si tuvieran que guiarnos y nos resultara imposible mirar el cielo oscuro sin preguntarnos dónde se encuentran. La noche quedará para siempre impregnada de sueños y figuras fantásticas volátiles de un pasado mitológico.

El hombre, desde la noche de los tiempos, ha comparado a simple vista la disposición de las estrellas con imágenes conocidas. ¿Quién no ha mirado las estrellas hacia el Norte y no ha visto una especie de carro? Es la constelación de la Osa Mayor. A partir de ella, siguiendo alineaciones y curvas, pueden identificarse otras muchas figuras. Aun a sabiendas de que la forma de las constelaciones es una pura ilusión de perspectivas, de que no corresponden a ninguna realidad física, sino que son *conjuntos convencionales de estrellas,* siguen siendo útiles, porque son una forma sencilla de orientarse en el cielo.

FIGURAS Y LEYENDAS

Los astrólogos antiguos que identificaron las principales constelaciones del hemisferio Norte intentaban reconocer estrellas que les permitieran orientarse e interpretar la influencia del cielo en la vida del hombre. Esas figuras formadas por estrellas las asociaron a personajes mitológicos, animales u objetos comunes, y su origen se explicaba a través de mitos y leyendas, a menudo relacionados con creencias religiosas.

La costumbre de adivinar figuras formadas por las estrellas ha llegado hasta nuestros días; así, las constelaciones modernas recuerdan objetos e instrumentos científicos; casi todas estas se hallan en el hemisferio Sur, prácticamente desconocido hasta principios del siglo xv.

Un problema de perspectiva
La constelación de la Osa Mayor está formada por estrellas que se hallan a diversa distancia de la Tierra aunque, por razones de perspectiva, parecen alineadas en la bóveda celeste. Estas alineaciones permiten ubicar con facilidad la Estrella Polar en la constelación de la Osa Menor.
Al lado: Lo mismo sucede con la constelación de Casiopea. La imagen muestra también el aspecto que tenía dicha constelación hace 50.000 años y el que tendrá dentro de 50.000 años.

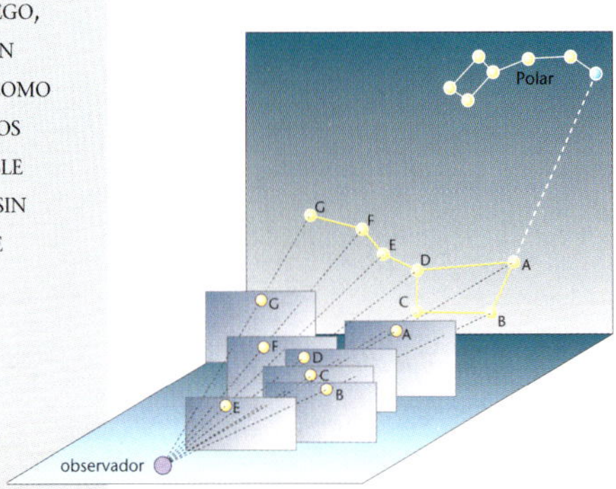

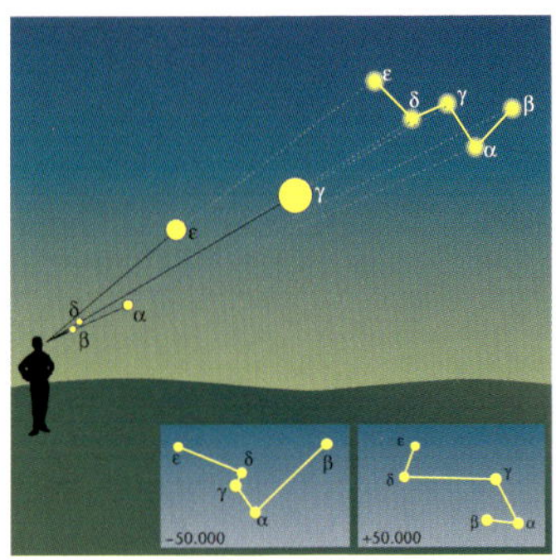

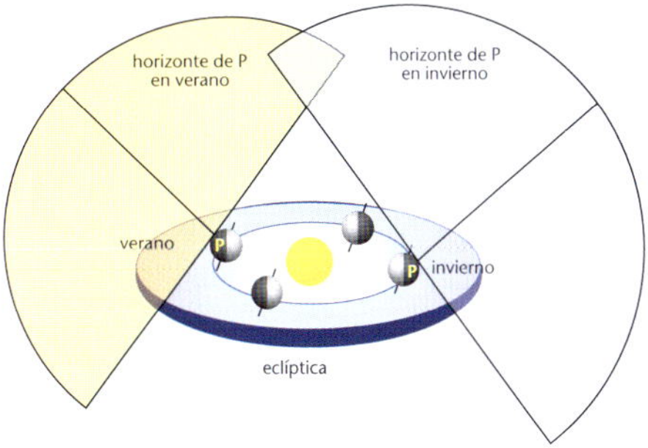

Pero no todas las constelaciones son visibles desde un lugar determinado, e incluso las que pueden verse desde un punto concreto no siempre pueden observarse en todas las estaciones del año. Todo dependerá de las coordenadas ➚62-65 de las estrellas que las formen. Por ejemplo, en un lugar con latitud φ las estrellas con declinación superior a φ-90° no aparecerán nunca.

En latitudes medias siempre habrá constelaciones que nazcan y se pongan, constelaciones siempre invisibles y otras siempre visibles (circumpolares).

Además, a causa de los movimientos de rotación y traslación terrestres, hasta las constelaciones visibles cambian de posición según la fecha y hora de observación.

La visibilidad de las constelaciones también depende de la duración del día. Cuando, por ejemplo, más allá del círculo polar Ártico (o Antártico), el día dura más de 12 horas, siempre resulta más difícil ver las estrellas.

CONSTELACIONES CONOCIDAS Y MENOS CONOCIDAS

Las constelaciones oficialmente reconocidas son 88: las 12 que forman el zodiaco ➚84, otras 27 que se hallan en el hemisferio Norte y 49 en el Sur. Las constelaciones más conocidas son, sin duda, las que representan los 12 signos del zodiaco y aparecen en el cielo nocturno y se suceden, grosso modo, mes tras mes a causa del movimiento de traslación de la Tierra.

También son muy conocidas las constelaciones de la Osa Mayor, muy visible y circumpolar en Europa del sur y central, y de la Osa Menor, también circumpolar, aunque menos evidente. Dado que la Estrella Polar, muy cercana al polo norte en la esfera celeste, forma parte de la Osa Menor, esta constelación nos permite determinar el Norte con gran facilidad.

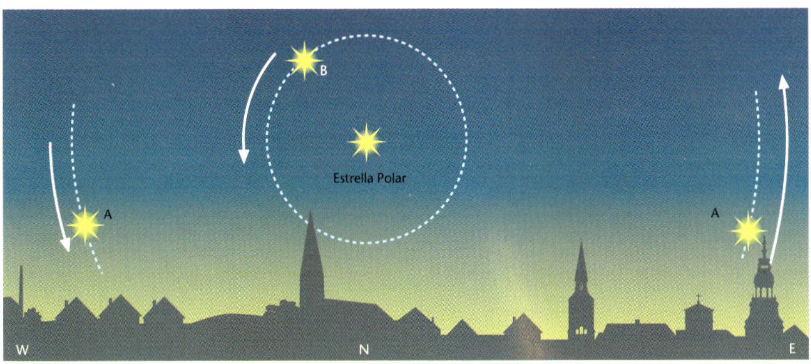

Movimientos visibles
Arriba: Las huellas dejadas por las estrellas en una fotografía nocturna se deben a la rotación terrestre.
Arriba, a la izquierda: El cielo visible de noche cambia según la posición de la Tierra en su órbita heliocéntrica.
A la izquierda: A diferencia de la estrella **A**, que sale y se pone, la estrella **B** es *circumpolar* para el lugar tomado como ejemplo y no se pone nunca, como la Estrella Polar.

Durante miles de años, la posición de las estrellas ha marcado el paso del tiempo, la dirección, un punto de referencia en la Tierra o un indicio de acontecimientos futuros. Hoy, la observación de la bóveda celeste es una fuente de satisfacción y un estímulo para investigaciones posteriores.

OBSERVAR EL CIELO

Mapa estelar
Ejemplo de un mapa estelar cilíndrico.
Magnitudes:

- ☆ Primera
- ○ Segunda
- ○ Tercera
- ∘ Cuarta
- • Quinta

Las estrellas pueden observarse por doquier y algunas de ellas se ven desde las calles de las ciudades menores. Para reconocer con facilidad las principales constelaciones, las estrellas y los planetas más luminosos, pueden aprovecharse la luminosidad difusa lejos de las ciudades, la Luna llena o el ocaso, porque impiden ver las estrellas más débiles, y así se acotan las dudas.

Sin embargo, para ver bien todos los cuerpos celestes hay que hallarse en un lugar donde la contaminación ambiental y lumínica sean mínimas; por ejemplo, a campo abierto, a cierta altura y lejos de la luz de las ciudades.

Las estrellas se diferencian fácilmente de los planetas porque aparecen trémulas y son puntiformes. Los planetas, por más pequeños que sean, son fuentes luminosas en forma de disco, y el polvo en suspensión, el vapor de agua o las turbulencias atmosféricas no interfieren tanto en los rayos luminosos recibidos.

CONSTELACIONES Y MAPAS CELESTES

Debido a la rotación, muchas estrellas y constelaciones nacen por el Este y se ponen por el Oeste y, por ello, el aspecto de la bóveda estrellada cambia lentamente con la hora, la latitud y la estación. En un mismo lugar y a una misma hora, en un plazo de varios meses se verán constelaciones que al principio se veían sólo muy entrada la noche. Otras constelaciones aparecen sólo en determinados periodos del año, y por ello se habla de cielo primaveral, estival, otoñal o invernal. Para reproducir el cielo de una localidad determinada no puede recurrirse a un mapa válido para toda la noche y todas las estaciones. Según la latitud, la hora de la noche y el periodo del año, podrían hacerse miles de mapas distintos. Aunque representen cielos diferentes, los mapas celestes, al igual que los geográficos, se presentan en dos formatos: cilíndricos y cenitales.

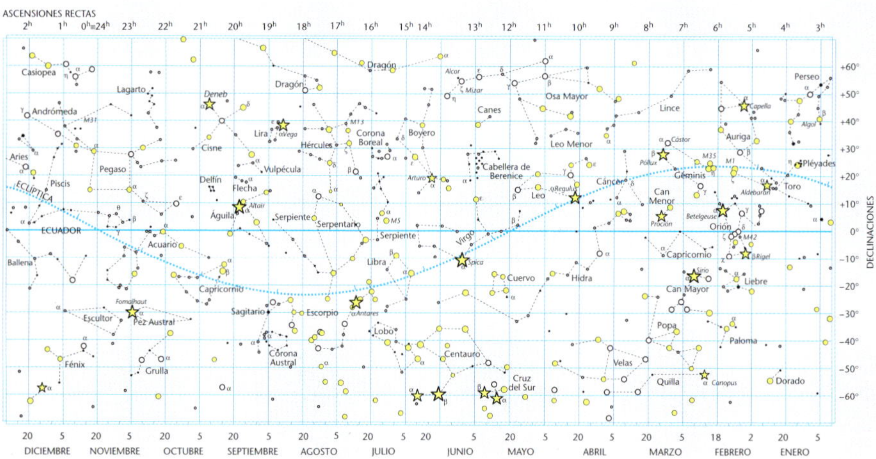

Principales constelaciones del hemisferio Norte

Nombre	Declinación		Ascensión recta	
	Extremo de la constelación			
	hacia N	hacia S	hacia W	hacia E
Águila	+19°	−12	$20^h 40'$	$18^h 40'$
Auriga	+56°	+28°	$7^h 30'$	$4^h 35'$
Boyero	+55°	+7°	$15^h 45'$	$13^h 35'$
Casiopea	+78°	+46°	$3^h 40'$	$22^h 55'$
Cefeo	+88°	+53°	$8^h 05'$	20^h
Cisne	+61°	+28°	$22^h 05'$	$19^h 10'$
Gemelos	+35°	+10°	$8^h 10'$	6^h
Lira	+47,5°	+26°	$19^h 30'$	$18^h 15'$
Orión	+23°	−11°	$6^h 25'$	$4^h 45'$
Osa Mayor	+73°	+28°	$14^h 30'$	$8^h 05'$
Osa Menor	+90°	+65,5°	circumpolar	

Principales constelaciones del hemisferio Sur

Nombre	Declinación		Ascensión recta	
	Extremo de la constelación			
	hacia N	hacia S	hacia W	hacia E
Can Mayor	−11°	−33°	$7^h 30'$	$6^h 10'$
Carena	−51°	−76°	$11^h 20'$	$6^h 05'$
Centauro	−30°	−65°	$15^h 05'$	$11^h 05'$
Cruz del Sur	−56°	−65°	$12^h 55'$	$11^h 55'$
Dorado	−49°	−85°	$7^h 40'$	$3^h 30'$
Eridano	0°	−58°	$5^h 10'$	$11^h 25'$
Hydrus	−56°	−82°	$4^h 35'$	$22^h 10'$
Octante	−75°	−90°	circumpolar	
Popa	−11°	−51°	$8^h 25'$	$6^h 05'$
Escorpio	−8°	−45°	18^h	$15^h 45'$
Velas	−37°	−57°	$11^h 05'$	$8^h 05'$

MAPAS CILÍNDRICOS

Se construyen proyectando la bóveda celeste en un plano. Se «envuelve» la esfera celeste en una hoja de papel tangente al ecuador y sobre esta se proyectan las posiciones de los cuerpos celestes. Un mapa cilíndrico representa todo el firmamento, pero las figuras y las constelaciones se deforman cuanto mayor sea su latitud y, por ejemplo, en los polos se convierten en una línea. Cada noche, según la hora, sólo puede observarse una porción del mapa. Este tipo de mapas es útil para observaciones con telescopio, porque permite conocer de inmediato las coordenadas ecuatoriales de los astros.

MAPAS CENITALES

Son más comunes y representan la bóveda estrellada como si observásemos una cúpula desde la base. Representan el cielo como lo vería un observador en una fecha, lugar y hora determinados. Dado que el movimiento de traslación es mucho más lento que el de rotación, el mismo cielo puede observarse en el mismo lugar a horas distintas en fechas distintas, es decir, que puede utilizarse el mismo mapa en diferentes ocasiones. Los observadores del cielo a simple vista o con prismáticos prefieren este tipo de mapa, porque reproduce con más fidelidad el aspecto del cielo. Además, en los mapas cenitales aparecen los cuatro puntos cardinales, el ecuador celeste, la eclíptica y el cenit, cuya posición es indispensable para orientarse correctamente.

NOMENCLATURA

Las estrellas se han agrupado en constelaciones sólo en función de su posición aparente en el cielo y a menudo no hay vínculos físicos entre ellas; pero es útil conocer las constelaciones para ubicar un astro en el cielo. Los nombres de las constelaciones suelen proceder de la mitología griega, porque fueron los primeros en ver las figuras de las estrellas en el cielo. Otros nombres tienen orígenes árabes, (Betelgeuse, Aldebarán, Rigel, Altair...), testimonio de su contribución a la astronomía. Algunos están unidos a la tradición campesina (Virgo, el Boyero...); en cambio, numerosas constelaciones australes llevan nombre de instrumentos y animales exóticos, como si se tratara de la huella de la «novedad» de las exploraciones que llevaron a descubrirlas. Las constelaciones se denominan tanto con su nombre latino como con el castellano. En cada una de las constelaciones, la luminosidad de las estrellas se designa con una letra griega: α designa la estrella más luminosa de la constelación; el resto de las letras se asignan por orden alfabético, según el grado de visibilidad.

Alfabeto griego

	Se lee
α	alfa
β	beta
γ	gamma
δ	delta
ε	épsilon
ζ	zeta
η	eta
θ	zeta
ι	iota
κ	kappa
λ	lambda
μ	mi
ν	ni
ξ	xi
ο	omicron
π	pi
ρ	rho
σ	sigma
τ	tau
υ	ípsilon
φ	fi
χ	oji
ψ	psi
ω	omega

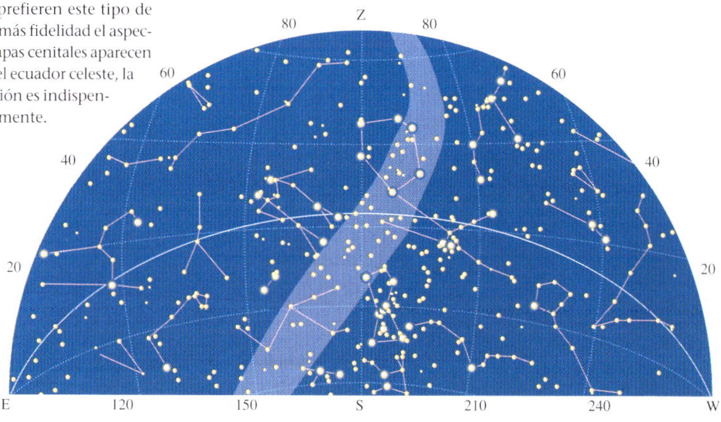

Mapa estelar
Ejemplo de la vertiente Sur de un mapa estelar cenital. Este mapa se divide en dos mitades (Norte y Sur) para facilitar la lectura.

Tanto el hemisferio Norte como el Sur de la esfera celeste sólo pueden verse al completo desde los polos, donde el cenit coincide con el polo celeste y todas las estrellas visibles son circumpolares. Con ellas, las constelaciones siguen trayectorias paralelas al ecuador celeste.

LAS CONSTELACIONES MÁS CONOCIDA

Sagitario
La constelación del zodiaco recuerda al místico Quirón, el docto centauro que fuera maestro de ilustres héroes de la Antigüedad.

Dragón
Una constelación de gran importancia en la antigua China.

En regiones de la Tierra con latitudes superiores a 66°33′ (es decir, dentro del círculo polar), durante periodos relativamente largos del año (o sea, según su declinación) el Sol puede convertirse en una estrella circumpolar: no sale ni se pone a diario, sino sólo con la sucesión de las estaciones. En particular, en el polo norte sale en el equinoccio del 21 de marzo y se pone en el equinoccio del 23 de septiembre, mientras que en el polo sur ocurre lo contrario. A causa del largo crepúsculo, la noche polar no dura seis meses, sino menos. En este periodo pueden observarse todas las constelaciones por encima o por debajo del ecuador celeste.

HEMISFERIO NORTE

Andrómeda. La estrella α de esta constelación también es la δ del cuadrante de Pegaso y desde ahí se extiende hacia el Este en dirección a Casiopea. En esta constelación se halla la gran galaxia M31, distinguible a simple vista (con unos prismáticos, parece un algodón blanquecino).

Cochero (Auriga). A latitudes medias, aparece a finales de otoño y anuncia el invierno. Recuerda a Faetón, hijo de Apolo, el dios griego del Sol. Quiso conducir el carro de fuego de su padre y, al acercarse demasiado a la Tierra, provocó un gran incendio. Zeus, para detenerlo, lo fulminó con un rayo. Se ubica mediante la alineación δ-α de la cola de la Osa Mayor y la prolongación del hocico de la Osa Menor, justo al este de Perseo. La parte principal de la constelación es un pentágono de estrellas, en las que destaca Capella, una estrella amarilla de 0,06 de magnitud ➢190.

Boyero (Bootes). En esta constelación –que representa al guardián de los siete bueyes del Carro Mayor de la Osa (en latín *setem triones,* de ahí septentrión)–, se halla Arturo, una gigante roja ➢202 que mide 30 veces el diámetro del Sol. Se localiza prolongando la conjunción α-δ de la Osa Mayor o siguiendo la curva de la cola (de ahí toma el nombre de *arctos aura,* cola de la Osa). Cerca de Boyero se halla la pequeña constelación de los ***Perros de Caza*** (un par de pequeñas estrellas entre Arturo y la Osa Mayor).

Cefeo (Cepheus). Siguiendo la conjunción α-β de Casiopea, se halla la estrella δ de Cefeo que dio nombre a las estrellas variables regulares llamadas *cefeidas* ➢207: con una magnitud variable de 3,6 a 4,3 en cinco días. En el año 8.000, la estrella α sustituirá a la Estrella Polar, porque se hallará más cerca del polo norte a causa de la precesión de los equinoccios. El mito de Cefeo está relacionado con el de los argonautas.

Cisne (Cygnus) o ***Cruz del Norte.*** Justo al este de Lira se halla la cabeza del Cisne, una estrella de tercera magnitud casi alineada a Vega (la estrella más luminosa de Lira) y Altair (la más luminosa de Águila). También se llama Cruz del Norte por su forma. Cisne tiene Deneb en la cola; es una estrella de magnitud 1,26, cerca de la que puede verse la nebulosa Norteamérica. También pertenece a Cisne la primera estrella de la que se midió la distancia.

Can Menor (Canis Minor). Es el menor de los dos canes que acompañan a Orión. Proción (amarilla y de magnitud 0,5) es la única estrella visible.

Casiopea (Cassiopeia). Si se unen Magrez, la δ de la Osa Mayor, con la Polar y se sigue en la misma dirección se llega a Caph, la β de Casiopea, una constelación compuesta por cinco estrellas brillantes dispuestas en forma de W. Cerca de Schedar (la α) se halla Achird, una estrella doble amarilla y roja. El nombre de esta constelación es el de la mujer de Cefeo, madre de Andrómeda, que por su belleza rivalizaba con las Nereidas.

Dragón (Draco). Tiene la cola a unos 10° de distancia de las dos estrellas posteriores de la Osa Mayor y, al curvarse entre las dos Osas, termina en un grupo de cuatro estrellas (la cabeza), a unos 15° de Vega. Thuban (la última por la cola) fue polar, y fue la

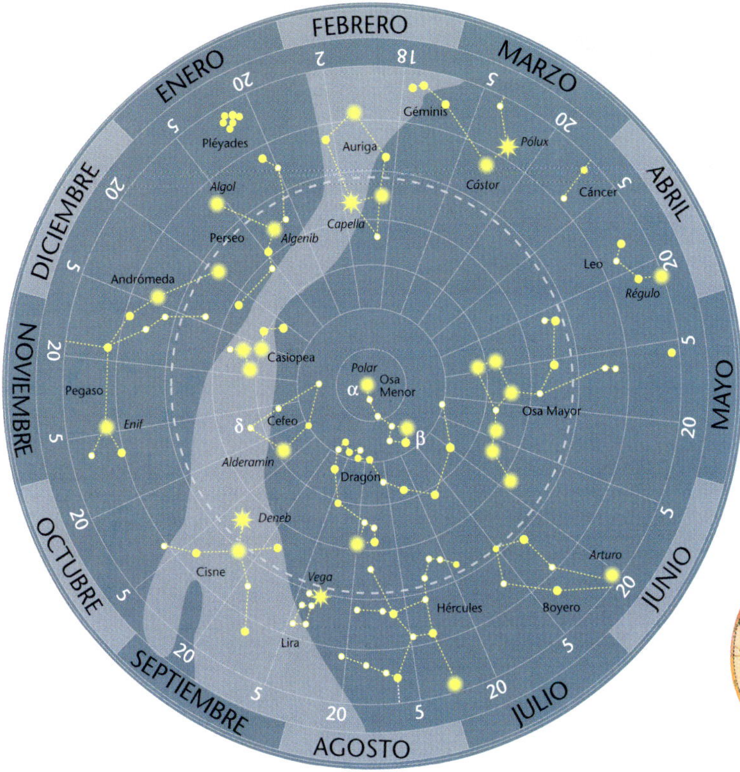

Hemisferio celeste Norte
Sólo se indican las principales constelaciones. La letra α indica la estrella más luminosa de la constelación; las otras estrellas, según su luminosidad, siguen el orden del alfabeto griego.

Abajo: El mismo hemisferio celeste, en un grabado antiguo.

Osa Mayor
La constelación de la Osa Mayor, extraída de un antiguo manuscrito chino.

estrella hacia la que los egipcios orientaron las pirámides. A pesar de que Dragón sea una constelación circumpolar, en las latitudes medias es más visible en plena primavera y a principios del verano, cuando está más alta en el horizonte. Con el telescopio puede verse en Dragón una nebulosa planetaria ➢202. En la mitología, el Dragón era el vigilante del jardín de las Hespérides, al que Hércules dio muerte; no forma parte de la leyenda que relaciona Casiopea, Andrómeda y la Ballena. Esta constelación es el símbolo nacional de China.

Hércules (Hercules). El elemento principal de la constelación es un grupo de cuatro estrellas de tercera y cuarta magnitud, bajo la cabeza de Dragón. En el lado occidental se halla la galaxia M13, con más de 500.000 estrellas a 25.000 a.l.

Lira (Lyra). Es el instrumento de Orfeo. Vega, la estrella blanquiazul en cuya dirección se mueve el sol (ápice), se localiza sin problemas siguiendo la alineación γ-δ de la Osa Mayor. Algunas observaciones sugieren la presencia de un disco protoplanetario alrededor de esta estrella. En cambio, la ε de Lira es una «doble-doble» que puede distinguirse con prismáticos.

Osa Mayor (Ursa Maior) y ***Osa Menor (Ursa Minor).*** Las siete estrellas principales que forman el Gran Carro convierten a la Osa Mayor en la constelación más fácil de localizar del hemisferio Norte. Mizar (la ζ), doble aparente, es en realidad un sistema formado por siete estrellas. Siguiendo la alineación β-α se llega a la Polar, en la Osa Menor, también bastante débil porque es una estrella triple, cuya secundaria, visible con prismáticos, es una variable del tipo cefeida ➢207. La Polar dista unos 350 a.l. de la Tierra.

La nebulosa de Orión
Detalle fotográfico del *Telescopio espacial Hubble,* de la NASA. En la parte central se halla la nebulosa del Trapecio, en la constelación de Orión, a unos 1.600 años luz de la Tierra. La imagen muestra la emisión en los infrarrojos.

Pegaso (Pegasus). Prolongando la línea desde la Osa Mayor para alcanzar la Polar, más allá de Casiopea se halla el gran cuadrado de Pegaso. El caballo alado aparece invertido, con la cabeza cercana al ecuador, y se extiende hacia Cisne y Delfín. Pegaso no sólo aparece en la leyenda de Perseo y Andrómeda, sino también en la de Bellerofonte, el héroe que se elevó por los aires y mató a la Quimera.

Perseo (Perseus). Se halla sobre la alineación γ-δ de Casiopea y presenta una ligera forma de K que se alarga hacia Cochero. El brazo superior acaba en Algol (Demonio) o Cabeza de Medusa: una estrella variable de eclipse [➢207] de magnitud [➢190] variable entre 2,3 y 3,4. Algenib o Mirfalk, la gigante amarilla, es muy luminosa.

Águila (Aquila). Siguiendo la dirección Polar-α de Cisne se halla Altair, una estrella muy luminosa, ligeramente azul, de magnitud 0,9. La constelación del Águila, alargada hacia Sagitario, recuerda a Júpiter cuando raptó a Ganímedes para convertirlo en sirviente de los dioses.

Flecha (Sagitta) y ***Delfín (Delphinus).*** Es una constelación muy visible entre Águila y Cisne. Algo más distante, hacia el Este, aparece Delfín, formada por un pequeño rombo de estrellas de cuarta magnitud, que forma un triángulo con Águila y Flecha.

Lira, Cisne, Acuario y Piscis
Las cuatro constelaciones reproducidas en una miniatura del manuscrito *Città di Vita,* de Matteo Palmieri, siglo XV.

ENTRE EL HEMISFERIO NORTE Y EL HEMISFERIO SUR

Serpentario u ***Ofiuco (Ophiuchus).*** Se trata de una gran constelación bastante débil bajo Hércules, que cruza con Serpiente. Se halla siguiendo el alineamiento ε-δ de Hércules. Serpentario está unida al culto de Asclepio, dios de la medicina, quien sujeta la cabeza de Serpiente en una mano y la cola en la otra.

Orión o ***el Cazador (Orion).*** Justo en mitad del Norte y el Sur. Su cinturón, una alineación de tres estrellas muy brillantes, se halla en el ecuador. Orión, formada por muchas estrellas brillantes, se suele usar para localizar otras constelaciones. En el mito, Orión es un gigante cazador que luchó contra un Centauro; cuando lo mató el Escorpión, Asclepio le devolvió la vida. Betelgeuse, «el hombro del gigante», es una supergigante roja de magnitud 0,9, y Rigel («el pie»), una supergigante azul, doble, de magnitud 0,3. Detrás se hallan la gran nebulosa M42 (de 16 años luz de diámetro y a 1.600 a.l. de nosotros) y la más pequeña M43.

Serpiente (Serpens). Constelación muy larga con la cabeza cercana a la Corona Boreal (Sur) y la cola próxima al Águila (Norte). En esta constelación puede verse a simple vista el cúmulo globular [➢218] M5.

HEMISFERIO SUR

Can Mayor (Canis Maior). Siguiendo la alineación de las estrellas del cinturón de Orión, se llega a Sirio, la estrella más brillante del firmamento, blanquiazul de magnitud -1,58. El ojo del Can Mayor es una estrella doble, compañera de una enana blanca [➢202]. En Can Mayor hay otras estrellas dobles, triples y varios cúmulos.

Ballena (Cetus). Compuesta por escasas estrellas poco luminosas (sólo posee una estrella de segunda magnitud), contiene a Mira, la primera estrella variable [➢207] descubierta; esta es una estrella roja de cla-

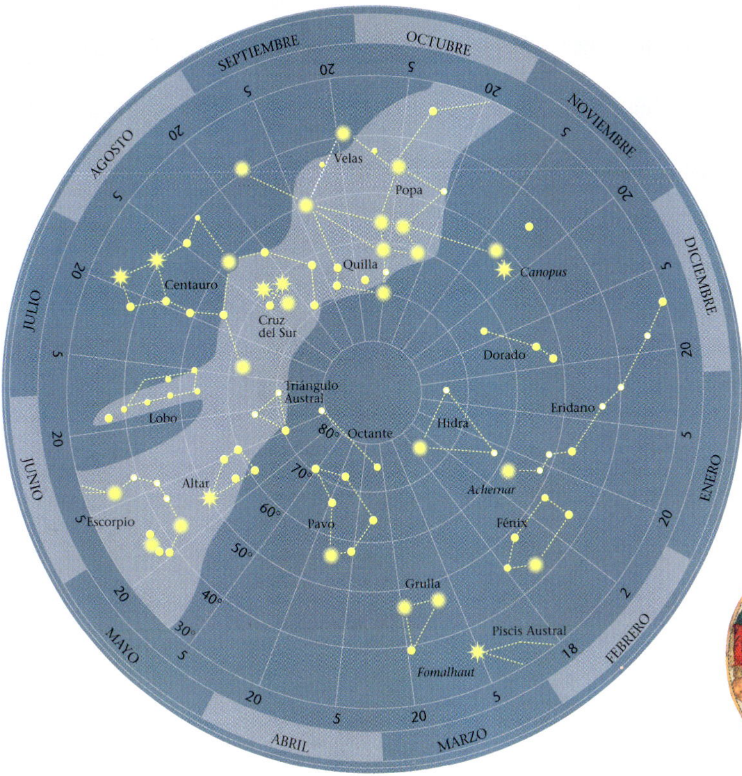

Hemisferio celeste Sur Sólo se indican las principales constelaciones.

Abajo: El mismo hemisferio celeste y el Centauro, imágenes extraídas de un antiguo grabado.

se M ➢196 que varía entre la octava y la décima magnitud (unos 2.000 K) y la segunda y quinta (unos 2.600 K) en un periodo de unos 331 días. La cabeza, cinco estrellas dispuestas en círculo, se halla al suroeste de las Pléyades y al sur de Andrómeda. Toda la constelación, que se extiende hacia el Sur y hacia el Oeste, recuerda a Poseidón, el monstruo marino a quien fue ofrecida Andrómeda.

Liebre (Lepus) y ***Paloma (Columba).*** Son dos pequeñas constelaciones al sur de Orión. La parte principal de Liebre es un cuadrilátero de estrellas de tercera y cuarta magnitud. La Paloma, en honor a la que partió del arca de Noé, es aún menor: cuatro estrellas al sur de Liebre.

Centauro (Centaurus) y ***Cruz del Sur (Crux).*** La constelación de Centauro, conocida ya en tiempos de Tolomeo, comprendía también la de Cruz del Sur, considerada una constelación propia en tiempos recientes. En Centauro, la estrella más brillante es Próxima, que también es la más cercana a nuestro sistema solar (4,3 a.l.).

Popa (Puppis), Velas (Vela) y ***Quilla (Carina).*** Tres constelaciones muy brillantes al sur del Can Mayor, que formaban una única constelación, la *Nave Argos* del mito de los argonautas.

La Quilla, más al sur, agrupa numerosas estrellas brillantes: 7 de primera a tercera magnitud y 15 de tercera a cuarta. Entre las más brillantes está Canopus.

Popa, con más de 12 y magnitud inferior a 4, tiene la ζ que presenta magnitud 2,3, a pesar de hallarse a 1.600 a.l. En esta zona hay numerosas nebulosas ➢212 visibles. En Velas cabe señalar el cúmulo abierto ➢218 *(ómicron Velorum)* de magnitud 2,5 con unas 30 estrellas y la nebulosa de Gum, compuesta por los restos de una nova que estalló hace 12.000 años.

La aparición y desaparición rítmica de algunas constelaciones en la bóveda celeste tiene algo de mágico. Nuestros antepasados lo relacionaron con la astrología y la adivinación, y en la actualidad algunos necesitan consultar el zodiaco, a pesar de que el equinoccio de primavera ya no se encuentre donde creían los adivinos.

EL ZODIACO

Leónidas
La lluvia de estrellas fugaces de principios de noviembre procede de una zona del cielo donde se halla la constelación de Leo.

El zodiaco es la franja de la bóveda celeste en la zona de los 18° a ambos lados de la eclíptica. En la Antigüedad la dividieron a partir del punto γ en 12 *signos* de 30° cada uno, y a cada signo le dieron el nombre de una constelación. A medida que la Tierra y otros cuerpos celestes van cambiando de posición, el Sol, los planetas y la Luna se proyectan en el zodiaco: en un año, el Sol cruza todos los signos al desplazarse sobre la eclíptica; sucede lo mismo con la Luna y el resto de los planetas.

Todas las constelaciones del zodiaco son visibles en un periodo determinado del año; nacen y se ponen siguiendo el movimiento de la bóveda celeste. Hace unos dos mil años, en tiempos de Hiparco, el punto γ se hallaba en la constelación de Aries, pero, por la precesión de los equinoccios, desde entonces se ha desplazado unos 30° y ahora se halla en la constelación de Piscis. A diferencia de lo que afirman todos los horóscopos, actualmente, en el periodo comprendido entre el 21 de mayo y el 21 de junio el Sol no se halla en Géminis, sino en Tauro.

Aries. Se halla bajo Andrómeda, algo desplazada al Este. Es una constelación modesta, pero fue importante porque en el pasado comprendía el punto γ.

Tauro. Siguiendo la alineación entre la Polar y Capella se llega a Nath, compartida por Auriga y Tauro. Es una gigante azul, menos brillante que Aldebarán, la gigante roja entre Nath y el grupo de las Pléyades. Cerca de la ζ se halla la nebulosa del Cangrejo (restos de la supernova de 1054), en cuyo centro se encuentra un pulsar ➢203, invisible con telescopios domésticos. Cerca de Aldebarán está el cúmulo abierto ➢218 de las Híades, del que sólo se ven cinco o seis estrellas. Representa a Zeus cuando rapta a Europa.

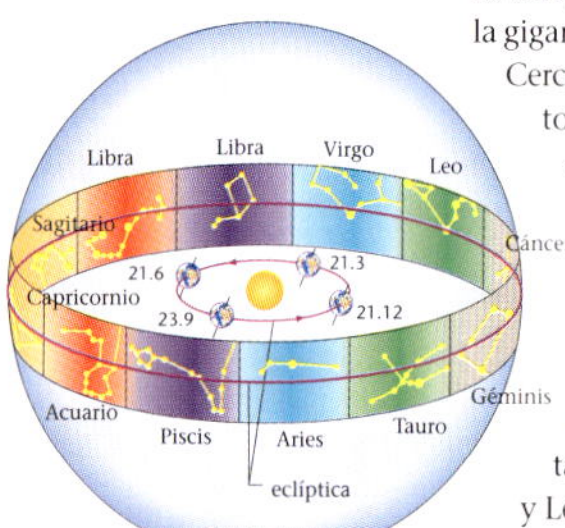

Géminis. Es una constelación que representa a Cástor y a Pólux, los hijos gemelos de Zeus y Leda que participaron en la expedición de los argonautas. Siguiendo la alineación δ-β de la Osa Mayor se llega a Pólux, una gigante roja menos brillante que Cástor; esta última es una estrella más brillante y múltiple, con seis estrellas. Cerca de Tejat Prior se observa el cúmulo abierto M35. El punto del solsticio de verano (Norte) se halla en este signo.

Cáncer. Se ve poco; está formada por estrellas de cuarta y quinta magnitud, entre Leo y Géminis. En el centro de la constelación se halla el cúmulo abierto del Pesebre, uno de los más cercanos a la Tierra. La estrella Asellus Australis se halla en la eclíptica. Es una mezcla de cangrejo y gamba que Hércules mató durante el combate contra la Hidra de Lerna.

Leo. Es la mayor constelación del zodiaco y se localiza siguiendo la alineación entre la Estrella Polar y α-β de la Osa Mayor. La estrella más brillante es Régulo, blanquiazul, que se halla en la eclíptica. Siguen Denébola, blanca, y Algieba, una gigante doble amarilla. Las estrellas fugaces de mediados de noviembre, Leónidas, caen desde esta parte del cielo. Representa a Nemeo, la fiera abatida por Hércules.

Virgo. Se llega a Spica, una estrella binaria blanquiazul, la más brillante de Virgo, siguiendo la curva que pasa entre las estrellas δ, ε, ζ, ν de la Osa Mayor y por Arturo, la más luminosa del Boyero. Estrellas de tercera y cuarta magnitud forman una Y que desde Spica se extiende hacia Denébola, la cola de Leo. Es fácil de reconocer, porque alrededor hay pocas estrellas brillantes. En Virgo hay un cúmulo de centenares de galaxias a siete millones de años luz. El nombre se remonta a la cultura campesina.

Libra. A partir de la Polar, pasando por la β de Boyero se llega a Zuben el Genubi, la más brillante, unos 10° por debajo del ecuador celeste, ligeramente al oeste de Zuben el Schemali (la β).

Escorpio. Si desde la Polar se sigue la dirección que pasa por la β de Hércules, se llega a Antares, la más brillante de Escorpio, una supergigante roja con un diámetro 700 veces superior al del Sol y con una densidad de una millonésima parte del Sol. Antares,

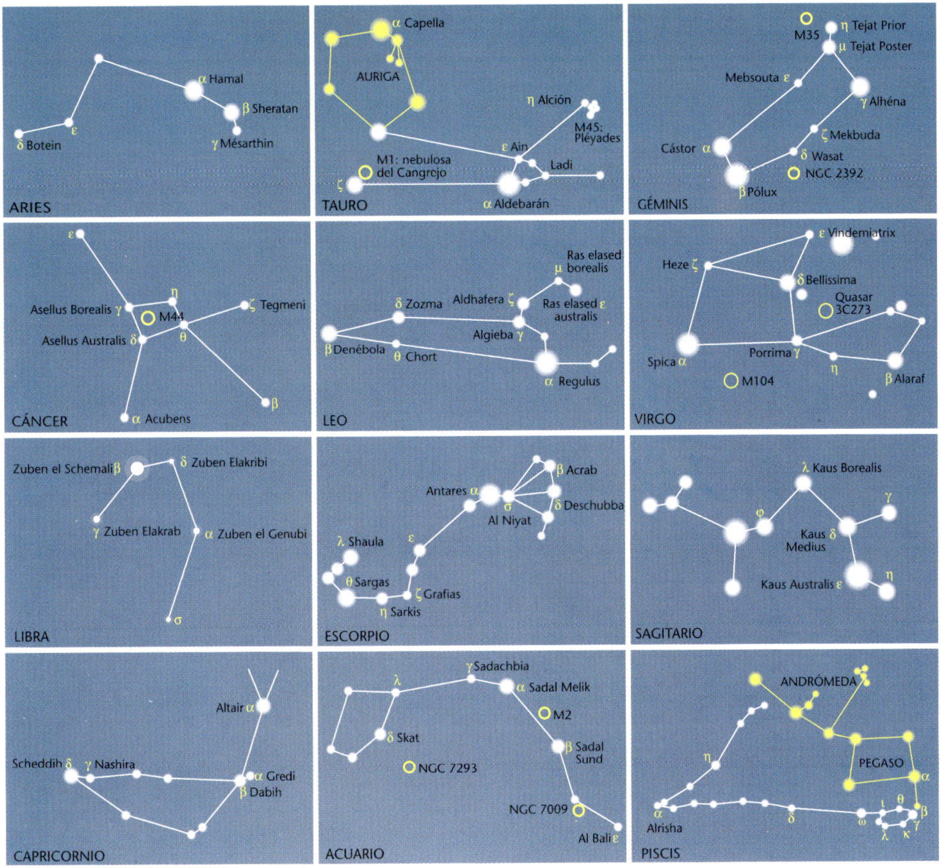

Doce constelaciones Las constelaciones del zodiaco están indicadas con líneas y estrellas blancas, mientras que en amarillo aparecen las que se hallan muy cerca de ellas. Los círculos amarillos indican la posición de los objetos celestes más importantes de cada constelación.

a 250 a.l., tiene una compañera débil verdosa. Cerca de Antares hay varios cúmulos estelares poco visibles. Esta es una constelación fácil de reconocer, por su forma de anzuelo de pesca. Recuerda al Escorpión que mató a Orión por haber acosado a Artemis.

Sagitario. Se llega partiendo de Altair en dirección a la cabeza del Águila, unos 30° por debajo del ecuador celeste. Su parte central se llama Osa de Leche, porque forma una pequeña Osa invertida. Representa a Quirón, el más sabio centauro; educó a Aquiles, Jasón, Asclepio (dios de la medicina) y quizá a Apolo.

Capricornio. Siguiendo la dirección Vega-Altair se hallan Gredi y Dabih. La primera es una estrella doble amarilla; el resto son poco brillantes. Capricornio es un animal mítico con cabeza de oveja y cola de pez.

Acuario. La conjunción β-α de Pegaso y β de Piscis lleva a λ de Acuario. Es una constelación extensa que se desarrolla bajo el ecuador celeste, con estrellas poco luminosas. Acuario representa a Deucalión, hijo de Prometeo, mientras vierte agua de un ánfora.

Piscis. Siguiendo la conjunción β-α de Pegaso, se llega rápidamente a la estrella β de Piscis. Es una constelación con anillo y una cola larga que por el Este llega hasta debajo de Aries, gira hacia el Norte y acaba cerca de Andrómeda. Alrisha (α) es una estrella doble blanquiazul. El punto γ se halla actualmente en esta constelación.

HEMISFERIO NORTE

REGIONES POLARES (63°30'), A LAS 24.00
SOLSTICIO DE INVIERNO (21 DE DICIEMBRE)

ES EL PERIODO DE LAS NOCHES LARGAS. MÁS AL NORTE, EL SOL APARECERÁ DE NUEVO EN VERANO, MIENTRAS QUE EN ESTA LATITUD EL DÍA DURA MUY POCO, PERO EXISTE. EN LAS NOCHES EN LAS QUE REMITE EL MAL TIEMPO, TÍPICO DEL INVIERNO, LAS CONSTELACIONES RESPLANDECEN EN EL HIELO.

EN DIRECCIÓN NORTE
Siguiendo la alineación de las dos estrellas β-α de la Osa Mayor se llega a la Estrella Polar. Una vez localizada la Osa Menor, siguiendo la alineación ζ-η se llega a Eltanin (Etamin), la estrella más luminosa de Dragón. Siguiendo la alineación Rastaban-Eltanin, se gana Sadr, el centro de la gran cruz del Cisne. Por la alineación Sadr-Deneb (la «cola» del Cisne) se llega a Caph, la β de Casiopea, con una forma evidente de W. La alineación α-β lleva a la α de Cefeo, mientras que la γ-α conduce a Alpheraz, una estrella común a Pegaso y Andrómeda.

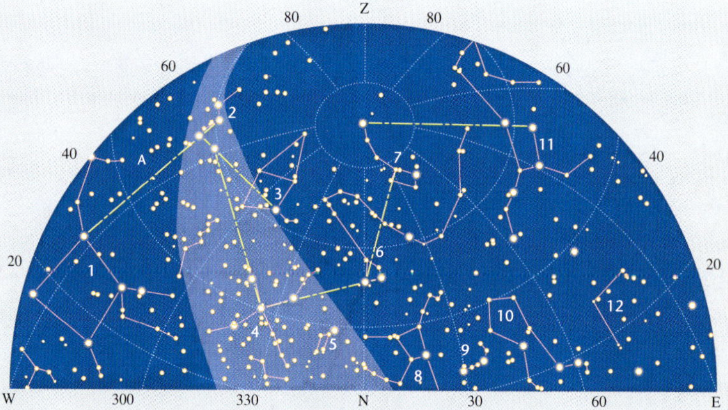

EN DIRECCIÓN SUR
La constelación de Orión, baja en el horizonte, se distingue muy bien por las tres estrellas alineadas en el ecuador. Siguiendo la alineación hacia la derecha (Oeste), se halla Aldebarán, la estrella más luminosa de Tauro. En cambio, hacia la izquierda (Este), muy baja en el horizonte, se ve Sirio en Can Mayor; esta es la más luminosa en el cielo. Siguiendo la alineación Rigel-Alnilam-Betelgeuse, se halla Cástor, la α de Géminis. Junto a ella, Pólux, la β: siguiendo la alineación β-α se halla la β de Auriga, cerca de Capella.

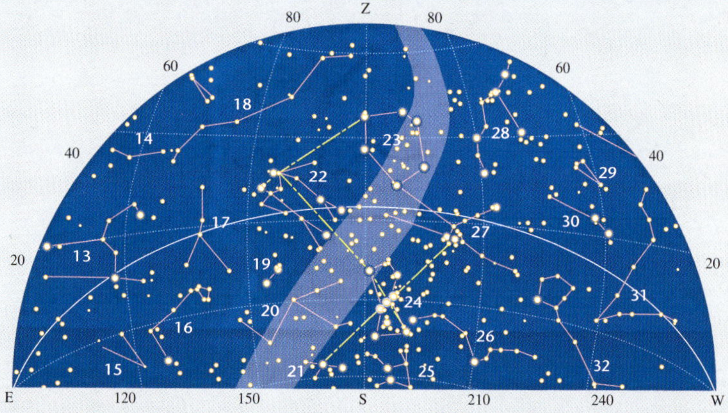

1. PEGASO
2. CASIOPEA
3. CEFEO
4. CISNE
5. LIRA
6. DRAGÓN
7. OSA MENOR
8. HÉRCULES
9. CORONA BOREAL
10. OSA MAYOR
11. BOYERO
12. CABELLERA DE BERENICE
13. LEO
14. LEO MENOR
15. SEXTANTE
16. HIDRA
17. CÁNCER
18. LINCE
19. CAN MENOR
20. UNICORNIO
21. CAN MAYOR
22. GÉMINIS
23. AURIGA
24. ORIÓN
25. LIEBRE
26. ERIDANO
27. TAURO
28. PERSEO
29. TRIÁNGULO
30. ARIES
31. PISCIS
32. BALLENA
A. GALAXIA M31

HEMISFERIO NORTE

REGIONES POLARES (63°30'), A LAS 24.00 EQUINOCCIO DE PRIMAVERA (21 DE MARZO)

La noche empieza a acortarse cada día más deprisa: alrededor de esta fecha, la variación de duración del día y la noche es máxima. Si se observa en dirección Sur, bajo la constelación de Leo pueden verse numerosas galaxias.

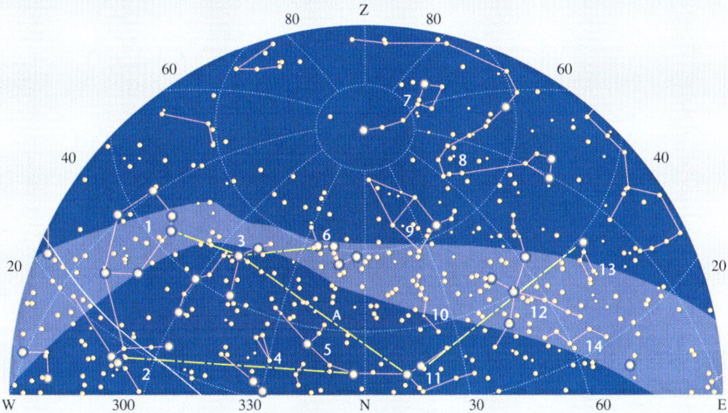

En dirección Norte
La constelación más reconocible es la gran cruz del Cisne, baja en el horizonte, o la W de Casiopea, más alta. Trazando las alineaciones ➢78 pueden hallarse Dragón, la Osa Menor y Pegaso. Siguiendo la alineación de Scheat con Sadr se ubica Vega, en Lira. En cambio, siguiendo la alineación Scheat-Alpherats se llega a Aldebarán (Tauro). Siguiendo γ-δ de Casiopea, se halla la α de Perseo, que, alineada con Scheat, permite hallar Capella (Auriga).

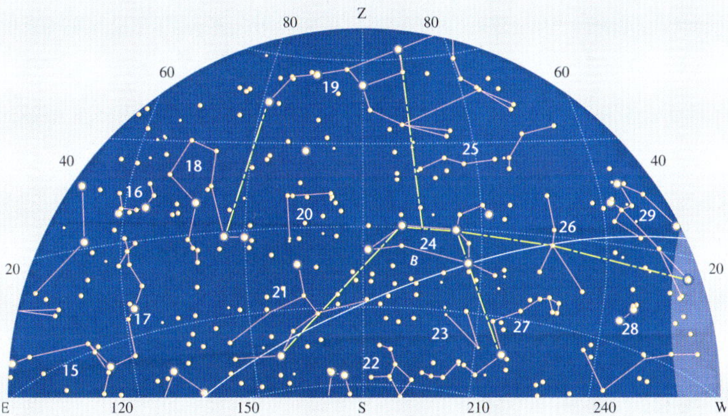

En dirección Sur
La Osa Mayor, casi en el cenit permite localizar a Arturo de Boyero, la más luminosa del hemisferio Norte, y la constelación de Leo, a medio camino entre el horizonte y el cenit. A partir de las conjunciones γ-α, Zosma-β y Zosma-β se hallan respectivamente la α de Hidra, la α de Virgo (Spica, una estrella blanca doble) y la γ de Géminis. A la derecha (O), baja en el horizonte, se observa Sirio.

1. Auriga
2. Tauro
3. Perseo
4. Triángulo
5. Andrómeda
6. Casiopea
7. Osa Menor
8. Dragón
9. Cefeo
10. Lagarto
11. Pegaso
12. Cisne
13. Lira
14. Vulpécula
15. Corona Boreal
16. Serpiente
17. Boyero
18. Osa Mayor
19. Cabellera de Berenice
20. Virgo
21. Copa
22. Sextante
23. Leo
24. Leo Menor
25. Cáncer
26. Hidra
27. Can Mayor
28. Géminis

A. Galaxia M31
B. zona de abundantes galaxias

HEMISFERIO NORTE

REGIONES POLARES (63°30'), A LAS 24.00
SOLSTICIO DE VERANO (21 DE JUNIO)

ES EL PERIODO DE LOS DÍAS LARGOS. MÁS AL NORTE, EL SOL APARECERÁ DE NUEVO EN INVIERNO, MIENTRAS QUE EN ESTA LATITUD EL DÍA DURA MUCHÍSIMO. LAS NOCHES SON MUY BREVES Y SIEMPRE ESTÁN ILUMINADAS CON UN CONSTANTE CREPÚSCULO. RESULTA PRÁCTICAMENTE IMPOSIBLE OBSERVAR LAS CONSTELACIONES.

Si el cielo estuviera oscuro, veríamos estas constelaciones:

1. Leo
2. Leo Menor
3. Osa Mayor
4. Osa Menor
5. Lince
6. Géminis
7. Auriga
8. Perseo
9. Casiopea
10. Cefeo
11. Lagarto
12. Andrómeda
13. Triángulo
14. Aries
15. Pegaso
16. Piscis
17. Acuario
18. Cisne
19. Vulpécula
20. Águila
21. Escudo
22. Lira
23. Dragón
24. Hércules
25. Serpentario (Ofiuco)
26. Libra
27. Serpiente
28. Corona Boreal
29. Boyero
30. Virgo

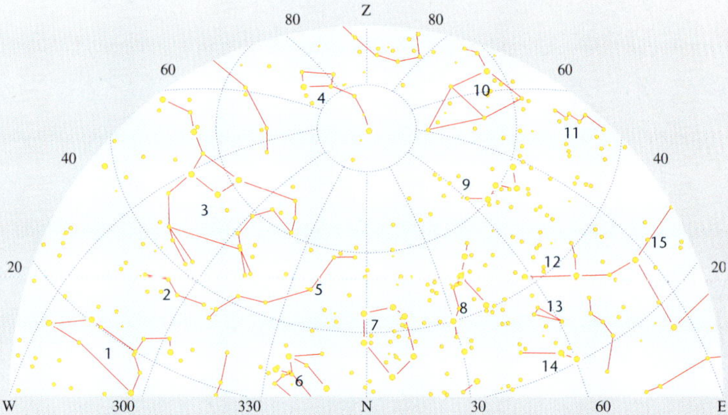

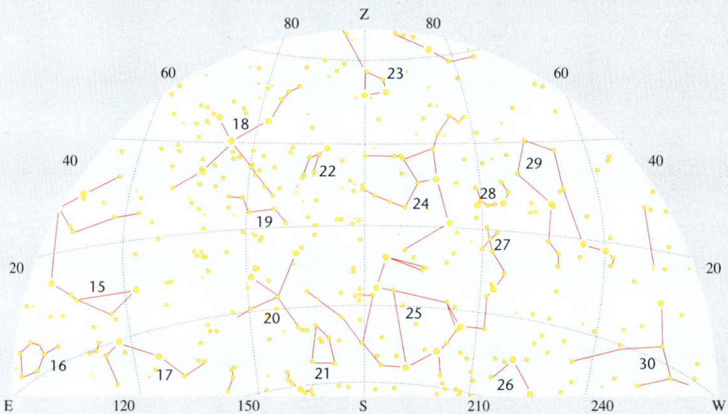

HEMISFERIO NORTE

REGIONES POLARES (63°30'), A LAS 24.00 EQUINOCCIO DE OTOÑO (23 DE SEPTIEMBRE)

ESTA FECHA MARCA LA ENTRADA DEL INVIERNO, CON SUS LARGAS NOCHES CARGADAS DE ESTRELLAS. DE MOMENTO CONTENTÉMONOS CON ADMIRAR UNA PARTE DE CIELO QUE, EN BREVE, DESAPARECERÁ BAJO EL HORIZONTE.

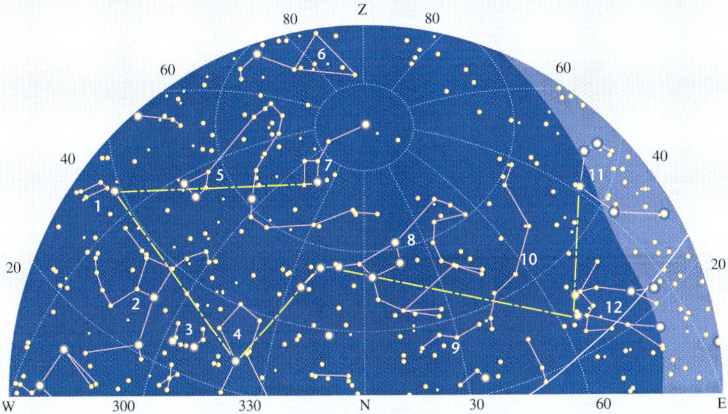

EN DIRECCIÓN NORTE
Siguiendo las conjunciones 86 se hallan la Osa Mayor, la Osa Menor y el Dragón; a lo largo de la alineación de la cola de la Osa Mayor se halla Boyero. A la izquierda, casi al Oeste, alineada con β-γ de la Osa Menor, destaca Vega; diametralmente opuesta, a la derecha, casi al Este, brilla Capella, a la que se llega con la alineación hacia β-α de Géminis. Pólux, la β de Géminis, se encuentra siguiendo la alineación Alioth-Phecda de la Osa Mayor.

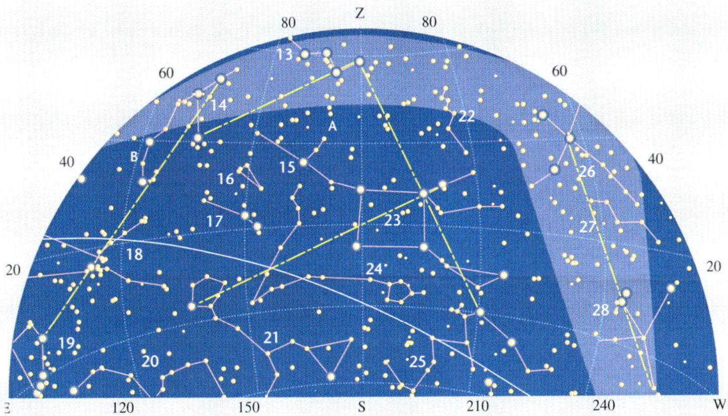

EN DIRECCIÓN SUR
Pegaso, equidistante al cenit y al horizonte, es central, mientras a la derecha (O) resplandecen Cisne, más alta en el horizonte, y Águila, más baja. A la izquierda (E), siguiendo la dirección de la alineación β-α de Casiopea se halla Algol, la β de Perseo. Siguiendo la alineación de la constelación, en dirección a Aldebarán (α de Tauro) están la nebulosa California y el grupo de las Pléyades. Descendiendo desde la β de Casiopea a la β del cuadrilátero de Pegaso se halla la α de Acuario y la alineación η-β de Pegaso lleva a la α de Ballena. Al Este, Orión, muy baja en el horizonte.

1. LIRA
2. HÉRCULES
3. CRUZ BOREAL
4. BOYERO
5. DRAGÓN
6. CEFEO
7. OSA MENOR
8. OSA MAYOR
9. LEO MENOR
10. LINCE
11. AURIGA
12. GÉMINIS
13. CASIOPEA
14. PERSEO
15. ANDRÓMEDA
16. TRIÁNGULO
17. ARIES
18. TAURO
19. ORIÓN
20. ERIDANO
21. BALLENA
22. LAGARTO
23. PEGASO
24. PISCIS
25. ACUARIO
26. CISNE
27. VULPÉCULA
28. ÁGUILA

A. GALAXIA M31
B. NEBULOSA CALIFORNIA

HEMISFERIO NORTE

LATITUDES MEDIAS (45°), A LAS 24.00
SOLSTICIO DE INVIERNO (21 DE DICIEMBRE)

EN ESTAS LATITUDES EL INVIERNO SE PRESENTA CON NOCHES LARGAS, AUNQUE NO TANTO. CASI TODAS LAS CONSTELACIONES NACEN Y SE PONEN. EL MEJOR MOMENTO PARA OBSERVARLAS VARÍA CON LA ALTURA MÁXIMA QUE ALCANCEN EN EL HORIZONTE.

EN DIRECCIÓN NORTE
Siguiendo la alineación de las dos estrellas β-α de la Osa Mayor se gana la Estrella Polar. Desde la Osa Menor, siguiendo la alineación ζ-η se llega a Eltanin (Etamin), la estrella más luminosa de Dragón.
En cambio, partiendo de Casiopea, muy reconocible por la forma de W, siguiendo las alienaciones α-β, γ-α y γ-δ se llega a la α de Cefeo, a Alpheraz, estrella común de Pegaso y Andrómeda, y a la α de Perseo.

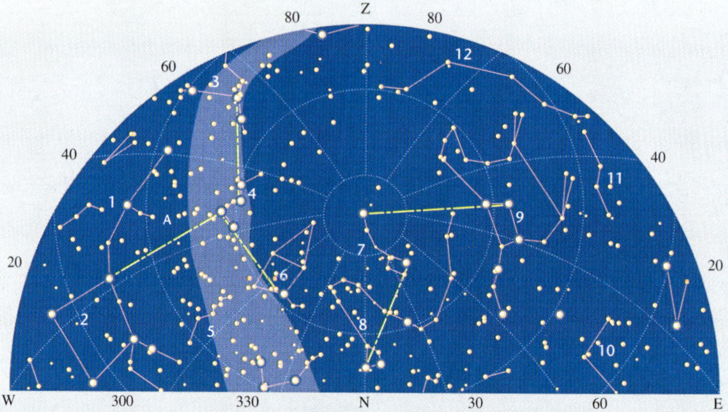

EN DIRECCIÓN SUR
Orión domina el centro. Siguiendo la alineación del cinturón a la derecha (Oeste) se halla Aldebarán, la α de Tauro, a la izquierda (Este) brilla Sirio, la α del Can Mayor. Siguiendo la alineación Rigel-Alnitak-Betelgeuse, se halla Alhema, la ν de Géminis: la alineación β-α de Géminis conduce a la β de Auriga (en la vertiente Norte), ceca de Capella, mientras que en dirección opuesta (hacia el Este), superada la δ de Cáncer, se halla Régulo (α de Leo).

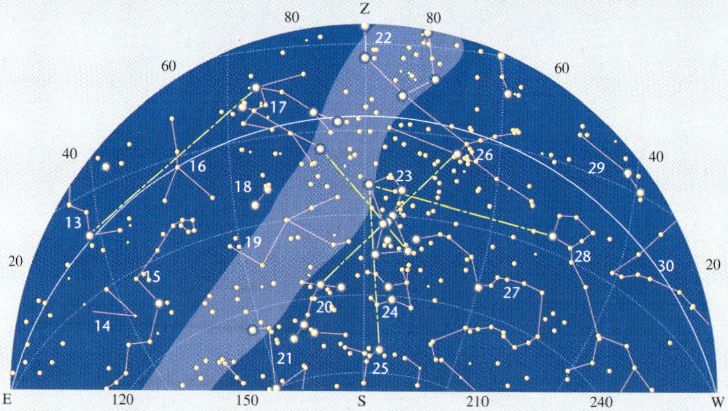

1. Andrómeda
2. Pegaso
3. Perseo
4. Casiopea
5. Lagarto
6. Cefeo
7. Osa Menor
8. Dragón
9. Osa Mayor
10. Cabellera de Berenice
11. Leo Menor
12. Lince
13. Leo
14. Sextante
15. Hidra
16. Cáncer
17. Géminis
18. Can Menor
19. Unicornio
20. Can Mayor
21. Popa
22. Auriga
23. Orión
24. Liebre
25. Paloma
26. Tauro
27. Eridano
28. Ballena
29. Aries
30. Piscis
A. Galaxia M31

HEMISFERIO NORTE

LATITUDES MEDIAS (45°), A LAS 24.00
EQUINOCCIO DE PRIMAVERA (21 DE MARZO)

El cielo de primavera se caracteriza por las constelaciones circumpolares habituales en dirección Norte. En dirección Sur, se amontonan las constelaciones zodiacales y pueden verse cuatro juntas.

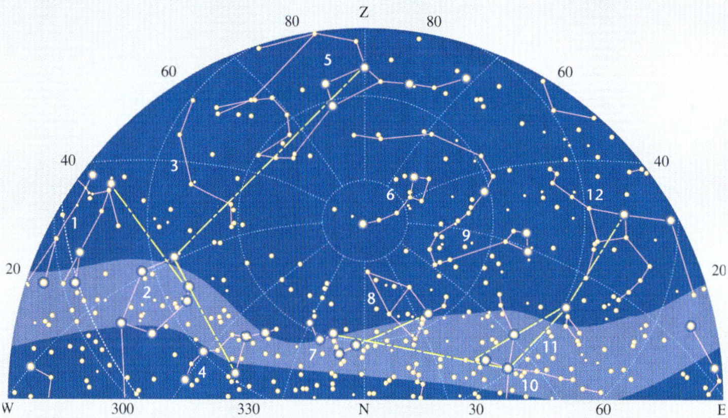

En dirección Norte
Siguiendo la dirección Phecda-Dubhe, γ-α de la Osa Mayor, se llega a la β de Auriga, cercana a la brillante Capella. Siguiendo la alineación β-Capella se llega a Algol, en Perseo. En dirección opuesta (Oeste) se hallan Cástor y Pólux, α y β de Géminis. Sobre la línea de unión α-β y γ-β de Casiopea se hallan Alderamir, α de Cefeo, y Deneb, α de Cisne. Un poco más alejada resplandece Vega; siguiendo la misma dirección se halla Hércules.

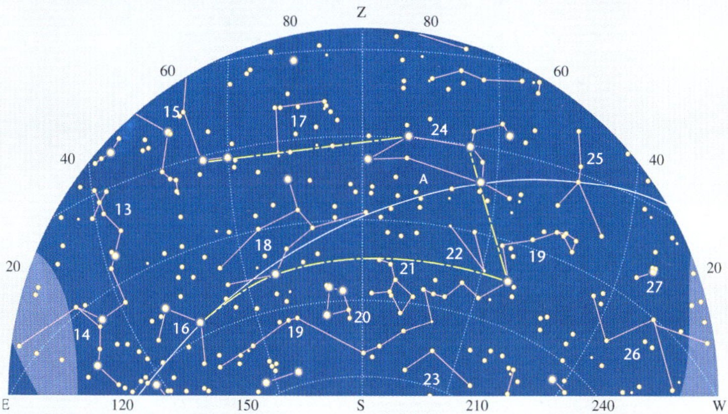

En dirección Sur
En esta vertiente no aparecen estrellas que destaquen y es bastante complicado identificar las constelaciones. Siguiendo el timón del Gran Carro de la Osa Mayor ζ-η, (vertiente Norte) se observa Arturo, la más luminosa de Boyero. Alineándola a la η, se halla la constelación de Leo. Siguiendo la alineación γ-α se halla Alphard, la α de Hidra, y desde ahí, en dirección Este por el paralelo, se hallan Spica y Zuben el Genubi, las α de Virgo y Libra, respectivamente, alineadas sobre la eclíptica.

1. Géminis
2. Auriga
3. Lince
4. Perseo
5. Osa Mayor
6. Osa Menor
7. Casiopea
8. Cefeo
9. Dragón
10. Cisne
11. Lira
12. Hércules
13. Serpiente
14. Serpentario (Ofiuco)
15. Boyero
16. Libra
17. Cabellera de Berenice
18. Virgo
19. Hidra
20. Ciervo
21. Copa
22. Sextante
23. Máquina neumática
24. Leo
25. Cáncer
26. Unicornio
27. Can Menor

A. Zona con abundantes galaxias

HEMISFERIO NORTE

LATITUDES MEDIAS (45°), A LAS 24.00 SOLSTICIO DE VERANO (21 DE JUNIO)

En las noches de verano brillan suavemente seis constelaciones zodiacales alineadas por la eclíptica baja en el horizonte. Mirando hacia el Sur, de Este a Oeste, se distinguen a duras penas las estrellas de Acuario, Capricornio, Sagitario, Escorpio, Libra y Virgo.

En dirección Norte
No hay nada particular que destacar, a excepción de las bonitas y fácilmente reconocibles constelaciones circumpolares: desde la alineación β-α de la Osa Mayor a la Estrella Polar, desde la dirección ζ-η de la Osa Menor a Eltanin (Etamin) (γ de Dragón); desde la alineación α-β de Casiopea a la α de Cefeo y, más lejos, hasta Vega (α de Lira), o, en dirección opuesta (γ-δ), se alcanza Mirfak (α de Perseo) y, prolongando la dirección γ-α de Casiopea se llega hasta Sirrah (α de Pegaso), compartida con Andrómeda.

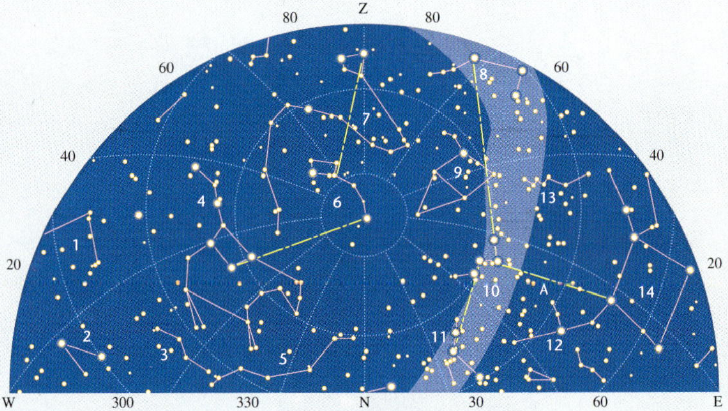

En dirección Sur
Esparcidas por el cielo en la franja cercana a la dirección Sur, las estrellas más brillantes son Vega, la α de Libra (casi en el cenit); Altair, la α de Águila, a medio camino entre el cenit y el horizonte, ligeramente desplazada a la izquierda (Este), y Antares, la α de Escorpio, un poco por encima del horizonte y algo desplazada a la derecha (Oeste). Más alejadas de la dirección Sur, al Oeste, resplandecen Arturo, de Boyero, más o menos a la misma altura que Altair, y Spica, ligeramente por encima del horizonte.

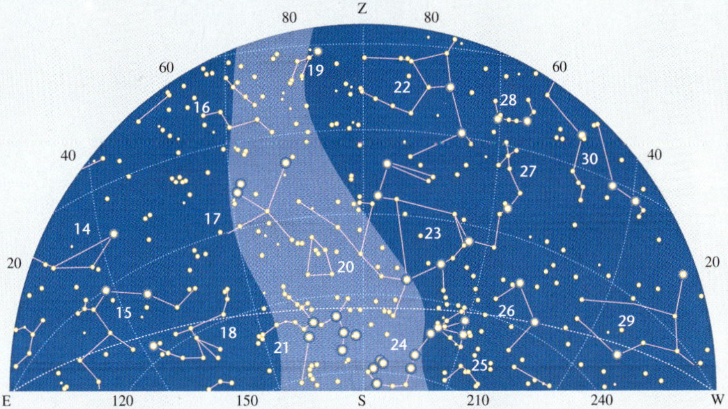

1. Cabellera de Berenice
2. Leo
3. Leo Menor
4. Osa Mayor
5. Lince
6. Osa Menor
7. Dragón
8. Cisne
9. Cefeo
10. Casiopea
11. Perseo
12. Andrómeda
13. Lagarto
14. Pegaso
15. Acuario
16. Vulpécula
17. Águila
18. Capricornio
19. Lira
20. Escudo
21. Sagitario
22. Hércules
23. Serpentario (Ofiuco)
24. Escorpio
25. Lobo
26. Libra
27. Serpiente
28. Corona Boreal
29. Virgo
30. Boyero

HEMISFERIO NORTE

LATITUDES MEDIAS (45°), A LAS 24.00
EQUINOCCIO DE OTOÑO (23 DE SEPTIEMBRE)

La noche del equinoccio de otoño muestra, en dirección Sur, cinco constelaciones zodiacales distribuidas por la eclíptica, muy alta en el cielo. Pegaso se halla casi en el cenit. En dirección norte, la Osa Mayor se halla muy baja en el horizonte.

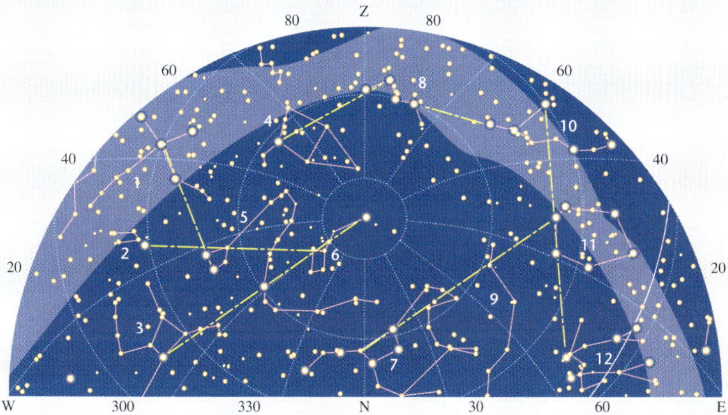

En dirección Norte
Las constelaciones circumpolares son las mismas: las dos Osas, el Dragón, Cefeo, Casiopea y Lince. Al igual que en invierno, siguiendo la alineación ζ-η de la Osa Menor se llega a Eltanin (Etamin), la más luminosa de Dragón. Desde aquí se prosigue hasta la Vega de Lira. La alineación β-γ de Dragón lleva a Cisne, y la de α-η de la Osa Menor a Hércules pasando por la α de Hidra. A partir de Casiopea (E) se llega a Perseo y a Cefeo (O). La Capella de Auriga se ubica siguiendo la alineación δ-α de la Osa Mayor. Desde Capella, descendiendo al horizonte, se hallan Cástor y Pólux.

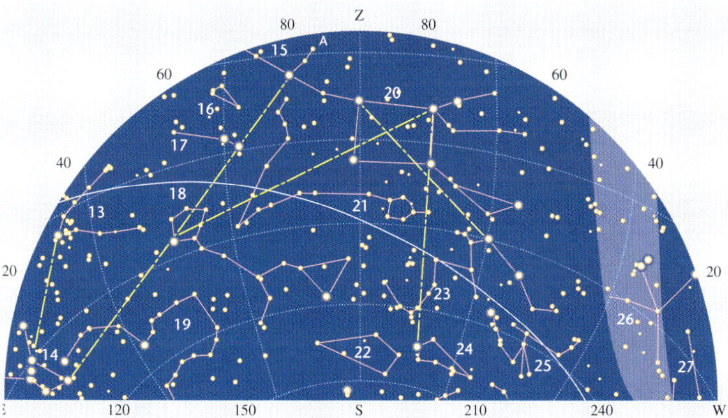

En dirección Sur
Pegaso está muy alta y centrada, y Andrómeda se encuentra casi en el cenit, en posición ideal para observar la galaxia M31. Al Oeste, reluce Altair (α de Águila) y al Este, muy baja, Orión. La alineación α de Orión y β de Andrómeda pasa por la α de Ballena, unida a la diagonal del cuadrilátero de Pegaso. A lo largo de la otra diagonal se llega a la α y β de Acuario y, siguiendo la dirección β-α, a la α del Pez Austral.

1. Cisne
2. Lira
3. Hércules
4. Cefeo
5. Dragón
6. Osa Menor
7. Osa Mayor
8. Casiopea
9. Lince
10. Perseo
11. Auriga
12. Géminis
13. Tauro
14. Orión
15. Andrómeda
16. Triángulo
17. Aries
18. Ballena
19. Eridano
20. Pegaso
21. Piscis
22. Escultor
23. Acuario
24. Pez Austral
25. Capricornio
26. Águila
27. Serpiente

A. Galaxia M31

HEMISFERIO NORTE

REGIONES TROPICALES (23°30′), A LAS 24.00 SOLSTICIO DE INVIERNO (21 DE DICIEMBRE)

A pesar de ser invierno, la duración de la noche no difiere mucho de la del día. En los trópicos, la inclinación del eje terrestre no se aprecia mucho, pero es evidente. Mirando al Norte vemos el polo celeste, muy bajo en el horizonte, y la Osa Mayor, que sale y se pone.

En dirección Norte
El Auriga está casi en el cenit: hacia la derecha (E) del alineamiento α-β se hallan Cástor y Pólux, la α y la β de Géminis, mientras hacia el lado opuesto (a la izquierda, O), la alineación β-α conduce a Algol, la β de Perseo. Desde Casiopea, las alineaciones β-α y γ-α llevan a Almach, en Andrómeda, y a Sirrah, común a Andrómeda y Pegaso; mientras que la alineación β-η de la Osa Menor conduce a Alderamir; la α de Cefeo y la β-η a Denébola, la estrella β de Leo. Llegamos a Algieba, la γ de Leo con la alineación δ-γ de la Osa Mayor.

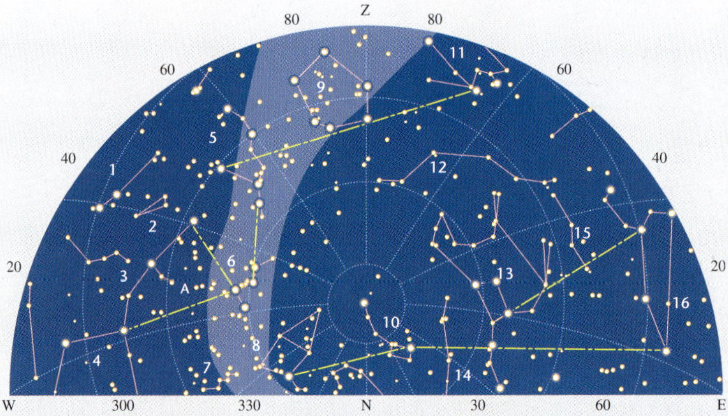

En dirección Sur
El cielo está repleto de objetos celestes. Destaca Orión, alto y central. A su derecha (O), siguiendo el límite del círculo celeste, se halla Aldebarán (α de Tauro) y, un poco más lejos, las Pléyades. A la izquierda (E) reluce Sirio, la α de Can Mayor. Las alineaciones β-ν, β-δ, λ-ζ-κ y α-κ conducen a Menkar (α de Ballena), a la β y la γ de Eridano y, más lejos, a Canopus (β de Ballena) y a Alphard (α de Hidra). La dirección α de Orión-Sirio lleva a la χ de Hidra, que, alineada con el punto Sur, conduce a Alsuhail (γ de Velas).

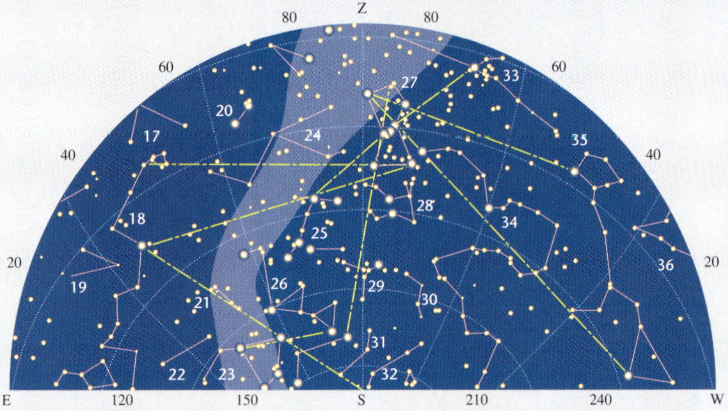

1. Aries
2. Triángulo
3. Andrómeda
4. Pegaso
5. Perseo
6. Casiopea
7. Lagarto
8. Cefeo
9. Auriga
10. Osa Menor
11. Géminis
12. Lince
13. Osa Mayor
14. Dragón
15. Leo Menor
16. Leo
17. Cáncer
18. Hidra
19. Sextante
20. Can Menor
21. Brújula
22. Máquina Neumática
23. Vela
24. Unicornio
25. Can Mayor
26. Popa
27. Orión
28. Liebre
29. Paloma
30. Buril
31. Pintor
32. Dorado
33. Tauro
34. Eridano
35. Ballena
36. Piscis

A. Galaxia M31

HEMISFERIO NORTE

REGIONES TROPICALES (23°30'), A LAS 24.00
EQUINOCCIO DE PRIMAVERA (21 DE MARZO)

Muy baja en el horizonte aparece la Cruz del Sur, mientras en la vertiente Norte aún puede distinguirse bien la Estrella Polar. En dirección Sur se observan cuatro constelaciones zodiacales y la más alta se halla casi en el cenit.

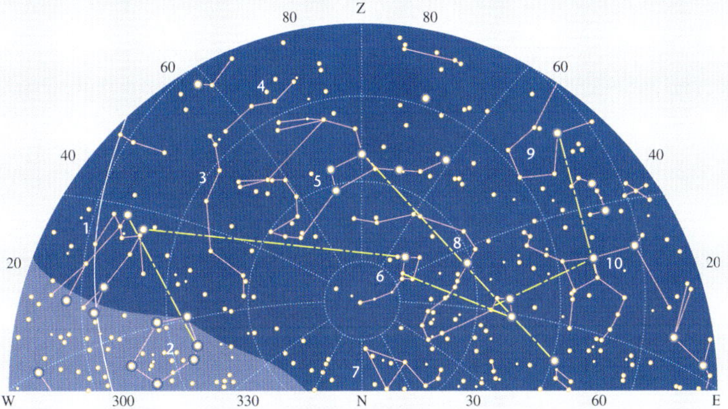

En dirección Norte

La Osa Mayor se halla sobre la dirección Norte, entre el cenit y el horizonte. La alineación γ-δ lleva a Vega, pasando por Eltanin (Etamin), en Dragón, donde también se llega siguiendo la alineación ζ-η de la Osa Menor. Siguiendo la alineación ξ-β de Dragón se alcanza la ζ de Hércules, que, alineada con la ε, marca la dirección de Mirak (ε de Boyero). Por el lado opuesto del cielo, hacia el O, la alineación γ-β de la Osa Menor conduce a Cástor (Géminis), que, alineada con Pólux, marca la dirección de Menkalian y Capella (β y α de Auriga).

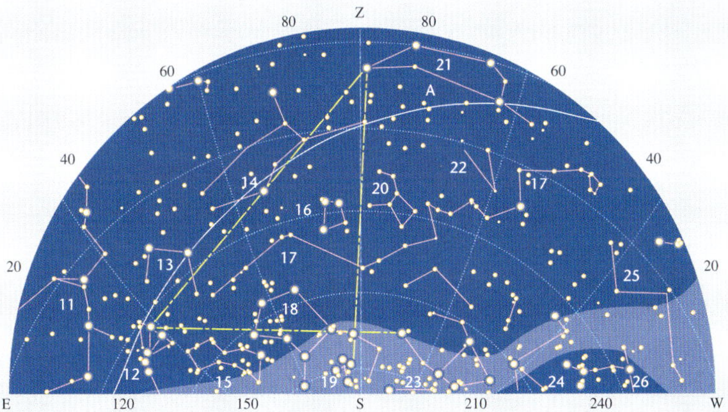

En dirección Sur

Leo está casi en el cenit y Denébola (su β) se halla casi sobre la dirección Sur. Descendiendo verticalmente hacia el horizonte se encuentran, bajísimas, las cuatro estrellas de la Cruz del Sur. Uniendo Denébola con Spica (α de Virgo, que brilla a la izquierda, al E) y pasando cerca de la α de Libra, se halla la δ de Escorpio, mientras que Antares está más baja, casi sobre el horizonte. A la misma altura que Antares, hay muchas estrellas luminosas pertenecientes a diversas constelaciones: la más brillante, casi al Oeste, es Sirio.

1. Géminis
2. Auriga
3. Lince
4. Leo Menor
5. Osa Mayor
6. Osa Menor
7. Cefeo
8. Dragón
9. Boyero
10. Hércules
11. Serpentario (Ofiuco)
12. Escorpio
13. Libra
14. Virgo
15. Lobo
16. Ciervo
17. Hidra
18. Centauro
19. Cruz del Sur
20. Copa
21. Leo
22. Sextante
23. Vela
24. Popa
25. Unicornio
26. Can Mayor

A. Zona con abundantes galaxias

HEMISFERIO NORTE

REGIONES TROPICALES (23°30'), A LAS 24.00 SOLSTICIO DE VERANO (21 DE JUNIO)

La vertiente Norte no es muy distinta a las anteriores, pero además ahora se ve bien la hermosa constelación del Cisne. En la vertiente Sur, se amontonan seis constelaciones zodiacales sobre la eclíptica, que se mantiene relativamente baja.

En dirección Norte
Desde la Osa Menor a Hércules, de Hércules a la Corona Boreal, desde la Corona a Boyero, se llega siguiendo las alineaciones β-γ de la Osa, ε-ζ de Hércules, δ-γ-α de la Corona. Desde Arturo, en Boyero, también se llega siguiendo la dirección indicada por el timón de la Osa Mayor. Desde la parte opuesta del cielo, por la alineación γ-α de Casiopea se gana Sirrah, común a Andrómeda y Pegaso, de la que se observa claramente el cuadrilátero. Alta, en la parte derecha (E) reluce la gran cruz del Cisne, claramente reconocible.

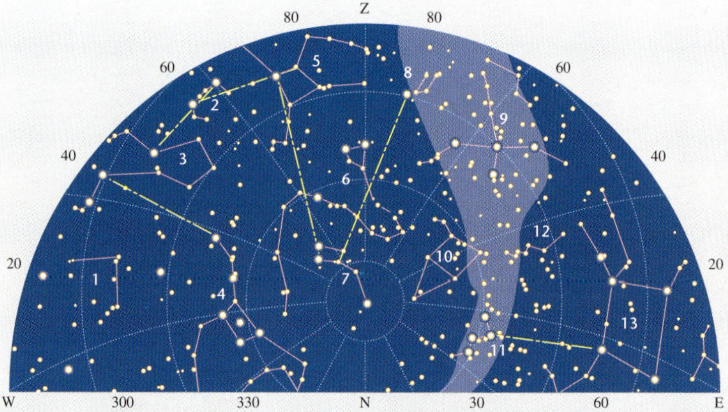

En dirección Sur
Las constelaciones de esta parte del cielo son muchas, pequeñitas y formadas por estrellas no demasiado relucientes. Las más conocidas son, desde la derecha (O), Spica de Virgo y Antares de Escorpio. Siguiendo esta dirección (grosso modo coincidente con la eclíptica) se halla el resto de constelaciones zodiacales; la primera de ellas es Sagitario, situada en una zona rica en galaxias y nebulosas.

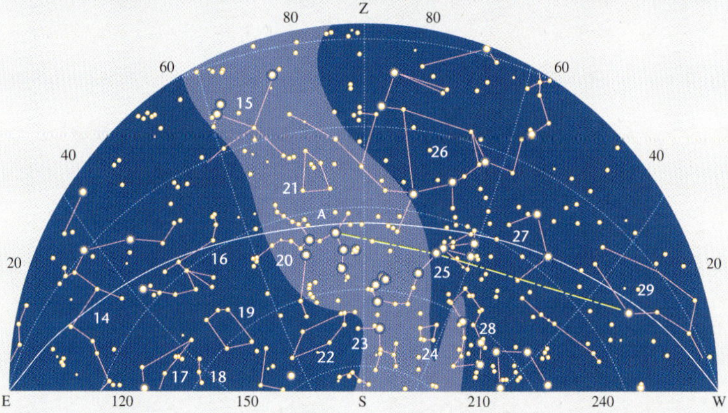

1. Cabellera de Berenice
2. Corona Boreal
3. Boyero
4. Osa Mayor
5. Hércules
6. Dragón
7. Osa Menor
8. Lira
9. Cisne
10. Osa Mayor
11. Casiopea
12. Lagarto
13. Pegaso
14. Acuario
15. Águila
16. Capricornio
17. Pez Austral
18. Grulla
19. Microscopio
20. Sagitario
21. Escudo
22. Telescopio
23. Altar
24. Escuadra
25. Escorpio
26. Serpentario (Ofiuco)
27. Libra
28. Lobo
29. Virgo

A. Galaxias M28, M21, M8, M20; Nebulosa Trífida, Nebulosa Laguna

HEMISFERIO NORTE

REGIONES TROPICALES (23°30'), A LAS 24.00 EQUINOCCIO DE OTOÑO (23 DE SEPTIEMBRE)

La Osa Menor está muy baja y la Osa Mayor aún más (bajo el horizonte). En el lado Norte, donde se halla el único polo celeste visible, no hay ninguna constelación, a excepción de la Osa Menor, que es circumpolar. Hacia el Sur, se distinguen cinco constelaciones zodiacales a lo largo de una eclíptica casi vertical.

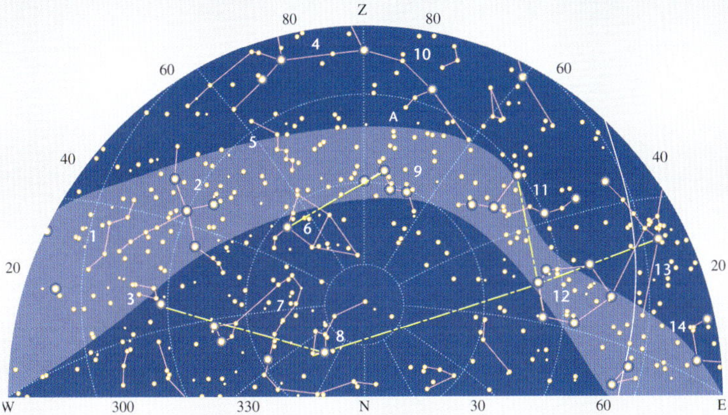

En dirección Norte
Pegaso y Andrómeda se sitúan en el cenit, mientras la Osa Mayor está bajo el horizonte. Alineando γ-β de la Osa Menor se gana el Auriga; β de Osa Menor - γ de Dragón llevan a Vega, en Lira. Arriba, aparece muy visible la cruz del Cisne. Siguiendo la dirección α-β de Casiopea se halla Alderamin, (α de Cefeo); abajo a la derecha (E), desde Auriga se arriba a Aldebarán de Tauro siguiendo la alineación α-ι, pero si se sigue la dirección β-α se ubica Algol (Perseo).

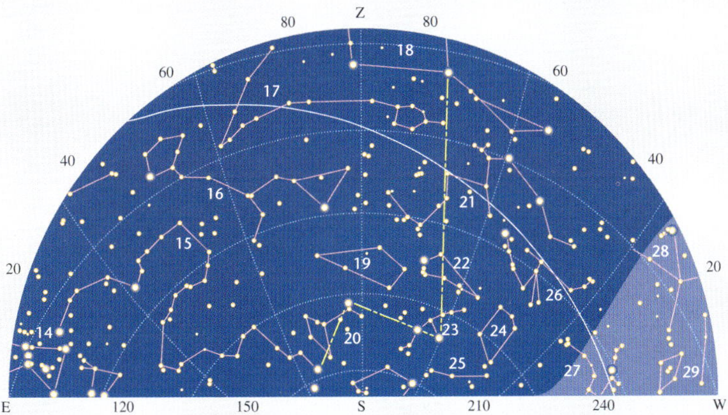

En dirección Sur
Siguiendo hacia abajo la alineación β-α del cuadrilátero de Pegaso, situado en el cenit, cerca del horizonte se halla Alnair (α de Grulla). A su izquierda (E), la α de Fénix, que alineada a la ζ conduce a Achernar, estrella brillante común a Eridano y a Hydrus (por debajo del horizonte). En el extremo Este brillan las estrellas más luminosas de Orión, muy bajo en el horizonte, mientras que en el extremo opuesto está Águila.

1. Vulpécula
2. Cisne
3. Lira
4. Pegaso
5. Lagarto
6. Cefeo
7. Dragón
8. Osa Menor
9. Casiopea
10. Andrómeda
11. Perseo
12. Auriga
13. Tauro
14. Orión
15. Serpentario (Ofiuco)
16. Eridano
17. Ballena
18. Piscis
19. Pegaso
20. Escultor
21. Fénix
22. Acuario
23. Pez Austral
24. Grulla
25. Microscopio
26. Indio
27. Capricornio
28. Sagitario
29. Águila

A. Galaxia M31

HEMISFERIO SUR

REGIONES TROPICALES (-23°30′), A LAS 24.00 SOLSTICIO DE VERANO (21 DE DICIEMBRE)

«Bajo» el ecuador, el único polo celeste visible es el meridional, indicado por pequeñas constelaciones como el Camaleón y el Octante. En el verano tropical, al Norte, la eclíptica está bastante baja, mientras Sirio del Can Mayor resplandece casi en el cenit.

En dirección Norte

Las grandes estrellas del Can Mayor y de Orión brillan altas. Siguiendo el límite de la franja de Orión se hallan Sirio (a la derecha, E) y Aldebarán, en Tauro (O). La alineación σ-ε de la franja celeste conduce a la α de Ballena. De ahí, descendiendo verticalmente hacia el horizonte, se cruza Hamal (α de Aries). La dirección α-β de Tauro (Nath, cercana a la nebulosa del Cangrejo) señala la posición de Auriga. La dirección α-β de Auriga conduce a las α y β de Géminis. La dirección μ-β de Géminis indica Algieba (γ de Leo).

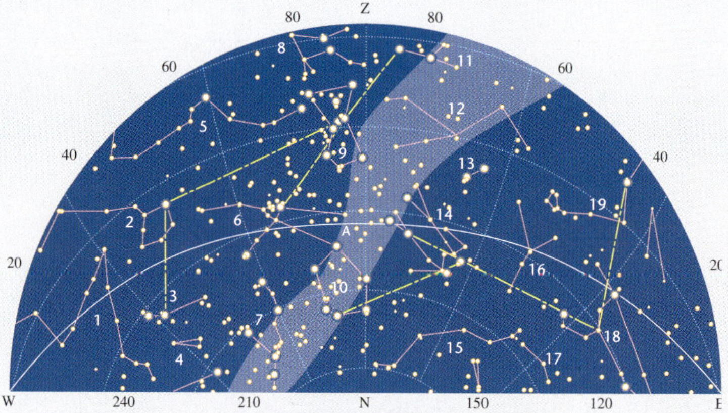

En dirección Sur

En el centro de la vertiente Sur brilla Canopus (α de Quilla), justo «debajo» de Sirio y algo alejada de la Gran Nube de Magallanes. A la derecha (O) resplandece Achernar, común a Eridano e Hydrus, constelación donde se halla la Pequeña Nube de Magallanes. Abajo, casi en el horizonte en dirección Sur, la alineación α-γ del Triángulo Austral conduce a las brillantes estrellas de Centauro y de la Cruz del Sur, cuyo brazo indica la dirección del polo celeste.

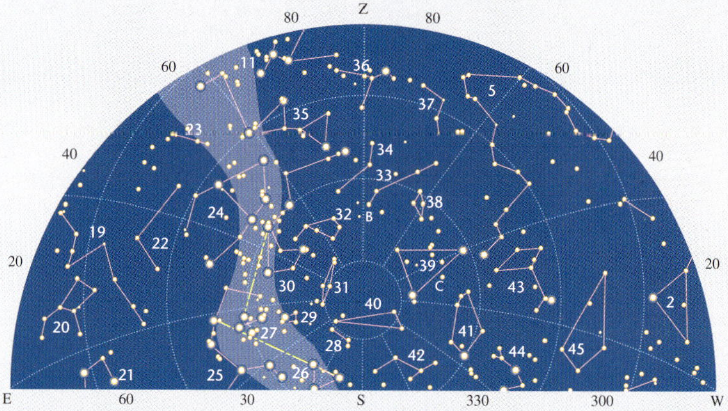

1. Piscis
2. Ballena
3. Aries
4. Triángulo
5. Eridano
6. Tauro
7. Perseo
8. Liebre
9. Orión
10. Auriga
11. Can Mayor
12. Unicornio
13. Can Menor
14. Géminis
15. Lince
16. Cáncer
17. Leo Menor
18. Leo
19. Hidra
20. Copa
21. Ciervo
22. Máquina Neumática
23. Brújula
24. Vela
25. Centauro
26. Triángulo Austral
27. Cruz del Sur
28. Ave del paraíso
29. Mosca
30. Quilla
31. Camaleón
32. Pez Volador
33. Dorado
34. Pintor
35. Popa
36. Paloma
37. Buril
38. Retícula
39. Hydrus
40. Octante
41. Tucán
42. Pavo
43. Fénix
44. Grulla
45. Escultor

A. Nebulosa del Cangrejo
B. y C. Gran y pequeña Nube de Magallanes

HEMISFERIO SUR

REGIONES TROPICALES (-23°30'), A LAS 24.00 EQUINOCCIO DE OTOÑO (21 DE MARZO)

Mientras en la vertiente Norte las constelaciones aún son fácilmente reconocibles, la vertiente Sur está repleta de estrellas.
La Cruz del Sur, equidistante del cenit y del horizonte, brilla en dirección Sur; en los extremos Este y Oeste resplandecen dos estrellas: Antares de Escorpio y Sirio del Can Mayor.

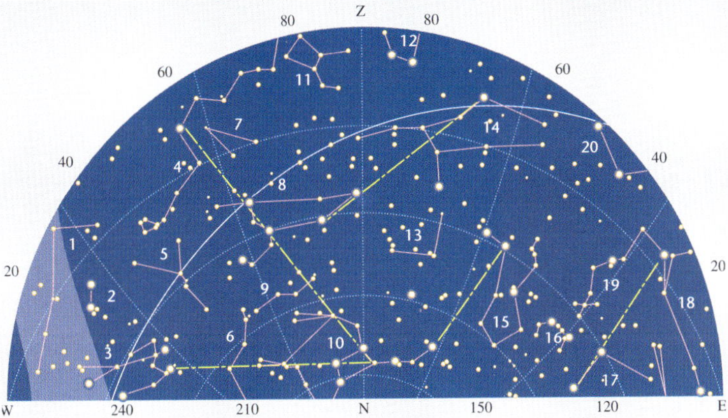

En dirección Norte
El polo norte celeste está bajo el horizonte: la Osa Mayor apenas se observa sobre el horizonte. Con la alineación δ-β se halla Cástor (Géminis); con la δ-γ, Algieba y Régulo (Leo), y más lejos, Alphard (Hidra). Siguiendo el timón del Gran Carro se gana Arturo (α de Boyero). Con la alineación δ-β de Leo se alcanza Spica (α de Virgo), mientras que con la η-ζ de Hércules, sobre el horizonte, se halla la α de Serpiente.

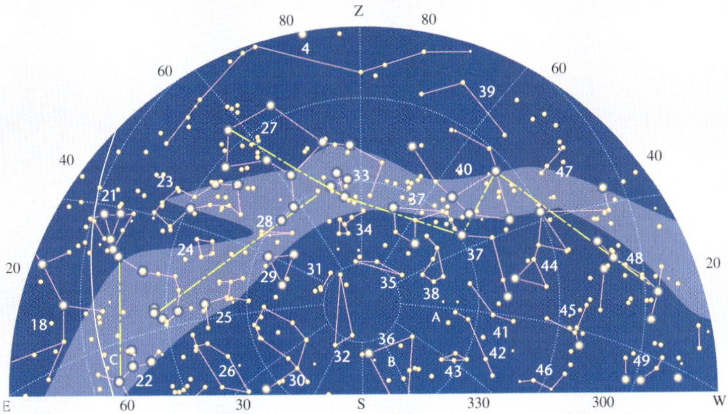

En dirección Sur
La Hidra, en el cenit, serpentea en ambas vertientes del cielo. Descendiendo desde Antares (en Escorpio) en vertical hacia el horizonte se halla γ de Sagitario, rodeada de nebulosas. Si unimos la cola de Escorpio con la β de Cruz del Sur se pasa por las brillantes α y β de Centauro; mientras que en la dirección obtenida desde la α de la Cruz a la β de Quilla se va derecho a Canopus, en Quilla. Siguiendo la dirección del lomo del Can Mayor (α-ω), se hallan las estrellas más brillantes de Velas y Popa.

1. Unicornio
2. Can Menor
3. Géminis
4. Hidra
5. Cáncer
6. Lince
7. Sextante
8. Leo
9. Leo Menor
10. Osa Mayor
11. Copa
12. Buril
13. Cabellera de Berenice
14. Virgo
15. Boyero
16. Corona Boreal
17. Hércules
18. Serpentario (Ofiuco)
19. Serpiente
20. Libra
21. Escorpio
22. Sagitario
23. Lobo
24. Escuadra
25. Altar
26. Telescopio
27. Centauro
28. Compás
29. Triángulo Austral
30. Pavo
31. Ave del paraíso
32. Octante
33. Cruz del Sur
34. Mosca
35. Camaleón
36. Serpiente de agua
37. Quilla
38. Pez Volador
39. Máquina Neumática
40. Vela
41. Pintor
42. Dorado
43. Retícula
44. Popa
45. Paloma
46. Buril
47. Brújula
48. Can Mayor
49. Liebre

A. Gran Nube de Magallanes
B. Pequeña Nube de Magallanes
C. zona de nebulosas

HEMISFERIO SUR

REGIONES TROPICALES (-23°30'), A LAS 24.00
SOLSTICIO DE INVIERNO (21 DE JUNIO)

EN EL INVIERNO TROPICAL, LA ECLÍPTICA ESTÁ PRÁCTICAMENTE VERTICAL. EN LA VERTIENTE SUR, LAS CONSTELACIONES ZODIACALES DE ESCORPIO Y SAGITARIO ESTÁN CASI EN EL CENIT. AL NORTE, LA CONSTELACIÓN MÁS ALTA EN EL HORIZONTE ES SERPENTARIO.

EN DIRECCIÓN NORTE
En dirección Norte exacta se halla Eltanin (Etamin), la γ de Dragón. A su derecha (hacia el E) brilla la cruz del Cisne: mirando hacia la dirección del brazo más corto, cada vez más a la derecha, se suceden Enif (ε de Perseo) y Sadal-Malik (α de Acuario). Más arriba de Cisne se distingue la cruz del Águila con Altair, muy luminosa. Si se une esta última con Arturo, de Boyero (en la otra parte del cielo, hacia el O), se cruzan las constelaciones menos luminosas de Hércules y de la Corona Boreal. Además, si se une con la η y la δ de Serpentario (Ofiuco), las tres más altas, se localiza Libra.

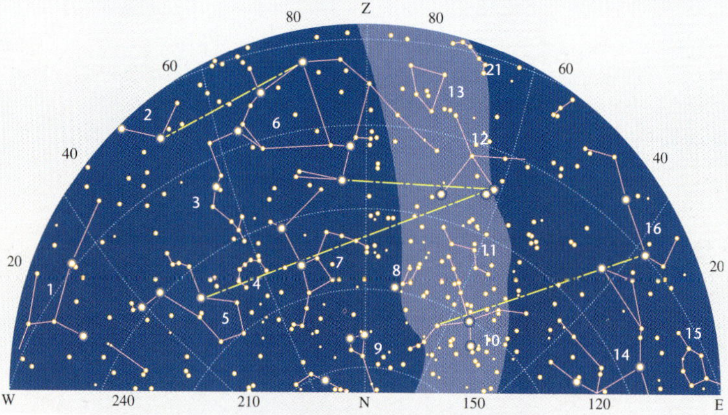

EN DIRECCIÓN SUR
Escorpio y Sagitario, casi en el cenit, dominan la bóveda repleta de estrellas y pequeñas constelaciones. Siguiendo el arco de la «cola» de Escorpio se halla, baja en el horizonte, Achernar, luminosa y común a Eridano (bajo el horizonte) e Hydrus. En cambio, si se une la punta de la cola de Escorpio con la α de Cruz del Sur, se localizan α y β de Centauro. La δ de Quilla, casi perpendicular bajo Antares, está quizá demasiado baja para poder observarla bien.

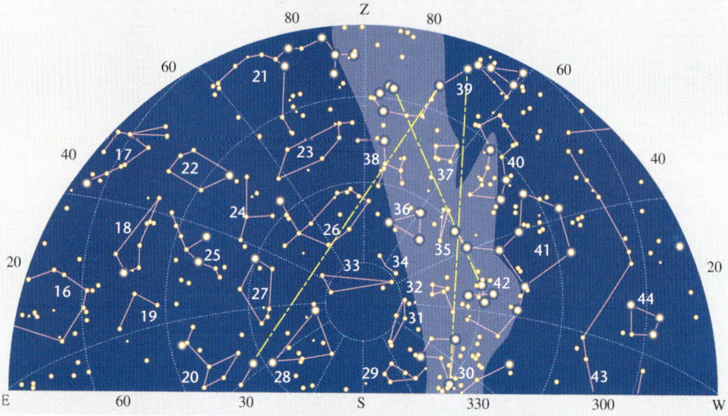

1. VIRGO
2. LIBRA
3. SERPIENTE
4. CORONA BOREAL
5. BOYERO
6. SERPENTARIO (OFIUCO)
7. HÉRCULES
8. LIRA
9. DRAGÓN
10. CISNE
11. VULPÉCULA
12. ÁGUILA
13. ESCUDO
14. PEGASO
15. PISCIS
16. ACUARIO
17. CAPRICORNIO
18. PEZ AUSTRAL
19. ESCULTOR
20. FÉNIX
21. SAGITARIO
22. MICROSCOPIO
23. TELESCOPIO
24. INDIO
25. GRULLA
26. PAVO
27. TUCÁN
28. HYDRUS
29. PEZ VOLADOR
30. QUILLA
31. CAMALEÓN
32. MOSCA
33. OCTANTE
34. AVE DEL PARAÍSO
35. COMPÁS
36. TRIÁNGULO AUSTRAL
37. ESCUADRA
38. ALTAR
39. ESCORPIO
40. LOBO
41. CENTAURO
42. CRUZ DEL SUR
43. HIDRA
44. CIERVO

HEMISFERIO SUR

REGIONES TROPICALES (-23°30'), A LAS 24.00
EQUINOCCIO DE PRIMAVERA (23 DE SEPTIEMBRE)

PEGASO ESTÁ EN EL CENTRO DEL CIELO EN DIRECCIÓN NORTE, MIENTRAS LA ECLÍPTICA, CASI VERTICAL, MUESTRA SEIS CONSTELACIONES ZODIACALES DISTRIBUIDAS EN EL HORIZONTE. ACHENAR, SITUADA ENTRE ERIDANO E HYDRUS, BRILLA CASI EN EL CENTRO DEL CIELO DEL SUR.

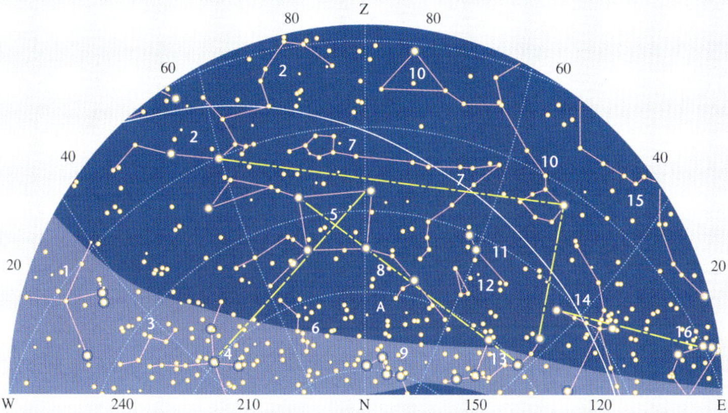

EN DIRECCIÓN NORTE
El cuadrilátero de Pegaso está centrado; arriba está Algenib y, luego, Sirrah (ambas alineadas en dirección Norte). Aprovechando las diagonales, se hallan al Este (hacia la derecha) Mirak (en Andrómeda) y Algol (en Perseo); hacia el O, Sadir de Cisne, en la zona de la nebulosa del Pelícano y la de Norteamérica. Más al O reluce Altair de Águila. Siguiendo la curva de Perseo, pasando por las Pléyades de Tauro se halla Menkar (α de Ballena), y cortando el pentágono de estrellas de la que forma parte se llega a la α de Acuario. Hacia el Este, brilla Orión.

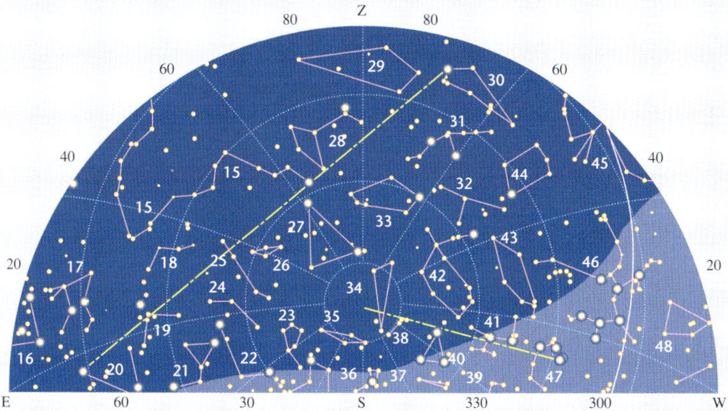

EN DIRECCIÓN SUR
El Escultor se halla casi en el cenit, acompañado de Pez Austral, cuya α se alinea hacia el E con Achernar (α de Eridano) y Sirio (α de Can Mayor), muy baja en el horizonte. La alineación entre la cola de Escorpio (abajo en el horizonte, al Oeste) y Atria (α de Triángulo Austral) marca la dirección del polo sur.

1. ÁGUILA
2. ACUARIO
3. VULPÉCULA
4. CISNE
5. PEGASO
6. LAGARTO
7. PISCIS
8. ANDRÓMEDA
9. CASIOPEA
10. BALLENA
11. ARIES
12. TRIÁNGULO
13. PERSEO
14. TAURO
15. ERIDANO
16. ORIÓN
17. LIEBRE
18. BURIL
19. PALOMA
20. CAN MAYOR
21. POPA
22. QUILLA
23. PEZ VOLADOR
24. PINTOR
25. DORADO
26. RETÍCULA
27. HYDRUS
28. FÉNIX
29. ESCULTOR
30. PEZ AUSTRAL
31. GRULLA
32. INDIO
33. TUCÁN
34. OCTANTE
35. CAMALEÓN
36. MOSCA
37. COMPÁS
38. AVE DEL PARAÍSO
39. ESCUADRA
40. TRIÁNGULO AUSTRAL
41. ALTAR
42. PAVO
43. TELESCOPIO
44. MICROSCOPIO
45. CAPRICORNIO
46. SAGITARIO
47. ESCORPIO
48. ESCUDO

HEMISFERIO SUR

LATITUDES MEDIAS (-45°), A LAS 24.00
SOLSTICIO DE VERANO (21 DE DICIEMBRE)

SIRIO BRILLA ALTA, MIENTRAS ORIÓN OCUPA UNA POSICIÓN CENTRAL AL NORTE. AL SUR, LAS CONSTELACIONES DE VELAS Y QUILLA, CON MUCHAS ESTRELLAS BRILLANTES, DESTACAN EN EL LADO ORIENTAL; EN CAMBIO, ABAJO PUEDE ADMIRARSE CENTAURO. ACHENAR DE ERIDANO BRILLA EN EL LADO OCCIDENTAL.

EN DIRECCIÓN NORTE
La eclíptica, bastante baja, está marcada por la presencia de ciertas constelaciones zodiacales que pueden ubicarse fácilmente a partir de Orión. Siguiendo la alineación Sirio-γ de Orión se llega a Aldebarán de Tauro y por la dirección Rigel-Betelgeuse (β-α) se llega a Cástor (Géminis). Exactamente al Norte, se halla Auriga: desde la línea θ-ι se llega a Menkar (α de la Ballena), pasando junto a las Pléyades. Arriba, a partir de la alineación χ-β de Orión podemos hallar Zaurak (γ de Eridano).

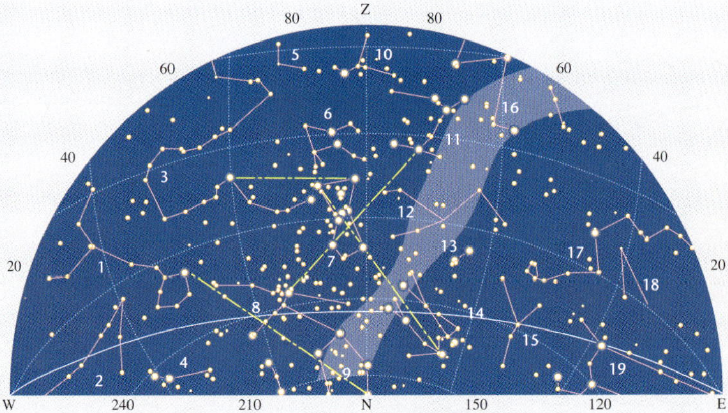

EN DIRECCIÓN SUR
A partir de Cruz del Sur se localizan algunas de las constelaciones más brillantes del cielo austral. El eje mayor, además de marcar la dirección del polo sur celeste, conduce a la constelación de Hydrus. La alineación γ-δ conduce a Quilla, mientras que prolongando hacia arriba el eje menor llegamos a Velas y, hacia abajo, a las dos estrellas más brillantes de Centauro (α y β).

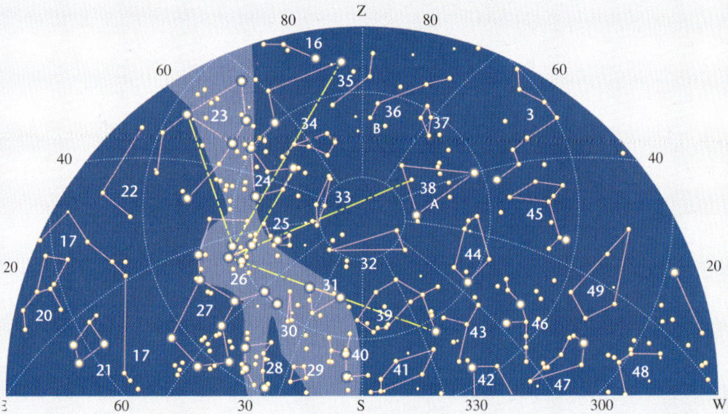

1. Ballena
2. Piscis
3. Eridano
4. Aries
5. Buril
6. Liebre
7. Orión
8. Tauro
9. Auriga
10. Paloma
11. Can Mayor
12. Unicornio
13. Can Menor
14. Géminis
15. Cáncer
16. Popa
17. Hidra
18. Sextante
19. Leo
20. Copa
21. Ciervo
22. Máquina Neumática
23. Vela
24. Quilla
25. Mosca
26. Cruz del Sur
27. Centauro
28. Lobo
29. Escuadra
30. Compás
31. Triángulo Austral
32. Octante
33. Camaleón
34. Pez Volador
35. Pintor
36. Dorado
37. Retícula
38. Serpiente de agua
39. Pavo
40. Altar
41. Telescopio
42. Microscopio
43. Indio
44. Tucán
45. Fénix
46. Grulla
47. Pez Austral
48. Acuario
49. Escultor

A. Pequeña Nube de Magallanes
B. Gran Nube de Magallanes

HEMISFERIO SUR

LATITUDES MEDIAS (-45°), A LAS 24.00
EQUINOCCIO DE OTOÑO (21 DE MARZO)

Al Norte se extiende Hidra de Oeste a Este, casi paralela a la eclíptica, indicada por seis constelaciones; en el lado opuesto del cielo, la Cruz del Sur brilla casi en el cenit. Sobre ella, destacan las luces de Centauro. Al Oeste, resplandecen las estrellas de Velas y Quilla y, más alejada, Sirio.

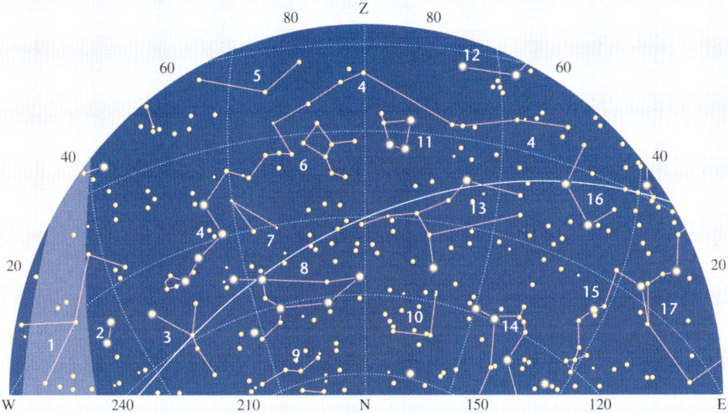

En dirección Norte
Las estrellas más brillantes se distribuyen a lo largo de la eclíptica o cerca de ella. De izquierda a derecha, se distinguen Régulo (de Leo), y Algieba y Denébola (γ y β de Leo, respectivamente); Spica de Virgo y Zuben el Benubi (α de Libra). Si giramos al Sur, hallamos alineadas con ellas Antares (α de Escorpio) y las más brillantes de Sagitario.

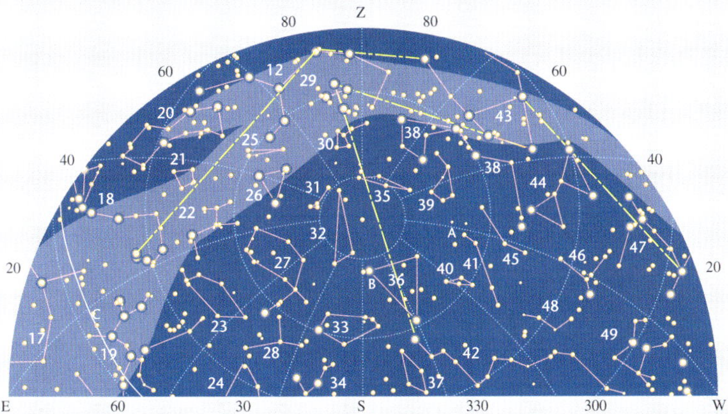

En dirección Sur
El Centauro y la Cruz del Sur están situadas casi en el cenit y permiten hallar, al Este, Escorpio y Sagitario, acompañado por las nebulosas Trífida, Laguna y Omega, Hydrus, con la Pequeña Nube de Magallanes y Dorado, con la Gran Nube de Magallanes. Al Oeste resplandece Sirio, mientras que Antares, ligeramente más alta, brilla al Este. La alineación α-γ de Can Mayor conduce a las constelaciones de Popa y Velas, a cuyas estrellas también se llega siguiendo la β-δ de la Cruz del Sur.

1. Unicornio
2. Can Menor
3. Cáncer
4. Hidra
5. Máquina Neumática
6. Copa
7. Sextante
8. Leo
9. Leo Menor
10. Cabellera de Berenice
11. Ciervo
12. Centauro
13. Virgo
14. Boyero
15. Serpiente
16. Libra
17. Serpentario (Ofiuco)
18. Escorpio
19. Sagitario
20. Lobo
21. Escuadra
22. Altar
23. Telescopio
24. Microscopio
25. Compás
26. Triángulo Austral
27. Pavo
28. Indio
29. Cruz del Sur
30. Mosca
31. Ave del paraíso
32. Octante
33. Tucán
34. Grulla
35. Camaleón
36. Serpiente de agua
37. Fénix
38. Quilla
39. Pez Volador
40. Retícula
41. Dorado
42. Eridano
43. Vela
44. Popa
45. Pintor
46. Paloma
47. Can Mayor
48. Buril
49. Liebre

A. Gran Nube de Magallanes
B. Pequeña Nube de Magallanes
C. zona con abundantes nebulosas

HEMISFERIO SUR

LATITUDES MEDIAS (-45°), A LAS 24.00 SOLSTICIO DE INVIERNO (21 DE JUNIO)

La eclíptica está casi vertical y abarca siete constelaciones zodiacales. Escorpio domina desde una posición casi cenital en la vertiente Norte. En cambio, al suroeste, junto a Cruz del Sur se concentran las estrellas más luminosas, lo que permite que Achernar reluzca en el sureste.

En dirección Norte

La constelación de Escorpio está prácticamente en el cenit. Bajando hacia la izquierda (O) y siguiendo la alineación con la estrella que brilla más en dicha dirección (Spica, de Virgo) se llega a α de Libra. Abajo, cerca del horizonte, destacan Arturo, de Boyero (a la izquierda), y Vega, de Lira (a la derecha respecto a la dirección Norte). Altair (α de Águila) está más alta, a la derecha de Lira. Entre Vega y Antares se halla α de Hércules.

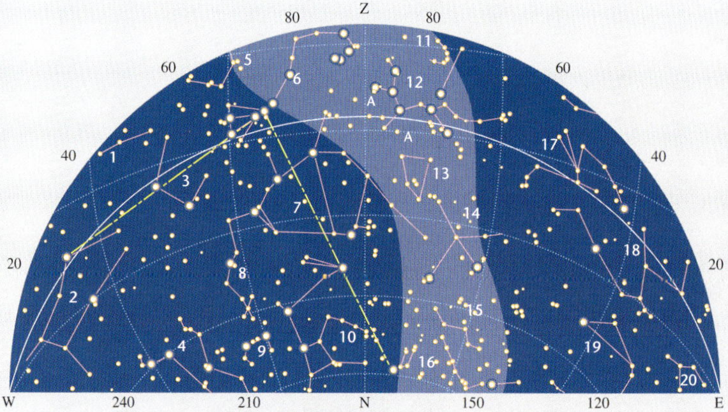

En dirección Sur

Las estrellas más brillantes se acumulan a la derecha (O): las de Centauro y Cruz del Sur, fáciles de reconocer, están más altas; más cerca del horizonte se hallan las de Quilla y Velas. Canopus destaca casi al Sur, ligeramente por encima del horizonte. A la izquierda (E) brilla Achernar, entre Eridano e Hydrus; algo más arriba aparece Fomalhaut (α de Pez Austral). A la misma altura, algo más centrada, se halla la Pequeña Nube de Magallanes.

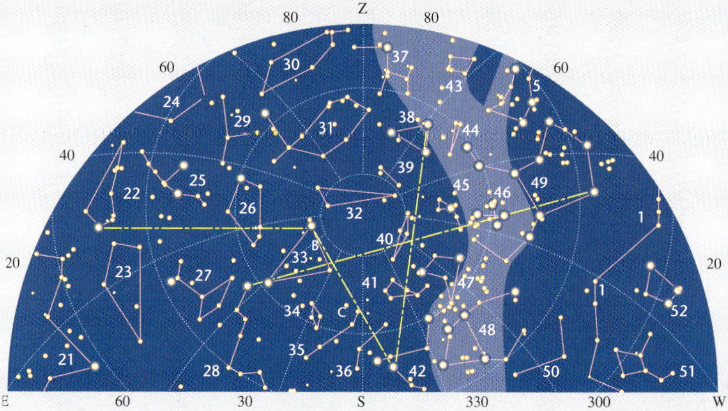

1. Hidra
2. Virgo
3. Libra
4. Boyero
5. Lobo
6. Escorpio
7. Serpentario (Ofiuco)
8. Serpiente
9. Corona Boreal
10. Hércules
11. Corona Austral
12. Sagitario
13. Escudo
14. Águila
15. Vulpécula
16. Cisne
17. Capricornio
18. Acuario
19. Pegaso
20. Piscis
21. Ballena
22. Pez Austral
23. Escultor
24. Microscopio
25. Grulla
26. Tucán
27. Fénix
28. Eridano
29. Indio
30. Telescopio
31. Pavo
32. Octante
33. Serpiente de agua
34. Retícula
35. Dorado
36. Pintor
37. Altar
38. Triángulo Austral
39. Ave del paraíso
40. Camaleón
41. Pez Volador
42. Popa
43. Escuadra
44. Compás
45. Mosca
46. Cruz del Sur
47. Quilla
48. Vela
49. Centauro
50. Máquina Neumática
51. Copa
52. Ciervo

A. Nebulosas y galaxias
B. Pequeña Nube de Magallanes
C. Gran Nube de Magallanes

HEMISFERIO SUR

LATITUDES MEDIAS (-45°), A LAS 24.00
EQUINOCCIO DE PRIMAVERA (23 DE SEPTIEMBRE)

PEGASO BRILLA EN EL CENTRO DEL CIELO, AL NORTE, EN CONTRAPOSICIÓN A CENTAURO Y A LA CRUZ DEL SUR, QUE SE HALLAN CASI A LA MISMA ALTURA EN EL CIELO, PERO EN EL SUR. ALTARES Y SIRIO BRILLAN BAJAS EN EL HORIZONTE SUR.

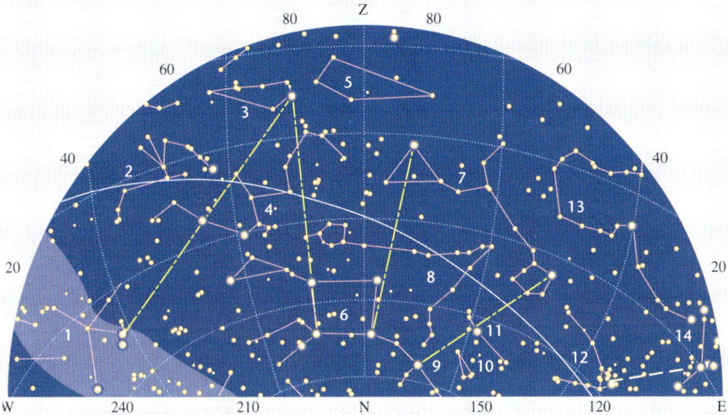

EN DIRECCIÓN NORTE
La eclíptica está dibujada por cinco constelaciones zodiacales poco luminosas. Casi en el cenit, la α de Fénix y más abajo las estrellas del cuadrilátero de Pegaso, que, con sus lados, permiten ubicar de izquierda a derecha (de O a E) Altair de Águila, Fomalhaut, la α de Pez Austral y la β (más arriba). Más abajo, la α de Ballena unida a Mirach, en Andrómeda, señala a Hamal (α de Aries). Aldebarán (α de Tauro) y las más luminosas estrellas de Orión se hallan bajas en el horizonte, hacia la derecha (E).

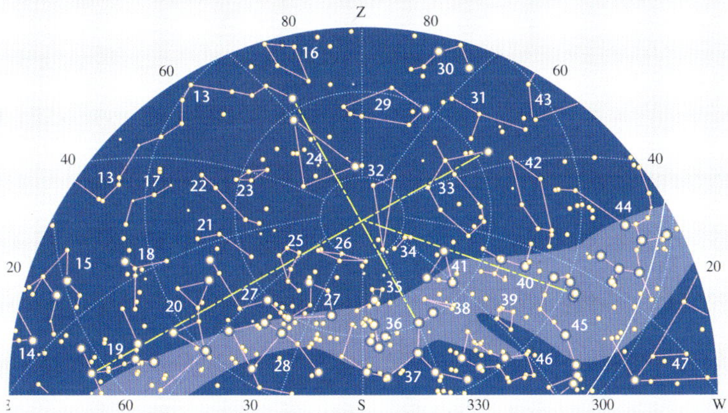

EN DIRECCIÓN SUR
Todas las estrellas más luminosas están bastante bajas en el horizonte. De E a O brillan: Sirio, Adhara y Wezen de Can Mayor; Alsuhail, Avoir, Aspidiske y Markeb, comunes a Velas y Quilla; Cruz del Sur y Centauro, con Agena y Próxima, hasta llegar a Antares (α de Escorpio). Siguiendo la dirección de la cola de Escorpio (α de Triángulo Austral) se identifica el polo sur, por donde pasan las alineaciones de Peacock de Pavo-Sirio y Achenar de Eridano-Agena de Centauro.

1. Águila
2. Capricornio
3. Pez Austral
4. Acuario
5. Escultor
6. Pegaso
7. Ballena
8. Piscis
9. Andrómeda
10. Triángulo
11. Aries
12. Tauro
13. Eridano
14. Orión
15. Liebre
16. Fénix
17. Buril
18. Paloma
19. Can Mayor
20. Popa
21. Pintor
22. Dorado
23. Régulo
24. Serpiente de agua
25. Pez Volador
26. Camaleón
27. Quilla
28. Vela
29. Tucán
30. Grulla
31. Indio
32. Octante
33. Pavo
34. Ave del paraíso
35. Mosca
36. Cruz del Sur
37. Centauro
38. Compás
39. Escuadra
40. Altar
41. Triángulo Austral
42. Telescopio
43. Microscopio
44. Sagitario
45. Escorpio
46. Lobo
47. Serpentario (Ofiuco)

HEMISFERIO SUR

REGIONES POLARES (-63°30'), A LAS 24.00 SOLSTICIO DE VERANO (21 DE DICIEMBRE)

ES EL VERANO ANTÁRTICO, EL PERIODO EN EL QUE EL DÍA ES MÁS LARGO, Y CUANTO MÁS AL SUR SE VA, MÁS LARGO TODAVÍA. LAS NOCHES SON CORTÍSIMAS Y ESTÁN ILUMINADAS POR UN CREPÚSCULO CONSTANTE. AUNQUE ESTÁN PRESENTES, RESULTA PRÁCTICAMENTE IMPOSIBLE VER LAS CONSTELACIONES.

Si el cielo estuviera oscuro, se verían estas constelaciones:

1. Ballena
2. Piscis
3. Eridano
4. Retícula
5. Dorado
6. Buril
7. Liebre
8. Orión
9. Tauro
10. Géminis
11. Cáncer
12. Can Menor
13. Unicornio
14. Can Mayor
15. Paloma
16. Popa
17. Pintor
18. Quilla
19. Vela
20. Brújula
21. Hidra
22. Copa
23. Sextante
24. Ciervo
25. Quilla
26. Mosca
27. Cruz del Sur
28. Centauro
29. Lobo
30. Libra
31. Escorpio
32. Escuadra
33. Altar
34. Triángulo Austral
35. Compás
36. Ave del paraíso
37. Octante
38. Camaleón
39. Pez Volador
40. Hydrus
41. Tucán
42. Pavo
43. Indio
44. Telescopio
45. Microscopio
46. Sagitario
47. Capricornio
48. Pez Austral
49. Grulla
50. Escultor
51. Fénix
52. Acuario

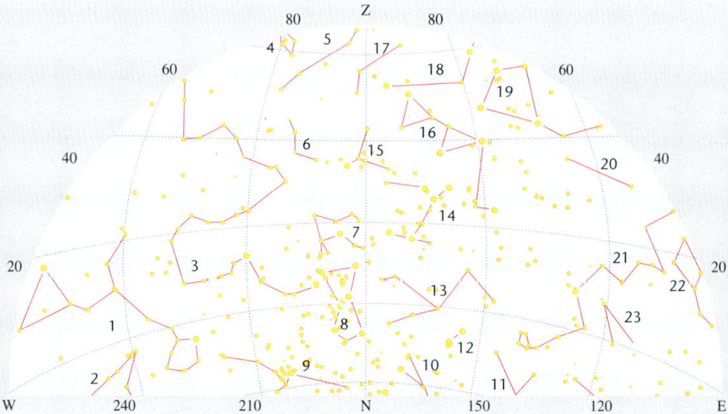

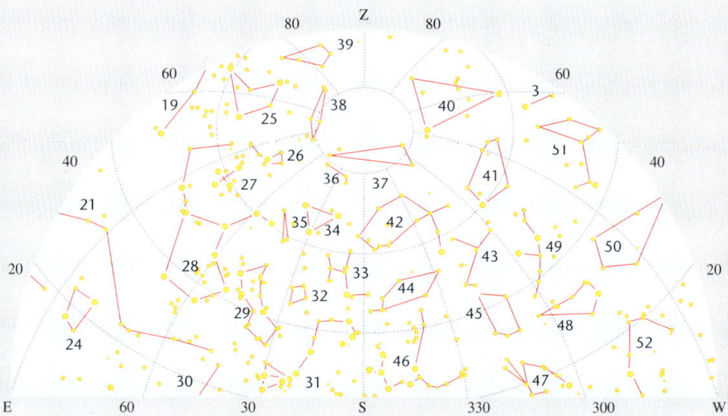

HEMISFERIO SUR

REGIONES POLARES (-63°30'), A LAS 24.00 EQUINOCCIO DE OTOÑO (21 DE MARZO)

En la vertiente Norte, la Cruz del Sur ocupa el cenit; en la vertiente Sur, la Mosca. La eclíptica está bastante baja y aparece acompañada de la Hidra en toda su longitud, siguiendo la vertiente Norte. Casi todas las estrellas más brillantes se sitúan en la parte superior de la bóveda, lejos del horizonte.

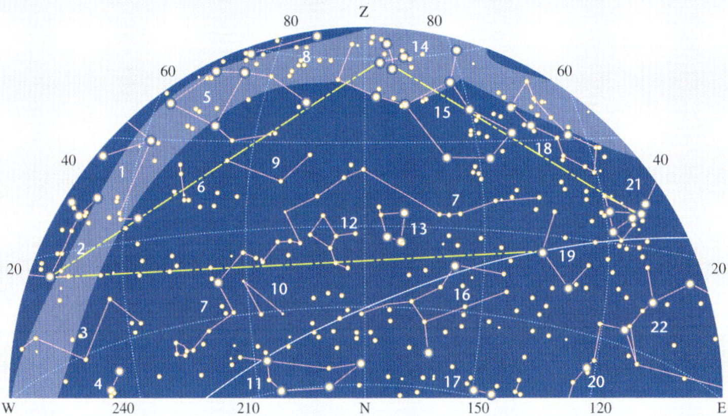

En dirección Norte
La más brillante es Sirio, a la izquierda (O); la sigue Antares, a la derecha (E). Aproximadamente a la misma altura que Sirio se halla Alphard (α de Hidra), Spica (α de Virgo), la α de Libra y la α de Serpentario (Ofiuco).
Si se hace la conjunción de Sirio con la δ de la Cruz del Sur, hallamos Naos de Popa, Alsuhail, Aspidiske y Markeb de Velas, mientras que alineando Antares con la γ de la Cruz del Sur se cruza la brillante constelación de Centauro.

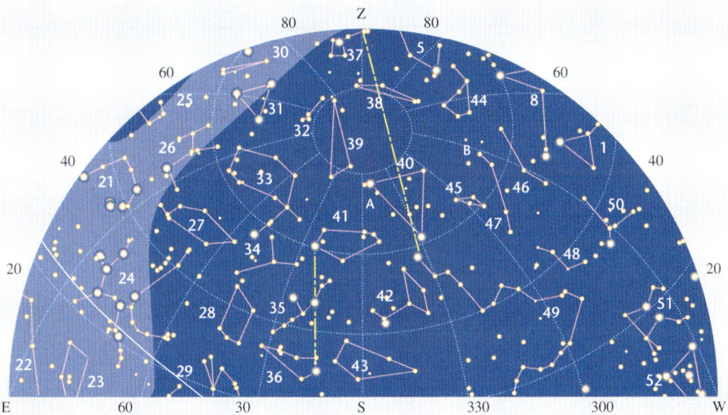

En dirección Sur
Sobre Achernar y ligeramente a la izquierda de la constelación de Hydrus, se hallan la Pequeña Nube de Magallanes y la Gran Nebulosa, a la derecha (E) de la constelación de Dorado; ambas son fáciles de ver.
A la derecha y a la izquierda, bajas en el horizonte, se hallan, respectivamente, las últimas constelaciones zodiacales (Sagitario y Capricornio, parcialmente bajo el horizonte) y el Can Mayor.

1. Popa
2. Can Mayor
3. Unicornio
4. Can Menor
5. Vela
6. Brújula
7. Hidra
8. Quilla
9. Máquina Neumática
10. Sextante
11. Leo
12. Copa
13. Ciervo
14. Cruz del Sur
15. Centauro
16. Virgo
17. Boyero
18. Lobo
19. Libra
20. Serpiente
21. Escorpio
22. Serpentario (Ofiuco)
23. Escudo
24. Sagitario
25. Escuadra
26. Altar
27. Telescopio
28. Microscopio
29. Capricornio
30. Compás
31. Triángulo Austral
32. Ave del paraíso
33. Pavo
34. Indio
35. Grulla
36. Pez Austral
37. Mosca
38. Camaleón
39. Octante
40. Serpiente de agua
41. Tucán
42. Fénix
43. Escultor
44. Pez Volador
45. Retícula
46. Pintor
47. Dorado
48. Buril
49. Eridano
50. Paloma
51. Liebre
52. Orión

A. Pequeña Nube de Magallanes
B. Gran nube de Magallanes

HEMISFERIO SUR

REGIONES POLARES (-63°30'), A LAS 24.00 SOLSTICIO DE INVIERNO (21 DE JUNIO)

En el solsticio de invierno, el polo celeste alcanza la altura máxima en el horizonte: el polo sur está en el cenit, cuando en estas regiones se halla a 65°. En la vertiente Norte, Escorpio y Sagitario brillan en el centro. En dirección Sur, Popa, Velas, Quilla, Centauro y la Cruz del Sur forman una estela de luz que sale en el Sur y se eleva hacia el Oeste.

En dirección Norte

A la misma altura y a la derecha de Antares (α de Escorpio) se hallan las principales estrellas de Sagitario y, ligeramente más allá de la mitad del cielo, la α de Pez Austral. Si se alinea Antares con Spica (α de Virgo) se halla la α de Libra: de esta forma se marca la trayectoria de la eclíptica y ello permite reconocer, entre el horizonte y esta línea imaginaria, las constelaciones de Serpentario, Serpiente y Águila, con Altair. Arriba a la izquierda (O) brilla Centauro.

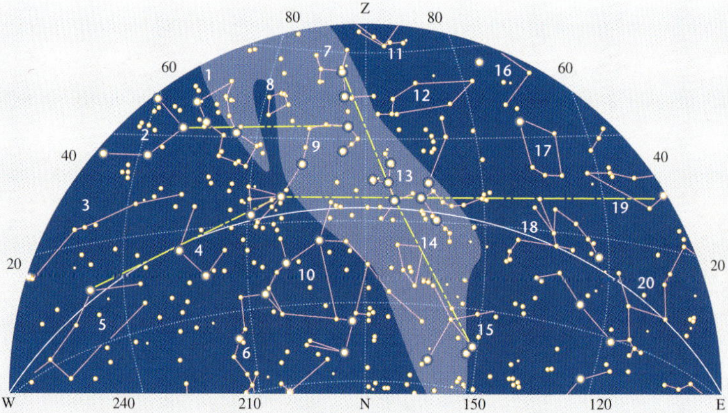

En dirección Sur

La Vía Láctea se yergue casi vertical, acompañada de las estrellas más brillantes de esta vertiente. Al Can Mayor, casi en el punto Sur, le siguen Popa con Canopus; Velas con Alsuhail, Aspidiske y Markeb; Quilla, Avoir y Miaplacidus; Cruz del Sur con Acruz y Mimosa; Centauro con Próxima y Agena. El Triángulo Austral y el Pavo están casi en el cenit, respectivamente al Oeste (derecha) y al Este (izquierda). Abajo, a la izquierda, se despliega la larga constelación de Eridano y, abajo a la derecha, la de Hidra.

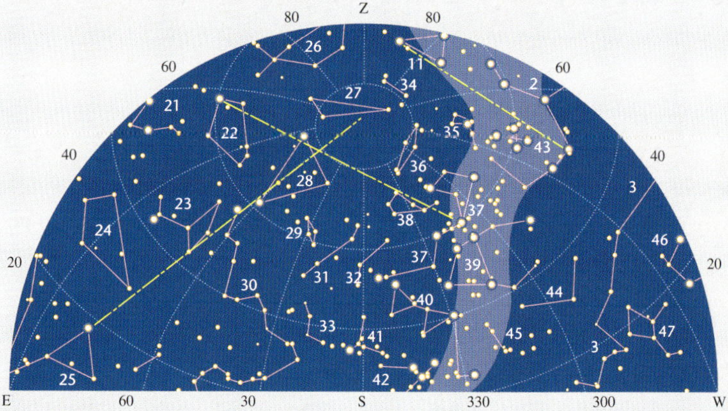

1. Lobo
2. Centauro
3. Hidra
4. Libra
5. Leo
6. Serpiente
7. Altar
8. Régulo
9. Escorpio
10. Serpentario (Ofiuco)
11. Triángulo Austral
12. Telescopio
13. Sagitario
14. Escudo
15. Águila
16. Indio
17. Microscopio
18. Capricornio
19. Pez Austral
20. Acuario
21. Grulla
22. Tucán
23. Fénix
24. Escultor
25. Ballena
26. Pavo
27. Octante
28. Hydrus
29. Régulo
30. Eridano
31. Dorado
32. Pintor
33. Buril
34. Ave del Paraíso
35. Mosca
36. Camaleón
37. Quilla
38. Pez Volador
39. Vela
40. Popa
41. Paloma
42. Can Mayor
43. Cruz del Sur
44. Máquina Neumática
45. Brújula
46. Ciervo
47. Copa

OBSERVAR EL CIELO

HEMISFERIO SUR

REGIONES POLARES (-63°30'), A LAS 24.00 EQUINOCCIO DE PRIMAVERA (23 DE SEPTIEMBRE)

En el Norte, Tucán está en el cenit, mientras Eridano se extiende en dirección Este desde casi los 80° de Achernar a casi los 10° de Cursa. Al Sur aparece una sucesión de constelaciones con abundantes estrellas luminosas: Can Mayor, Popa, Velas, Quilla, Cruz del Sur, Centauro y Escorpio llenan la parte baja del cielo de Este a Oeste.

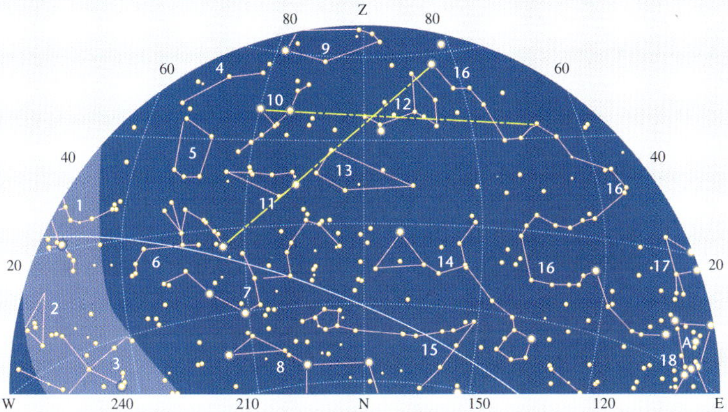

En dirección Norte
Eridano está completamente extendida en el lado Este, donde se hallan, muy bajas en el horizonte y dentro de la franja de Orión, Rigel y Saiph, así como las nebulosas M42 y M43, localizables a simple vista. Siguiendo la alineación entre Achernar y Formalhaut (α de Pez Austral) se llega a Deneb Algiedi (δ de Capricornio): siguiendo la constelación se halla Dabih y la α, formada por un sistema múltiple de dos estrellas dobles, a la vez. La alineación de las más relucientes de Grulla lleva a la ε de Eridano, de la que se cree que posee un sistema planetario.

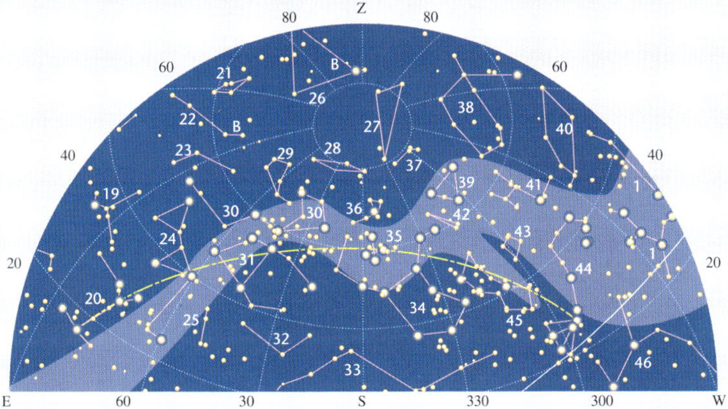

En dirección Sur
El cenit está ocupado por la Hydrus. Se observan bien la Pequeña Nube de Magallanes, situada cerca, y la Gran Nube de Magallanes, cerca de Dorado. De izquierda a derecha (de E a O), las estrellas más brillantes del hemisferio Sur se alinean en un arco cuyo centro es la Cruz del Sur y que recorre Sirio, Wezen y Aludra en Can Mayor, pasando por la ζ de Popa, la δ de Velas –rodeadas por otras tres más brillantes–, las δ y β de la Cruz del Sur a la que iluminan las estrellas de Centauro, hasta la γ de Lobo, para terminar en Antares de Escorpio.

1. Sagitario
2. Escudo
3. Águila
4. Indio
5. Microscopio
6. Capricornio
7. Acuario
8. Pegaso
9. Tucán
10. Grulla
11. Pez Austral
12. Fénix
13. Escultor
14. Ballena
15. Piscis
16. Eridano
17. Buril
18. Orión
19. Paloma
20. Can Mayor
21. Retícula
22. Dorado
23. Pintor
24. Popa
25. Brújula
26. Hydrus
27. Octante
28. Camaleón
29. Pez Volador
30. Quilla
31. Vela
32. Máquina Neumática
33. Hidra
34. Centauro
35. Cruz del Sur
36. Mosca
37. Ave del paraíso
38. Pavo
39. Triángulo Austral
40. Telescopio
41. Altar
42. Compás
43. Escuadra
44. Escorpio
45. Lobo
46. Serpentario (Ofiuco)
A. Nebulosas M42 y M43
B. Nubes de Magallanes

OBSERVAR LA LUNA ES FÁCIL. CUALQUIERA PUEDE HACERLO CON UNOS SIMPLES PRISMÁTICOS. ES UN OBJETO MUY LUMINOSO Y GRANDE QUE NO REQUIERE SABER ORIENTARSE EN EL CIELO NI CONOCER LOS INSTRUMENTOS PARA OBSERVARLO. AQUÍ NO VALEN TELESCOPIOS DE GRAN APERTURA NI MUCHOS AUMENTOS, SÓLO HAY QUE DIRIGIR LA MIRADA HACIA ARRIBA Y MARAVILLARSE CON EL DESCUBRIMIENTO DE NUEVOS DETALLES DE LOS PAISAJES SILENCIOSOS Y MÁGICOS DE NUESTRO SATÉLITE.

OBSERVAR LA LUNA

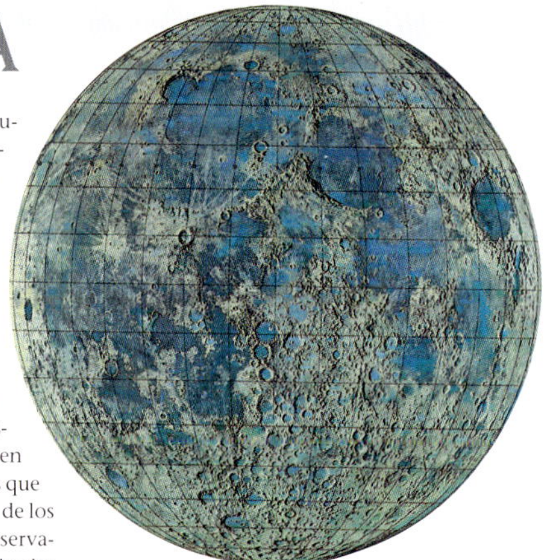

CARA VISIBLE DE LA LUNA
La cartografía lunar nació en el siglo XVII.

Observar la Luna con cualquier instrumento nos reportará grandes emociones. Es grande, luminosa, con detalles que cambian de aspecto con la iluminación. La Luna es un objeto celeste fascinante incluso si se observa con unos sencillos prismáticos. En efecto, para observar las formaciones más importantes, un eclipse lunar o la ocultación de una estrella, basta con unos prismáticos, pero para encontrar las regiones más limitadas y los detalles más precisos se aconseja usar un telescopio pequeño. Los instrumentos que permiten una gran apertura y longitud focal, como los que suelen poner los observatorios a disposición de los grupos de aficionados, permiten realizar observaciones más avanzadas y captar fotografías de alta resolución mediante tecnología especial (filtros, fotómetros, etcétera).

INSTRUMENTOS PARA OBSERVAR, ESTUDIAR Y FOTOGRAFIAR

Los consejos básicos sobre los aparatos usados para la observación lunar se circunscriben a prismáticos, telescopios y recomendaciones sobre fotografía. La elección de un instrumento depende mucho de las exigencias personales, así como de las preferencias por una película fotográfica u otra. Las recomendaciones para obtener mejores tomas fotográficas suelen derivar de la experiencia personal, capaz de adaptar los conocimientos a las herramientas disponibles. Los grupos de aficionados que suelen darse cita en observatorios e institutos profesionales pueden resultar de gran ayuda si se les pide asesoramiento.

ESCALA DEL ALBEDO LUNAR, SEGÚN ELGER

GRADO	EJEMPLO
0	Sombras negras
1	Partes más oscuras de los cráteres Grimaldi y Riccioli
1,5	Interiores de los cráteres Boscovich, Bailly y Zupus
2	Fondo de los cráteres Endymion, Le Monnier y Julius Caesar
2,5	Interiores de los cráters Azout, Vitruvius, Pitatus e Hippalus
3	Fondo de los cráteres Taruntius, Plinius, Theophilus y Flamsteed
3,5	Interiores de los cráteres Archimedes y Mersenius
4	Interiores de los cráteres Manilius, Ptolomaeus y Guericke
4,5	Superficie en torno al Sinus Medii y al cráter Aristillus
5	Superficies en torno a los cráteres Kepler y Aristarchus
5,5	Paredes de los cráteres Picard y Timocharis, rayos del cráter Copernicus
6	Paredes de los cráteres Macrobius, Kant, Bessel y Moesting
6,5	Paredes de los cráteres Langrenus, Thaetetus y La Hire
7	Cráteres Theon, Ariadaeus, Bode B, Wickmann y Kepler
7,5	Cráteres Ukert, Hortensius y Euclides
8	Paredes de los cráteres Godin, Bode y Copernicus
8,5	Paredes de los cráteres Proclus, Bode A e Hipparchus C
9	Cráteres Censorinus, Dionysius, Moesting A, Mersenius B y Mersenius C
9,5	Interior de los cráteres Aristarchus y La Perouse
10	Pico central del cráter Aristarchus

PRIMER OCTANTE

En la imagen aparecen señaladas las principales formaciones lunares observables hacia el cuarto día después de la Luna nueva.

1. Strabo
2. Endymion
3. Mare Humboldtianum
4. Hercules
5. Atlas
6. Geminus
7. Cleomedes
8. Proclus
9. Mare Crisium
10. Picard
11. Mare Marginis
12. Firmicus
13. Mare Undarum
14. Taruntius
15. Apollonius
16. Mare Foecunditatis
17. Mare Spumans
18. Mare Smithii
19. Gutenberg
20. Goclenius
21. Langrenus
22. Colombus
23. Vendelinus
24. Cook
25. Petavus
26. Snellius
27. Stevinus
28. Rheita
29. Furnerius
30. Metius
31. Vallis Rheita
32. Fraunhofer
33. Fabricius
34. Steinheil, Watt
35. Vlacq
36. Mutus

PRISMÁTICOS

Los más conocidos son los de prismas de Porro, pero pesan mucho; son más manejables, aunque más caros, los de prisma en tejado. Los prismáticos son ideales para vistas panorámicas de las cuencas, las cadenas montañosas y los principales cráteres, así como para seguir los eclipses de Luna.

Las características esenciales de unos prismáticos son los aumentos y el diámetro de las lentes del objetivo; cuanto mayor sea el diámetro y menor el aumento, mayor será la luminosidad. Para aprovecharla al máximo es necesario que la relación entre el diámetro del objetivo y el aumento no supere los 7-8 mm. En unos prismáticos de 10 aumentos y 50 mm de objetivo (10x50) el cociente es 5 mm (50:10), óptimo para la observación de aves; en unos prismáticos 7x50, el cociente es 7,1 mm (50:7), lo que significa que es apto para todo, incluso para observar objetos poco iluminados de noche.

En el caso de la Luna, la luz no es lo que falta y para ver los cráteres principales, las montañas más altas o los valles y las grietas más extensos conviene disponer de un buen aumento. Por ejemplo, unos prismáticos 8x30 o 10x40 resultan excelentes. No hay que olvidar que a partir de 10 aumentos hay que usar trípode. Sólo así pueden usarse prismáticos 12x60, 16x70 y 20x80, con los que se obtendrán imágenes mucho más detalladas.

CUARTO CRECIENTE

La imagen, con la Luna en el octavo día tras la Luna nueva, señala las principales formaciones lunares que se observan en esta noche, que es, sin duda, la más espectacular de todo el ciclo lunar.

1. Goldschmidt, Barrow
2. Bond
3. Mare Firgoris
4. Vallis Alpes
5. Aristoteles, Mitchell
6. Cassini
7. Eudoxus
8. Lacus Mortis
9. Bürg
10. Hercules, Altas
11. Lacus Somniorum
12. Montes Caucasus
13. Aristillus
14. Palus Nebularum
15. Archimedes
16. Mare Serenitatis
17. Posidonius
18. Palus Putredinis
19. Montes Apennines
20. Montes Haemus
21. Mare Vaporium
22. Manilius
23. Menelaus
24. Plinius
25. Montes Argaeus
26. Palus Somni
27. Julius Caesar
28. Rima Hygunus
29. Triesnecker
30. Rima Ariadeus
31. Mare Tranquillitatis
32. Taruntius
33. Gutemberg
34. Goclenius
35. Mare Nectaris
36. Theophilus
37. Cyrillus
38. Catherina
39. Beaumont
40. Abufelda
41. Albatgenius, Klein
42. Ptolomaeus
43. Alphonsus
44. Arzachel
45. Thebit
46. Purbach
47. Regiomontanus
48. Deslanders
49. Aliacensis
50. Werner
51. Sacrobosco
52. Rupes Altai
53. Piccolomini
54. Rheita
55. Stevinus, Snellius
56. Vallis Rheita
57. Maurolycus
58. Stöfer, Faraday
59. Pitiscus
60. Maginus
61. Curtis

TELESCOPIOS

Los apasionados por la topografía lunar que necesiten más detalles en la observación de este astro deben usar un telescopio.

Existen telescopios refractores y reflectores. Básicamente, los primeros dan imágenes menos perturbadas por las turbulencias atmosféricas y los segundos captan mejor los colores.

La mayoría de aficionados no profesionales usan un telescopio «híbrido», a medio camino entre el reflector y el refractor; se trata de un catadióptrico (es decir, de espejo, como el reflector), pero con una placa correctora delantera. Este tipo de instrumento es pequeño, ligero, fácil de transportar y potente, características importantes para los habitantes de las zonas donde la contaminación lumínica y ambiental sea elevada y que tengan que desplazarse en busca de un cielo limpio.

Un reflector de 12 cm o un refractor de 5-6 cm son igualmente satisfactorios, y los instrumentos de 15-20 cm están al límite de las posibilidades normales de observación. Los refractores apocromáticos dan imágenes con más relieve, sin embargo son muy caros.

Si el telescopio tiene una buena longitud focal, es adecuado para observar la Luna: un refractor debe medir 15-20 veces el diámetro del objetivo; un reflector newtoniano, 8-10 veces, como mínimo. El

TERCER OCTANTE

LA IMAGEN MUESTRA LA LUNA HACIA EL DECIMOSEGUNDO DÍA TRAS EL NOVILUNIO. TAMBIÉN APARECEN SEÑALADAS LAS PRINCIPALES FORMACIONES LUNARES QUE PUEDEN OBSERVARSE.

1. Bond
2. Mare Frigoris
3. Condamine
4. Plato
5. Pico
6. Aristoteles
7. Eudoxus
8. Baily
9. Mare Imbrium
10. Palus Nebularum
11. Aristillus, Autolycus
12. Archimedes
13. Thimocharis
14. Mare Serenitatis
15. Le Monnier
16. Montes Carpatus
17. Eratosthenes
18. Montes Appennines
19. Copernicus
20. Sinus Aestuum
21. Mare Vaporum
22. Manilius
23. Mare Tranquillitatis
24. Sinus Medii
25. Herschel, Ptolomaeus
26. Albatgenius
27. Alphonsus
28. Alpetragius
29. Arzachel
30. Bullialdus
31. Mare Nubium
32. Thebit
33. Pitatus
34. Deslander
35. Capuanus
36. Wilhelm
37. Tycho
38. Longomontanus
39. Maginus
40. Clavius
41. Scheiner
42. Blancanus
43. Rutherford
44. Curtius

mejor es el Cassegrain, con longitudes focales notables. El aumento viene dado por la relación entre longitud focal del telescopio y longitud focal del ocular. Así, un telescopio con una longitud focal de 1 m y un ocular de 10 mm da 100 aumentos, y un ocular de 20 mm, 50 aumentos. Una gran distancia focal permite usar oculares de dimensiones reducidas, obtiene imágenes de alta calidad y cansa menos la vista.

Para observar la Luna es preferible usar oculares con focal superior a 7 mm. Al igual que la calidad del objetivo, la del ocular resulta importante. El ocular ortoscópico de Abbe es el más indicado, porque no distorsiona, se adapta bien a grandes aumentos y permite observar sin apoyar el ojo en la lente.

Asimismo, las monturas deberán ser más estables cuanto mayor sea el aumento. La mejor es la ecuatorial, porque con un solo movimiento pueden seguirse los objetos celestes.

Ciertas monturas cuentan con un motor eléctrico que compensa el retraso de la Luna respecto a la rotación aparente de la bóveda celeste. Si un telescopio de seguimiento sideral realiza un giro completo en 23 h 56 min 4 s, el de seguimiento lunar invierte 24 h 50 min, una diferencia insignificante si se observa a simple vista, pero importante si se fotografía con tiempos prolongados.

LUNA LLENA

La luna aparece mientras el Sol se pone y nos muestra de repente casi todas las formaciones visibles.

1. Gioja
2. Mare Frigoris
3. Plato
4. Sinus Roris
5. Sinus Iridum
6. Montes Jura
7. Mare Imbrium
8. Montes Alpes
9. Archimedes
10. Palus Nebularum
11. Palus Putredinis
12. Montes Appenines
13. Sinus Aestuum
14. Copernicus
15. Lambert
16. Vallis Schröter
17. Aristarchus
18. Kepler
19. Oceanus Procellarum
20. Grimaldi
21. Letronne
22. Mare Cognitum
23. Fra Mauro
24. Sinus Medii
25. Gassendi
26. Mare Humorum
27. Campanus
28. Mare Nubium
29. Pitatus
30. Capuanus
31. Schickard
32. Schiller
33. Tycho

FOTOGRAFÍA

Observar la Luna es más satisfactorio que fotografiarla, porque se aprecian mejor los detalles. Ello es así porque el ojo puede alcanzar el límite de resolución del instrumento, mientras la fotografía se ve limitada con exposiciones superiores a la fracción de segundo, movimientos de la montura, el grano de la película, las turbulencias y los cambios de *seeing*.

Dado que la imagen de la Luna en el plano focal es de casi 1 cm por cada metro de distancia focal, un telescopio de 15 cm de focal forma una imagen lunar de 1,5 mm y uno de 35 cm proporciona una imagen de 3,5 mm. La imagen de la Luna enfocada directamente es pequeña, pero muy luminosa y puede fotografiarse con exposiciones rápidas. Esto resulta muy útil para fotografiar eclipses, comparar el albedo y las ocultaciones. Para obtener una imagen más grande hay que usar un ocular que la proyecte en la película: según el ocular y la longitud de la proyección las dimensiones de la imagen pueden variar mucho en detrimento de la luminosidad. Se necesitarán exposiciones más largas y las fotos serán menos nítidas. Con un telescopio de 20 cm de apertura y 2 m de focal y un ocular de 6 mm colocado a 7,5 cm de la película se consiguen buenos resultados, porque permite usar películas no muy sensibles (de grano fino) y obtener imágenes de alta calidad.

QUINTO OCTANTE

La luna sale dos horas después del ocaso del Sol. Sobre el fondo oscuro de las cuencas lávicas destacan los cráteres Aristarchus, Kepler, Copernicus y Tycho.

1. Philolaus
2. Rupes Philolaus
3. Epigenes
4. Pythagoras
5. Sinus Roris
6. Harpalus
7. Sharp
8. Montes Jura
9. Sinus Iridum
10. Mare Frigoris
11. Plato
12. Aristoteles
13. Pico
14. Vallis Alpes
15. Montes Caucasus
16. Palus nebularum, Aristillus
17. Mare Imbrium
18. Archimedes
19. Palus Putredinis
20. Thimocharis
21. Lambert
22. Vallis Schröter
23. Schiaparelli
24. Aristarchus
25. Oceanus Procellarum
26. Reiner
27. Kepler
28. Copernicus
29. Eratosthenes
30. Montes Appennines
31. Mare Vaporum
32. Manilius
33. Sinus Medii
34. Fra Mauro
35. Mare Cognitum
36. Letronne
37. Grimaldi
38. Gassendi
39. Byrgius
40. Fourier
41. Mare Humorum
42. Bullialdus
43. Mare Nubium
44. Ptolomaeus
45. Alphonsus
46. Arzachel
47. Thebit
48. Purbach
49. Regiomontanus
50. Theophilus
51. Cyrillus
52. Catharina
53. Lacroix
54. Schickard
55. Pitatus
56. Lungomontanus
57. Tycho
58. Clavius
59. Maginus
60. Maurolycus

DE LUNA NUEVA A LUNA NUEVA

A medida que la Luna se desplaza respecto a la Tierra y aumenta la porción de superficie iluminada por el Sol, las sombras van encogiéndose y ofrecen nuevos y espectaculares paisajes a los ojos del observador. Dado que una lunación dura 29 d 12 h 44 min 2,8 s, cada tarde se añadirá un gajo de 12° de longitud a nuestra visión; una porción que aumenta unos 350 km diarios en el ecuador. Se ven más detalles siguiendo el terminador (la línea de separación entre la parte iluminada y las zonas en sombra).

Las fases de la Luna suelen dividirse en cuatro cuartos y en ocho octantes.

LUNA NUEVA

Se produce cuando la Luna se halla entre el Sol y la Tierra. Con el hemisferio dirigido hacia nosotros completamente oscuro, no la vemos. A veces sólo se aprecia el contorno, es una ocasión ideal para observar el perfil de los relieves lunares de los bordes. El valle más notable es el Mare Australis.

PRIMER OCTANTE

En condiciones particulares de observación puede verse ya a las 20 horas de la alineación con el Sol, pero

CUARTO MENGUANTE

La luna sale a medianoche y, para observarla bien, hay que esperar al menos tres horas.

1. Philolaus, Rupes Philolaus
2. Mare Frigoris
3. Plato
4. Harpalus
5. Sinus Roris
6. Foucault
7. Sinus Iridum
8. Sharp
9. Oceanus Procellarum
10. Helicon, Le Verrier
11. Mare Imbrium
12. Vallis Schröter
13. Aristarchus, Herodotus
14. Euler
15. Lambert
16. Thimocharis
17. Pytheas
18. Eratosthenes
19. Copernicus
20. Montes Carpatus
21. Kepler
22. Olbers
23. Riccioli
24. Grimaldi
25. Gassendi
26. Mare Humorum
27. Reinhold
28. Lansberg
29. Mare Cognitum
30. Fra Mauro
31. Mare Nubium
32. Bullialdus
33. Campanus, Mercator
34. Fourier
35. Capuanus
36. Pitatus
37. Wurselbauer, Gauricus
38. Wilhelm
39. Tycho
40. Schickard
41. Phocyclides
42. Hainzel
43. Schiller
44. Lungomontanus
45. Scheiner
46. Blancanus
47. Clavius

normalmente hay que esperar al menos 36 horas. El cuarto visible es muy estrecho y dista del Sol unos 12°; en el ocaso sigue habiendo demasiada luz para observarla bien. También resulta difícil distinguir alguna formación en ese cuarto, pero rápidamente las condiciones de observación serán ideales para observar la luz cinerea.

CUARTO CRECIENTE

La Luna se pone ahora más de dos horas después del ocaso y hasta a simple vista pueden observarse con claridad numerosas formaciones iluminadas. Casi una semana después del novilunio, la Luna está en las mejores condiciones para ser observada.

TERCER OCTANTE

La Luna sigue creciendo, muestra tres cuartos de su cara visible y aparece cada día más tarde.

Todas las noches pueden observarse nuevas formaciones y más detalles de las formaciones ya conocidas, que se acercan cada vez más al terminador. Las condiciones de observación son ideales para estudiar las formaciones lunares más conocidas y evidentes de la cara visible: los cráteres Copernicus y Tycho, con sus inmensas grietas, pueden verse con gran detalle, rodeados al Este por las grandes manchas del Mare Imbrium, el Mare Serenitatis, el Mare Tranquilitatis y el Mare Foecunditatis.

SÉPTIMO O ÚLTIMO OCTANTE

OBSERVAR LA LUNA ES CADA NOCHE MÁS DIFÍCIL: SALE TARDE Y SÓLO HACIA EL ALBA ALCANZA UNA ALTURA SUFICIENTE PARA REALIZAR UNA BUENA OBSERVACIÓN.

1. Pythagoras
2. Babbage
3. Oceauns Procellarum
4. Aristarchus
5. Olbers
6. Cavalerius
7. Hevelius
8. Riccioli
9. Grimaldi
10. Fourier
11. Schickard
12. Wargentin

LUNA LLENA O PLENILUNIO

La Luna aparece cuando el Sol se pone. A veces parece deformada o gibosa, aplastada por la refracción terrestre, que se aprecia cada vez menos a medida que la Luna se eleva en el cielo. En ocasiones, su color varía desde el blanco perla hasta el rojo oscuro, a causa de la contaminación. Comparada con objetos de referencia situados en el horizonte, parece mayor de lo que es en realidad. En estas condiciones, su diámetro aparente es un 2% menor que el diámetro aparente que tiene cuando se halla perpendicular sobre nuestra cabeza. Ahora pueden apreciarse todas las formaciones más importantes, aunque no disfruten de la misma belleza que cuando se hallan cerca del terminador, porque, al faltar sombras fuertes, parecen aplanadas y pierden volumen.

QUINTO OCTANTE

La Luna mengua y muestra tres cuartos de cara; aparece cada vez más tarde. Sobre el fondo oscuro de los mares, se aprecian los grandes cráteres Aristarchus, Kepler, Copernicus y Tycho. Las observaciones son cada vez más difíciles, tanto porque las mejores condiciones se dan muy tarde (cerca del alba) como porque las cuencas ocupan gran parte de la superficie y, dado que tienen un albedo muy inferior, la Luna es menos luminosa.

Si los eclipses de Luna son fenómenos muy sugestivos, los eclipses de Sol generan una gran expectación, en particular cuando son totales. Quien haya tenido la suerte de asistir a un eclipse total no lo olvidará en la vida.

OBSERVAR ECLIPSES

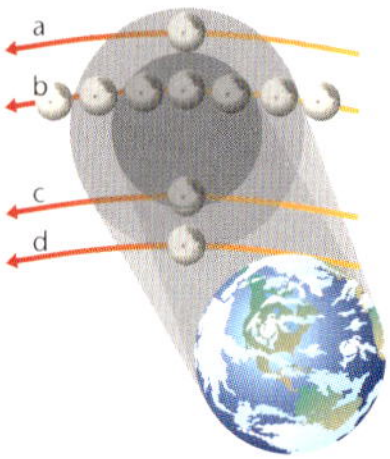

Eclipses de Luna
Según la trayectoria de la Luna, se dividen en:
a. Totales de penumbra.
b. Totales de sombra.
c. Parciales de sombra.
d. Parciales de penumbra.
Cuanto más cercana está la Luna de los nodos, más largo es el periodo de oscurecimiento.

Eclipse lunar
La Luna está entrando en la sombra terrestre.

Fases de un eclipse total de Sol
Esta secuencia de imágenes muestra el desplazamiento del disco lunar sobre el Sol durante un eclipse total.

Las conjunciones Sol-Tierra-Luna y Sol-Luna-Tierra ➤ 52-53 dan origen a los eclipses lunares y solares. No son tan insólitos como se cree: en un año pueden verse entre cuatro y siete, combinados de diversas formas; mientras los eclipses de Luna pueden variar mucho en número, los de Sol como máximo llegan a dos. Los eclipses de Luna pueden observarse desde cualquier punto de la superficie de la Tierra, siempre que sea de noche, con una duración media de cuatro horas en total. En cambio, los eclipses de Sol sólo pueden observarse en la franja de superficie terrestre «barrida» por la sombra de la Luna en el breve tiempo que dura la conjunción, que se prolonga unos 20 minutos. Además, hay que tener en cuenta que la superficie de la Tierra es muy grande y que es difícil que un eclipse de Sol atraviese una franja deshabitada. Asimismo, junto al eclipse solar se produce un brusco descenso de la temperatura, producido por la ausencia de los rayos solares, que a menudo lleva a la formación de nubes. Con frecuencia, tras este fenómeno aparece un cielo cubierto y oscuro. Por todo ello, los eclipses solares se ven mucho más raramente que los de Luna. Debido a esto, los apasionados por los eclipses y los expertos en las capas exteriores del Sol se ven obligados a desplazarse para seguir la sombra lunar. De todas formas, el uso de coronógrafos instalados en los satélites ha sustituido casi por completo la observación de los eclipses solares desde Tierra.

ECLIPSES LUNARES

Si la sombra de la Tierra proyectada sobre la superficie de la Luna puede observarse a simple vista, con el telescopio se confunde ligeramente con las manchas oscuras de las cuencas.

Este efecto dura poco, porque el progresivo avance de la sombra cubre perfectamente la Luna. Durante un eclipse total de sombra, la luminosidad de la Luna se reduce a casi una diezmilésima parte como media y la fase total de ocultación puede durar hasta 2,30 h, precedida y seguida por casi una hora de eclipse de penumbra. Incluso en los momentos más oscuros, la Luna es visible; iluminada por la luz solar difundida por la atmósfera terrestre, adquiere coloraciones distintas dependiendo de la contaminación atmosférica de nuestro planeta.

ECLIPSES SOLARES

Cuidado con la vista: mirar directamente al Sol es extramadamente peligroso, aunque se utilicen filtros muy oscuros. Nunca hay que mirar directa-

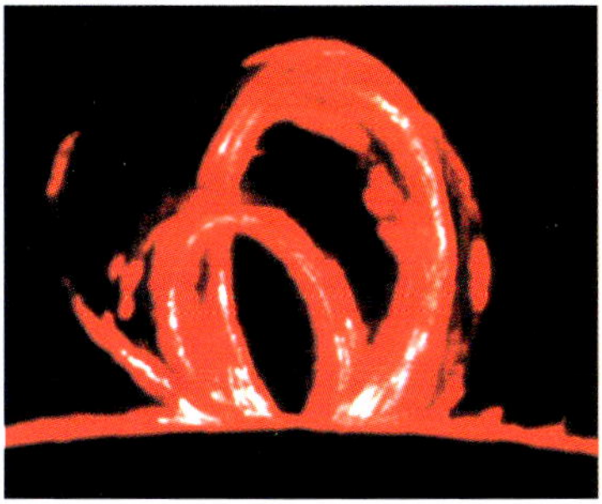

mente al Sol, aunque esté parcialmente oculto, con prismáticos ni con telescopio sin la protección adecuada; no hay que usar filtros añadidos al ocular, porque el calor de los rayos solares concentrados puede fisurarlos y cegar al instante. Nunca hay que mirar al Sol sin pantalla, ni siquiera cuando se haya eclipsado por completo, porque existe riesgo de que los primeros rayos emergentes tras la Luna quemen irreparablemente la retina del ojo.

Los usuarios de telescopio han de obturar el buscador, porque pueden mirar dentro por descuido y quedarse ciegos. Para proteger los ojos hay que utilizar filtros neutros de densidad 5 o superior y pantallas de soldador de grado 14-16. Hay que descartar por completo los inventos caseros, como películas fotográficas, radiografías o gafas oscuras.

Lo mejor es proyectar la imagen solar a través de un agujerito realizado en una pantalla de cartón sobre una superficie blanca, como si el Sol fuera completamente visible. Durante un eclipse solar la luminosidad varía mucho con el tiempo; incluso en los instantes de eclipse solar total, esta varía entre el borde lunar y el exterior y pasa de una luminosidad igual a la de la Luna llena a 100.000 veces inferior en sólo tres diámetros solares.

Si se quiere tomar fotografías, hay que decidir antes qué fotografiar, porque una película poco sensible (grano fino) será válida para fotografiar el borde (la corona interior), mientras que una película más sensible, con más grano, será más adecuada para la corona exterior. En este caso también se requiere un instrumento de gran diámetro de campo (al menos 3°) y una focal de al menos 1 m. Los tiempos de exposición dependerán de la película elegida y del objeto fotografiado. Usando un instrumento con una relación focal de unos 1/10 y con una película normal de diapositiva (400 ASA), puede oscilar entre 1s y 1/30s. Los filtros de densidad variable y los coronográficos de eclipse reducen la luz interior y son útiles para fotografiar la corona exterior. Sin embargo, para usarlos correctamente hay que aprender a ponerlos y quitarlos con rapidez, pues equivocarse significa desaprovechar los escasos segundos en los que se ve la cromosfera y la corona.

No hay que olvidar lo fundamental: fotografiar un eclipse es fascinante y útil para todos los aficionados, pero es absolutamente incompatible con la observación como espectador; perder la ocasión de admirar un evento inolvidable puede ser una auténtica lástima.

Protuberancia
Los fenómenos más impactantes de las capas más exteriores del Sol se observan muy especialmente cuando la luminosidad queda anulada por la pantalla lunar. En la foto se puede ver una hermosa protuberancia de anillo que asoma detrás del borde de la Luna durante un eclipse total.

Eclipse
Los eclipses totales de Sol observables con claridad desde la Tierra son escasos.

INSTRUMENTOS
Y EXPEDICIONES ESPACIALES

LA FANTASÍA NO TIENE LÍMITES. CON INVENTIVA E INTELIGENCIA HEMOS CONSEGUIDO OBSERVAR EL SOL «EN PROFUNDIDAD», ASÍ COMO EL RESTO DE LOS PLANETAS; HEMOS CAMINADO SOBRE LA LUNA, Y HEMOS DESCUBIERTO A PARTIR DE UN HILO DE LUZ MILLONES DE DATOS SOBRE LA MASA, LA TEMPERATURA, LA DISTANCIA Y LA VELOCIDAD DE LOS OBJETOS CELESTES MÁS ALEJADOS. LAS EXPEDICIONES ESPACIALES HAN RESUELTO MUCHOS PROBLEMAS, SOBRE TODO RESPECTO A LA GEOLOGÍA DE LOS PLANETAS Y SU CAPACIDAD PARA ALBERGAR VIDA. EL CONOCIMIENTO SOBRE EL UNIVERSO HA DADO PASOS GIGANTESCOS CON LA IRRUPCIÓN DE LA TECNOLOGÍA ESPACIAL, HASTA TAL PUNTO QUE YA NO ES NECESARIO SALIR DE LA ATMÓSFERA PARA TENER DATOS SORPRENDENTEMENTE PRECISOS. EL DESARROLLO DE COSTOSAS INSTALACIONES ESPACIALES HA CONDUCIDO A REALIZAR EN LA TIERRA INSTRUMENTOS MENOS COSTOSOS E IGUALMENTE PRECISOS.

Puede conocerse el universo sin instrumentos especialmente precisos. Así lo demostraron grandes genios del pasado, como Eratóstenes, Hiparco, Aristarco ➢12 o el propio Galileo. Sin embargo, sin el desarrollo de instrumentos de precisión cada vez más elaborados el conocimiento sobre los objetos celestes habría quedado circunscrito, como máximo, a nuestro sistema solar.

No es casualidad que la revolución copernicana haya necesitado de los precisos instrumentos creados por Brahe, el telescopio de Galileo o el de Newton para ser confirmada definitivamente. Los conocimientos actuales sobre las estrellas y los fenómenos celestes no habrían podido concebirse sin la aplicación de los avances de la óptica a la química y a la astronomía, a través de la invención de nuevos instrumentos de análisis para examinar la «estructura» de la radiación estelar.

Desde que Galileo apuntó con su telescopio hacia Júpiter, los instrumentos se convirtieron en la prolongación de la capacidad sensitiva del hombre y le han permitido ver más allá de cualquier distancia imaginable (elemento sin el cual no se habrían podido elaborar ni validar nuevas hipótesis); así, se idearon instrumentos más perfeccionados y se inició la escalada hacia el pleno conocimiento científico del mundo que nos rodea.

INSTRUMENTOS BÁSICOS

Los instrumentos para recoger radiaciones procedentes de fuentes extraterrestres se llaman *telescopios*. Según el tipo de radiación que puedan captar, se dividen en telescopios *ópticos*, de *infrarrojos*, de *rayos X*, de *rayos* γ y hasta de *rayos cósmicos* o de *neutrinos*. A pesar de estas diferencias, todos tienen una estructura esencial co-

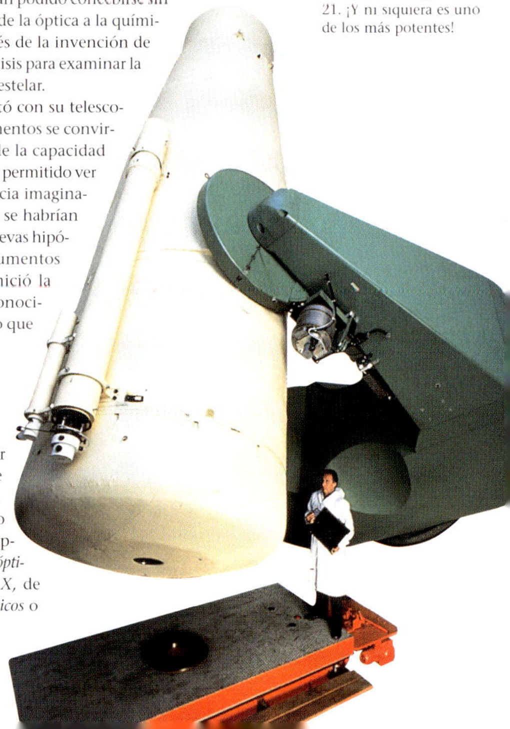

TELESCOPIO ÓPTICO
Con un espejo principal de 1,62 m de diámetro, este instrumento puede registrar incluso objetos con poca luminosidad. Tras la instalación del ESO (European Southern Observatory) en La Silla (Chile) han podido identificarse, entre otros objetos, más de 12.000 nuevas galaxias, algunas de ellas con magnitud 21. ¡Y ni siquiera es uno de los más potentes!

Espectrofotómetro
Esquema e imagen del espectro solar realizados con un espectrofotómetro. La luz pasa a través de una hendidura, se enfoca con el espejo colimador y se dispersa por un prisma (o una retícula de difracción) en una serie de rayos monocromáticos. Cada uno de ellos es enfocado por el objetivo sobre una placa fotográfica.

Dado que la luz entra por una hendidura alargada, todos los elementos (oscuros o luminosos) del espectro tienen forma de raya.

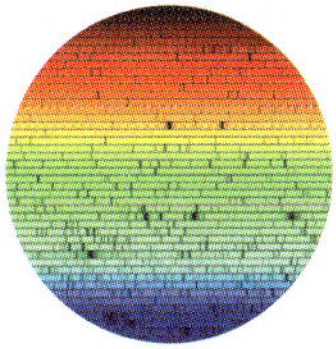

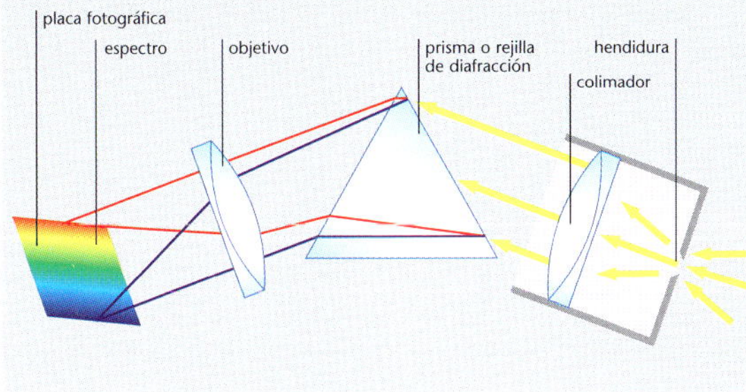

mún: derivan de los telescopios refractores y reflectores ideados por Galileo y Newton, respectivamente.

Un telescopio óptico recoge y concentra la luz procedente de una fuente débilmente luminosa y la hace visible o lo suficientemente luminosa como para poder fotografiarla, registrarla con sensores electrónicos y analizarla con otros tipos de instrumentos.

Algunos telescopios también pueden ampliar la imagen de los objetos observados, aunque sólo con objetos cercanos (de nuestro sistema solar) o galaxias, puesto que los objetos que vemos puntiformes continuarán siendo puntiformes aunque sean aumentados. En la observación de objetos lejanos no puntiformes, como las galaxias, más que la capacidad de aumento del telescopio, resulta importante la resolución, es decir, la capacidad de mostrar separados dos objetos muy cercanos entre sí o mostrar con precisión detalles muy distantes.

Los instrumentos básicos para el estudio astronómico son los que permiten analizar la radiación luminosa:

• *El espectroscopio*. Separa la radiación luminosa en su espectro y permite la observación.

• *El espectrógrafo*. Proyecta el espectro sobre una plancha fotográfica y permite fotografiar el espectro luminoso.

• *El espectrofotómetro*. Sirve para comparar la intensidad luminosa de fuentes de diverso color espectral, cotejando directamente sus respectivos espectros.

Estos instrumentos pueden analizar todo tipo de radiación. Los aparatos destinados específicamente a analizar las radiaciones infrarrojas o ultravioletas (no visibles) emplean lentes y prismas realizados con cristales especiales, transparentes para dichas radiaciones, e instrumentos que permiten recoger los espectros realizados de esta forma, por ejemplo, pilas termoeléctricas y bolómetros en caso de rayos infrarrojos, o planchas fotográficas especiales o fotomultiplicadores si se trata de rayos ultravioletas.

Se han ideado otros instrumentos específicos para analizar el Sol, como, por ejemplo, el *espectroheliógrafo*, que sirve para analizar una parte del Sol en el marco de una longitud de onda particular, o el *coronógrafo*, utilizado para estudiar la radiación emitida por las capas más exteriores de nuestra estrella, para ello esconde el disco luminoso simulando una reproducción de las condiciones del eclipse total de Sol ➢52.

TELESCOPIOS REFRACTORES O DE REFRACCIÓN

Recogen la luz y amplían la imagen a través de un sistema óptico de lentes situadas en un tubo alargable. La lente exterior que apunta al objeto es el objetivo, y la que se aproxima al ojo es el ocular. Galileo fue pionero en usarlo. El uso de estos telescopios debería limitarse, porque concentran la radiación de colores distintos en puntos separados y provoca una distorsión de color de las imágenes (aberración cromática). Aunque este problema se supere con los objetivos acromáticos y a pesar de que estos telescopios se usaran en las investigaciones astronómicas del siglo xix, están limitados por el tamaño de la lente: a partir de un determinado diámetro la lente es demasiado frágil, debido al escaso grosor y a su peso elevado. El mayor telescopio de este tipo se remonta a 1897, posee una lente de 1,02 m de diámetro y sigue utilizándose en Yerkes.

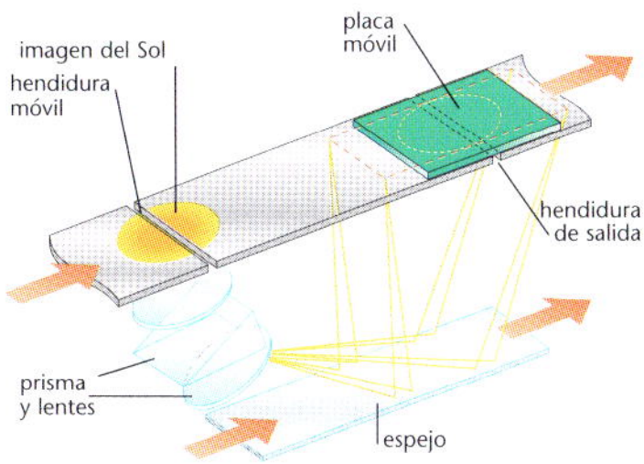

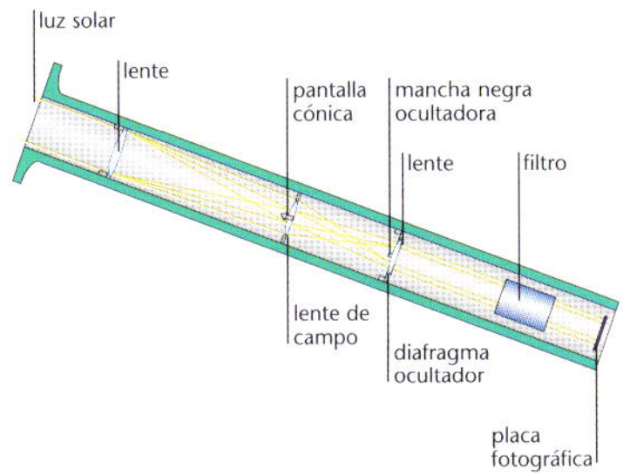

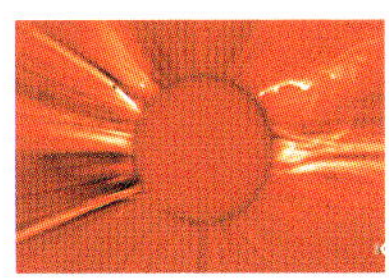

Espectroheliógrafo
Estructura.

Coronógrafo
A la izquierda: Estructura.
Arriba: Fotografía del Sol, realizada con un coronógrafo desde el *SOHO*.

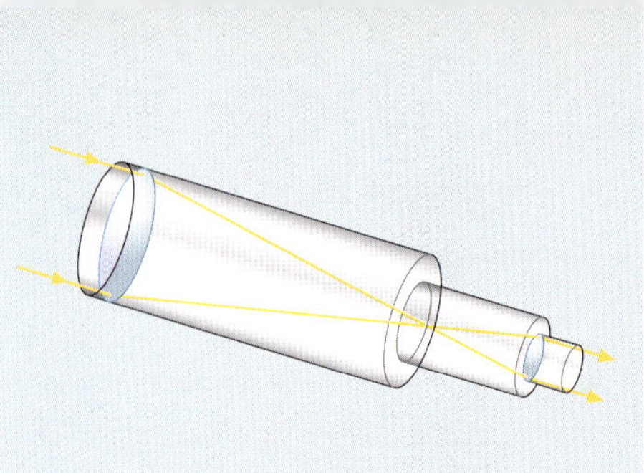

a

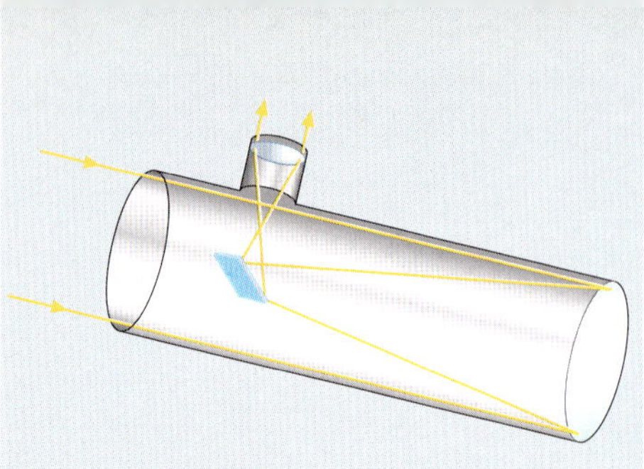

b

Telescopios ópticos
Esquema estructural de:
a. un telescopio de refracción,
b. un telescopio de reflexión.

Telescopios de espejo
Uno de los cuatro telescopios del *Very Large Telescope* del ESO (European Southern Observatory) en fase de montaje y, al lado, el chasis de uno de los instrumentos que controla el espejo secundario.

TELESCOPIOS REFLECTORES, DE REFLEXIÓN O DE ESPEJO

Los telescopios reflectores también son instrumentos que recogen la luz y amplían una imagen, pero el ingenio básico consiste en usar un espejo en lugar de una lente. El tubo aloja el *espejo principal* o *primario,* que, al ser cóncavo, refleja la radiación y la hace converger en un punto. A través de un sistema de *espejos secundarios* y de lentes, la imagen es desviada y ampliada, aunque siempre hay que tener en cuenta que la luminosidad disminuye en cada reflexión y en cada paso a través de una lente. Existen diversos tipos de telescopios reflectores que toman el nombre de sus inventores ➢72. Pero lo más importante no es el tipo de telescopio, sino el tamaño del mismo. La cantidad de luz que puede recogerse en un espejo es proporcional al cuadrado del diámetro del espejo principal, y cuanto mayor sea más luz capta y mejor se distinguen los objetos visibles. Esto, lógicamente, equivale a decir que pueden descubrirse otros que antes eran invisibles. Pero, además, cuanta más luz capta mayor es el detalle de los espectros obtenidos de las fuentes de luz, incluso de las más débiles.

Y aún hay más, la resolución de un telescopio es proporcional al diámetro del espejo primario, y la posibilidad de separar imágenes muy cercanas entre sí es esencial para el estudio de los cuerpos grandes, como los del sistema solar, las nebulosas galácticas y las galaxias exteriores a la Vía Láctea.

No es casualidad que la construcción de grandes telescopios condujera en el siglo XIX al descubrimiento de un mundo extragaláctico insospechado. Sin embargo, incluso las dimensiones de un espejo plantean límites naturales, pues para no deformarse bajo su propio peso el grosor debe medir una quinta parte del diámetro, como mínimo. Los soviéticos alcanzaron ese límite con un espejo pri-

Telescopios de espejo
Detalle del sistema de gatos situado bajo los espejos de 8 m de diámetro, presente en cada uno de los cuatro telescopios gemelos del *Very Large Telescope* del ESO. Cuando estén funcionando los cuatro, será como disponer de un telescopio con un espejo primario de 16 m de diámetro.

mario de 6 m de diámetro y un peso de 42 Mg; para que la masa de vidrio se enfriara sin crear desuniformidades internas fueron necesarios dos años.

Por suerte, las nuevas tecnologías, el desarrollo de nuevos materiales y la elaboración de programas electrónicos cada vez más complejos han permitido superar estos límites. Hoy se realizan telescopios cuyo espejo principal es ultrafino o está formado por diversos espejos o por numerosísimas cuñas reflectantes. Tanto los espejos ultrafinos como los compuestos se mantienen en continuo movimiento mediante una serie de sensores y gatos que, al ejercer una presión distinta en diversos puntos, mantienen la superficie reflectante en la posición deseada, compensando también las interferencias de la atmósfera en la trayectoria de los rayos luminosos captados.

Todo ello es posible gracias a los ordenadores, que controlan ininterrumpidamente las condiciones atmosféricas y combinan los datos recogidos en diversos instrumentos. Una tendencia en aumento es utilizar, además de espejos compuestos, instrumentos «compuestos», es decir, una serie de telescopios apuntando al mismo objetivo y unidos entre sí para fundir las señales captadas, con lo que desempeñan la misma función que un único telescopio de dimensiones extraordinarias. Esto se ha aplicado en el ESO, por ejemplo.

Observatorios
Desértica panorámica del European Southern Observatory (ESO) de La Silla, en el desierto de Atacama en 1987, cuando acababa de inaugurarse.

Abajo: La cúpula del telescopio de 2,1 m de diámetro de Kitt Peak, al alba. Todos los centros de observación espacial actuales están construidos en alturas elevadas, donde la interferencia atmosférica es mínima.

Los mayores telescopios del mundo

Observatorio	Instrumento	Apertura (m)	Características
Mauna Kea, Hawai	Keck	10,0	Espejo de 36 segmentos
Mauna Kea, Hawai	Keck II	10,0	Interferometría óptica
Monte Fowlkes, Texas	Hobby-Eberly	9,2	Espejo esférico segmentado
Mauna Kea, Hawai	Subaru	8,3	
Cerro Paranal, Chile	VLT	8,2	4 instrumentos del mismo diámetro
Mauna Kea, Hawai	Gemini Nord	8,0	Idéntico a Gemini Sud
Cerro Pachon, Chile	Gemini Sud	8,0	
La Serena, Chile	Walter Baade	6,5	Gemelo del MMT
Monte Hopkins, Arizona	MMT	6,5	
Nizhny Arkhyz, Rusia	Bolshoi Teleskop Azimutalnyi	6,0	
Monte Palomar, California	Hale	5,0	
La Palma, Canarias	William Herschel	4,2	
Cerro Tololo, Chile	Víctor Blanco	4,0	
Coonabarabran, Australia	Anglo-australiano	3,9	
Kitt Peak, Arizona	Mayall	3,8	
Mauna Kea, Hawai	UKIRT	3,8	Sólo infrarrojos
Maui, Hawai	AEOS	3,7	Principalmente militar

RADIOTELESCOPIOS

Son instrumentos que recogen y analizan las ondas radio que emiten los objetos espaciales. Los más comunes están formados por un disco metálico de forma parabólica, llamado *reflector, receptor* o simplemente *parabólica*. Dicho disco actúa como el espejo de un telescopio reflector, recoge las ondas radios y las hace converger en la *antena* situada en el centro. Luego, la señal se envía a una serie de instrumentos que la amplifican, la graban y la elaboran para extraer información.

También aquí, el diámetro de la parabólica es fundamental para garantizar la cantidad de señal disponible. Y una vez más, la limitación de las dimensiones viene dada por la técnica o la ingeniería: la parabólica siempre se orienta en dirección a los objetos examinados variando la ascensión recta y la declinación. Hasta hace unos decenios, el mayor radiotelescopio era el Effelsberg alemán y tenía una parabólica de casi 100 m de diámetro. Pero, al igual que ha sucedido con los telescopios ópticos, las nuevas técnicas han abierto más puertas a los radiotelescopios y han aportado otras soluciones. Así, el radiotelescopio de Arecibo posee un reflector de 305 m de diámetro y está constituido por un puzzle de paneles en un valle de Puerto Rico ➢75. Dado que el reflector es fijo, el enfoque se efectúa moviendo la antena, que se halla suspendida en la parábola sostenida por tres torres que crecen en los bordes.

Por la propia naturaleza de las ondas radio, el radiotelescopio tiene un poder de resolución muy inferior al del telescopio. Por ejemplo, un radiotelescopio de 30 m de diámetro presenta un poder de resolución de 2° por longitud de onda cercana al metro. Con un instrumento de este tipo puede determinarse la posición de una fuente radio celeste con una precisión máxima de 2°. Pero, si se tiene en cuenta que el diámetro aparente del Sol es de casi medio grado, queda patente hasta qué punto dicha «precisión» es demasiado aproximativa. De todas formas, este problema se resuelve construyendo radiotelescopios separados por miles de kilómetros entre sí *(interferómetros intercontinentales)* y uniendo sus antenas. Al aumentar el número de antenas,

Radiotelescopios
El *VLA (Very Large Array)*, el mayor telescopio interferométrico del mundo, se halla en el desierto de Socorro (Nuevo México). Dispone de 27 parabólicas móviles de 25 m de diámetro, que se mueven sobre vías de casi 21 km de longitud. Las señales recogidas por cada antena se mezclan con las recogidas por las demás.

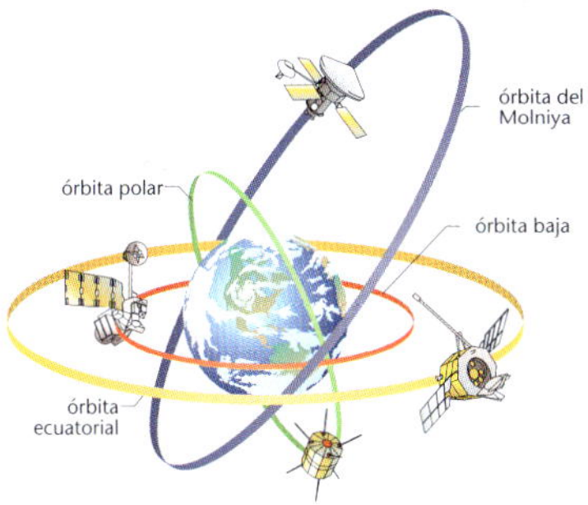

aumenta el poder de resolución del instrumento muchísimo más que si se aumentase la superficie de la parábola. Este tipo de radiotelescopios compuestos se denominan *interferométricos* y su resolución es superior al de los mayores telescopios ópticos.

TELESCOPIOS DE INFRARROJOS

Gran parte de la radiación infrarroja (entre 1 y 1.000 μm) procedente del espacio es absorbida en la atmósfera. Por esta razón, los mayores telescopios de infrarrojos se construyen en la cima de montañas muy elevadas, se instalan en aeroplanos especiales de cota elevada, en globos o, mejor aún, en satélites de la órbita terrestre.

El análisis desde tierra de este tipo de radiaciones no sólo resulta obstaculizado por la absorción atmosférica, sino que el problema principal, vigente también en el vacío, consiste en distinguir la señal recogida del «ruido de fondo», es decir, de la enorme emisión infrarroja producida por la Tierra o por los propios instrumentos. Cualquier objeto que no se halle a 0° K (-273,15 °C) emite infrarrojos y, por ello, todo lo que rodea a los instrumentos produce radiaciones de «fondo». Hasta los propios telescopios irradian infrarrojos. Realizar una termografía de un cuerpo celeste sin medir el calor al que se halla sometido el instrumento resulta muy difícil: además de utilizar película fotográfica especial, los instrumentos son sometidos a una refrigeración continua con helio o hidrógeno líquido.

TELESCOPIOS EN ÓRBITA

El uso de satélites ha despejado algunas incógnitas sobre las radiaciones de longitud de onda menores (ultravioleta, X, γ) o mayores (infrarrojo, microondas). La mayoría de estas radiaciones son absorbidas por la atmósfera terrestre ➛38 y para poder observarlas hay que salir de la gruesa capa de gas que envuelve nuestro planeta. Los satélites científicos con telescopios sensibles a diversas longitudes de onda pueden permanecer en órbitas terrestres o alejarse. Por ejemplo, el *Hubble* ➛128 se halla en una órbita ecuatorial; en cambio, el *SOHO* ➛135, dedicado al estudio del Sol, se halla en una órbita helioestacionaria. Gracias a los satélites se han realizado observaciones que resultaban imposibles desde tierra y, por ejemplo, se ha descubierto que la radiación infrarroja atraviesa con más facilidad que la luz visible las grandes nubes de materia interestelar ➛212. Por esa razón, constituyen un importante parámetro para el estudio de objetos espaciales «fríos».

Órbitas
Formas y distancia media de la Tierra de las posibles órbitas geocéntricas.

Arecibo
Comprobaciones en el inmenso reflector del radiotelescopio de Arecibo.

Kitt Peak
La torre solar de Kitt Peak, y a la izquierda su esquema. Posee pantallas refrigerantes e instrumentos al vacío para estudiar el Sol en infrarrojos. La lente, presente en todos los telescopios fijos, es un espejo móvil y plano que sigue la trayectoria del Sol y proyecta la luz en el instrumento.

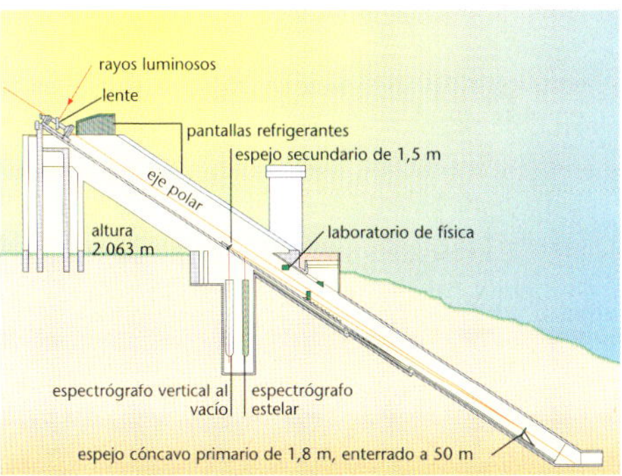

LA EXPLORACIÓN DEL SISTEMA SOLAR

LUNAR ORBITER
Una sonda de esta misión, en la que se aprecian los paneles solares cuadriculados, las cámaras fotográficas y la antena para la transmisión de datos.

El espacio cercano a la Tierra nunca ha estado tan concurrido por sondas, satélites e instrumentos que viajan, hasta los confines más alejados. Existen al menos 25 sondas en el espacio o a punto de ser lanzadas para recoger datos sobre los cuerpos celestes más cercanos. Como es evidente, la mayoría pertenece a la NASA (National Aeronautics and Space Administration, la agencia espacial estadounidense), que ya ha programado numerosas misiones de costes limitados (aunque todo es relativo: siempre se barajan muchísimos millones de dólares) que aumentan nuestro conocimiento sobre la Luna ➢42, Mercurio ➢158, Venus ➢160, Marte ➢164, Júpiter ➢170, Saturno ➢174, Urano ➢177, Neptuno ➢179, los cometas ➢182 más cercanos (en particular el Tempel-1, a punto de regresar), algunos asteroides ➢168 y las partículas de viento solar ➢154. Sobre todo en el pasado, los rusos también contribuyeron de forma decisiva a la conquista intelectual del sistema solar y enviaron sondas a diversos planetas para recoger muestras y datos con dispositivos teledirigidos para aterrizar. Además, en los últimos años, han irrumpido en el espacio satélites japoneses y europeos, aunque la cooperación internacional es cada vez más frecuente en los grandes proyectos de investigación.

HUBBLE
Detalle del *Telescopio espacial Hubble,* cuando entró en órbita alrededor de la Tierra.

SONDAS LUNARES

La Luna ha constituido el campo de entrenamiento de todas las expediciones espaciales. Si las expediciones Apolo representan un punto de referencia aún por superar, respecto al conocimiento sobre la Luna, las sondas enviadas a nuestro satélite o a la órbita lunar han sido numerosas.

Los pioneros fueron los soviéticos, con los proyectos Luna (1956-1976) y Zond (1965-1970). En total, 29 misiones, 20 de las cuales marcaron diversas primacías: la primera sonda en pisar suelo lunar, la primera en volar cerca de la superficie tomando fotos del lado invisible, el primer alunizaje suave, el primer medio teledirigido en la Luna, la primera recogida de muestras lunares, la primera nave en entrar en órbita alrededor de la Luna y en girar alrededor de la Tierra, etc.

Por su parte, los norteamericanos no se quedaron mirando: tras el programa Ranger (1964-1965), cuyas sondas se estrellaron en la superficie lunar y enviaron una serie de datos, al mismo tiempo que el programa Mercury-Géminis-Apolo ➢56 organizaron las misiones Lunar Orbiter (1966-1967), que confeccionaron un detallado mapa de la superficie lunar, sobre todo de las áreas destinadas a los alunizajes del Apolo y el Surveyor (1966-1968), experimentaron los primeros alunizajes suaves, recogieron muestras de suelo y realizaron análisis magnéticos y químicos.

En 1994, ya lejos de la gloria del primer paso en la Luna, la NASA organizó la misión Clementine, que continuó con el establecimiento del mapa lunar, con más atención a la parte escondida, y descubrió los yacimientos de hielo en el polo sur lunar.

También les llegó el turno a los japoneses: el satélite *Hiten* (1990), de la agencia espacial japonesa (ISAS), gira alrededor de la Tierra siguiendo una órbita muy elíptica y, en una de las 10 aproximaciones a la Luna que realizó antes de estrellarse

Luna 3
Esta sonda rusa, lanzada el 4 de octubre de 1959, realizó un vuelo cercano a la Luna, a la que fotografió.

Skylab
El laboratorio espacial en órbita alrededor de la Tierra. Foto tomada desde un módulo al acercarse. Los paneles solares captan la energía necesaria para el funcionamiento de los instrumentos de investigación y de mantenimiento para la supervivencia de la tripulación.

voluntariamente contra su superficie, lanzó al espacio el *Hagoromo,* un pequeño satélite que permanece en la órbita lunar. Por desgracia, un problema de transmisión de datos observado antes de entrar en órbita bloqueó todas las comunicaciones con la base.

La NASA, ante una posible colonización de la Luna, decidió continuar con las misiones con la *Lunar Prospector* (1988), una sonda diseñada para entrar en órbita polar baja y descubrir si en la Luna existían depósitos de hielo subterráneos. Además, la *Lunar Prospector* midió los campos magnéticos y gravitatorios, estudió la ausencia de gas en el suelo lunar y realizó mapas para describir con detalle la composición geológica superficial de la Luna. A bordo se hallaban instrumentos para la investigación astronómica; entre ellos, un espectrómetro para los rayos γ, un espectrómetro para los neutrones y un espectrómetro para partículas α.

La Smart 1 (Small Missions for Advanced Research in Technology), realizada por la ESA (siglas inglesas de la Agencia Espacial Europea), fue puesta en órbita alrededor de la Luna en 2003 y probará nuevas tecnologías; la Lunar A (ISAS), que tiene previsto su lanzamiento para 2004, está compuesta por un elemento orbitante y una sonda perforadora para investigaciones geológicas y, por último, para el 2005, la Selene (SELenological and ENgineering Explorer, ISAS), cargada con instrumentos y concebida básicamente para medir el campo gravitatorio de la Luna y para alcanzar su superficie.

Está terminando la época en que se enviaba una sonda para explorar un solo cuerpo celeste o estudiar un único grupo de fenómenos para dejar paso a la era de los laboratorios espaciales, como el *Skylab* o el *Hubble,* o de las sondas plurifuncionales, como *Galileo,* que sigue las huellas de los proyectos Pioneer y Viking.

LABORATORIOS E INSTRUMENTOS ESPACIALES

En realidad, las misiones espaciales más recientes enviadas para descubrir cuerpos del sistema solar tienen algo en común: son básicamente un concentrado de tecnología, novedades en el campo de los materiales innovadores, de la miniaturización y de la automatización. En realidad, son pequeños laboratorios repletos de instrumentos capaces de realizar miles de operaciones de forma simultánea y de enviar los resultados obtenidos a la Tierra, donde los registran otros aparatos. Los laboratorios espaciales más famosos siguen girando alrededor de la Tierra y constituyen una avanzadilla humana en el espacio: el *Skylab* (1979), el *Telescopio espacial Hubble* (*Hubble Space Telescope,* 1990) – que los especialistas llaman *HST* y los profanos *Hubble*– o el *Beppo Sax.*

EL *SKYLAB*

Ha sido un auténtico laboratorio espacial, habitado por una tripulación de científicos que fue renovándose con las misiones de la NASA hasta febrero de 1974. Aunque fue destruido, constaba de cinco par-

Telescopio espacial Hubble
Dos momentos de la construcción del *Hubble*.
A la izquierda: Los últimos retoques durante la instalación en órbita.
A la derecha: Una fase del ensamblaje en Tierra, en el inmenso hangar de la NASA.

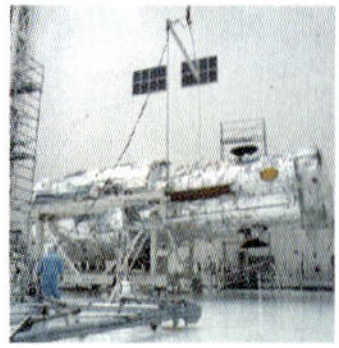

El *Hubble* en activo
El *Hubble*, en órbita alrededor de la Tierra, hace ya tiempo que despliega un intenso programa de investigación. (abajo)

tes funcionales. Era esencialmente un laboratorio solar con lo necesario para sobrevivir durante 84 días, desplazarse por el espacio y estudiarlo. Contaba con instrumentos automatizados que, al permanecer en órbita, podían ser reactivados o teledirigidos.

EL TELESCOPIO ESPACIAL HUBBLE

Constituyó la primera misión del programa Grandes Observatorios de la NASA. Fue diseñado para desarrollar un área de investigación complementaria que sería posible añadiéndole otros elementos, previstos en el programa, realizados y puestos en órbita sucesivamente.

El *Hubble* es un telescopio reflector Ritchey-Chretien con 2,4 m de apertura, capaz de realizar de forma totalmente automática observaciones en la gama visible, en los ultravioletas e infrarrojos cercanos, con una gama de longitudes de onda comprendidas entre 1.150 Å y 1 mm. Lo puso en órbita el *Shuttle*. Su diseño es en módulos, para poder ser reparado con rapidez, actualizado o unido a nuevos elementos.

Esta característica ya ha sido útil. En efecto, tras el lanzamiento se descubrió una aberración esférica en el espejo primario y fue reparada sustituyendo el gran angular planetario de la cámara con una versión de segunda generación dotada de una óptica correctiva y sustituyendo el fotómetro de alta velocidad con un COSTAR (Corrective Optics Space Telescope Axial Replacement) que anuló la aberración. También se sustituyeron los paneles solares, de forma que el paso por la sombra producida por la Tierra no conllevara la inestabilidad de enfoque detectada.

A pesar de estas dificultades, el *Hubble* trabaja a pleno rendimiento y las imágenes que ha recogido hasta el momento son realmente espectaculares, tanto de los cuerpos solares que ya conocemos como de las galaxias más lejanas, en los confines del universo. Hasta que no estuvieron listos instrumentos como los del ESO, imágenes de semejante precisión eran inconcebibles. El *Hubble* ha maravillado y ha mostrado detalles y fenómenos desconocidos antes; también ha planteado nuevos problemas y estimulado nuevas hipótesis.

BEPPO SAX

Concebido y realizado por completo en Italia, en colaboración con ESA y NIVR (la agencia espacial holandesa), el Sax (Satélite para la Astronomía de rayos X) puede traducir en imágenes las radiaciones electromagnéticas procedentes de los cuerpos celestes más lejanos. Ha sido el primer satélite capaz

SPACE SHUTTLE
Espectacular despegue de la Lanzadera Espacial, la nave que permitió reemplazar las tripulaciones de las estaciones y laboratorios espaciales, así como la puesta en órbita directa de instrumentos como el *Hubble* y satélites de diverso tipo.

de revelar las fuentes galácticas en toda la gama de rayos X. Ha dado excelentes resultados; el más relevante ha sido el descubrimiento, dentro de una galaxia ➢210 a más de $12 \cdot 10^9$ años luz, de una réplica del *big bang* ➢226: un fenómeno que durante un par de segundos liberó tanta energía que brillaba más que la suma de todas las estrellas de nuestro universo. Un fenómeno similar tiene lugar cada millón de años en todas las galaxias y se considera un acontecimiento ligado a la formación de los agujeros negros ➢206. El *Sax* continúa proporcionando datos importantes.

PLANETAS Y SATÉLITES, ASTEROIDES Y COMETAS

Al igual que la Luna, los planetas, algunos satélites, ciertos asteroides y algún cometa han sido el punto de llegada de una serie de misiones espaciales específicas. En particular, en tiempos recientes ha crecido el interés por los cuerpos más pequeños del sistema solar: los NEO *(Near Earth Objects)*, asteroides ➢168 que están en órbita en el espacio siguiendo trayectorias comprendidas entre la órbita de Marte y la de Júpiter, aunque muy excéntricas, y que interseccionan la trayectoria de la Tierra; a veces, se acercan a nuestro planeta a causa de perturbaciones gravitatorias producidas por el paso de planetas y cometas. A continuación se presentan las más importantes de estas misiones.

MERCURIO

La misión del *Mariner 10* (1973), que ha proporcionado casi toda la información disponible sobre el planeta más cercano al Sol ➢136, ha sido una de las expediciones más exitosas jamás realizadas. La sonda pasó a 6.000 km de Venus, de forma que el campo gravitatorio del planeta modificase su trayectoria e introdujera a la sonda en una órbita heliocéntrica. En su giro alrededor del Sol, el *Mariner 10* se acercó tres veces a Mercurio antes de dejar de emitir. Las cámaras pudieron recoger un *collage* de imágenes, con el que se reconstruyó casi el 40% de la superficie del planeta; un espectrómetro comprobó la ausencia de gases atmosféricos; un sen-

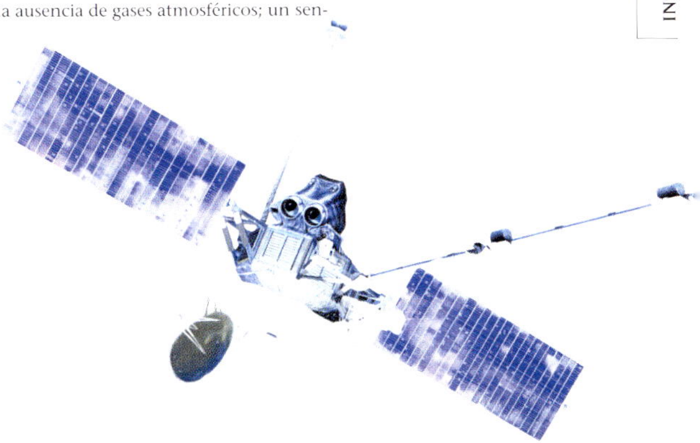

MARINER
La misión Mariner de la NASA contemplaba cierto número de sondas dirigidas a Mercurio (que también han recogido datos de Venus) y sondas dirigidas a Marte.

Magallanes
La sonda se alojó en el extremo superior del cohete que la conducirá fuera de la órbita terrestre. La foto fue tomada tres días antes del lanzamiento.

Mars Pathfinder
Un momento de la preparación de la estructura fija del módulo de aterrizaje. En la imagen se distingue la estructura tetraédrica destinada a abrirse para liberar el *Rover* y permitir tomas fotográficas e instrumentales.

Pioneer Venus
La misión, formada por dos elementos lanzados independientemente, preveía la entrada en órbita de este módulo y en un *Multiprobe* capaz de soltar en el planeta una serie de sondas para recoger datos específicos.

sor de infrarrojos midió las diferencias térmicas diarias, y un magnetómetro cuantificó la presencia de un campo magnético de importancia relativa, que justifica la hipótesis de la existencia de un «corazón» planetario metálico de grandes dimensiones.

Desde entonces, no ha habido más información ni otra expedición, porque los datos recopilados por el *Mariner 10* son tantos que mantendrán ocupados a los científicos durante treinta años.

Pero ahora que los conocimientos sobre otros planetas están avanzando, se está volviendo a pensar en examinar Mercurio con tecnología más moderna. En los próximos años, se han previsto los lanzamientos a Mercurio de las sondas *Messenger* (NASA, 2004), *Mercury Orbiter* (ISAS, 2009) y del *BepiColombo* (ESA, 2009). La misión BepiColombo –que lleva el nombre del científico italiano que planificó a la perfección los tiempos del viaje del *Mariner 10* y el «efecto honda» de la gravedad venusiana–, además de recoger más datos sobre la magnetosfera de Mercurio, soltará un módulo de aterrizaje para analizar el suelo física, óptica, química y mineralógicamente.

VENUS

Al igual que sucedió con la Luna, los primeros interesados en Venus ➤160 fueron los rusos. Durante la misión Venera (1967-1983), además de recoger datos sobre la atmósfera del planeta, se desengancharon módulos de aterrizaje teledirigidos que transmitieron a la Tierra fotografías e información valiosa sobre las condiciones ambientales existentes bajo la densa capa de nubes. Las últimas sondas de la serie *Venera* (14 y 15, 1984), rebautizadas como *Vega 1* y *Vega 2,* estaban destinadas a acercarse al planeta para después proseguir al encuentro del cometa Halley. Ambas liberaron dos módulos y dos bolas de análisis de la atmósfera venusiana hasta unos 50 km de altura.

Las misiones norteamericanas han desarrollado un programa análogo de recogida de datos: las sondas *Mariner 2, 5* y *10* (1962-1973) pasaron cerca de Venus y recogieron información, pero la misión Pioneer Venus (1978) fue la que realizó investigaciones más profundas, porque permaneció en órbita y desenganchó pequeños módulos para sondear la superficie venusiana. La siguió la Magallanes (1989), equipada para analizar la superficie del planeta incluso bajo la gruesa capa de nubes, gracias a un sistema de radar con el que los laboratorios en Tierra pudieron reconstruir un mapa del planeta más detallado y amplio que nunca. De momento, no se han programado otras expediciones.

MARTE

Este es sin duda el planeta que más sondas terrestres recibe. Ya sea por la curiosidad que despierta a causa de los relatos de ciencia-ficción o porque esté relativa-

AIRBAG A MARTE
La resistencia de los *airbag* para amortiguar el aterrizaje del módulo de la expedición Mars Pathfinder se comprobó en un suelo marciano artificial.

mente cerca, o porque sea el que más probabilidades teóricas tiene de albergar vida o haberlo hecho, la realidad es que se han enviado muchas misiones a Marte ➢164 y en el futuro la atención está abocada a crecer, si los proyectos de colonización siguen adelante.

En Marte, los pioneros son los estadounidenses. Las sondas *Mariner 4, 6, 7* y *9* (1967-1971) fueron las primeras en pasar muy cerca. Siguieron los rusos, quienes, tras los primeros fracasos de 1969, con las misiones Mars de 1971 y 1972 entraron en su órbita y aterrizaron en el planeta para recoger datos importantes.

Pero fue la misión norteamericana Viking (1975-1982) la que dio un auténtico salto cualitativo en la información disponible sobre el planeta rojo. Se componía de dos módulos espaciales *(Viking 1* y *Viking 2)*, cada uno de ellos con un módulo orbitante y otro de aterrizaje. La expedición recogió imágenes de alta resolución de la superficie de Marte, analizó su estructura y su composición química y sondeó la presencia de formas de vida y de atmósfera. Las principales contribuciones de esta misión fueron sus más de 1.400 fotografías, una cantidad ingente de análisis mineralógicos precisos y una serie de pruebas que constituyen indicios claros de que, antiguamente, hubo presencia de agua en estado líquido.

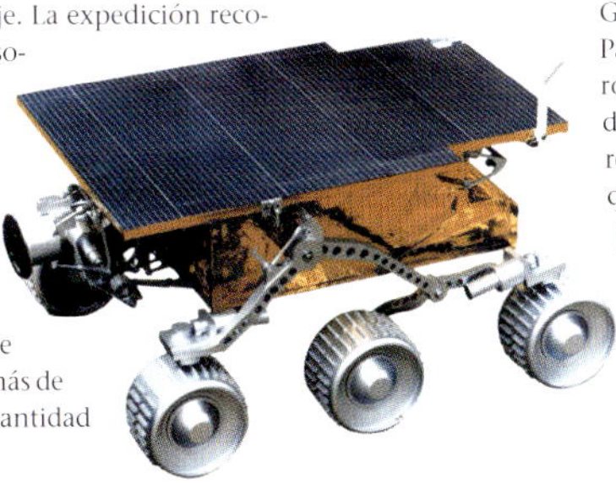

Los rusos siguieron poco después con el proyecto Phobos (1988), también articulado en dos módulos *(Phobos 1* y *Phobos 2)*, que reunían los conocimientos técnicos adquiridos con la experiencia Venera-Vega. Y si *Phobos 1* perdió casi de inmediato el contacto con la Tierra, *Phobos 2* recogió datos del medio interplanetario, así como de Marte y su satélite Phobos ➢167, porque penetraba regularmente en la órbita marciana. Poco antes de iniciar la última fase del experimento, que consistía en el aterrizaje, el *Phobos 2* perdió contacto con la Tierra.

Transcurridos 10 años desde la misión Viking, la NASA organizó las misiones Mars Observer (1992), Mars Global Surveyor (1996) y Mars Pathfinder (1996), que recogieron una notable cantidad de datos. En particular, los dos robots del proyecto Pathfinder, que llegaron a la superficie del planeta (una base automática estable y un todoterreno autónomo), contribuyeron a recopilar datos no sólo científicos, sino también logísticos para nuevos

PANORAMA MARCIANO
La cámara instalada en el módulo de aterrizaje fijo ha tomado esta panorámica del entorno marciano en los 360° que la rodeaban. A la derecha se puede apreciar el *Rover*, el todoterreno automático, que ha salido fuera del módulo, ha recorrido varios metros y ha llegado hasta una gran roca.

A LA IZQUIERDA: El *Rover* en una prueba teledirigida. La misión Mars Pathfinder costó en total unos 265 millones de dólares.

A LA CAZA DE LOS COMETAS La misión Stardust, organizada por la NASA para recoger material de la cabellera del Cometa P/Wild 2. El dibujo por ordenador simula el acercamiento al objetivo.

ABAJO: Maqueta de la misión Giotto, que permitió numerosas observaciones del núcleo del cometa Halley.

aterrizajes. Al mismo tiempo, los rusos iniciaban otra expedición: Mars 96 (1996), compuesta por un módulo orbitante y otro de aterrizaje, que cayó a la Tierra una hora después de su lanzamiento.

Siguieron nuevas misiones estadounidenses, como la Mars Climate Orbiter y la Mars Polar Lander, así como la Deep Space 2 (NASA, 1999), destinadas a estudiar el clima de Marte, la existencia de agua y de anhídrido carbónico, así como a analizar las características del suelo mediante un dispositivo perforador. Una vez más, las misiones fracasaron y se perdió el contacto por errores de órbita al alcanzar la parte alta de la atmósfera terrestre o al acercarse a Marte.

Luego, siguió la Nozomi (ISAS, 1998), actualmente en la órbita heliocéntrica y con llegada prevista al planeta rojo a finales de 2003; esta sonda analizará la alta atmósfera y sus interacciones con el viento solar. Por último, 2001 Mars Odyssey (NASA, 2001), que debería estar en órbita alrededor del planeta durante al menos tres años realizando un mapa completo de Marte y análisis mineralógicos detallados sobre la radiactividad y las condiciones ambientales marcianas. Está previsto que este satélite también sirva para las telecomunicaciones de las futuras expediciones humanas al planeta.

El siglo XXI amaneció repleto de nuevos proyectos de aterrizaje: la Mars Express (ESA, 2003), la Mars Surveyor 2003 (NASA, 2003) y la Mars Surveyor 2005 (NASA, 2005). Todas estas misiones poseen módulos orbitantes y de aterrizaje para realizar investigaciones sobre geología y mineralogía, sobre la circulación atmosférica global y sus interacciones con la superficie de Marte, sobre el clima y la meteorología del planeta, así como sobre las condiciones logísticas de las zonas destinadas a la instalación del campamento de los futuros exploradores.

PLANETAS Y COMETAS

Hasta hace pocos años, el principal interés de los científicos se centraba en los planetas o, como máximo, en sus satélites. La primera misión dirigida a la exploración de los NEO *(Near Earth Objects)* ➢[168] fue la NEAR (Near Earth Asteroid Rendez-vous), organizada por la NASA en 1996, cuando ya se sabía mucho sobre casi todos los demás componentes del sistema solar.

Aun sin estar preparada para el aterrizaje, la sonda superó el impacto al posarse sobre Eros (uno de los NEO más importantes) y –con la cámara y el espectrómetro de rayos γ dirigidos hacia el suelo y los paneles solares, las antenas y otros instrumentos dirigidos al Sol y a la Tierra– ha continuado transmitiendo datos e imágenes sobre el campo magnético del asteroide y del espacio circundante, así como sobre el espectro en el infrarrojo cercano de la radiación recogida.

Se prevé que esta sonda continúe en la órbita junto a Eros y transmita a Tierra información importante sobre el entorno espacial del pequeño cuerpo celeste en su largo viaje alrededor del Sol.
Dos años después de la NEAR, partía la primera de las misiones Deep Space. En este caso, se trataba de una sonda para medir radiaciones de diversa longitud de onda, la composición química, la geomorfología, las dimensiones, las características del movimiento de rotación y de la atmósfera del asteroide Braille y, luego, del cometa Borrelly.

Los cometas ➢[182] siempre han despertado mayor interés que los planetas pequeños, y las sondas enviadas al encuentro de su núcleo o a recoger muestras del material de la cabellera han sido muchas: *ICE* (Nasa, 1978), dirigida al cometa Giacobini-Zinner; *Giotto* (ESA, 1985), que alcanzó los cometas Halley y Grigg-Skjellerup; las sondas *Sakigake* y *Suisei* (ISAS,1985), también dirigidas al

VOYAGER
Una maqueta de la sonda *Voyager,* que ha superado los confines conocidos del sistema solar.

cometa Halley, y, por último, *Stardust* (NASA, 1999), destinada a recoger muestras de la cabellera del cometa P/Wild 2. En los próximos años, se prevé una nueva expedición hacia pequeños planetas y tres expediciones a los cometas: la misión NEAP (Near Earth Asteroid Prospector, NASA, 2002-2005) se dirigirá a Nereo, otro NEO; después del lanzamiento de la *Contour* (NASA, 2002), que se acercará a los núcleos de tres cometas, están previstas los de la *Rosetta* (ESA, 2003), que saldrá a buscar el cometa P/Wirtanene, y la *Deep Impact* (NASA, 2004), con la que se prevé que la sonda alcance el cometa Tempel-1 y continúe registrando datos hasta desintegrarse en el núcleo, con un análisis previo de la superficie.

PLANETAS EXTERIORES

Las primeras misiones dirigidas a los planetas exteriores del sistema solar fueron la Pioneer 10 (NASA, 1972) y Pioneer 11 (NASA, 1973). Estas llegaron y fotografiaron Júpiter →170, luego cruzaron el peligroso anillo de asteroides y siguieron hasta el exterior del sistema solar. Su misión es recoger datos sobre el medio interestelar y sobre las partículas de alta energía de la heliosfera exterior para precisar la distancia a la que el viento solar deja de ser perceptible. La *Pioneer 11,* en su viaje hacia los confines del sistema, pasó cerca de Saturno →174 y recogió datos e imágenes.

Ahora las dos sondas viajan por el espacio hacia la constelación de Tauro (*Pioneer 10,* que ahora se halla a más de $14 \cdot 10^9$ km de la Tierra, alcanzará la primera estrella dentro de unos dos millones de años) y de Águila (la *Pioneer 11* llegará a la primera estrella dentro de unos cuatro millones de años).

Tras las misiones Pioneer llegó la Voyager (NASA, 1977), recientemente bautizada como Voyager Interstellar Mission, que consiste en dos sondas (Voyager 1 y Voyager 2) que se acercarán a los planetas exteriores y superarán los límites del sistema solar. Están programadas para estudiar y recoger datos sobre Júpiter y Saturno, así como sobre sus satélites, su magnetosfera y el medio interplanetario, pero durante el viaje se modificó su destino: mientras que la primera sonda, tras acercarse a Júpiter y Saturno, prosiguió hacia los confines del sistema solar, la Voyager 2 fue desviada para analizar también otros planetas gigantes y sus satélites: Urano ,177 (alcanzado en 1986) y Neptuno ,179 (en 1999).

Gracias a los datos recopilados por esta sonda, disponemos de mucha información sobre dichos planetas y sobre la temperatura, los vientos superficiales, las magnetosferas, etcétera.

La Voyager 2 no pasó lo suficientemente cerca de Plutón ,181 y Caronte como para ampliar la infor-

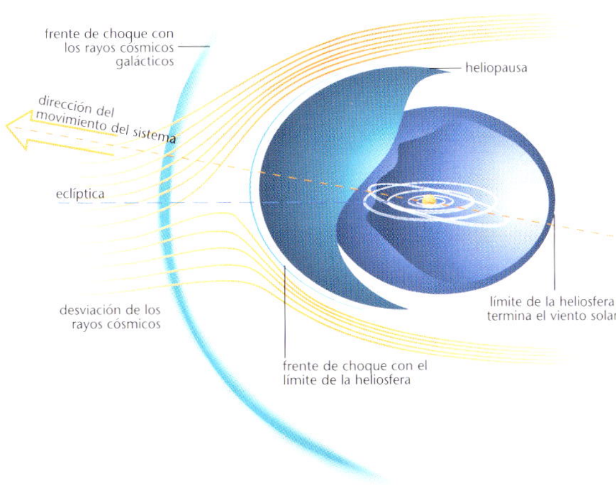

MÁS ALLÁ DEL SISTEMA SOLAR
Las sondas *Pioneer* y *Voyager* están viajando hacia el exterior del sistema solar. Su misión consiste en comprobar los límites. La imagen resume los actuales conocimientos sobre el entorno galáctico cercano a la heliosfera, elaborados por los científicos europeos a partir de los datos recogidos en dichas misiones y en la del *Hubble,* más decisiva.

Galileo
Dibujo por ordenador que reproduce la misión Galileo al acercarse a Júpiter.

Cassini-Huygens
Esta misión conjunta de la ESA y la NASA alcanzará Saturno en junio de 2004.

mación disponible y ahora se ha adentrado en el espacio exterior y prosigue su misión de toma de muestras y estudios sobre el viento solar, en busca de la heliopausa.

Hay que esperar otros 12 años para que el *Shuttle* lance una nueva sonda a Júpiter. La misión Galileo de la NASA está formada por un módulo orbitante y otro de toma de muestras atmosféricas. Antes de llegar a Júpiter, Galileo pasará cerca de Venus y volverá a la Tierra, aprovechando el «efecto honda» de ambos planetas para aumentar su velocidad. Así recogerá imágenes y datos jamás obtenidos con anterioridad de Venus, la Luna y los asteroides Gaspra e Ida, en su recorrido a través del cinturón de planetas. Y como si ello no bastara, además grabará datos sobre las espectaculares colisiones de los fragmentos del cometa Shoemaker-Levy 9 con Júpiter. Al entrar en órbita alrededor de este planeta, *Galileo* desprendió el módulo atmosférico para determinar la composición, la estructura, la profundidad y las características de la atmósfera de Júpiter y de sus formaciones, su equilibrio radiactivo, los flujos de las partículas cargadas y la formación de rayos. Los resultados han sido fundamentales, y su actividad aún no ha concluido.

En 1997, la ESA realizó con la NASA una expedición similar dirigida a Saturno y Titán ➢176: *Cassini* y *Huygens*, nombres del módulo orbitante y del de aterrizaje. Mientras que el primero permanecerá en órbita alrededor de Saturno, el otro descenderá a Titán. Su misión es determinar la estructura y la dinámica de los anillos, la atmósfera y la magnetosfera de Saturno, así como la composición y la geología de Titán, la variabilidad de las nubes y sus características superficiales.

La sonda *ISEE*
Esta sonda de la NASA se centra en la recopilación de datos sobre el viento solar y las interrelaciones entre la Tierra y el Sol.

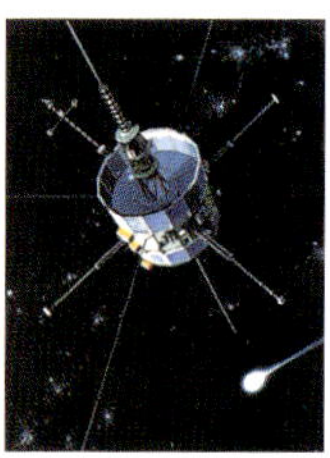

SONDAS SOLARES

En estos últimos años ha habido numerosos y costosos proyectos para estudiar el Sol ➢136. A continuación se exponen sus principales características.

ISEE

La *International Sun-Earth Explorer,* lanzada en 1978, formaba parte de una misión de la NASA destinada a investigar desde la órbita heliocéntrica. Las tareas fundamentales eran examinar las interrelaciones Sol-Tierra, los confines de la magnetosfera terrestre, la estructura del viento solar cerca de nuestro planeta y estudiar los movimientos y mecanismos del plasma, a la vez que investigaba los rayos cósmicos y las emisiones producidas por las explosiones solares. Quizá la más conocida ha sido la ICE *(International Cometary Explorer),* lanzada a través de la cola del cometa Giacobini-Zinner.

SMM

Lanzado en 1980, el satélite *Solar Maximum Mission* ha sido el primero en ser reparado en órbita por la tripulación del *Skylab*. Tras 10 años de actividad recopilando una enorme información sobre el ciclo solar y registrando centenares de fenómenos en diversas longitudes de onda (incluidos los rayos X y los rayos γ), se desintegró en el océano Índico porque una violenta tormenta solar lo expulsó de la órbita. Ha permitido detectar la ligerísima variación de la constante solar durante el ciclo de 11 años, entre otras cosas.

ULYSSES

Preparada por la ESA (1990), esta sonda debía medir las propiedades del viento solar, del campo mag-

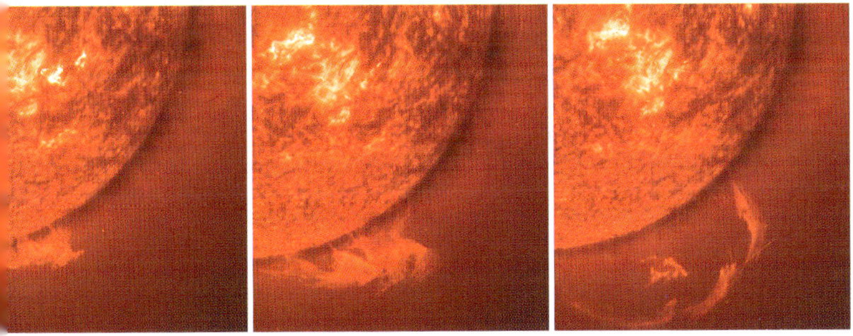

SOHO
Una secuencia excepcional de imágenes, tomadas por el *SOHO* con seis horas de diferencia entre sí. Muestra el desarrollo de una protuberancia solar.

nético interplanetario, de los rayos cósmicos galácticos y del gas interestelar neutro, así como la composición y la aceleración de partículas energéticas al variar la latitud solar. Estaba dotada con dos magnetómetros, dos instrumentos para recoger y analizar el plasma del viento solar, tres instrumentos para analizar las partículas cargadas, un sensor para el gas neutro interestelar y otro para el polvo cósmico, así como un sensor para registrar los rayos X solares relacionados con la actividad superficial y los rayos γ de origen cósmico. Aumentó nuestro conocimiento sobre la corona solar y, entre otros aspectos, realizó investigaciones sobre las ondas gravitatorias. Aprovechando el «efecto honda» de Júpiter, entró en una órbita heliocéntrica por la que sobrevoló el polo sur (1994, 2000) y el polo norte (1995, 2001) del Sol a unos 2 UA de distancia.

YOHKOH

Esta sonda, producto de la colaboración entre la ISAS y la NASA, inició su misión en 1991. Posee dos espectrómetros y dos telescopios para recoger datos sobre radiaciones y alta energía producidas por las explosiones solares y sobre las condiciones de calma de la superficie solar precedentes a las explosiones.

SOHO

El *SOHO* (Solar and Heliospheric Observatory), un proyecto de la ESA y la NASA, fue lanzada en 1995. Su misión era estudiar los procesos físicos que forman y calientan la corona solar, que expansionan el viento solar y que caracterizan al Sol. Fue equipada con 12 instrumentos para generar un flujo continuo de datos. Entre otras cosas, ha permitido realizar fotografías y grabaciones increíbles que muestran los «terremotos» solares producidos por las explosiones, descubrir «ríos de plasma» bajo la superficie solar y una «alfombra» magnética en la superficie del Sol que desprende energía suficiente para calentar la corona y numerosos cometas invisibles desde la Tierra. Tras algunas complicaciones de vuelo y después de haber perdido el contacto durante varios meses, el *SOHO* continúa en actividad.

GENESIS

El objetivo primario de esta sonda, que constituye el quinto lanzamiento del programa Discovery de la NASA (2001), es recoger muestras de partículas de viento solar y transportarlas a la Tierra para realizar análisis isotópicos y químicos. Del estudio de estas muestras deberían deducirse informaciones para cimentar las teorías actuales sobre el origen del sistema solar, su evolución y la composición de la nebulosa primitiva. Para recoger entre 10 y 20 µg de material se han invertido unos 200 millones de dólares.

Ulysses
Esta sonda, destinada al estudio del Sol, ha sobrevolado dos veces el polo norte y otras dos el polo sur de nuestra estrella, recogiendo datos esenciales sobre su campo magnético.

DESDE LA NOCHE DE LOS TIEMPOS, LOS HOMBRES HAN SABIDO QUE EL SOL ES EL ORIGEN DE LA VIDA EN LA TIERRA. LOS PUEBLOS DE LA ANTIGÜEDAD, DEPENDIENTES DE LA AGRICULTURA, LA PESCA Y LA CAZA Y, POR TANTO, DEL CICLO DE LAS ESTACIONES, LO CONVIRTIERON EN UNA DE LAS DIVINIDADES MÁS VENERADAS. TAMBIÉN LOS PLANETAS FUERON OBJETO DE CULTO Y CADA UNO DE ELLOS POSEÍA SECRETAS RELACIONES CON LAS DISTINTAS ACTIVIDADES Y FUNCIONES HUMANAS; A PARTIR DE SUS MOVIMIENTOS PODÍA COMPRENDERSE EL DESTINO DE LOS HOMBRES. DURANTE LARGO TIEMPO, LA OBSERVACIÓN ASTRONÓMICA QUEDÓ CIRCUNSCRITA AL ESTUDIO DE LOS MOVIMIENTOS VISIBLES DE LOS CUERPOS CELESTES. A PARTIR DEL SIGLO XVII, ALGUIEN EMPEZÓ A ESTUDIAR EL SOL Y LOS PLANETAS CON MIRADA DE CIENTÍFICO. EVIDENTEMENTE, HABLAMOS DE GALILEO, QUIEN NO FUE EL PRIMERO EN HACER OBSERVACIONES, PERO SÍ EL PIONERO EN HACERLAS METÓDICAMENTE. LAS MANCHAS Y LOS FENÓMENOS SOLARES MÁS VISIBLES QUE DESCRIBIÓ CAUSAN ESCALOFRÍOS, ASÍ COMO LOS IMPRESIONANTES DETALLES SOBRE MONTES Y LLANURAS LUNARES O EL DESCUBRIMIENTO DE LOS SATÉLITES DE JÚPITER. CON EL PERFECCIONAMIENTO DE LA TECNOLOGÍA DE OBSERVACIÓN Y CON LOS NUEVOS INSTRUMENTOS INVENTADOS, EN UN PAR DE SIGLOS SE SUPO MUCHO MÁS SOBRE NUESTRO SISTEMA SOLAR. LA REVOLUCIÓN DE LA OBSERVACIÓN CIENTÍFICA DE LOS CUERPOS MÁS CERCANOS A LA TIERRA LLEGÓ CON LAS SONDAS ESPACIALES. AL CONTRARIO DE LO QUE CABÍA ESPERAR, VENUS ES EL PLANETA MÁS CALIENTE; JÚPITER Y SATURNO IRRADIAN MÁS ENERGÍA DE LA QUE RECIBEN DEL SOL; LOS PLANETAS EXTERIORES POSEEN VARIOS ANILLOS Y UNA NUMEROSA CORTE DE SATÉLITES; PLUTÓN, JUNTO A CARONTE, ES UN PLANETA DOBLE O UN CUERPO COMETARIO... Y LOS CONFINES DEL SISTEMA SE ENSANCHAN HASTA EL CINTURÓN DE KUIPER Y AÚN MÁS LEJOS, IMPULSADOS POR EL VIENTO SOLAR.

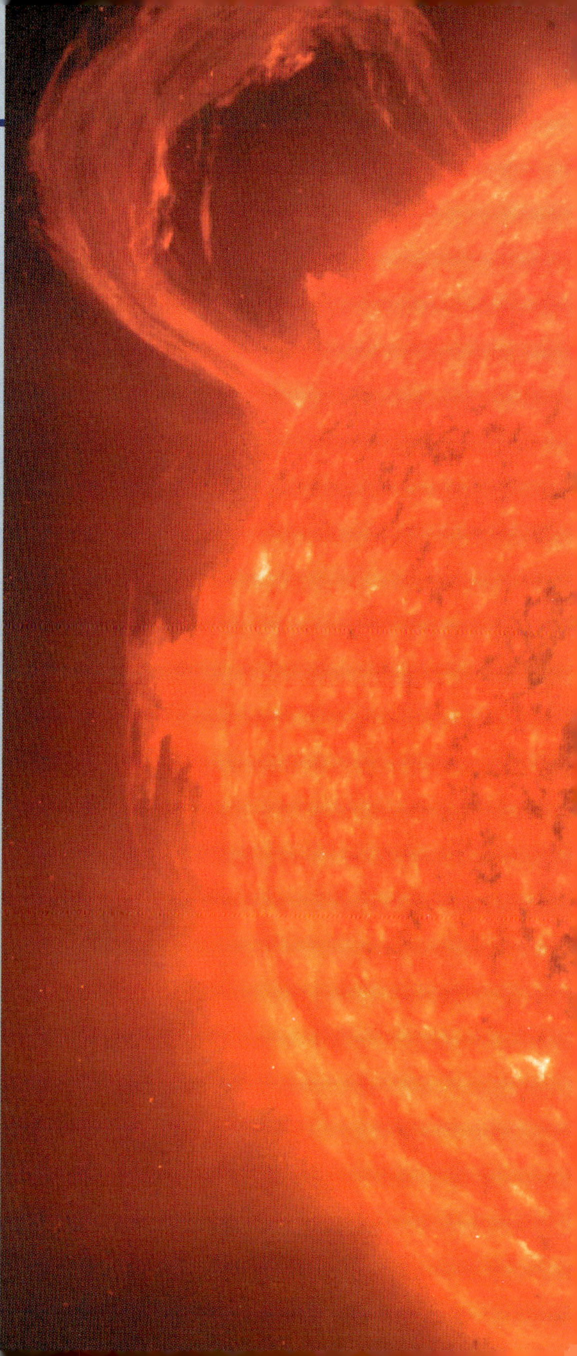

El Sol y sus planetas

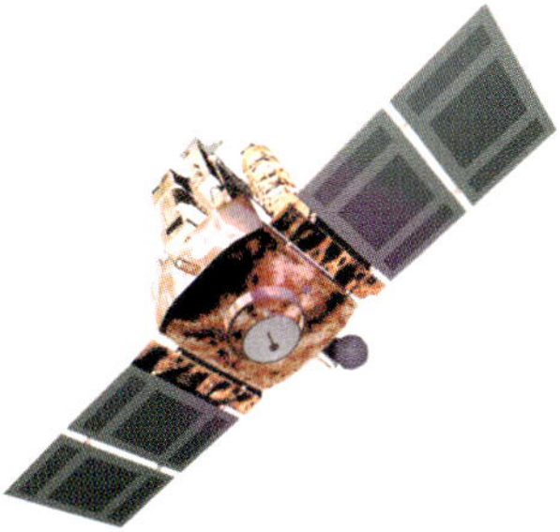

NUESTRA ESTRELLA

DESPUÉS DE QUE EL SOL QUEMARA LOS OJOS A GALILEO, NUESTRA ESTRELLA DEJÓ DE SER PERFECTA: PRESENTA CICLOS DE MANCHAS OSCURAS, GIRA SOBRE SU EJE Y, SI SE ANALIZA BIEN, MUESTRA «LLAMAS» ALTÍSIMAS, «RELÁMPAGOS», MANCHAS DE LUZ... PERO PARA QUE LA ACTIVIDAD SOLAR PUDIERA ESTUDIARSE DE FORMA CUANTITATIVA Y LAS OBSERVACIONES PUDIERAN EXPLICARSE CON UNA TEORÍA HUBO QUE ESPERAR HASTA EL SIGLO XIX, AL DESCUBRIMIENTO DEL ÁTOMO Y A LA FÓRMULA DE EINSTEIN QUE RELACIONA LA MATERIA Y LA ENERGÍA. HOY SABEMOS MUCHO SOBRE LA DINÁMICA DEL SOL Y, AUNQUE NOS QUEDA MUCHO POR DESCUBRIR, LO QUE CONOCEMOS NOS PERMITE COMPRENDER EL RESTO DE LAS ESTRELLAS. PORQUE, DE HECHO, EL SOL NO ES ESPECIAL, AUNQUE NOS RESULTE IMPRESCINDIBLE: NO ES GRANDE COMO UNA GIGANTE NI PEQUEÑA COMO UNA ENANA, NI INESTABLE COMO UNA NOVA...

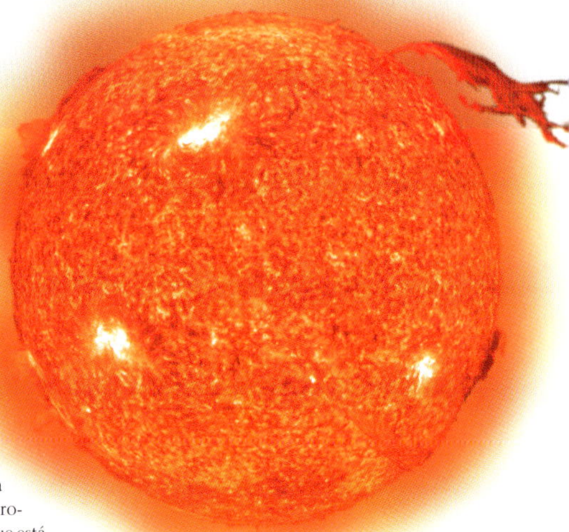

El Sol es muy grande. La superficie visible es una esfera de un diámetro aproximado de 1,5 millones de kilómetros que encierra una masa de ¡dos millones de billones de billones de kilos! Nos parece pequeño (tiene un diámetro aparente igual al de la Luna, razón por la que se producen los eclipses) sólo porque está muy lejos de nosotros: a unos 150 millones de kilómetros. Por la misma razón, los detalles más pequeños observables desde la Tierra son del orden de 150 km. Y existen muchos detalles... Estos se conocen como fenómenos superficiales o fotosféricos. Se trata de *manchas, fulguraciones, granulaciones, protuberancias, fáculas*... Todo ello fue observado en el pasado y dio pie a hipótesis muy verosímiles. De hecho, del Sol sólo conocemos directamente la radiación: la que llega a la Tierra –hasta los instrumentos más potentes y modernos– o la registrada por aparatos, cada vez más perfeccionados, montados en satélites astronómicos en órbitas relativamente cercanas a nuestra estrella. Gracias al satélite Solar *Maximum Mission* o al *SOHO* (Solar and Heliospheric Observatory), se puede analizar la luz solar con técnicas impensables hasta hace poco, y ello nos permite confirmar o desarrollar nuevas ideas sobre la estructura interna, la actividad y la dinámica superficial del Sol.

MASA Y DENSIDAD MEDIA DEL SOL

La masa se calculó a partir de las leyes de gravitación universal de Newton. Si despreciamos la masa de la Tierra respecto a la solar, se obtiene un valor aproximado de la solar conociendo la distancia entre ambos cuerpos ($1{,}496 \cdot 10^8$ km) y el tiempo empleado por la Tierra para recorrer su órbita (un año sideral es de unos $3{,}16 \cdot 10^7$ s). Así, se obtiene un valor de $1{,}99 \cdot 10^{30}$ kg, que, aprovechando los satélites en órbita, no sufre ajustes relevantes. Una vez calculada la masa, conociendo el radio del Sol (unos 700.000 km) se obtiene la densidad media: 1,4 veces la del agua.

SOL
Imagen del Sol con una inmensa protuberancia, tomada por el *Solar and Heliospheric Observatory (SOHO)*.

SOHO
Con satélites puestos en una órbita cercana al Sol, se han recogido datos esenciales para el estudio de las condiciones de los polos solares, la estructura interna del Sol y las emisiones que la atmósfera filtra antes de llegar a la Tierra. El satélite *SOHO* funciona desde 1996.

PANTALLA ATMOSFÉRICA
El esquema muestra cómo la atmósfera terrestre absorbe las radiaciones solares de distintas longitudes de onda.

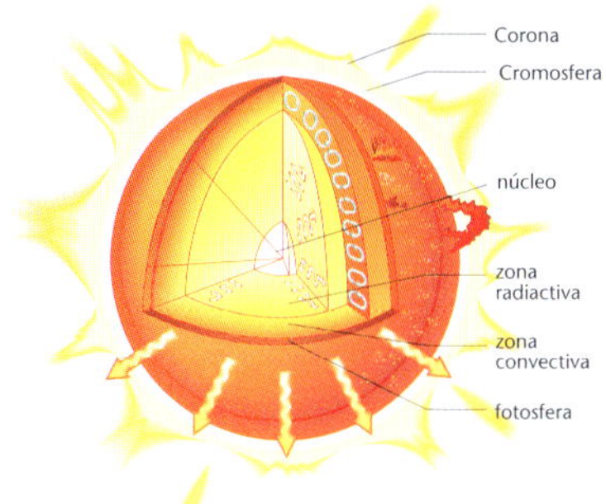

El Sol en cifras

Edad (m.a.)	5
Radio ecuatorial (10^5 km)	7
Diámetro aparente desde la Terra	31'
Masa (10^{30} kg)	1,99
• respecto de la Tierra	$3{,}32 \cdot 10^5$
Densidad media o estimada (g/cm^3)	1,409
• de la fotosfera	$8 \cdot 10^{-8}$
• de la zona convectiva	$6 \cdot 10^{-3}$
• de la zona radiactiva	2
• del núcleo	160
• respecto de la Tierra	0,26
Temperatura media o estimada (K)	
• de la fotosfera	$6 \cdot 10^3$
• de la zona convectiva	$6 \cdot 10^5$
• de la zona radiaciva	$4 \cdot 10^6$
• del núcleo	$15 \cdot 10^6$
Categoría estelar	G2, 2ª generación

Presión media o estimada (kPa)	
• de la fotosfera	10^{-3}
• de la zona convectiva	10^1
• de la zona radiactiva	$3 \cdot 10^{13}$
• del núcleo	$3 \cdot 10^{14}$
Gravedad superficial (10^4 cm/s^2)	2,7398
• respecto de la Tierra	28
Distancia de la Tierra (10^8 km, valor medio en la conjunción inferior)	1,496
Velocidad de fuga de la superficie (km/s)	617,7
Velocidad angular (en la lat. 17° en 10^{-6} rad/s)	2,87
Periodo de rotación ecuatorial (d)	25 circa
Inclinación del ecuador respecto a la eclíptica	7°15'
Luminosidad (10^{33} erg/s)	3,826

LA RADIACIÓN DEL SOL

La energía producida por las reacciones solares internas se propaga a través del Sol y el espacio circundante en formas diversas:

• ***Calor.*** Se transmite en el gas solar, tanto a través del incremento del movimiento de las partículas que componen el plasma como por la aparición de inmensas corrientes de convección.

• ***Sonido.*** Como el que origina un avión supersónico al desplazar rápidamente grandes masas de gas.

• ***Radiaciones electromagnéticas.*** Es la principal forma de propagación. Se manifiesta como una cadena de oscilaciones de la intensidad del campo eléctrico y magnético que van alejándose en el espacio a partir del Sol, al igual que las ondas de una superficie de agua se alejan del punto donde cae una piedra.

La energía electromagnética que produce el Sol puede propagarse en el espacio vacío y viaja en línea recta hasta alcanzar la Tierra o dispersarse en el espacio. En la radiación que emite el Sol se distinguen varias «franjas» de longitud de onda, con características energéticas muy distintas entre sí.

• ***Rayos gamma (γ) y rayos X.*** Son las radiaciones con más energía; presentan longitudes de onda inferiores a 10^{-9} m.

• ***Rayos ultravioletas.*** Poseen una longitud de onda comprendida entre $4{\cdot}10^{-7}$ m y 10^{-9} m.

• ***Luz visible.*** Son las radiaciones con longitudes de onda comprendidas entre 4 y $8{\cdot}10^{-7}$ m. Se divide en luz azul y violeta (entre 4 y $5{\cdot}10^{-7}$ m), luz verde y amarilla (entre 5 y $7{\cdot}10^{-7}$ m) y luz roja ($8{\cdot}10^{-7}$ m).

• ***Rayos infrarrojos.*** Longitudes de onda entre $8{\cdot}10^{-7}$ y $8{\cdot}10^{-3}$ m.

• ***Microondas.*** Presentan longitudes de onda comprendidas entre $8{\cdot}10^{-3}$ m y 100 m.

• ***Ondas de radio.*** Son radiaciones con longitud de onda superiores a 100 m.

No todas las radiaciones que llegan a la Tierra pueden ser detectadas por los instrumentos. Gran parte de las más energéticas (γ, X y ultravioleta) y de las menos energéticas (infrarojos, microondas, ondas de radio) son absorbidas o reflejadas por la atmósfera. A Tierra sólo llegan la luz visible, una parte reducida de ultravioletas, de infrarrojos (calor) y de ondas de radio.

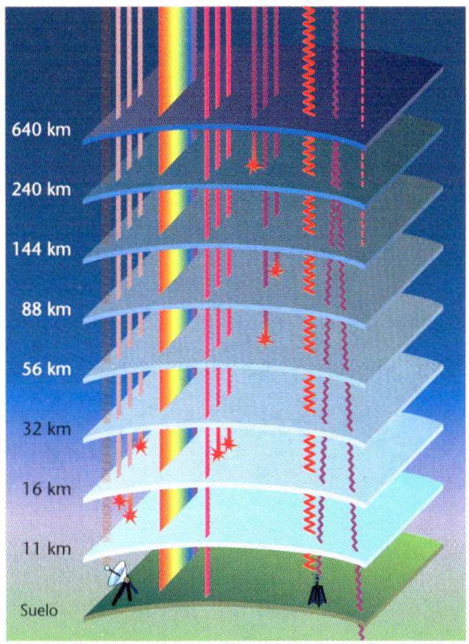

Durante años, la parte conocida del Sol fue la más exterior, agitada por erupciones y llamas, surcada por enormes grupos de manchas y desfigurada por inmensas protuberancias.

Hoy, gracias a los extraordinarios avances técnicos, el Sol también se analiza en profundidad, con ojos e instrumentos diversos.

Las hipótesis sobre su estructura interna son objeto de debate.

ESTRUCTURA Y FENÓMENOS

A partir de las observaciones realizadas en el pasado, de los estudios espectrales y de las más acreditadas teorías de física atómica y astrofísica, los astrónomos y físicos solares han construido modelos teóricos capaces de explicar con coherencia los fenómenos y las características solares.

Según el modelo más aceptado en la actualidad, dentro de la bola luminosa que llamamos Sol se distinguen varias capas concéntricas con características físicas suficientemente homogéneas como para poderlas definir con facilidad. Partiendo desde el centro de nuestra estrella, se reconocen las siguientes partes:

• ***Núcleo*** o ***corazón***, con un radio de unos 150.000 km. En esta zona se concentra casi el 40% de la masa solar, y la densidad es máxima (160 g/cm^3 de media). Según las hipótesis, la presión alcanza los $3 \cdot 10^{11}$ kPa y la temperatura los $1,5 \cdot 10^7$ K. Aquí pueden desencadenarse espontáneamente las reacciones termonucleares de fusión del hidrógeno en helio: en este horno nuclear ya se ha «consumido» el 40% del hidrógeno original (que formaba casi el 75% de la masa del núcleo).

• ***Zona radiactiva***, que se extiende hasta los 450.000 km desde el centro del Sol, es decir, un grosor de unos 300.000 km. Se caracteriza por valores (siempre «teóricos») de densidad y presión mucho

LA RADIACIÓN DEL SOL

La radiación solar, el único medio para obtener información sobre nuestra estrella, se compone de una vasta gama de longitudes de onda (*espectro continuo* ➤195) con estrechas zonas en las que la radiación es mucho menos intensa (*rayas de absorción* ➤195). El dibujo inferior muestra la subdivisión en grandes segmentos de la radiación solar según la longitud de onda, con especial atención a la parte visible; el dibujo superior señala la absorción selectiva de dicha radiación por parte de la atmósfera.

Como puede verse, gran parte de la «captura» de las radiaciones más ricas de energía se debe al ozono (O_3), mientras que en los infrarrojos se absorbe mucho vapor de agua.

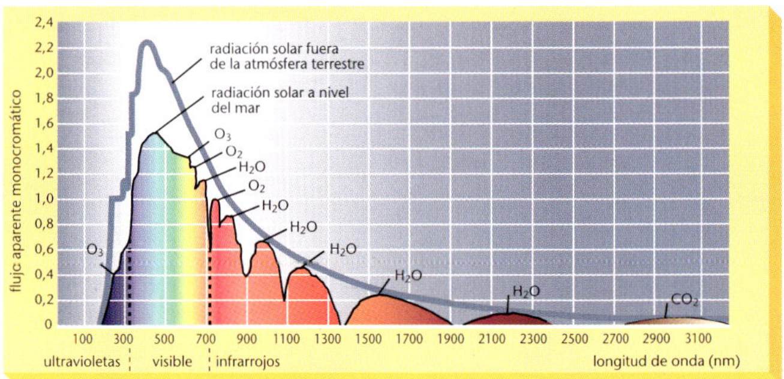

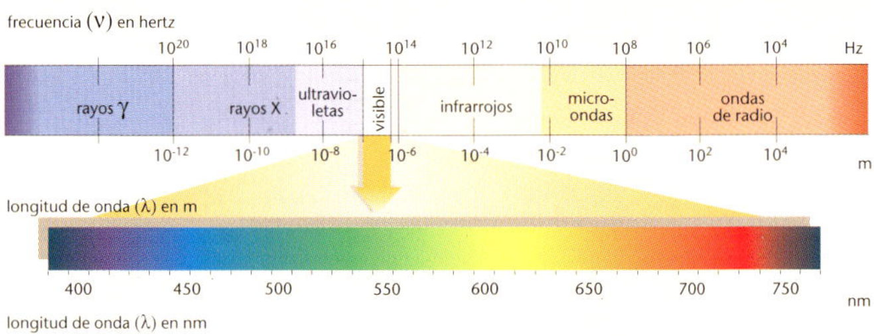

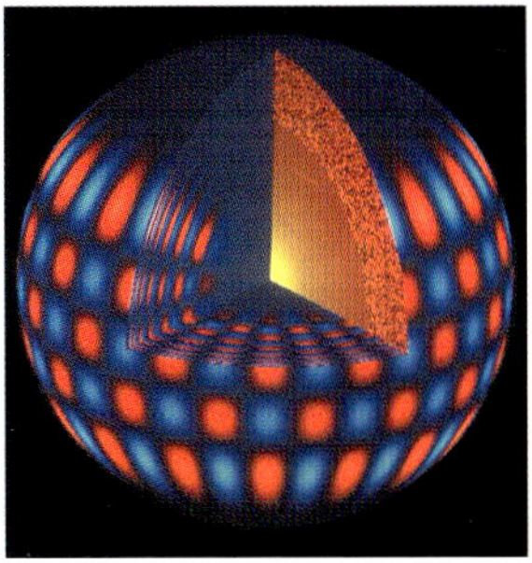

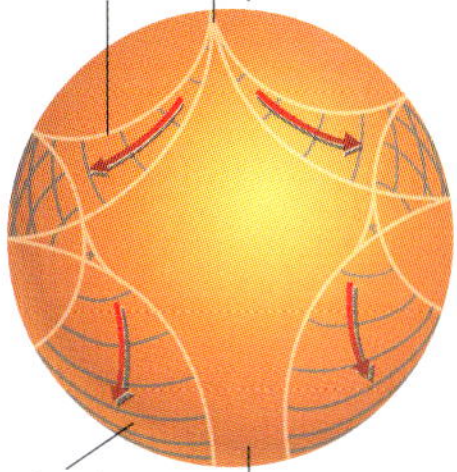

El fragor de las explosiones
La sonda *SOHO* ha podido recoger y medir las ondas sonoras que atraviesan la bola de plasma que forma nuestro Sol. El Sol actúa como una cavidad resonante en cuyo interior las ondas sonoras (así como las gravitatorias) se transmiten a altísima velocidad. En estas imágenes puede verse.

De izquierda a derecha:
-Imagen por ordenador que muestra cómo vibra el interior del Sol a causa de las ondas acústicas (los colores distintos marcan los movimientos opuestos del plasma).
-Esquema de las formas de propagación de las ondas sonoras.
Abajo: Elaboración del interior solar basada en los datos ecodoppler.

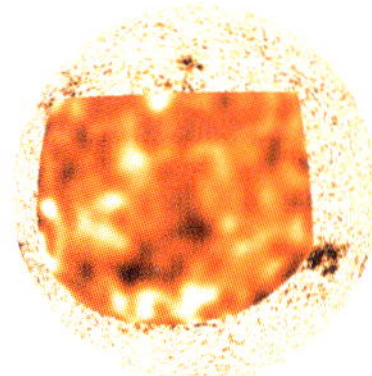

más bajos que los del núcleo: unas 10 veces menos. La temperatura desciende a $4 \cdot 10^6$ K. Aquí la energía se transmite a través del plasma sólo por radiación, en una concatenación de absorciones y reemisiones: las reacciones nucleares la liberan en forma de fotones γ; la radiación es absorbida y reemitida miles de veces antes de «emerger» a las capas superiores transformada en rayos γ, X, ultravioletas, visibles e infrarrojos (calor).

• ***Región convectiva,*** que se extiende por unos 250.000 km más. Una vez más descienden los valores de densidad, presión y temperatura: la densidad llega a $6 \cdot 10^{-3}$ g/cm³, la presión a 10 Pa (unas 10^{-4} veces la presión atmosférica) y la temperatura a $6 \cdot 10^5$ K. En esta zona, la energía también se transmite por el plasma a través de ***corrientes convectivas*** a alta velocidad que «mezclan» continuamente la materia solar. Para explicar algunos fenómenos superficiales, se considera que en esta zona se desarrollan las convectivas gigantes profundas, que van perdiendo intensidad a medida que se acercan a la capa sucesiva.

• La ***fotosfera,*** significa literalmente «esfera de la luz» y es la parte visible. Tiene un grosor de apenas 400 km, una densidad media aproximada de apenas $8 \cdot 10^{-8}$ g/cm³, una presión media de solo 10^{-12} Pa y una temperatura cercana a los 6.000 K. Esta es la «superficie solar» a la que nos referimos al

El interior del Sol
Esquema sinóptico de la posible estructura interior del Sol, con los valores de las distintas magnitudes.

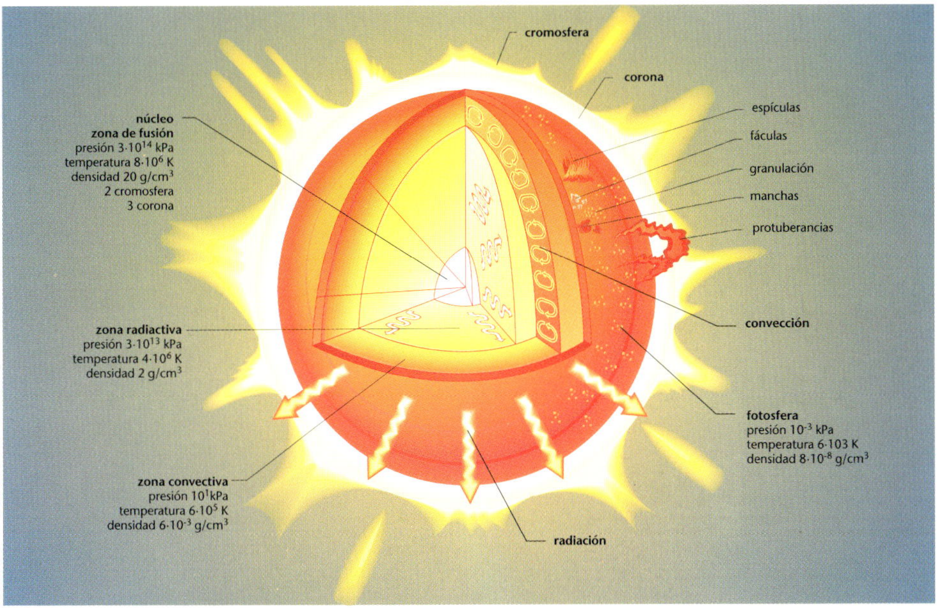

Velocidad
La velocidad del gas que rota bajo la superficie solar también ha sido evaluada por los datos recogidos por el *SOHO:* desde este punto de vista, el Sol tiene muchísimas capas, más rápidas o más lentas respecto a la media. En el esquema, los colores amarillo-rojo indican mayor velocidad, y los oscuros, lo contrario.

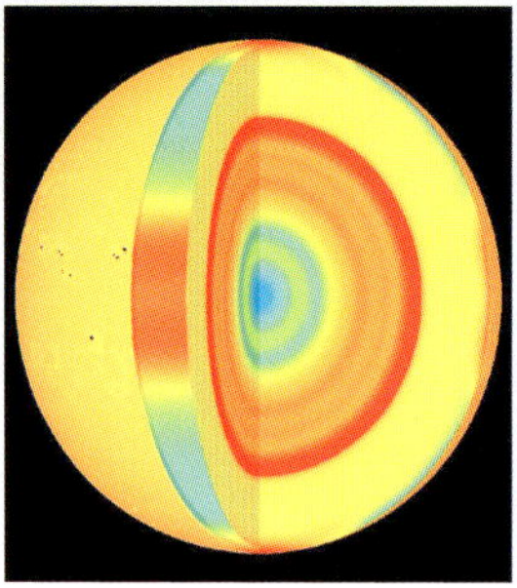

Manchas a la velocidad del sonido
Análisis doppler tridimensional de una mancha. El plano horizontal superior se halla a nivel de la fotosfera; el inferior, a unos 22.000 km de profundidad. Los colores amarillo-rojo indican mayor velocidad, y los oscuros, lo contrario.

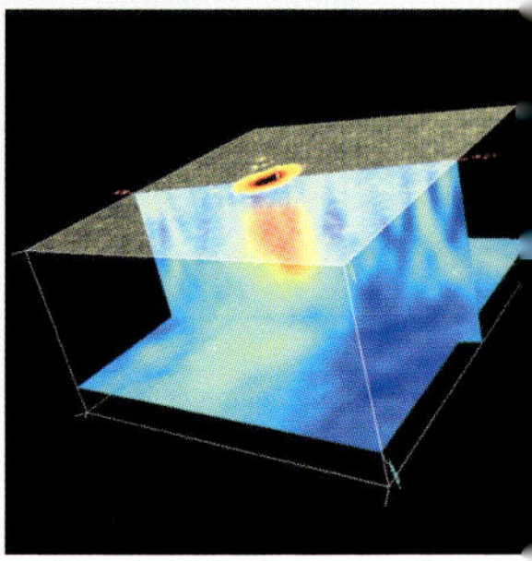

Gravedad y luz
El Sol es una pelota de gas en equilibrio precario: las reacciones nucleares que se producen en su interior tienden a hacer que se expanda, mientras que la gravedad tiende a que se contraiga hacia el centro de la masa. Cada variación de actividad endógena responde a una contracción o dilatación del Sol.

hablar de «diámetro solar». Tras un lapso de tiempo larguísimo, que puede llegar a los 10 millones de años desde la producción del núcleo, la radiación mana, evidentemente modificada por el largo recorrido seguido. La fotosfera es el lugar en el que se manifiestan los fenómenos solares más conocidos y estudiados: las manchas y la granulación.

• La ***cromosfera*** o «esfera de color» (aparece rojiza durante los eclipses) es una capa de plasma de unos 10.000 km por encima de la fotosfera y considerada la parte baja de la atmósfera solar. Presenta una densidad media de 10^{-12} g/cm^3 y una temperatura que aumenta proporcionalmente con la altura y alcanza los $0{,}5 \cdot 10^6$ K. Aquí se producen otros muchos fenómenos solares, como las espículas, las fáculas, los flóculos y las fulguraciones.

• La ***corona*** se extiende más allá de la cromosfera y se dispersa en el espacio en forma de viento solar. Se considera la alta atmósfera solar y se caracteriza por una temperatura en rápido crecimiento: en pocos miles de kilómetros alcanza los $5 \cdot 10^6$ K. Sólo puede observarse desde Tierra (incluso a simple vista) durante los eclipses totales y permanece diferente del fondo hasta una altura de unos $2 \cdot 10^6$ km. En la corona se producen los fenómenos solares más imponentes, como las protuberancias, que alcanzan a veces dimensiones comparables a las del mismo Sol.

El *SOHO* cerca del Sol
Los instrumentos montados en la nave *SOHO* han permitido sondear el Sol a distancias anteriormente inconcebibles, así como recopilar datos e imágenes revolucionarias.

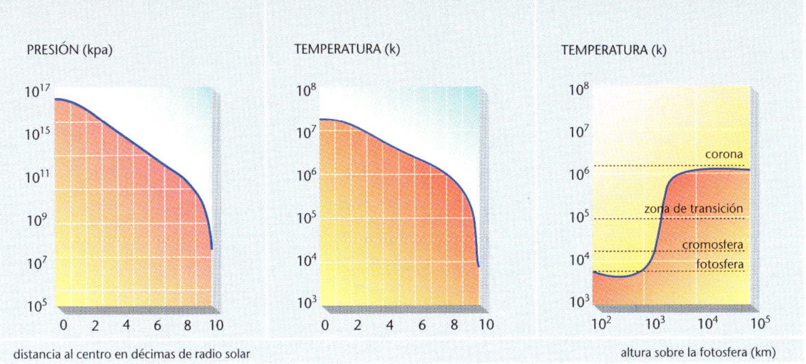

DIAGRAMAS
Variación de la presión y la temperatura al variar la distancia desde el centro solar. En particular, la última figura ilustra el brusco cambio que se produce en la temperatura al pasar de la fotosfera a la corona solar.

FENÓMENOS SOLARES

Si consideramos que una estrella está formada por una masa de gas que se dispersa continuamente en el espacio, comprenderemos que no tiene mucho sentido hablar de «superficie» del Sol. Ya hemos visto que en el Sol se distinguen algunas capas caracterizadas por condiciones relativamente homogéneas de temperatura, densidad, presión y opacidad a la radiación. Pero la fotosfera es distinta. Esta es la primera capa «visible» y termina allí donde se produce un drástico y repentino cambio de las características físicas del plasma. El cambio es tal que hace que las capas situadas sobre ella (cromosfera y corona) sean completamente transparentes a la radiación visible. No es casualidad que precisamente aquí, en la fotosfera y en las dos capas más exteriores del Sol, se manifiesten los fenómenos estudiados.

GRANULACIÓN Y SUPERGRANULACIÓN

Fenómenos característicos de la fotosfera, representan la parte visible de las corrientes convectivas. La granulación está formada por manchas más claras (corrientes ascendentes, más calientes) y manchas más oscuras (corrientes descendentes, menos calientes) que varían continuamente de forma y dimensiones: cada gránulo, poligonal e irregular, tiene un diámetro medio de entre 300 y 1.000 km y es visible 5 min como máximo.

Los gránulos del centro del disco solar presentan un aspecto más regular, pero como la rotación solar los va empujando a zonas cercanas a los bordes se deforman progresivamente. En cambio, los gránulos que se hallan cerca de las manchas adoptan una forma alargada, retorcida por los potentes campos magnéticos.

La diferencia de temperatura entre los gránulos (zonas claras) y los espacios intergranulares (zonas oscuras) es de 100-300 K, que corresponden a una diferencia del 15-20% de luminosidad.

Con la ayuda del análisis doppler también se ha calculado la velocidad del gas en ascensión en las zonas claras: hasta 300 m/s, tres veces superior a los vientos de tormenta terrestre más fuertes.

En algunos casos, las zonas oscuras que separan los gránulos adoptan el aspecto de puntos aislados: llamados ***poros,*** muy evidentes con la luz visible contra el fondo claro. Suelen disolverse rápidamente, aunque a veces crecen a mucha velocidad hasta transformarse en manchas. Los gránulos claros pueden asociarse y originan manchas más grandes y luminosas: es la denominada *supergranulación.* Este fenómeno también se produce en las capas más profundas de la cromosfera. Los supergránulos tienen un diámetro de unos 30.000 km, una duración de un día y abarcan masas gaseosas mucho más grandes.

ACTIVIDAD SOLAR
En un momento de actividad especialmente intensa, se desarrolla una enorme protuberancia moldeada por las líneas de fuerza del campo magnético solar. También se observan otros fenómenos: manchas y filamentos (oscuros), granulación y fáculas (manchitas claras) y fulguraciones (en blanco).

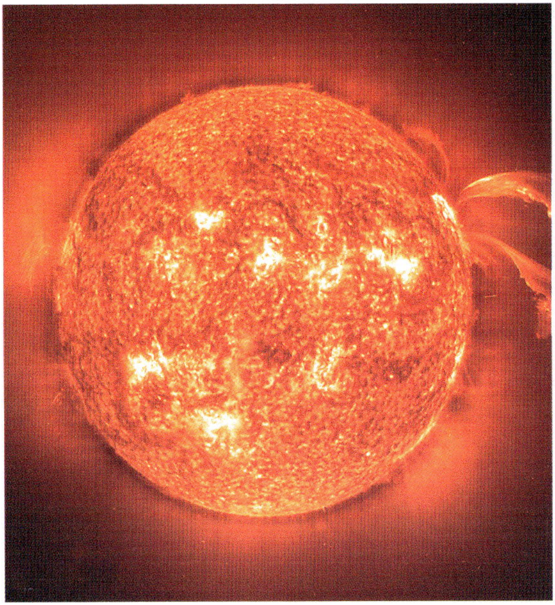

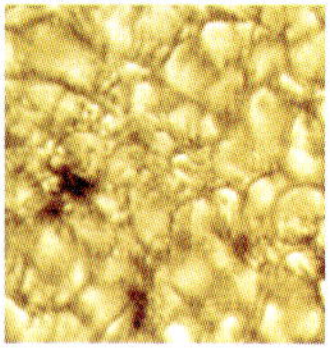

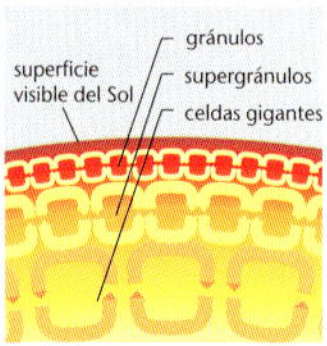

Fenómenos superficiales
Granulación y esquema de celdas convectivas.

Fenómenos superficiales
Fotografía del Sol en la gama visible. Se distinguen: filamentos, manchas, fáculas y, de forma evidente, el fenómeno del oscurecimiento del borde.

Una bonita protuberancia en forma de anillo, captada por el *SOHO*.

FÁCULAS

Literalmente, «luces pequeñas». Son fenómenos de la alta fotosfera y de la cromosfera asociados a las manchas. A pesar de que aparecen también en zonas cercanas a los polos solares (hasta una latitud cercana a 80°), suelen aparecer en los lugares de la fotosfera donde se desarrollarán las manchas y resisten hasta después de la desaparición de las manchas subyacentes. El ciclo de actividad que da origen a las fáculas es análogo a la génesis de las manchas. Las fáculas son masas de gas más caliente que el entorno y, por tanto, más brillante; dado que poseen una luminosidad prácticamente igual a la del centro del disco solar, se observan mejor cuando alcanzan los bordes de dicho disco, donde la fotosfera es menos luminosa *(fenómeno del oscurecimiento del borde)*. Pero si se observa el Sol a la longitud de onda correspondiente al centro de una raya espectral fuerte (por ejemplo, el Hα del hidrógeno), las fáculas también son visibles en el centro del disco solar: aparecen más extendidas y llegan a ocupar el 20% de la superficie.

FULGURACIONES

También se conocen como destellos o con el término inglés *flare*. Están asociadas a las manchas y son muy frecuentes en los periodos de mayor actividad solar. Su número es proporcional al número relativo de Wolf ➢153.

Las observaciones desde satélites han mostrado que el plasma implicado en una fulguración se calienta a lo largo de estructuras arqueadas de 3.000-4.000 km de diámetro. En poco tiempo y por una duración brevísima, pequeñas regiones de la cromosfera se vuelven extremadamente luminosas (de ahí el nombre de fulguración) y miles de toneladas de plasma son impulsadas a una velocidad de 500 km/s hasta la corona, donde provocan los llamados fenómenos transientes (es decir, rápidas modificaciones en la estructura). Estos potentes chorros gaseosos se acompañan de fuertes emisiones de radiaciones y partículas atómicas de mucha energía, que constituirán el viento solar ➢147, con una energía de 10^{20}-10^{27} J, equivalente a entre 50.000 y 500.000 millones de veces la liberada en la explosión de la bomba atómica de Hiroshima.

Las fulguraciones también afectan a la parte más baja de la cromosfera y a menudo están relacionadas con los flóculos ➢146: son como relámpagos de forma redondeada o alargada y retorcida que se desarrollan con una sucesión precisa de fases:

- ***Fase preparatoria.*** Oscila entre algunas horas y un día; se produce una acumulación de energía (sobre todo magnética) y un lento aumento de flujo de rayos X, ultravioletas y visibles.
- ***Fase del flash.*** Dura escasos minutos; casi la mitad de la energía acumulada es liberada en for-

Fenómenos superficiales
Un terremoto solar se expande a partir de una fulguración en un radio de más de 100.000 km. La segunda, la tercera y la cuarta imagen fueron tomadas, respectivamente, 12, 21 y 35 min después de la primera. Estas ondas sísmicas se propagan a unos 48 km/s de velocidad, es decir, 140 veces la velocidad del sonido en la Tierra.

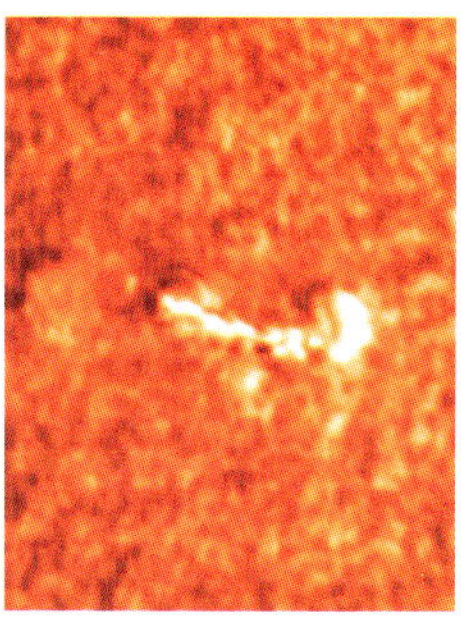

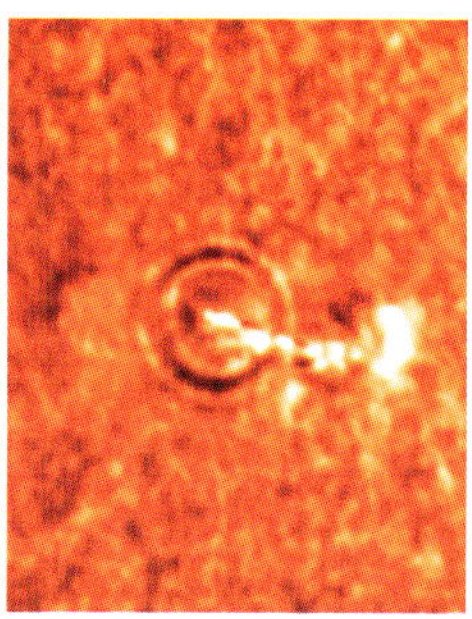

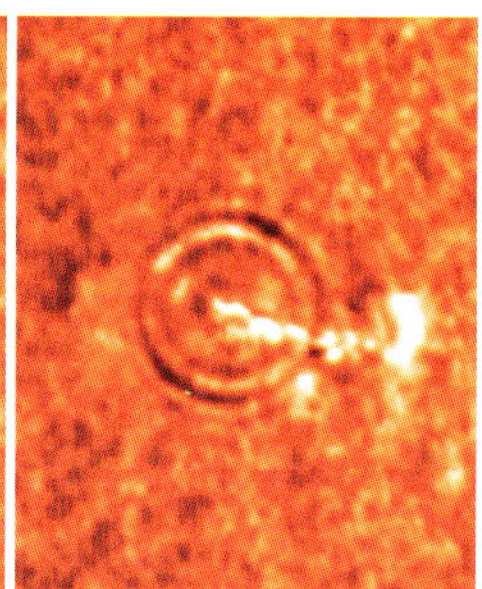

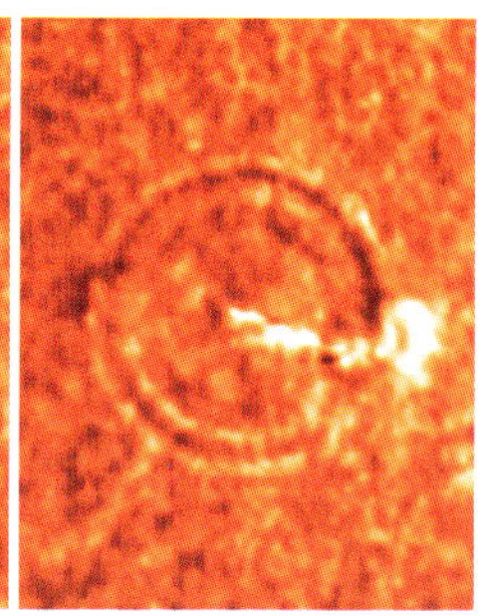

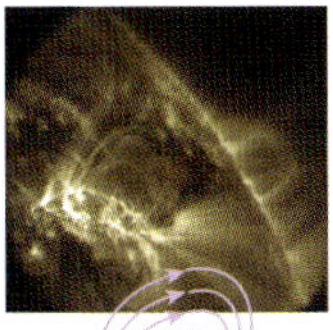

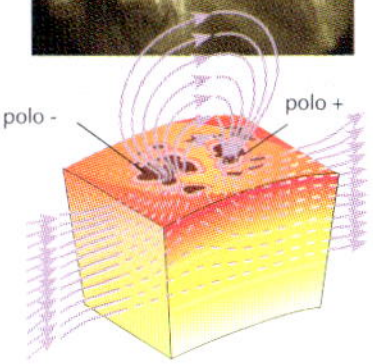

Manchas
Líneas del campo magnético cercanas a un grupo de manchas, evidenciadas por el material ionizado. Es una imagen compuesta, tomada a distintas longitudes de onda. El esquema muestra la génesis de un campo magnético en un grupo bipolar de manchas.

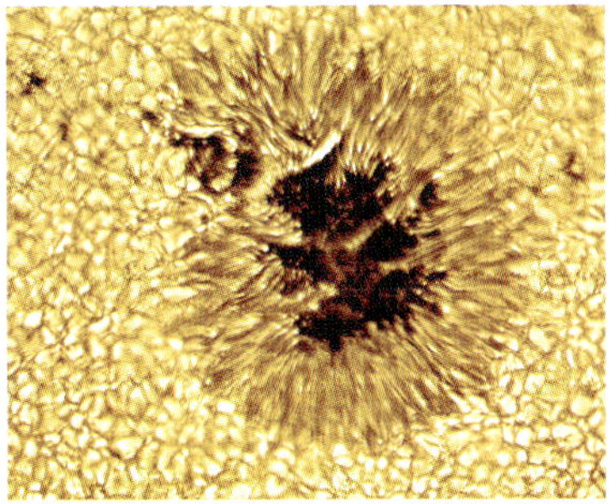

Manchas
Una mancha solar. Se aprecian bien la sombra y la penumbra en el centro de la granulación.

ma de radiación (radio, infrarrojos, visibles, ultravioletas y, sobre todo, X; en los fenómenos de mayor violencia, también γ), así como en forma de energía cinética de iones y electrones, que abandonan el Sol a una velocidad de 1.000-1.500 km/s (viento solar).

• ***Fase de decadencia.*** Dura entre 20 min y varias horas; en este periodo se libera el resto de la energía, principalmente en forma de radiación.

MANCHAS

Los astrónomos chinos ya las observaron hace centenares de años. También aparecen citadas en numerosos textos de investigadores de todos los países, desde la Grecia clásica a la Rusia del siglo XIV. Para que una mancha sea visible a simple vista, tiene que medir al menos 40.000 o 45.000 km de diámetro, y esto sucede una media de varias veces cada 11 años, aproximadamente.

Las manchas son fenómenos fotosféricos: zonas del disco solar que aparecen oscuras por ser menos calientes que las zonas circundantes. El gas de la mancha suele tener temperaturas de unos 4.000 K, frente a los 5.500 K del gas que la rodea. Al igual que con los gránulos, la mancha aparece oscura por contraste con la luminosa fotosfera circundante. En realidad, hasta la sombra de una mancha, es decir, su parte central más oscura, si estuviera aislada en el cielo nocturno brillaría más que la Luna llena.

Durante mucho tiempo se creyó que las manchas tenían forma de embudo, a causa del ***efecto Wilson:*** si una mancha circular con ***penumbra*** concéntrica a la sombra se acerca al borde del disco solar, se observa que la parte de la sombra más cercana al centro del disco mengua mucho más rápidamente respecto a la parte opuesta. Pero los análisis espectroscópicos y las imágenes por satélite han demostrado que se trata de un efecto óptico: las manchas tienden a tener una estructura bidimensional.

Las manchas son sede de intensos campos magnéticos y las hipótesis que explican el origen de estos fenómenos son objeto de debate: las alteraciones locales del campo magnético solar desempeñan sin duda un papel esencial en su formación, pero la forma en que lo hacen sigue levantando controversias. Se conoce la dirección, intensidad y estructura de los campos magnéticos generados por las manchas, pero no se tiene ninguna certeza sobre su origen.

Las hipótesis más acreditadas sobre la formación de zonas «frías» en la superficie solar atribuyen la temperatura inferior de las manchas al bloqueo de la convección causado por las perturbaciones del campo magnético o a la intensificación de la convección: se cree que los movimientos de convección en las manchas son tan eficaces que dispersan más energía de la que reciben de las capas subyacentes.

Los estudios doppler ➢219 muestran que el gas,

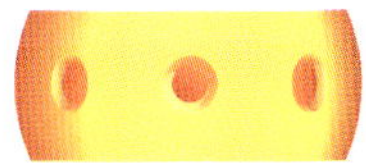

Efecto Wilson
Apariencia distinta de las manchas en la superficie solar.

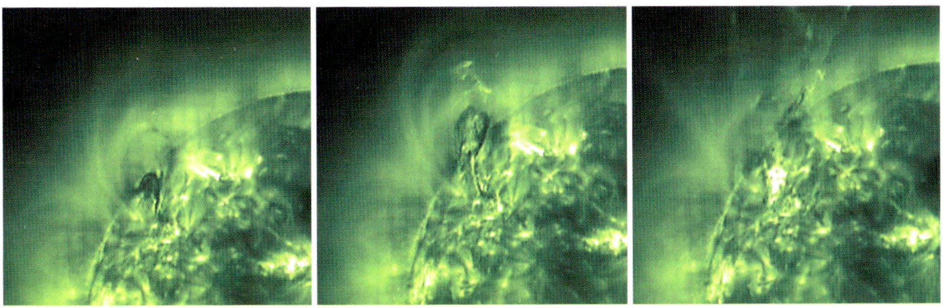

Manchas
Actividad superficial. La segunda y la tercera imagen se tomaron 12 y 36 min, respectivamente, después de la primera.

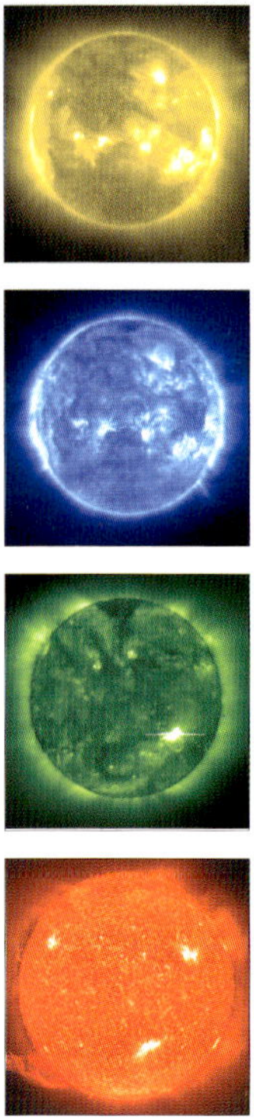

Los colores del Sol
Estas imágenes del Sol fueron tomadas con el telescopio del *SOHO* en la zona máxima de ultravioletas. Cada una muestra el Sol a distintas longitudes de onda y pone de manifiesto los diversos aspectos de los mismos fenómenos superficiales.
De izquierda a derecha y de arriba a abajo:
- fotografía tomada en la banda del hierro XV (Fe XV, 284 Å);
- en el Fe IX/X (171 Å);
- en el Fe XII (195 Å);
- en el He II (304 Å).

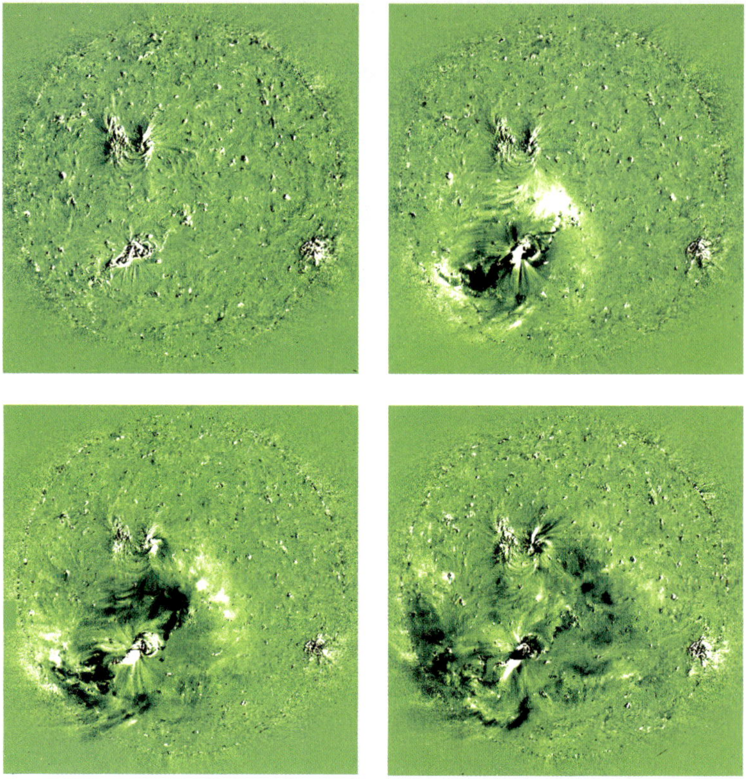

siguiendo las líneas de fuerza de los campos magnéticos locales, se aleja del centro de la mancha a 2 km/s; velocidad que decrece hasta invertir la dirección en la frontera con la cromosfera.

Las manchas tienen dimensiones muy variables, pero en general son muy grandes: una mancha «media» tiene un diámetro equivalente al de la Tierra (unos 13.000 km), y son raras las manchas con diámetros superiores a 90.000 km. Las manchas aisladas son bastante raras y, por lo general, se desarrollan en parejas o, con más frecuencia, en grupos, por la agregación de poros. Se forman exclusivamente en la franja comprendida entre los 40° N y 40° S, pero suelen aparecer bajo los 30°; las manchas que aparecen entre los 40° y los 30° son bastante infrecuentes. Las que se forman a partir de los 40° son rarísimas, pequeñas y de breve duración.

FLÓCULOS

Estos fenómenos de la baja cromosfera sólo pueden verse con filtros especiales o con un espectroscopio de longitudes de onda precisas. Son regiones relativamente pequeñas donde el gas tiene mayor temperatura que el circundante, probablemente a causa de bruscas variaciones del campo magnético. Su desarrollo no está siempre ligado al de las manchas.

ESPÍCULAS

Se forman en la cromosfera, allí donde terminan los supergránulos ➢144, donde el campo magnético es más intenso y la temperatura más elevada. Son chorros de gas con un grosor medio de 800 km que se mueven hacia el exterior del Sol a una velocidad de unos 30 km/s y alcanzan una altura de unos 6.000 km antes de desaparecer al cabo de pocos minutos. Las espículas más altas alcanzan una longitud de unos 50.000 km y superan la cromosfera.

PROTUBERANCIAS

Son los fenómenos solares más espectaculares, visibles a la longitud de onda de la raya Hα, sobre cuyo origen y dinámica se sigue debatiendo, sobre todo

Onda de Moreton
Es una onda producida por una expulsión de materia de la corona, a menudo relacionada con la actividad de fulguraciones y manchas. El frente se propaga por la superficie solar a una velocidad de unos 300 km/s. Las imágenes, captadas en la banda del hierro XII (un ion que se forma a casi 1,5 millones de grados), fueron tomadas, respectivamente 12, 21 y 35 minutos después de la primera. Por lo general, las manchas de un grupo se disponen a lo largo de un paralelo solar: la mancha que precede a las demás en el sentido de la rotación del Sol suele ser también la más compacta y rápida en dirección Este. En los dos extremos, cada grupo de manchas muestra, polaridades magnéticas opuestas.

Tormentas magnéticas
En esta imagen, conseguida por superposición de tres imágenes solares realizadas a diversas longitudes de onda (171 Å, 195 Å y 284 Å) y tratada con colores falsos, se observa la actividad eruptiva cercana a un grupo de manchas.

a causa de sus «extrañas» características. En la mayoría de los casos, están formadas por materia coronal a temperatura inferior a la circundante: es hasta 100 veces más densa que la corona donde se halla y tiende a descender a niveles inferiores.

Sin embargo, las protuberancias son objetos extremadamente extraños: si su volumen medio equivale al de unas 1.000 Tierras, su masa es algo inferior a 20 km^3 de agua. También se llaman filamentos, porque si se observan en el segmento visible «desde arriba» y se proyectan en el disco solar, muestran un aspecto de largos filamentos oscuros que persisten en la superficie solar por un periodo máximo de varios meses; cambian rápidamente de forma e intercambian materia con otras protuberancias cercanas del mismo tipo.

Siempre son fenómenos increíblemente grandes: hasta 150.000 km de altura, 300.000 km de longitud y 40.000 km de anchura. Por razones aún desconocidas, pueden explotar y proyectar al espacio una masa de materia solar del orden de 10^{13}-10^{15} kg a una velocidad de hasta 400.000 km/h. Se distinguen varios tipos de protuberancias:

- ***Protuberancias activas.*** Sufren la influencia de campos magnéticos y suelen estar ligadas a un grupo de manchas; presentan una evolución relativamente rápida.
- ***Protuberancias quiescentes o estáticas.*** Tienen una evolución muy lenta y, como si estuvieran «aprisionadas» en el campo magnético, conservan su aspecto durante días y a veces incluso más de una rotación solar. Más frecuentes en latitudes elevadas.
- ***Protuberancias eruptivas.*** Conocen una evolución muy veloz, se desarrollan en dirección casi perpendicular a la fotosfera y caen a la cromosfera al cabo de pocas horas. Están estrechamente unidas a las fulguraciones, dejan «restos» de gas a 10^4 K que pueden permanecer mucho tiempo confinados en la corona (100 veces menos densa y a una temperatura de $2\text{-}3 \cdot 10^6$ K). Predominan en bajas latitudes.
- ***Protuberancias de las manchas* o *loop.*** Presentan la típica forma de anillo cerrado, de arco, de chorro, de fuente o de abanico, puesto que la materia se dispone a lo largo de líneas de fuerza del campo magnético que salen y penetran en la fotosfera.
- ***Protuberancias de tornado.*** Tienen una forma típica de espiral o de cuerda retorcida.
- ***Protuberancias de chorro.*** Son manifestaciones imponentes de la actividad solar, estrechamente ligadas a las manchas y a las fulguraciones más energéticas, chorros de materia coronal de más de 50.000 km de altura y velocidades de centenares de km/s. Siguen el ciclo de la actividad solar ➤150.

VIENTO SOLAR

El Sol, como otros muchos cuerpos celestes, genera un fuerte campo magnético, mucho más elevado que el terrestre, que oscila entre 0,2 y 0,7 G. En los polos solares es de 1 G; en la cromosfera, de 25-200 G; en las protuberancias varía entre 10 y 100 G,

Protuberancia
Esta nube inmensa de plasma relativamente densa y «fría» se queda suspendida en el medio coronal. Las partes más calientes aparecen de color claro, las oscuras son relativamente más frías. Los datos recogidos por el módulo *SOHO* señalan una temperatura de 60.000 K en la alta cromosfera. Las protuberancias pueden alcanzar dimensiones excepcionales, comparables a las del propio Sol.

ESQUEMA
Variaciones de la estructura de la ionosfera terrestre por exposición a la radiación y al viento solares.

CAMPO MAGNÉTICO
Propagación del campo magnético solar en el espacio, hasta la Tierra.

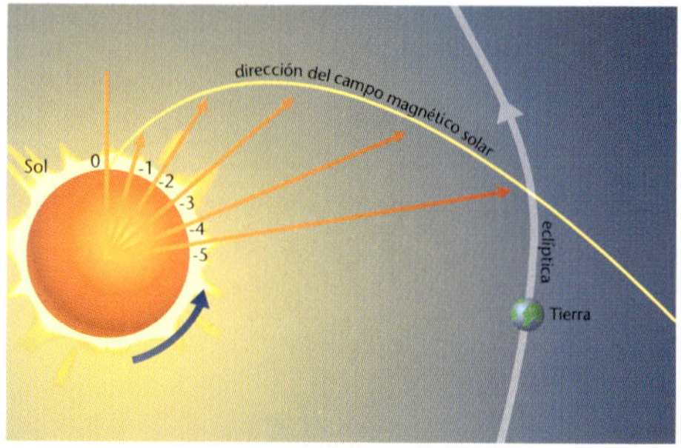

VIENTO SOLAR
La radiación y las corrientes de plasma solar afectan a todo el sistema solar. La tabla inferior indica la variación de concentración de partículas a distintas distancias del Sol (número de protones/cm³).

y cerca de una mancha puede alcanzar los 3.000 G y oscilar hasta los 5.000 G. El eje magnético solar está inclinado unos 6° respecto al eje de rotación y los polos magnéticos no se hallan en el mismo diámetro solar. Según la hipótesis más refrendada, debido a la rotación diferencial de las capas interiores y de los gases superficiales a diversas latitudes, el campo magnético solar «controla» los fenómenos superficiales y se expande por el espacio interplanetario. La densidad de los gases que se alejan de la superficie solar alcanza valores comparables a los de la densidad del espacio interplanetario sólo cuando se alejan mucho del Sol: cerca de la Tierra es casi cien veces más alta. Es como decir que la corona solar se extiende hasta la Tierra y más allá, quizá hasta $7{,}5 \cdot 10^9$-$1{,}5 \cdot 10^{10}$ km del Sol (mucho más allá de la órbita de Plutón). Estas partículas solares, que viajan por las líneas de fuerza del campo magnético solar a velocidad de 450 km/s, con una densidad de unos 5 protones/cm^3 y a altísimas temperaturas, escapan a la gravedad del Sol y forman el *viento solar*. De esta forma, el Sol pierde como media unas 10^{17} toneladas de materia diarias. La concentración del viento solar varía periódicamente, lo que provoca perturbaciones de la magnetosfera terrestre debido a los *agujeros coronales*, zonas de la corona donde convergen todas las líneas de fuerza del campo magnético solar *(anillo de la corona)*. Aquí las partículas coronales se aceleran y son proyectadas al espacio.

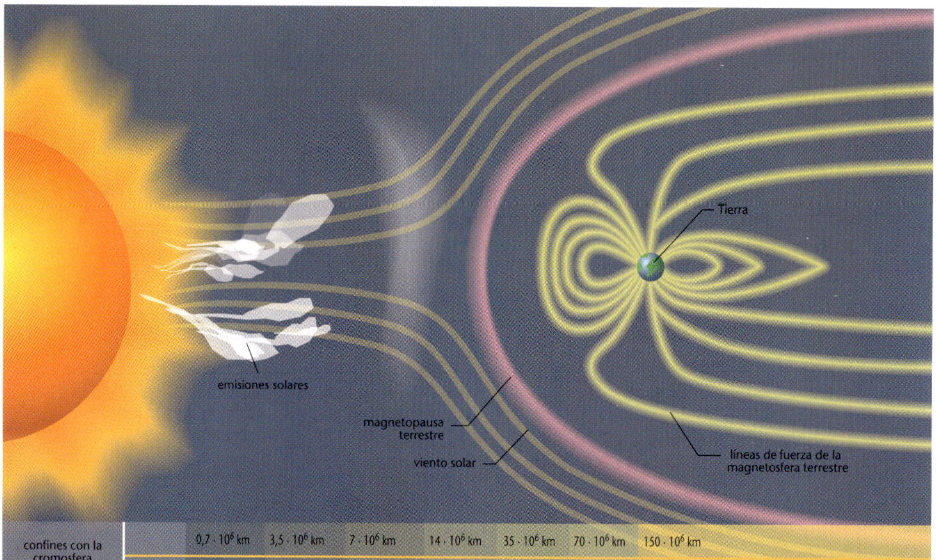

confines con la cromosfera		$0{,}7 \cdot 10^6$ km	$3{,}5 \cdot 10^6$ km	$7 \cdot 10^6$ km	$14 \cdot 10^6$ km	$35 \cdot 10^6$ km	$70 \cdot 10^6$ km	$150 \cdot 10^6$ km
	$9 \cdot 10^9$	$3 \cdot 10^9$	$8 \cdot 10^4$	$13 \cdot 10^3$	$1{,}6 \cdot 10^6$	160	30	5

Campo magnético
La forma del campo magnético solar varía constantemente: sólo hay que observar la forma de la corona durante un máximo y un mínimo de actividad solar. La materia de la corona coincide con el anillo de la corona durante los mínimos y es uniforme durante los máximos. Resulta evidente en las dos imágenes de eclipse total: a la izquierda durante un máximo; a la derecha durante un mínimo solar.
Al lado: La corona tomada por un coronógrafo del *SOHO*. Se aprecian diversas espiralizaciones del plasma alrededor de las líneas de fuerza.
Abajo: Un esquema del campo magnético solar.

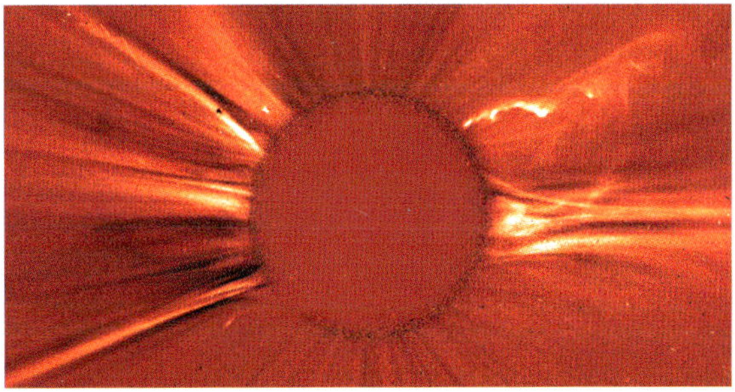

El campo magnético solar también tiene una *zona ecuatorial* donde se anula. A causa de la rotación del Sol, esta superficie neutra se extiende en el espacio interplanetario moviéndose ligeramente por encima y por debajo del plano ecuatorial, porque el eje de rotación no coincide con el del campo.

Las observaciones realizadas por las sondas han demostrado también que las líneas de fuerza alrededor del Sol se mueven en espiral y delimitan sectores con polaridad distinta (positiva y negativa). A causa de la rotación del Sol, las líneas de fuerza del campo magnético forman un ángulo con la dirección radial que aumenta progresivamente: a unos $1{,}50 \cdot 10^8$ km del Sol (es decir, a la altura de la Tierra) es de unos 15° y a la altura de Júpiter raya los 90°.

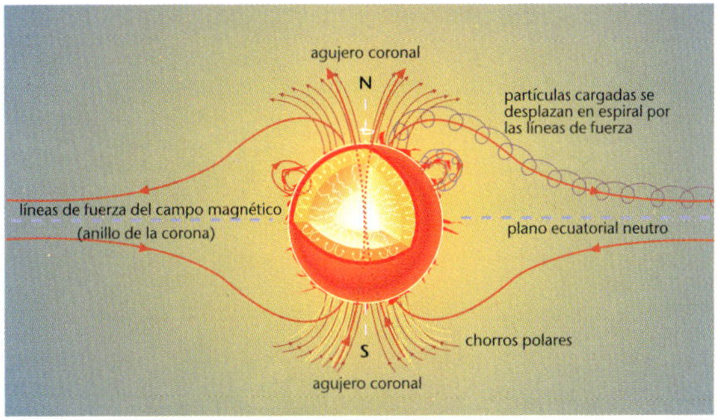

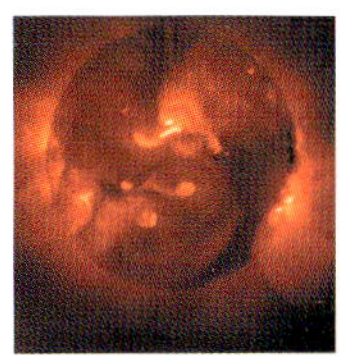

Agujero coronal
Una imagen del Sol con rayos X muestra una zona relativamente «oscura»: aquí las líneas de fuerza del campo magnético son casi radiales y la emisión del viento solar es máxima.

NADA DE LO QUE CONOCEMOS PUEDE PROPORCIONARNOS UNA IDEA DE LO QUE SUCEDE EN EL SOL. NO EXISTE EXPLOSIÓN ATÓMICA NI FENÓMENO NATURAL COMPARABLE A LA CENTRAL NUCLEAR ENCERRADA EN EL NÚCLEO DE NUESTRA ESTRELLA. PERO, DADO QUE CONOCEMOS EL ÁTOMO Y SUS LEYES, PODEMOS DESCRIBIR LOS PROCESOS QUE ORIGINAN UNA ENERGÍA INGENTE, UNA EXPLICACIÓN QUE NOS PERMITE INTUIR EL PORQUÉ DE LOS CICLOS SOLARES.

LA ACTIVIDAD DEL SOL

DIAGRAMA
La energía que une las partículas subatómicas para formar un núcleo de átomos de cada elemento difiere en función del número de partículas: esta no crece de forma lineal con la suma de componentes, sino que posee un máximo para valores comprendidos entre 50 y 100. El diagrama muestra en qué entornos liberan energía las reacciones nucleares.

Los datos geológicos disponibles indican que la Tierra se halla en condiciones de temperatura similares a las actuales desde hace muchos millones de años. También en tiempos remotos del Sol llegaba una energía comparable cuantitativamente a la actual, es decir, unos 1,4 kW/m^2. Todos los días y desde hace millones de años llegan a la Tierra unos 200 billones de kilowatios.

Dado que el Sol irradia esa misma cantidad de energía en el resto de direcciones del espacio, llegará la misma energía a cualquier superficie de igual tamaño que la Tierra situada en una esfera centrada en el Sol a un radio igual a la distancia Tierra-Sol.

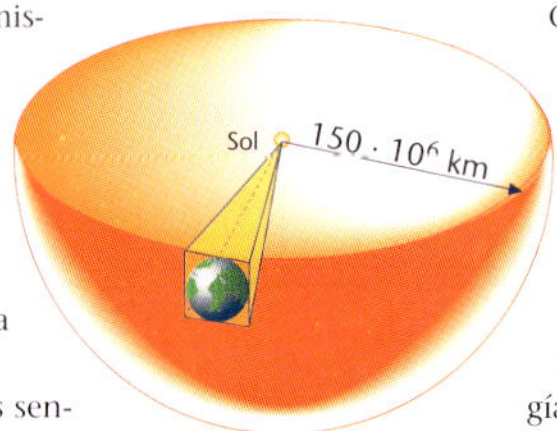

Mediante algunos cálculos sencillos puede determinarse la cantidad total de energía que el Sol irradia al espacio cada segundo. Es un valor casi ilegible: 2.000 millones de veces la energía que llega a la Tierra, es decir, unos 400 millones de billones de megawatios.

Y esto sucede durante todo el día, todos los días, año tras año durante millones de años.

REACCIONES NUCLEARES

Esta enorme cantidad de energía es generada por las reacciones nucleares producidas dentro del núcleo del Sol. En sus condiciones de temperatura y presión, la fusión de protones es espontánea.

Cabe precisar que los protones son los núcleos atómicos del hidrógeno, que en el núcleo solar alcanzan concentraciones aproximadas de 1,5·10^{25}/cm^3 para un total de 1,5·10^{58} protones. Esta reacción genera la formación de núcleos de helio y cada gramo de hidrógeno usado convierte en energía 7 mg de masa, es decir, 6,3·10^{11} J.

La masa total de cada núcleo atómico no es igual a la suma de las masas de las partículas que lo componen, sino algo inferior (defecto de masa), es decir, si se construye el núcleo de un elemento a partir de sus partículas o si se divide un núcleo en sus componentes, la masa total obtenida es ligeramente inferior a la masa de partida, porque la masa «perdida» se ha transformado en energía.

El hidrógeno presente en el corazón del Sol bastará para otros cuatro o cinco mil millones de años. Entonces, todo el Sol se habrá transformado en helio y, luego, el helio se fundirá produciendo carbono. Si toda la masa del Sol pudiera transformarse en energía, el Sol brillaría 15 billones de años más, mil veces la edad actual estimada para el universo. En realidad, las reacciones nucleares de una estrella continuarán mientras la presión y la temperatura del corazón sean elevadas. En el caso del Sol, es probable que los procesos se detengan cuando todo el carbono se haya transformado en oxígeno.

En la actualidad, cada segundo se transforman 5,7·10^{11} kg de hidrógeno en 5,6·10^{11} kg de helio, liberando una energía formada en un 97% por rayos γ. Pero el proceso que lleva a cuatro protones a fundirse en un núcleo de helio (dos protones y dos neu-

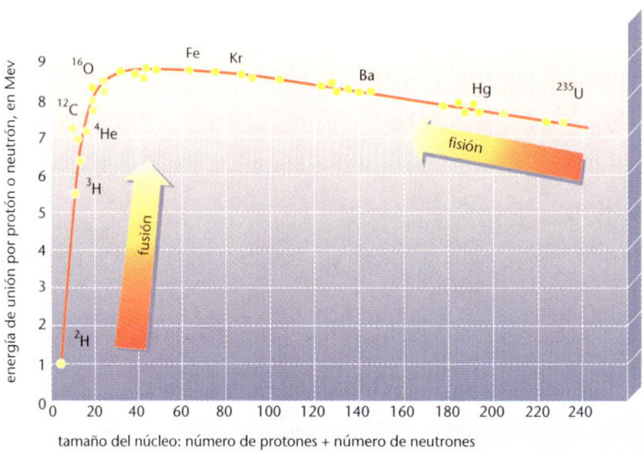

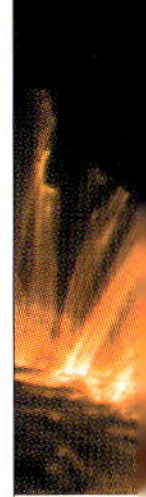

REACCIONES DE FUSIÓN EN EL SOL

EL CICLO DEL CARBONO

El isótopo 12 del carbono (^{12}C) cataliza una reacción (quizá más frecuente en estrellas con masa superior al Sol) que libera 25,03 MeV ($4{\cdot}10^{-6}$ J) y que, grosso modo, se produce como sigue:

- Un núcleo de ^{12}C absorbe 1 protón, después se transforma en nitrógeno 13 (^{13}N) y libera fotones γ.
- ^{13}N precipita rápidamente en ^{13}C y suelta 1 positrón y 1 neutrino.
- El ^{13}C absorbe 1 protón y emite un nuevo rayo γ, transformándose en nitrógeno 14 (^{14}N) estable.
- Al penetrar 1 protón en el ^{14}N, se transforma en oxígeno 15 (^{15}O) inestable.
- El ^{15}O precipita en nitrógeno 15 (^{15}N), luego, al emitir 1 positrón y rayos γ.
- ^{15}N absorbe un protón y se divide en dos: un núcleo de helio 4 (^{4}He) y un núcleo de ^{12}C.

Una vez cada 2.000 reacciones, el ciclo termina de forma distinta y pasa a través del flúor 17 y el oxígeno 16 y 17. En este caso, la energía total liberada es de 24,74 MeV (unos $3{,}9{\cdot}10^{-6}$ J).

LA REACCIÓN PROTÓN-PROTÓN

Es la fuente más probable de energía en estrellas con la masa del Sol. Tras una primera sucesión común, el camino se separa.

Sucesión común:

- Chocan 2 protones y originan 1 deutón (núcleo de deuterio, o hidrógeno pesado: 1 protón y 1 neutrón), 1 positrón y 1 neutrino y se libera 1,75 MeV de energía. En el 0,25% de los casos (reacción PEP) también interviene un electrón: se produce 1 neutrino y se libera 1,44 MeV de energía.
- El deuterio se funde con otro protón formando helio 3 (^{3}He) inestable.

Primer camino (91% de los casos):

- Se funden 2 núcleos de ^{3}He, producen ^{4}He y regeneran los 2 protones iniciales. Se liberan 5,49 MeV.

Segundo camino (9% de los casos):

- Se funden un núcleo de ^{3}He y 1 núcleo de ^{4}He, forman un núcleo de berilio 7 (^{7}Be) y liberan rayos γ.
- ^{7}Be absorbe 1 electrón, se transforma en litio 7 (^{7}Li) y libera 1 neutrino. El proceso puede tener lugar de dos formas que liberan 0,86 MeV (90% de los casos) o 0,38 MeV (10% de los casos).
- El ^{7}Li absorbe un protón y se divide en 2 núcleos de ^{4}He.

Tercer camino (0,1% de los casos):

- Un núcleo de ^{3}He choca con otro de ^{4}He, se funden en 1 núcleo de ^{7}Be y liberan rayos γ.
- ^{7}Be absorbe un protón y se transforma en boro 8 (^{8}B) y rayos γ.
- El ^{8}B inestable se transforma en berilo 8 (^{8}Be) y libera 1 positrón, 1 neutrino y 14,06 MeV de energía.
- A su vez, el ^{8}B se escinde en 2 núcleos de ^{4}He.

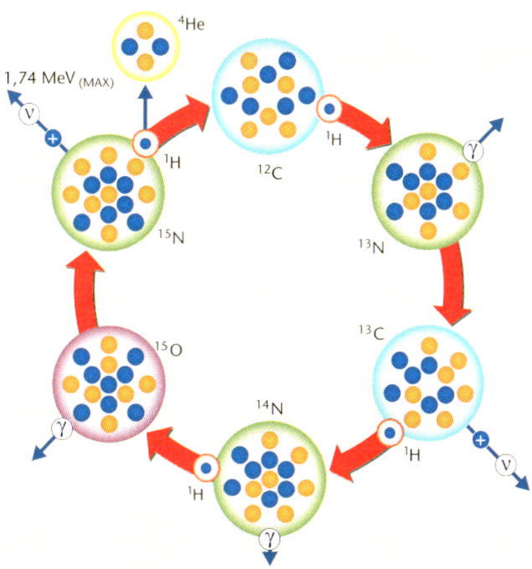

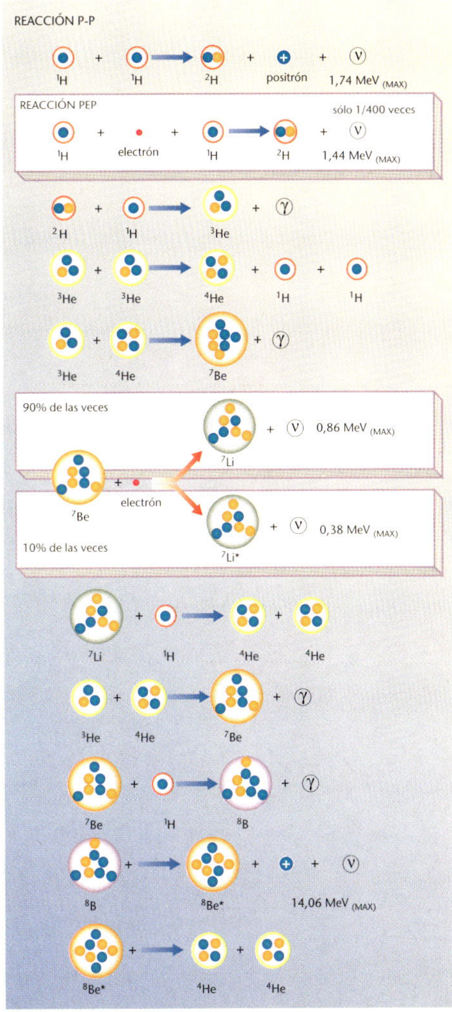

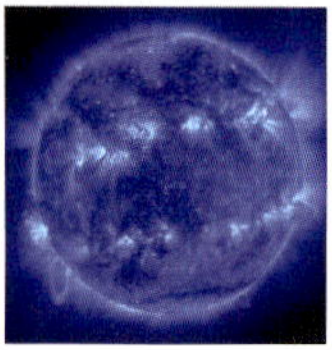

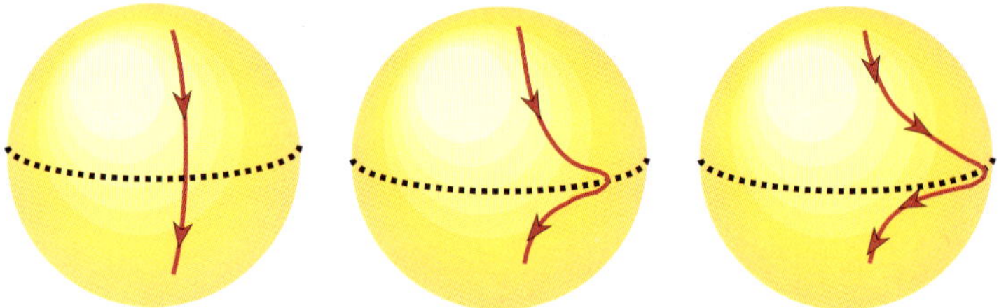

Campo magnético y ciclo solar
Los esquemas resumen la hipótesis de cómo se llega de un mínimo solar a un máximo: a causa de la rotación diferencial del Sol, las líneas de fuerza del campo magnético se «enroscan» hasta provocar un periodo de gran inestabilidad (máximo solar). Este es seguido de un progresivo retorno a condiciones de mínimo. Arriba: Entre las dos imágenes tomadas del Sol con ultravioletas durante un mínimo (arriba) y durante un progresivo aumento de actividad (abajo), han transcurrido casi dos años.

trones) es extremadamente lento y puede seguir dos caminos distintos, que han sido teorizados y descritos por el físico alemán Hans Albrecht Bethe.

Las fusiones en el núcleo solar son un proceso autorregulado: el Sol está en equilibrio constante entre la presión gravitatoria, que tiende a precipitar el gas hacia el centro, y la presión interna producida por la temperatura. Si la producción de energía aumenta, la temperatura se eleva, el gas se expande y aumenta la presión interna, que a su vez expande el Sol. Pero a la vez dicha expansión provoca una disminución de la presión y, en consecuencia, de la temperatura. Dado que las reacciones internas son muy sensibles a la temperatura, estas se desacelerarán, el gas se contraerá de nuevo y todo volverá a estar como al principio. Y al contrario, si la producción de energía disminuye, la presión interna se reduce, mientras que la presión de la gravedad se vuelve predominante, pero la concentración del gas hacia el centro aumentará la presión interna y, por ello, la de la temperatura y la velocidad de reacción. Y todo volverá a quedar igual.

EL CICLO SOLAR

Si colocamos en un diagrama el número de los principales fenómenos superficiales y el tiempo, veremos que son manifestaciones distintas de una única actividad global con características cíclicas. Se conocen periodos de máxima y mínima actividad solar, durante los que determinados fenómenos son más frecuentes o prácticamente ausentes. Se trata de los denominados *máximos* y *mínimos solares*, que se suceden a intervalos regulares de 7-15 años de duración, es decir, cada 11 años de media.

A partir del primer ciclo documentado (1755), se apreció que la evolución del mínimo al máximo es más rápida que en la fase opuesta, y que cuanto más breve es el paso de una a otra más activa es la fase culminante. Pero esto no siempre es evidente; el ciclo que finaliza se superpone al que comienza, aunque resulta fácil distinguir uno del siguiente o del precedente gracias a las características magnéticas de las manchas, puesto que estas invierten la polaridad con cada nuevo ciclo. Si observamos el Sol a partir de un periodo mínimo, veremos:

- Poquísimas manchas cercanas al ecuador (pertenecientes al ciclo antiguo) acompañadas de algunas manchas en las latitudes 40° (ciclo nuevo).
- El número total de manchas aumenta y las nuevas aparecen en latitudes cada vez más bajas.
- Cuando los haces de manchas se hallan a 15° de latitud, el número total de manchas empieza a disminuir a la vez que estas continúan migrando hacia el ecuador.

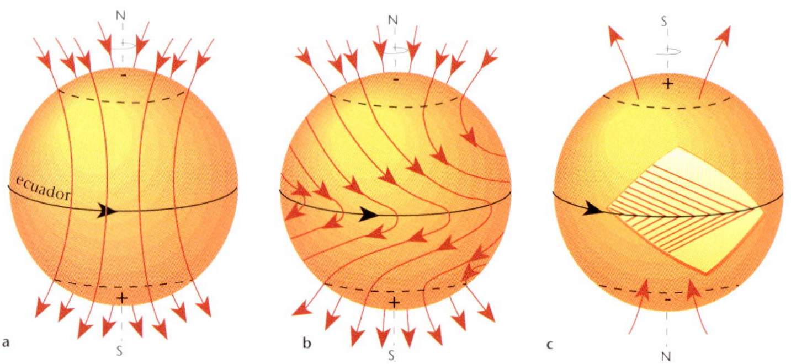

Campo magnético y ciclo solar
Dado que los ciclos solares se superponen, este proceso debería producirse a nivel magnético:
a. Líneas de fuerza en el mínimo solar.
b. Líneas de fuerza en el máximo solar.
c. Líneas de fuerza al iniciar un nuevo ciclo: en profundidad las del ciclo precedente; en la superficie las del nuevo ciclo, con polaridad invertida.

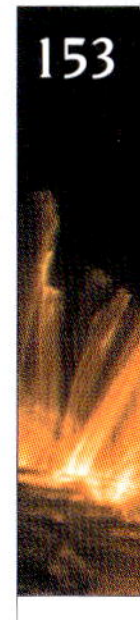

• El ciclo concluye cuando se forman las últimas y escasas manchas entre los 5° y los 10° de latitud y, a unos 40°, empiezan a formarse las manchas de la nueva serie, con polaridad opuesta.

Durante cada ciclo de actividad, todos los grupos de manchas del hemisferio Norte tienen la misma polaridad en el extremo Oeste, mientras que todos los grupos del hemisferio austral tienen en la misma extremidad Oeste una polaridad opuesta.

Para evaluar la actividad solar a partir del desarrollo de las manchas, se recurre a un índice llamado ***número relativo de Wolf***, ideado en 1848 por el astrónomo suizo Rudolf Wolf y expresado por la fórmula $R = k\ (10\,g + f)$, donde R es el número relativo, k una constante instrumental, *g* el número de los grupos de manchas y *f* el número de manchas.

El ciclo de las manchas solares demuestra la existencia de un ciclo magnético de unos 22 años, cuya interpretación sigue siendo muy compleja. Si en los polos las líneas de fuerza siguen la dirección Norte-Sur, al acercarse al ecuador se deforman por la distinta velocidad de rotación del gas (que crece al disminuir la latitud): en tres años, a latitud 0° se realizan cinco rotaciones completas más que a latitud 50°. Durante un mínimo solar, todas las líneas de fuerza corren a lo largo de los meridianos y confluyen en los dos polos magnéticos. Con el paso del tiempo, las líneas se deforman cada vez más, hasta correr a lo largo de los paralelos. A partir de cierto límite se amontonan y se entrelazan. Se cree que el plasma aprisionado en el campo magnético da lugar a los fenómenos que pueden observarse en la superficie solar, pero el mecanismo es muy complejo.

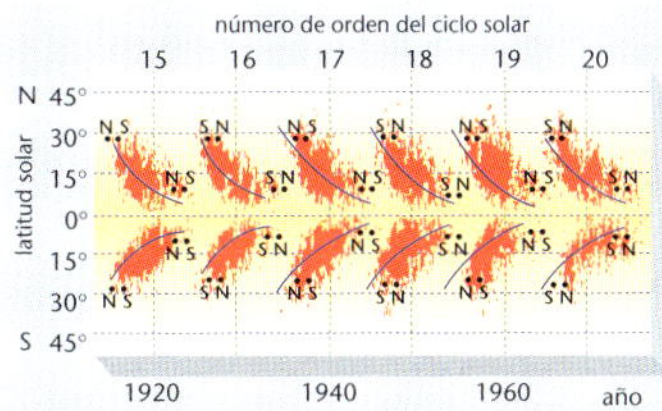

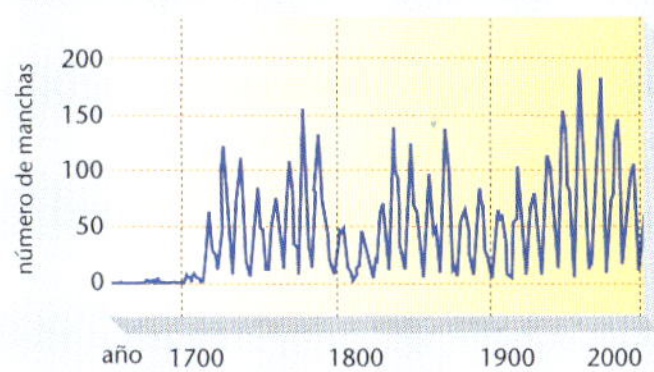

Ciclo solar
La tabla muestra la franja ecuatorial del Sol e indica las zonas en las que, con el tiempo, se forman las manchas durante cada ciclo. Se muestra tanto la deriva hacia latitudes inferiores como el cambio de polaridad.

Número de manchas
Cada pico, correspondiente a un número elevado de manchas, coincide con un máximo solar.

Actividad creciente
Tres imágenes del Sol, tomadas en la banda del hierro XII (195 Å) a unos tres años de distancia entre sí, muestran un aumento de actividad. La corona tiene una temperatura de 10^6 K. Manchas, erupciones y fulguraciones se distribuyen en zonas de alta inestabilidad magnética.

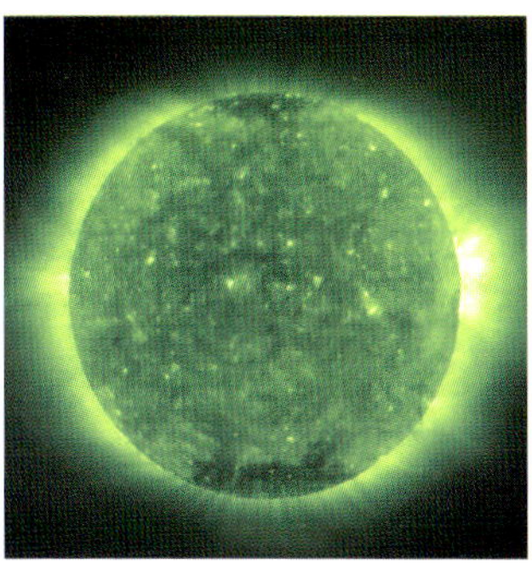

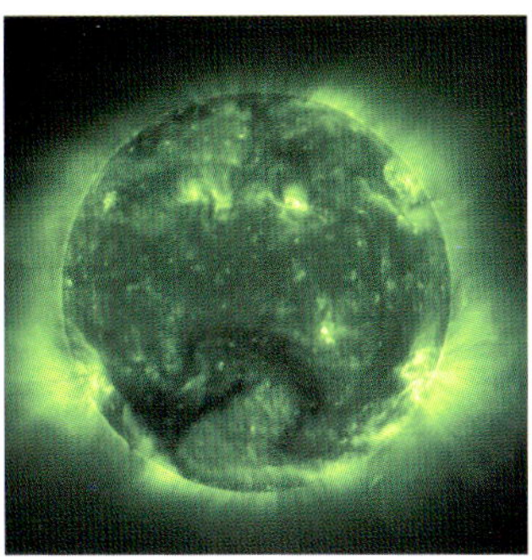

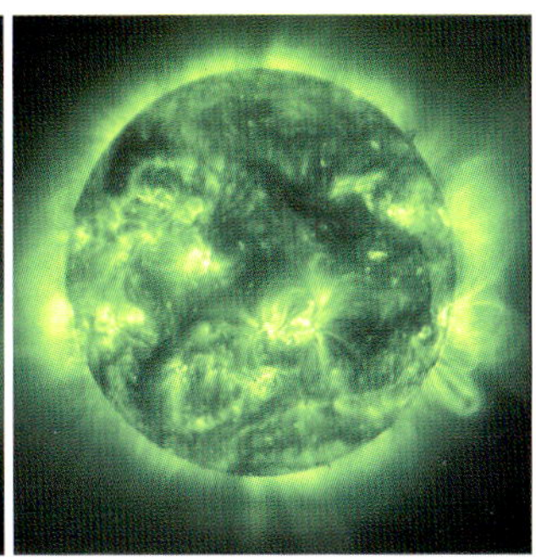

DE MERCURIO A PLUTÓN

LAS LUCES ERRANTES EN EL CIELO REFLEJADAS POR LOS PLANETAS HACEN QUE SEAN LOS OBJETOS MÁS VISIBLES DEL SISTEMA SOLAR. SIN EMBARGO, ALREDEDOR DEL SOL ORBITAN MILLONES DE CUERPOS DE TAMAÑO Y VISIBILIDAD VARIABLE: SON SATÉLITES DE PLANETAS, ASTEROIDES, COMETAS Y MASAS DE POLVO, IONES MOLECULARES Y ATÓMICOS, PARTÍCULAS Y FOTONES QUE RELLENAN EL «VACÍO» DE MATERIA IMPERCEPTIBLE Y DE CORRIENTES MAGNÉTICAS. SE DISTINGUEN BIEN CUANDO PASAN LOS COMETAS, QUE MUESTRAN EL VIENTO SOLAR CAPAZ DE DEFORMAR HASTA LOS CAMPOS MAGNÉTICOS PLANETARIOS. GRACIAS A LAS SONDAS ESPACIALES Y A LOS GRANDES TELESCOPIOS, HOY SABEMOS MUCHO SOBRE NUESTRO SISTEMA: LOS PLANETAS, SALVO PLUTÓN, EL COMETA HALLEY Y ALGÚN ASTEROIDE HAN SIDO OBSERVADOS DE CERCA, SE HAN RECOGIDO MUESTRAS Y ANALIZADO CON INSTRUMENTOS CADA VEZ MÁS PRECISOS, QUE HAN DADO RESPUESTAS Y ABIERTO NUEVOS CAMPOS DE INVESTIGACIÓN.

Alrededor del Sol se mueven muchísimos cuerpos, más pequeños y fríos que nuestra estrella: no están sólo los planetas y sus satélites, sino también los asteroides, los cometas, los meteoritos, el polvo y los iones del medio interestelar sometido a la gravedad solar.

Un planeta es un cuerpo celeste esférico en órbita alrededor de una estrella, al que vemos porque refleja la luz de esta. Cuando se trata de otras estrellas distintas al Sol, los planetas, si los hay, son invisibles porque la luz que reflejan a esas distancias es demasiado débil para ser diferenciada de la directa de la estrella. En estos casos, se deduce que alrededor de la estrella gira un planeta porque se aprecian los efectos gravitatorios sobre el movimiento de la estrella. Sin embargo, así sólo pueden descubrirse, aunque con dificultad, planetas con la dimensión de Júpiter o Saturno. El sistema solar está compuesto por nueve planetas (ocho, según algunos científicos), con características estructurales y astronómicas distintas. Todos giran alrededor del Sol y rotan alrededor de su eje con determinado grado de inclinación respecto a la eclíptica y a su plano de traslación. Alejándonos del Sol hallamos: Mercurio, Venus, Tierra, Marte, Júpiter, Saturno, Urano, Neptuno y Plutón.

PLANETAS ROCOSOS, TERRESTRES O INTERIORES

Son los más cercanos al Sol (*interiores* al sistema solar): Mercurio, Venus, Tierra y Marte. Son relativamente pequeños y están formados principalmente por compuestos sólidos, como rocas, are-

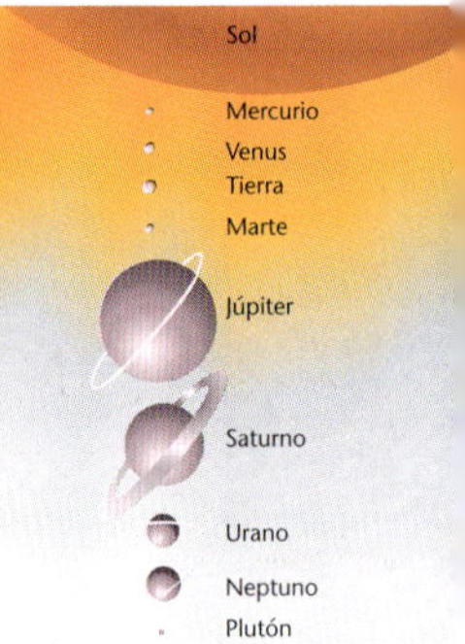

SISTEMA SOLAR
La imagen resume las diferencias básicas entre planetas interiores y planetas exteriores.

UN PLANETA ROCOSO
Instantánea del suelo de Marte tomada por el *Pathfinder* que disipa algunas dudas sobre las características fisicoquímicas del planeta.

Cifras de los planetas rocosos, terrestres o interiores

	Mercurio	Venus	Tierra	Marte
Radio ecuatorial (10^3 km)	2,439	6,052	6.378	3.396
Masa respecto a la Tierra	0,06	0,8	1	0,1
Volumen respecto a la Tierra	0,06	0,88	1	0,15
Densidad media (g/cm^3)	5,4	5,2	5,5	3,9
Aplastamiento polar	0	0	0,003	0,005
Distancia media del Sol (10^6 km)	57,9	108,2	149,6	227,9
Número de satélites conocidos	0	0	1	2
Presencia de anillos	no	no	no	no
Principales componentes atmosféricos	-	CO_2	N_2, O_2	CO_2

Cifras de los planetas jovianos o exteriores

	Júpiter	Saturno	Urano	Neptuno
Radio ecuatorial (10^3 km)	70,85	60	25,4	24,3
Masa respecto a la Tierra	317,8	95,1	14,6	17,2
Volumen respecto a la Tierra	1.316	755	67	87
Densidad media (g/cm^3)	1,4	0,7	1,3	1,8
Aplastamiento polar	0,061	0,109	0,03	0,03
Distancia media del Sol (10^6 km)	778,3	1.427	2.870	4.497
Número de satélites conocidos	16	23	15	8
Presencia de anillos	sí	sí	sí	sí
Principales componentes atmosféricos	H, He	H_2, He	H_2, He, CH_4	H_2, He, CH_4

nas y polvo. Carecen de atmósfera o tienen capas gaseosas no muy gruesas, formadas por elementos de peso relativo: como en la Tierra. No tienen anillos ni muchos satélites.

LOS PLANETAS JOVIANOS O EXTERIORES

Júpiter, Saturno, Urano y Neptuno son los cuatro planetas exteriores, es decir, con órbitas fuera del cinturón de asteroides, que marca el límite de los cuerpos rocosos. Al igual que Júpiter (de donde deriva el adjetivo *jovianos*), se caracterizan por atmósferas muy gruesas, presentan núcleos pequeños de roca rodeados por elementos «ligeros» (hidrógeno, helio, metano, amoniaco, etcétera) que, por las bajas temperaturas y las elevadas presiones a las que son sometidos dentro de los planetas, se presentan en estado líquido o sólido. Numerosos anillos de materiales incoherentes giran alrededor de cada planeta, junto a una corte de satélites de dimensiones más o menos grandes.

OTROS CUERPOS

Los cuerpos menores del sistema solar son muy numerosos, aunque su masa conjunta sea pequeña.

- ***Satélites.*** Pequeños y a menudo esféricos, brillan con la luz reflejada y giran alrededor de un planeta.
- ***Asteroides*** o ***planetas menores.*** Su diámetro oscila entre unos pocos kilómetros y casi 1.000 (con una media inferior a 50 km) y su forma es irregular. Tienen órbitas principalmente comprendidas entre la de Marte y la de Júpiter.
- ***Cometas.*** Objetos ricos en hielos y con escasas decenas de kilómetros de diámetro. Normalmente tienen órbitas muy alargadas. Al acercarse al Sol, se tornan muy visibles.
- ***Meteoritos.*** De pequeñas dimensiones, «viajan» por el espacio y a veces entran en la atmósfera terrestre y se vuelven incandescentes por el rozamiento con el aire. En este caso se llaman *meteoros,* al igual que los fenómenos luminosos que producen.

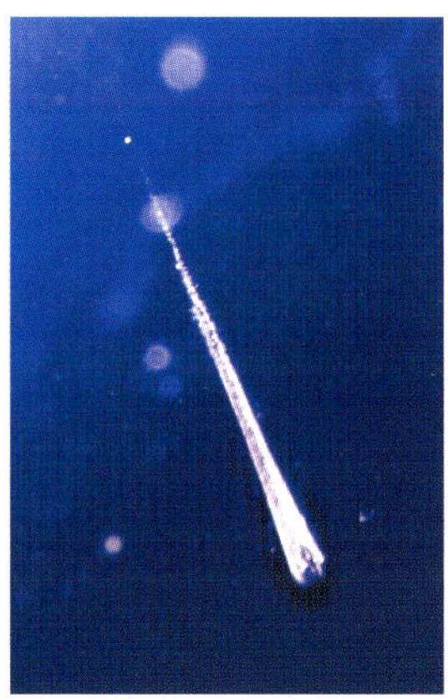

Planetas y satélites
Vista de Júpiter y de algunos de sus satélites mayores, en un fotomontaje.

Un meteorito
Los meteoritos se acercan a la Tierra a una velocidad de entre 40.000 y 250.000 km/h.

EL MOVIMIENTO DE LOS PLANETAS OBSERVADO DESDE LA TIERRA NO ES REGULAR: PARECE QUE SE MUEVAN ONDULANDO SOBRE UN PLANO VERTICAL E INCLUSO, EN ALGUNAS ZONAS, QUE RETROCEDAN, PARA DESPUÉS VOLVER A MOVERSE EN LA DIRECCIÓN INICIAL. TODO ELLO SE DEBE A QUE TAMBIÉN LA TIERRA SE MUEVE. COMO EL RESTO DE LOS PLANETAS, LA TIERRA SIGUE LAS LEYES DE KEPLER.

MOVIMIENTOS Y CONFIGURACIONES

Los planetas del sistema solar, así como sus satélites, anillos, asteroides y cometas, se caracterizan por movimientos muy complejos. Estos se descomponen, como en el caso de la Tierra, en movimientos sencillos que, al recomponerlos, pueden describir de forma aproximada la realidad del movimiento observado. Así, la física puede estudiarlos con mayor facilidad.

- Todos los cuerpos del sistema solar, incluido el Sol, giran alrededor de su propio *eje de rotación*.
- Todos los cuerpos del sistema solar giran alrededor del Sol siguiendo una *órbita*.
- Todos siguen trayectorias *elípticas*.
- Todos los satélites giran alrededor de los planetas siguiendo trayectorias elípticas.
- El eje de rotación de los planetas está inclinado respecto al plano de su órbita alrededor del Sol.

Las leyes físicas que describen estos movimientos celestes son las tres leyes de Kepler, que hallan completa «justificación» en las leyes de gravitación universal de Newton.

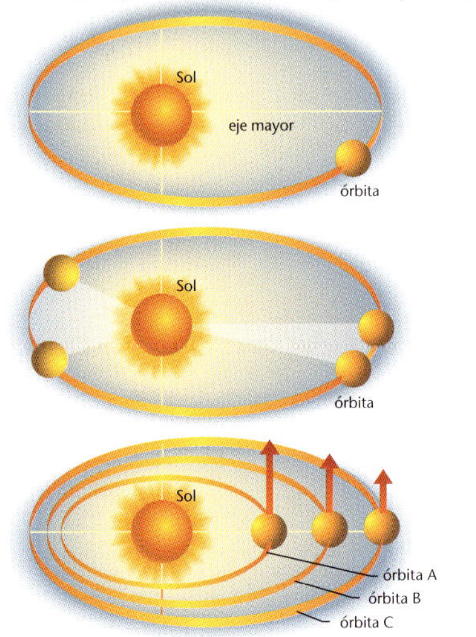

KEPLER
Las ilustraciones resumen las tres leyes empíricas que descubrió Kepler y que describen los movimientos planetarios.
a. *Primera ley. Los planetas se mueven sobre elipses, en uno de cuyos focos se halla el Sol.* Casi todas las elipses planetarias son poco excéntricas, pero la distancia al Sol varía siempre entre un mínimo (perihelio) y un máximo (afelio).
b. *Segunda ley. El vector Sol-planeta barre áreas iguales en tiempos iguales.* La velocidad varía en toda la órbita: es máxima en el perihelio y mínima en el afelio.
c. *Tercera ley. El cuadrado del tiempo de revolución de un planeta es proporcional al cubo de los semiejes mayores de las órbitas.*

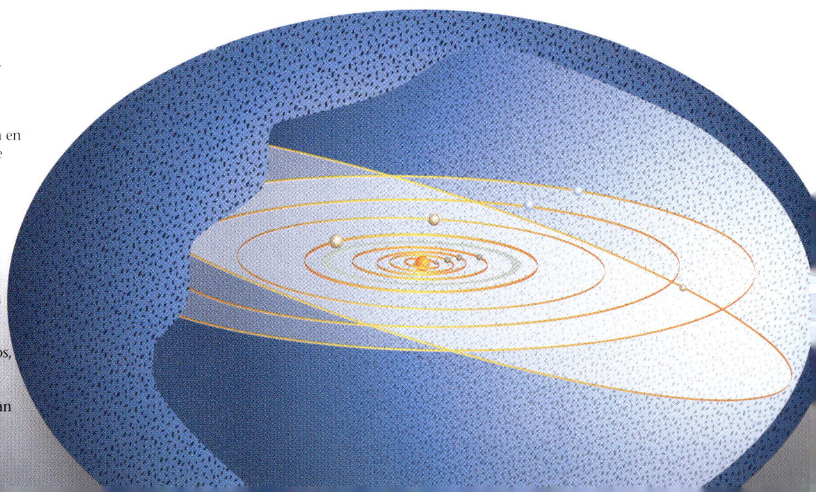

SISTEMA SOLAR
Esta imagen, aunque expresamente errónea en las proporciones entre cuerpos y distancias, resume el orden de los principales cuerpos del sistema solar y la inclinación de sus órbitas respecto a la eclíptica. El «huevo» representa todos los objetos aún más «externos» todavía no catalogados, como los cuerpos de Kuiper y los núcleos de cometas que forman la nube de Oort.

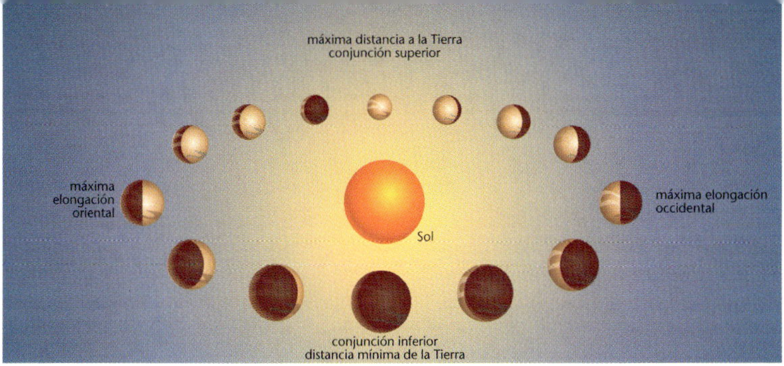

Cambios
El esquema resume las diferencias de tamaño que un planeta interior muestra en las distintas posiciones respecto al Sol. En este caso se trata de Venus, que también presenta una sucesión de fases parecidas a las lunares.

Estas leyes son válidas tanto para los planetas en órbita alrededor del Sol como para los satélites en órbita alrededor de los planetas, los cometas recurrentes, los grupos de meteoritos derivados de la desintegración de antiguos cometas y todos los asteroides que ocupan el espacio entre Marte y Júpiter.

DIRECCIÓN DE LOS MOVIMIENTOS

El sentido en el que giran todos los planetas alrededor del Sol es «directo», es decir, contrario a las manecillas del reloj, para un observador colocado en el Sol y que mira al polo norte de la eclíptica. Este es también el sentido de la rotación de casi todos los planetas y el de la traslación de casi todos los satélites alrededor de sus planetas.

ÓRBITAS Y MOVIMIENTOS APARENTES

Contrariamente a lo que podríamos imaginar, las órbitas de los planetas no se hallan sobre el mismo plano. Al igual que la Tierra tiene su eclíptica, cada planeta posee su *plano orbital* delimitado por su propia órbita.

No obstante, sucede que ciertos planos orbitales están poco inclinados entre sí. Por ejemplo, respecto al plano de la órbita terrestre la inclinación de las diversas órbitas está comprendida en los 5° (a excepción de las órbitas de Mercurio y Plutón). Por esa razón, a menudo podemos ver en el cielo nocturno algunos planetas que, alineados con la Luna, «visualizan» la eclíptica sobre la esfera celeste.

Las distintas velocidades a las que se desplazan los planetas a lo largo de su órbita (más bajas cuando están más alejados del Sol), la continua variación de velocidad derivada de la segunda ley de Kepler, y el hecho de que las órbitas de los planetas no se hallen al mismo nivel son las razones principales que determinan las «irregularidades» observadas desde la Tierra en el movimiento de los planetas.

ALINEAMIENTOS

La distancia angular de un planeta a la alineación Sol-Tierra se llama ***elongación:*** si el planeta es exterior a la Tierra, a 0° se habla de ***conjunción,*** a 90° de ***cuadratura,*** a 180° de ***conjunción superior;*** si el planeta es interior, no alcanza la cuadratura y a 0° se habla de ***conjunción superior*** y a 180° de ***conjunción inferior.*** Para estos últimos, las máximas elongaciones (Este u Oeste, según si siguen o preceden al Sol) son de 28° en el caso de Mercurio y 48° en el caso de Venus.

Movimiento en zigzag
El esquema muestra cómo puede verse el zigzag de un planeta en el cielo. Para simplificarlo, hemos supuesto que el planeta está quieto, pero la realidad no cambia mucho si se mueve más lentamente que la Tierra, como sucede en el caso de los planetas exteriores.

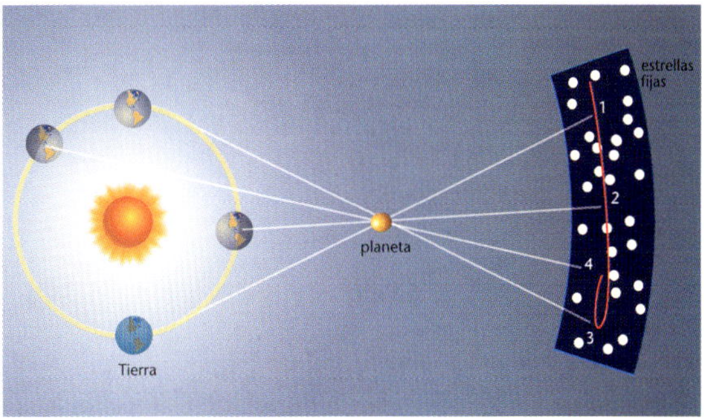

Distancia y movimientos

Planeta	Distancia máxima al Sol (10^6 km)	Traslación en días (d) o años solares medios (a)	Rotación (h)	Velocidad orbital (km/s)
Mercurio	69,7	88 d	1.407	47,9
Venus	109,0	224,7 d	24,62	35,0
Tierra	152,1	365,26 d	23,93	29,8
Marte	249,1	687 d	24,62	24,1
Júpiter	815,7	11,86 a	9,84	13,1
Saturno	1.507	29,46 a	10,24	9,6
Urano	3.004	84,01 a	15,6	6,8
Neptuno	4.537	164,8 a	18,5	5,4
Plutón	7.375	247,7 a	153	4,7

Es el planeta más cercano al Sol, el más denso después de la Tierra y el más pequeño (a excepción de Plutón). También es el planeta donde la amplitud térmica entre el día y la noche es más relevante: 550 °C de media. Pasa de un mediodía realmente infernal (427 °C) a una medianoche de congelación (-123 °C). Todo ello en poco más de 500 horas: el día más largo del sistema solar.

MERCURIO

Mercurio es un planeta especial y, en muchos aspectos, un auténtico secreto. A causa de la cercanía con el Sol, resulta muy difícil observarlo desde la Tierra. Dista unos 43 millones de kilómetros de nuestra estrella y se aleja hasta un máximo de 28° del borde solar. Por ello, desde la Tierra sólo puede verse Mercurio al alba o al ocaso. También presenta un movimiento de traslación muy rápido (de otra forma ya habría resultado tragado por el Sol): realiza un recorrido completo en sólo 88 días. Por tanto, sólo puede observarse unos pocos días seguidos y luego desaparece. Además, desde la Tierra, como en el caso de la Luna y Venus, se aprecian *fases* de Mercurio con la ayuda de unos prismáticos o un telescopio, aunque puede resultar peligroso para la vista, y hay que procurar a toda costa no enfocar directamente al Sol.

Además de la escasa información recopilada con extrema paciencia por los astrónomos del pasado (Mercurio se conoce desde la Antigüedad), tenemos muchísimos datos gracias a las exploraciones de las sondas espaciales. En particular, en 1974 se acercó al planeta la *Mariner 10,* una sonda estadounidense que se aproximó hasta unos centenares de kilómetros; cubrió el 40% de la superficie, de la que envió unas 6.000 fotografías. Fue la primera vez que pudo

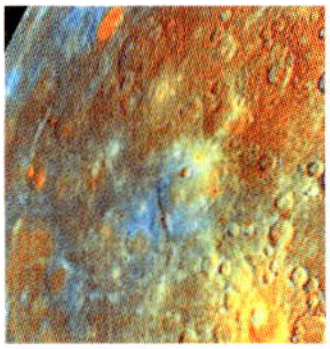

Mercurio desde el *Mariner 10*
Las imágenes de Mercurio de estas páginas muestran un *montaje* de tres fotos obtenidas por la *Mariner 10*. Los conocimientos sobre este planeta no han avanzado mucho, a pesar de que las sondas han recopilado nuevos datos. Investigaciones recientes efectuadas por los astrónomos de Arecibo han señalado algunas zonas polares de alta reflexión de radio, justificada por la existencia de una capa de hielo de un par de metros de grosor. Se prevén nuevas expediciones europeas, japonesas y estadounidenses para 2004 y 2009.

Arriba: Una elaboración con colores falsos que muestra la supuesta constitución química del suelo de Mercurio.

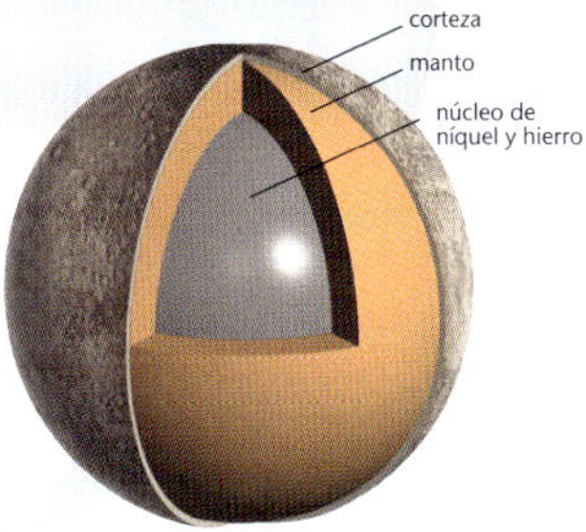

MERCURIO EN CIFRAS

RADIO ECUATORIAL (km)	2.439,7
MASA (10^{23} kg)	3,3
• RESPECTO A LA TIERRA	0,055
VOLUMEN (10^{23} cm^3)	0,07
• RESPECTO A LA TIERRA	0,054
DENSIDAD MEDIA (g/cm^3)	5,43
TEMPERATURA MEDIA (K = °C)	
• DIURNA	700,15 = 427
• NOCTURNA	100,15 = -173
GRAVEDAD SUPERFICIAL (m/s^2)	2,78
APLASTAMIENTO POLAR	0
DISTANCIA MEDIA (10^6 km)	
• DEL SOL	57,9
• DE LA TIERRA (EN LA CONJUNCIÓN INFERIOR)	91,7
PERIHELIO (10^6 km)	45,9

SATÉLITES:	NINGUNO
AFELIO (10^6 km)	69,7
DIÁMETRO APARENTE DEL SOL	1°22,7'
PERIODO	
• DE ROTACIÓN (H SOLARES MEDIAS)	1407
• DE TRASLACIÓN (D SOLARES MEDIOS)	87,969
EXCENTRICIDAD ORBITAL	0,2056
VELOCIDAD ORBITAL MEDIA (km/s)	47,9
INCLINACIÓN	
• DE LA ÓRBITA RESPECTO A LA ECLÍPTICA	7°
• DEL ECUADOR EN LA ÓRBITA	<28°
ALBEDO	0,10
PRESIÓN ATMOSFÉRICA (10^{-7} Pa)	1
PRINCIPALES COMPONENTES DE LA ATMÓSFERA (PORCENTAJES)	HE (42%), NA (42%), O (15%)

observarse «de cerca» la desolada panorámica de Mercurio, sometido a una fortísima radiación solar.

Mercurio gira sobre sí mismo (día sideral) en 58,65 días terrestres, pero para que el Sol vuelva al mismo punto de la superficie se necesitan 176 días terrestres: en ese periodo el planeta gira dos veces en torno al Sol. Esta lenta rotación expone al Sol el mismo hemisferio durante largos periodos: quemado a más de 430 °C, Mercurio se enfría en sus largas noches hasta los 135 °C bajo cero (si se halla en el afelio, llega hasta -180 °C). Esta diferencia térmica es la más elevada de todo el sistema solar: una diferencia media de 500 °C entre la noche y el día. Ello se debe en parte a la ausencia de atmósfera: flagelado por el viento solar, con una gravedad baja –es el planeta menor del sistema, a excepción de Plutón–, Mercurio está envuelto en un velo gaseoso formado principalmente por helio. Las partículas α (núcleos de helio), que constituyen la parte más densa del viento solar, son capturadas sin interrupción y después dispersadas por el planeta.

Mercurio tiene muchos puntos en común con la Luna: por su composición se ha visto castigado por los meteoritos capturados por el Sol y está literalmente cubierto de cráteres. Las zonas de las llanuras son muy similares a las cuencas lunares, presumiblemente también producidas por coladas de lava. La formación más relevante en Mercurio es el Mar Caloris, un cráter de casi 1.400 km de amplitud y 9 km de profundidad, rodeado por relieves de casi 2 km de altura; se estima que lo originó un meteorito hace más de 3.500 millones de años. La violentísima colisión pudo haber partido el planeta: en las antípodas del Mar Caloris se observa una densa red de fracturas que, con toda probabilidad, son respuesta al impacto.

Sobre la estructura interna sólo pueden lanzarse hipótesis: en función de la presencia de un débil campo magnético y una elevadísima densidad (es la más alta, después de la Tierra), se cree que Mercurio posee un núcleo de hierro de 3.600 km de diámetro (equivalente a un 80% del diámetro de todo el planeta). Mercurio carece de satélites.

Venus es un planeta muy similar a la Tierra en cuanto a dimensiones. También posee algunos volcanes apagados recientemente. Pero ahí terminan los parecidos. Venus es un planeta con un 65% de superficie llana, envuelto en una densa atmósfera de anhídrido carbónico, barrido por vientos violentos como huracanes y calentado por el efecto invernadero hasta temperaturas medias de casi 500 °C.

VENUS

Al igual que Mercurio, Venus es un planeta interior y orbita en el espacio comprendido entre nuestro astro solar y la Tierra. Por esa razón, Venus también puede observarse mejor al alba y al ocaso. Venus es el primer astro en aparecer en el cielo y, por este motivo, en la Antigüedad se llamaba Véspero (del nombre latín del ocaso) o lucero vespertino. También es visible al alba: precede ligeramente al Sol; de hecho, en la Antigüedad también era conocido como Lucifer (que en latín significa «portador de luz») o lucero del alba.

Observar Venus a simple vista, con unos prismáticos o un telescopio, es realmente fácil: puede ponerse (o salir) hasta tres horas después (o antes) que el Sol. Por este motivo, en la Antigüedad ya se conocían muy bien las fases. De hecho, debido a que se mueve más cerca del Sol que la Tierra, al igual que la Luna, Venus recibe una iluminación diversa que, vista desde la Tierra, pasa de una fase creciente a una menguante, hasta desaparecer, para luego volver a iniciar el ciclo.

A diferencia de la Luna, durante las fases Venus cambia notablemente las dimensiones aparentes del diámetro: a causa de la considerable distancia con la Tierra, cuando se halla en fase plena ($2{,}60 \cdot 10^8$ km) o en fase de hoz («sólo» $0{,}4 \cdot 10^8$ km), pasa de un diámetro aparente de 10″ a un diáme-

Venus, desde el espacio
Tres imágenes de Venus.
De arriba a abajo:
Con la luz visible y con la ultravioleta, tomadas por la *Galileo*.
Derecha: Un *montaje* de imágenes por radar.

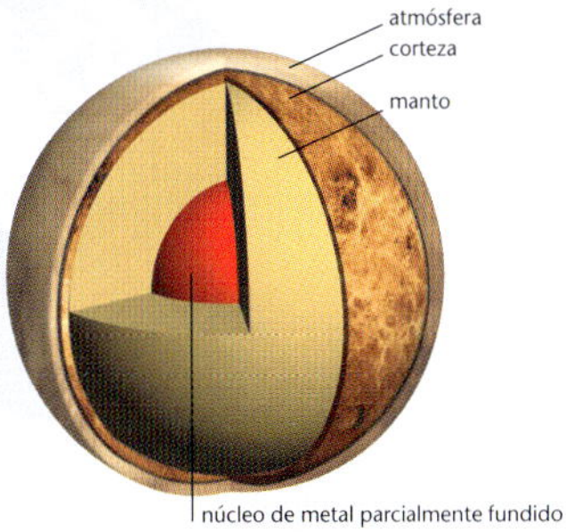

VENUS EN CIFRAS

RADIO ECUATORIAL (km)	6.052	SATÉLITES	NINGUNO
MASA (10^{24} kg)	4,90	AFELIO (10^6 km)	109,0
• RESPECTO A LA TIERRA	0,8149	DIÁMETRO APARENTE DEL SOL	44,2'
VOLUMEN (10^{27} cm^3)	0,95	PERIODO	
• RESPECTO A LA TIERRA	0,84	• DE ROTACIÓN INVERSA (h)	5.832,23
DENSIDAD MEDIA (g/cm^3)	5,25	• DE TRASLACIÓN (D SOLARES MEDIOS)	224,7
TEMPERATURA MEDIA (K = °C)		EXCENTRICIDAD ORBITAL	0,0068
• DE LAS NUBES	243,15 = - 30	VELOCIDAD ORBITAL MEDIA(km/s)	35,03
• DEL SUELO	753,15 = 480	INCLINACIÓN	
GRAVEDAD SUPERFICIAL (m/s^2)	8,87	• DE LA ÓRBITA RESPECTO A LA ECLÍPTICA	3,394°
APLASTAMIENTO POLAR	0	• DEL ECUADOR EN LA ÓRBITA	177°3'
DISTANCIA MEDIA (10^6 km)		ALBEDO	0,65
• DEL SOL	108,2	PRESIÓN ATMOSFÉRICA (10^6 Pa)	9
• DE LA TIERRA (EN LA CONJUNCIÓN INFERIOR)	41,4	PRINCIPALES COMPONENTES DE LA ATMÓSFERA	CO_2 (96%) N (3%)
PERIHELIO (10^6 km)	107,4		

tro aparente de hasta 66″ de arco. Las observaciones de este fenómeno permitieron a Galileo plantear una de las pruebas más concretas para confirmar la teoría copernicana.

A diferencia de la órbita que tiene Mercurio, con gran inclinación respecto a la eclíptica, la órbita de Venus sólo está inclinada 3,4°. Por ello, en algunos periodos el planeta aparece completamente oscurecido por el Sol ***(ocultación)*** y en otros cruza por delante del disco solar ***(tránsito):*** en este caso, aparece como un disco pequeño negro proyectado en el fondo luminoso del sol. Al contrario de lo que ocurre con la mayoría de los planetas, además Venus gira alrededor de su eje de rotación en sentido inverso: un habitante de ese planeta vería salir el Sol por el Oeste y ponerse por el Este.

UN PLANETA COMO LA TIERRA, AUNQUE MUY DISTINTO

En realidad, Venus es muy similar a nuestro planeta Tierra en dimensiones, masa, densidad, gravedad, presencia de una atmósfera gaseosa densa y luminosidad. Por esta razón, durante mucho tiempo se creyó que albergaba formas de vida similares a las terrestres.

Se enviaron numerosas expediciones espaciales estadounidenses y soviéticas en busca de indicios de vida, pero todas las sondas que exploraron la atmósfera del planeta y su superficie truncaron toda esperanza de hallar un ser vivo, por pequeño que fuera. Venus se parece a la Tierra, aunque no tanto como parece.

Los datos recopilados sobre la constitución de la atmósfera, las características de la superficie y la composición del suelo han permitido conocer bastante bien las condiciones «medias» de este planeta inhóspito.

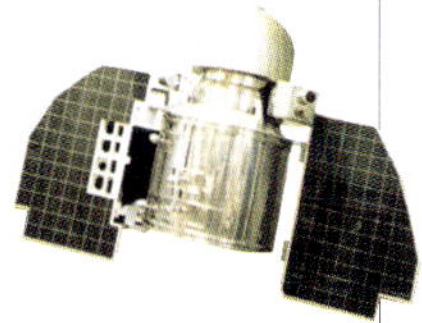

VENERA 1
Fue la primera sonda que viajó hacia Venus. Se diseñó para flotar en el hipotético océano venusiano tras llegar al planeta. A los siete días de su lanzamiento se perdió el contacto. En 1961, pasó a 100.000 km de Venus y entró en la órbita heliocéntrica.

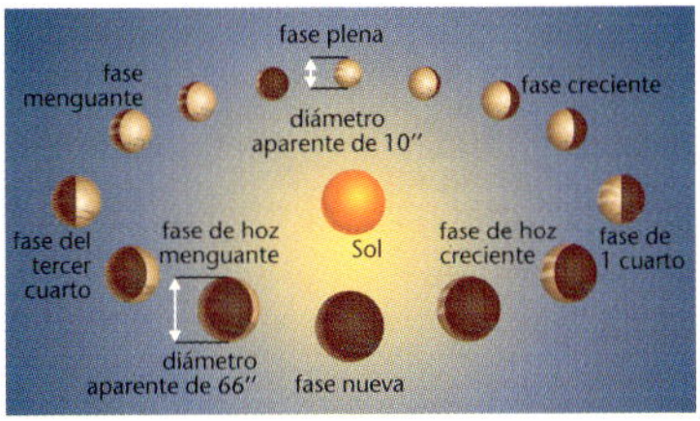

FASES
Fases y diámetros aparentes de Venus.

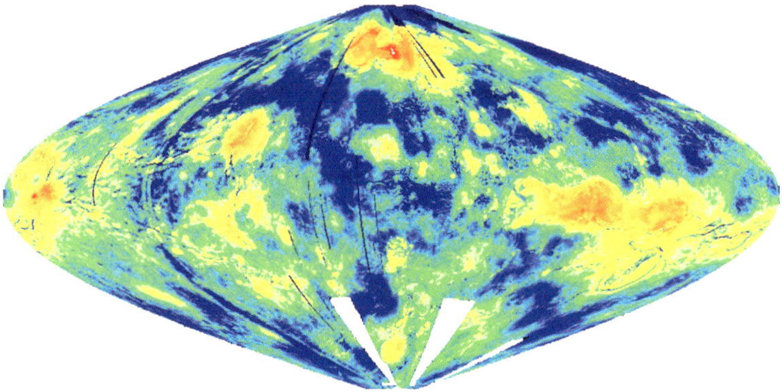

TOPOGRAFÍA
Este mapa topográfico de Venus, realizado a partir de los datos de las expediciones Magallanes, muestra en una proyección sinusoidal las distintas características geológicas del suelo venusiano. Los colores falsos ponen de relieve las zonas a altitud inferior (oscuras) correspondientes a coladas lávicas, y las de mayor altitud (claras, rojizas) corresponden a las zonas de colinas.

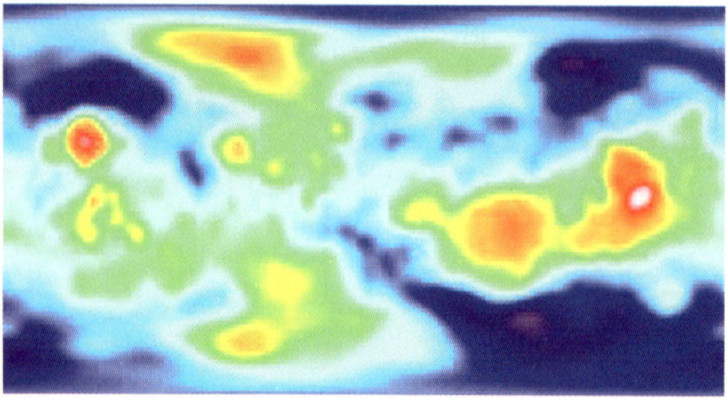

Calendario de las exploraciones

1961 *Sputnik 7* y *Venera 1*: intentos de acercamiento
1962 *Mariner 1* y *2*; *Sputnik 19, 20* y *21* intentan sobrevolar el planeta: solo *Mariner 2* lo consigue (a 35.000 km)
1963 *Cosmos 21*: intento fallido
1964 *Venera 64A, 64B*; *Cosmos 27*, *Zond 1*: intentos fallidos
1965 *Venera 2* y *3*, *Venera 65A*: intentos fallidos
1967 *Venera 4* datos atmosféricos; *Mariner 5* recoge datos, *Cosmos 167* fracasa
1969 *Venera 5* y *6* datos atmosféricos
1970 *Venera 7* aterriza; *Cosmos 359* fracasa
1972 *Venera 8* aterriza; *Cosmos 482* fracasa
1973 *Mariner 10* sobrevuela Venus y Mercurio
1975 *Venera 9* y *10*: una nave en órbita y lanza sondas que aterrizan
1978 *Pioneer-Venus 1* y *2*, *Venera 11* y *12* orbitan y recogen muestras
1981 *Venera 13* y *14* orbitan y recogen muestras
1983 *Venera 15* y *16* orbitan
1984 *Vegas 1* y *2* orbitan y lanzan globos-sonda
1990 *Magallanes* orbita

misiones urss: Cosmos, Sputnik, Vegas, Venera, Zond
misiones usa: Mariner, Magallanes, Pioneer-Venus

Gravedad
El planisferio venusiano muestra la distribución de los datos gravimétricos recogidos por la *Magallanes*.

Ordenador
Imagen tridimensional por ordenador, elaborada con los datos obtenidos por la *Magallanes*. Reproduce una panorámica del Monte Maat.

ATMÓSFERA «PESADA» Y SUELO VOLCÁNICO

La gruesa capa atmosférica venusiana, de unos 85 km de altura, está constituida en un 96% por anhídrido carbónico y en la base desarrolla una presión unas 92 veces superior a la que tenemos en Tierra a nivel del mar. En la atmósfera de Venus, así como en el resto del planeta, el agua es escasísima. Las nubes, suspendidas a una altura de 50 km, están formadas principalmente por ácido sulfúrico. Para tener una idea de las dimensiones de la atmósfera venusiana, podemos recordar que en la Tierra casi todo el aire se acumula en los primeros 5,6 km y que casi la totalidad de los fenómenos meteorológicos tienen lugar en los primeros 10 km sobre el nivel del suelo. No es casualidad que, desde el espacio, se consiga ver fácilmente el suelo de la Tierra. Pero en Venus la superficie del planeta es invisible hasta para los instrumentos más potentes, porque la refracción es demasiado fuerte. Con el telescopio no se observa la superficie de Venus, sino la parte superior de su atmósfera: el anhídrido carbónico es un gas muy reflectante de las radiaciones visibles e infrarrojas. Por esa razón, la temperatura media del planeta es en extremo elevada: raya los 500 °C, incluso más alta que en Mercurio. Este valor es excesivamente alto para ser producido tan solo por la radiación solar (aunque esta sea muy superior a la de la Tierra) y se cree que es el resultado de milenios de un acentuado efecto invernadero, causado por el alto porcentaje de anhídrido carbónico atmosférico. Además, en la alta atmósfera soplan vientos de más de 400 km/h. De hecho, la velocidad de rotación del planeta varía mucho según se consideren las nubes o el suelo. Mientras que las nubes realizan un giro en algo más de cuatro días, el

Los montes de Venus
Imagen con colores falsos basada en los datos altimétricos recogidos por las expediciones Magallanes.

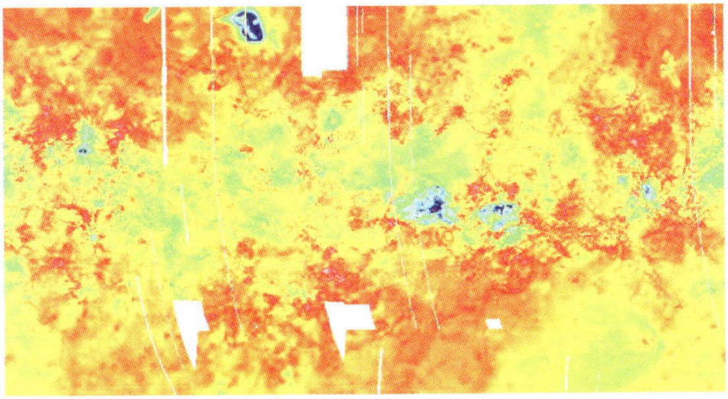

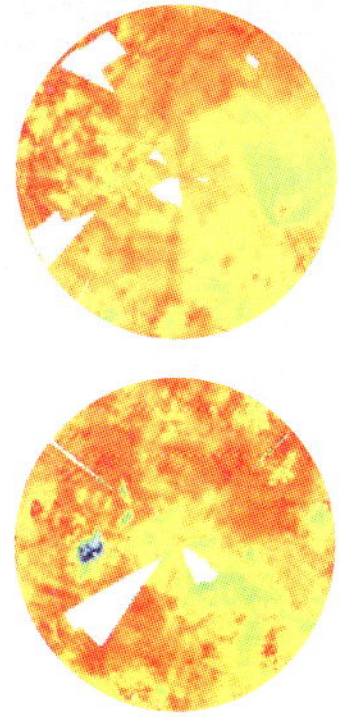

VENUS TIENE MICROONDAS
Análisis de las emisiones de microondas del planeta: planisferio y zonas polares norte y sur (a la derecha). Las partes blancas (no pintadas con colores simulados por ordenador) indican zonas cuyas emisiones no han sido captadas.

suelo emplea unos 243 para dar una vuelta completa. Dado que el año venusiano (es decir, el tiempo empleado para completar la traslación alrededor del Sol) es de 224 días, el día del suelo de Venus es más largo que el año. Por esa razón, el viento en el suelo es sólo de pocos kilómetros por hora.

Pero eso no es todo. Los instrumentos que transportaba *Venera 10* consiguieron aterrizar sin problemas, aunque resultaron destruidos al cabo de escasas horas de funcionamiento por la enorme presión soportada. A pesar de todo, en esas horas se recibieron datos inequívocos: bajo la gran capa de gas del planeta, apenas penetra la luz solar y la luminosidad del cielo venusiano es como la de un día de niebla densa en la Tierra. En esta calentísima penumbra, de vez en cuando llueve a cántaros una mezcla de ácido sulfúrico y agua.

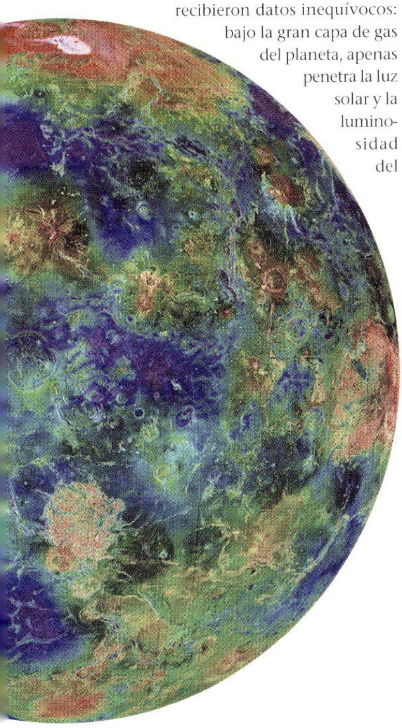

Las investigaciones de la sonda han permitido saber mucho más sobre el suelo de Venus. Aun siendo mayoritariamente llano, Venus presenta profundas depresiones, como la *Venus Rift Valley*, que alcanza 4 km de profundidad y 1.400 km de longitud y posee relieves que superan los 1.000 m. Además, a pesar de que en la actualidad no se registra ninguna emisión volcánica, se sospecha que Venus tuvo una intensa fase de vulcanismo, alimentada por una tectónica de placas semejante a la terrestre.

Por último, Venus carece de satélites y de campo magnético. Es probable que esta última característica se deba al lentísimo movimiento de rotación del planeta sobre su eje.

MAGALLANES
La sonda, aquí aún en la órbita terrestre, está a punto de ser lanzada a Venus.

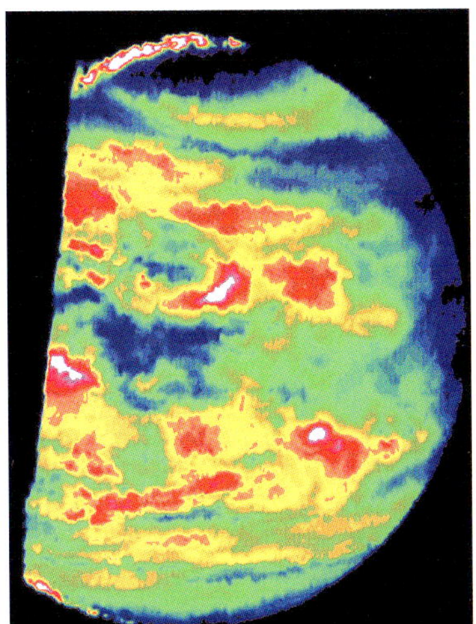

VENUS CON INFRARROJOS
La noche venusiana escrutada por el espectrómetro de la *Galileo*, de viaje hacia Júpiter (1990). A una distancia de unos 100.000 km, el *Near Infrared Mapping Spectrometer* (NIMS) analiza la emisión del planeta a una longitud de onda de 2,3 μm. Los colores simulados muestran las zonas en las que el calor irradiado por la superficie venusiana consigue atravesar la capa de nubes, 10 veces más oscuras. Los colores rojo y blanco indican nubes ligeras, mientras que los negros y azules señalan la presencia de nubes gruesas.

El planeta rojo, así llamado por el color del suelo (apreciable hasta a simple vista), es el primer planeta «exterior» a la órbita terrestre. Es pequeño y muy frío. Muchas de sus características recuerdan a la Tierra: los casquetes polares cambian de aspecto al variar las estaciones, el suelo muestra huellas de ríos y de un antiguo vulcanismo. Desde la Antigüedad se sospecha que alberga formas de vida.

MARTE

Visto con un telescopio o con unos buenos prismáticos, Marte parece un disco pequeño de color rojizo. Por esa evidente coloración, desde la Antigüedad se le ha conocido como el planeta rojo. Es mucho más pequeño que la Tierra: su diámetro es aproximadamente la mitad.

Quizá por ello no resulte muy adecuado para la observación, pues, a pesar de ser un planeta relativamente cercano –en el perigeo dista poco más de $56 \cdot 10^6$ km–, incluso en las mejores condiciones de observación no pueden distinguirse los detalles de su superficie. En realidad, sólo puede verse la sutil red de estructuras oscuras y regulares que Schiaparello describió en 1877: no se trata de canales construidos por seres vivos, como él interpretó, sino de ilusiones ópticas producidas por turbulencias atmosféricas.

De hecho, en Marte no se ha hallado ningún indicio de vida.

Marte siempre ha sido considerado muy similar a la Tierra: la duración del día es casi igual, puesto que el periodo de rotación marciano es sólo ligeramente más largo que el terrestre (aproximadamente, media hora). Además, dado que tanto en la Tierra como en Marte el plano ecuatorial del planeta está inclinado respecto al de la órbita unos 25°, las diferencias estacionales durante el año marciano son notables.

Pero los parecidos concluyen aquí. Como sucedió con Venus, los datos compilados por las sondas subrayan enormes diferencias. Por ejemplo, su masa es sólo una décima parte de la terrestre y, por consiguiente, la gravedad es mucho menor; la temperatura oscila entre varias decenas de grados bajo cero y pocos grados positivos, con grandes excursiones

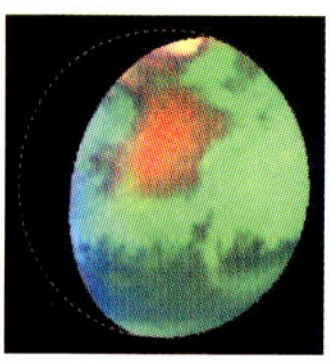

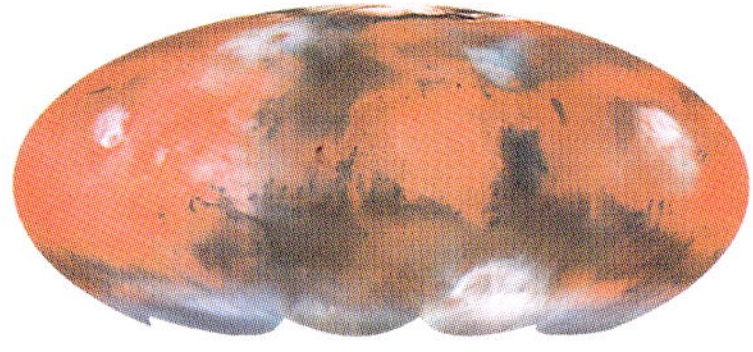

Vistas de Marte
En el centro: Marte en la franja visible. Se distingue el Valles Marineris.
Arriba: Marte en infrarrojos; las zonas rojas podrían haber sido depósitos de agua.
Abajo: Marte captado por el *Hubble*. Es una fotografía compuesta por tres imágenes con filtros distintos (410 nm, azul; 502 nm, verde, y 673 nm, rojo).

MARTE EN CIFRAS

RADIO ECUATORIAL (km)	3.397
MASA (10^{23} kg)	6,42
• RESPECTO A LA TIERRA	0,108
VOLUMEN (10^{27} cm^3)	0,16
• RESPECTO A LA TIERRA	0,15
DENSIDAD MEDIA (g/cm^3)	3,94
TEMPERATURA MEDIA (K = °C)	
• DIURNA	293,15 = 20
• NOCTURNA	133,15 = -140
GRAVEDAD SUPERFICIAL(m/s^2)	3,8
APLASTAMIENTO POLAR	0,005
DISTANCIA MEDIA (10^6 km)	
• DEL SOL	227,940
• DE LA TIERRA (EN PUNTO OPUESTO)	78,4
PERIHELIO (10^6 km)	206,7
SATÉLITES:	2
AFELIO (10^6 km)	249,1
DIÁMETRO APARENTE DEL SOL	21'
PERIODO	
• DE ROTACIÓN (H SOLARES MEDIAS)	24,62
• DE TRASLACIÓN (D SOLARES MEDIOS)	687
EXCENTRICIDAD ORBITAL	0,0934
VELOCIDAD ORBITAL MEDIA(km/s)	24,1
INCLINACIÓN	
• DE LA ÓRBITA RESPECTO A LA ECLÍPTICA	1,85°
• DEL ECUADOR EN LA ÓRBITA	24°11'
ALBEDO	0,37
PRESIÓN ATMOSFÉRICA (10^2 Pa)	7
PRINCIPALES COMPONENTES DE LA ATMÓSFERA	CO_2 (95%), N_2 (2,7%), AR (1,6%)

térmicas diarias (de hasta 50 °C entre la noche y el día). Parte de esas notables diferencias térmicas está originada por una atmósfera extremadamente rarefacta: unas 100 veces menos densa que la terrestre, incapaz de ejercer un efecto invernadero sensible aun estando formada principalmente por anhídrido carbónico.

Debido a las bajas temperaturas, en particular en los polos, este gas solidifica durante el invierno y se funde en verano. No es un verano cálido, porque la temperatura media oscila alrededor de los -68 °C, pero ya es suficiente para reducir de forma evidente los casquetes polares.

Las notables diferencias térmicas generan auténticas «mareas atmosféricas», con corrientes mucho más fuertes que las de nuestro planeta Tierra. A pesar de su elevada rarefacción, la atmósfera marciana en movimiento provoca inmensas tormentas de arena que periódicamente envuelven a todo el planeta.

La superficie de Marte es desértica y está cubierta de polvo de óxido de hierro. El viento levanta ese polvo e imprime una coloración rojiza en toda la atmósfera, como muestran las fotografías enviadas a la Tierra por las sondas norteamericanas que aterrizaron en Marte.

MGS EN LA ÓRBITA MARCIANA
La *Mars Global Surveyor* está actualmente en órbita alrededor de Marte y recoge datos fundamentales para las próximas misiones. El dibujo la reproduce mientras fotografía el Monte Olimpo.

SUELO MARCIANO
Lugar de aterrizaje del módulo *Viking 1*.

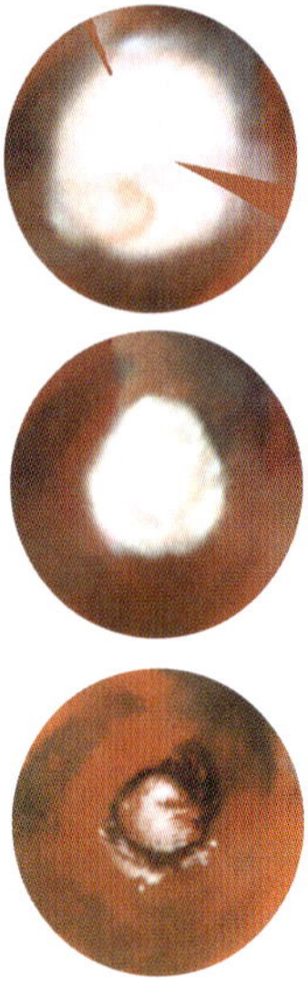

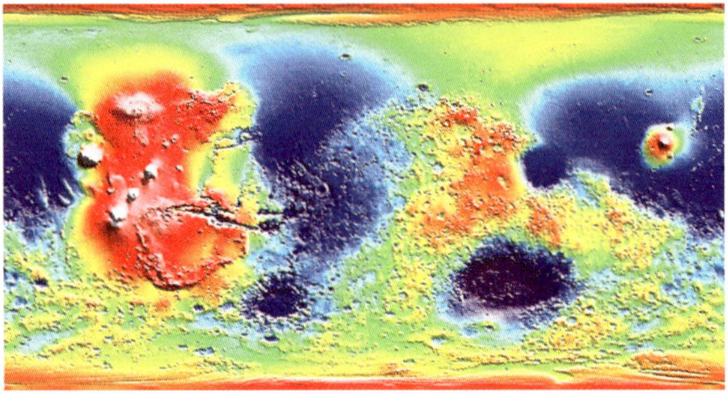

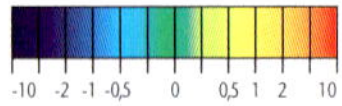

Marte
Topografía marciana en la proyección de Mercator con su escala de colores (km).

Casquete del polo norte
De arriba a abajo: En invierno. En otoño y primavera. En verano.

GEOLOGÍA

Es muy probable que en otro tiempo Marte hubiera tenido un aspecto diferente al actual.
Los amplios cañones y las llanuras de tipo aluvional demuestran que el suelo ha sido modelado por un fluido en movimiento.

La hipótesis más probable es que se tratara de agua. Hace miles de millones de años, Marte tuvo ríos, presumiblemente de tipo torrencial, que dejaron huellas de su recorrido en la superficie rocosa del planeta.

Aunque no se tiene ningún indicio de esta agua –no existe en estado líquido ni en estado gaseoso–, podría estar presente en el subsuelo en forma de hielo.

Las evidencias de una intensa actividad volcánica son numerosas y claras: en la franja ecuatorial, las dos vastas regiones de Tharsis y Elysium presentan una elevada concentración de volcanes apagados de notables dimensiones, como el Monte Olimpo, el mayor, que supera los 26 km de altura: casi cuatro veces más alto que el Everest.

Las inmensas coladas de lava que lo rodean (la base del Monte Olimpo podría cubrir todo el Estado de Arizona) demuestran que, en el pasado, la actividad endógena del planeta fue considerable. Quizá, como sucedió con la Luna, la menor gravedad favoreció la extensión de las coladas de lava; sin embargo, es indudable que la masa de material derivado de las erupciones es tan relevante que pudo borrar cualquier huella de cráteres meteoríticos en muchas zonas.

LOS VOLCANES DEL SISTEMA SOLAR

Los volcanes son aperturas en la corteza sólida de un planeta o un satélite por las que afloran materiales fundidos, gases y vapores.

La presencia de volcanes está estrechamente ligada a la dinámica interior del cuerpo celeste: tiene que existir una fuente de energía interior capaz de fundir los materiales o calentarlos hasta hacerlos gaseosos. En la Tierra, esta energía deriva, con mucha probabilidad, de una reacción nuclear de una serie de elementos presentes en profundidad, así como de variaciones ligadas a la dinámica local.
Encontramos huellas de vulcanismo parecido al terrestre, que procedería de la fusión de mecanismos tectónicos incluso en otros planetas rocosos, como Mercurio, Venus, la Luna y Marte. Allí, enormes llanuras de lava solidificada, formaciones semejantes a embudos, cráteres, conos estratificados, ríos de rocas y calderas (es decir, formaciones volcánicas que han cedido) demuestran que hubo una actividad geológica actualmente extinguida en todos estos cuerpos celestes.

En particular, en Marte se yergue el volcán más alto del sistema solar: el Monte Olimpo –con características geológicas similares a los volcanes hawaianos– probablemente se originó, como numerosos volcanes marcianos, a partir de un «punto caliente», una zona en la que se produjo una ascensión ininterrumpida de magma desde las profundidades planetarias, como también sucede con los volcanes de Hawai. Esto, unido a la falta de movimientos tectónicos superficiales, explicaría la gran altura que alcanzan estos volcanes.

Muy distinto es lo que ocurre con los volcanes de Io, el satélite de Júpiter. Dejando de lado la Tierra, sin duda el planeta geológicamente más activo de todo el sistema, Ío es el cuerpo con

Tipos de volcanes
Volcán hawaiano. Imagen por ordenador del volcán venusiano Monte Maat. Huellas de coladas lávicas en la Luna.

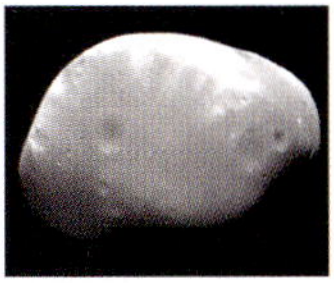

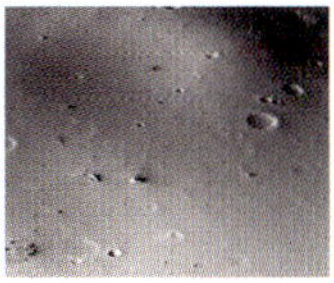

Phobos
Dado que su movimiento orbital se reduce casi 2 m por siglo, se cree que las fuerzas de marea a las que está sometido lo harán caer sobre Marte o, con mayor probabilidad, provocarán su rotura. Entonces, Phobos se transformará en anillo.

Abajo: Superficie de Phobos.

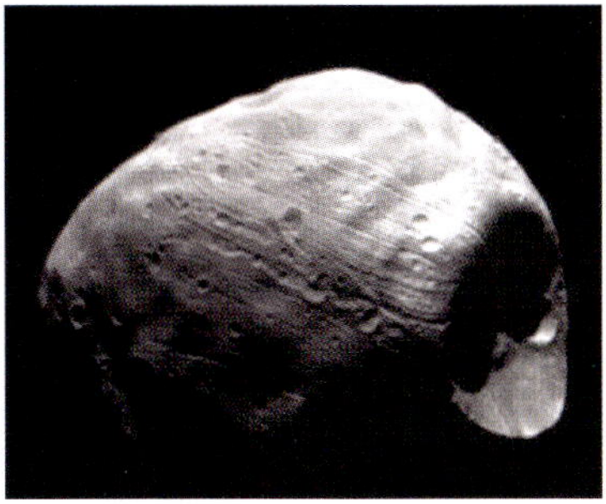

Deimos
Se aprecia el cráter originado por un enorme impacto meteorítico.

Piedras
Abajo, en el centro: Detalle de la superficie marciana. Polvo y masas pétreas de color rojo óxido.

EL PAISAJE MARCIANO

En Marte el paisaje es más variado de lo que demuestran las imágenes recopiladas por las sondas: en el hemisferio Norte predominan regiones llanas y desérticas cubiertas por roca rojiza; en cambio, en el hemisferio Sur el territorio es muy accidentado y está interrumpido por muchos cráteres de origen meteorítico (Hellas, uno de los mayores, mide 3 km de profundidad y 1.800 km de diámetro). La región de Tharsis está surcada por una enorme fractura que se extiende a lo largo de unos 5.000 km, el equivalente a casi un sexto de la circunferencia de todo el planeta; se trata del Valles Marineris, que a veces se ensancha más de 100 km. Los polos, con sus resplandecientes casquetes de acero y anhídrido carbónico sólido, son la formación geológica más mutante de la superficie marciana. De hecho, varían notablemente de extensión con el cambio de estaciones.

PHOBOS Y DEIMOS

Marte posee dos satélites: Phobos («miedo») y Deimos («terror») recuerdan, respectivamente, al hijo y al acompañante de Marte, dios griego de la guerra. No son visibles con telescopios normales, puesto que el diámetro del primero mide 25 km y el del segundo, 13 km. Por su aspecto y su bajo albedo se cree que son meteoritos capturados por la gravedad marciana.

más volcanes en actividad. Lo demuestran numerosas imágenes captadas por las sondas *Voyager.* Pero las diferencias son muchas: las zonas «calientes» apenas alcanzan 17 °C (todo es relativo: el entorno se halla a -176 °C), y sólo localmente las bocas volcánicas activas rozan los 500 °C. En la Tierra, los géiseres alcanzan temperaturas más altas. A temperaturas similares, sólo algunos materiales sulfúreos fluidifican; sin embargo, es probable que algunos silicatos estén implicados en las erupciones.
Las causas de este aumento de temperatura serían distintas: más que ligadas a una reacción radioactiva insuficiente, se deberían a la energía de las fuerzas de marea a las que está sometido el satélite.

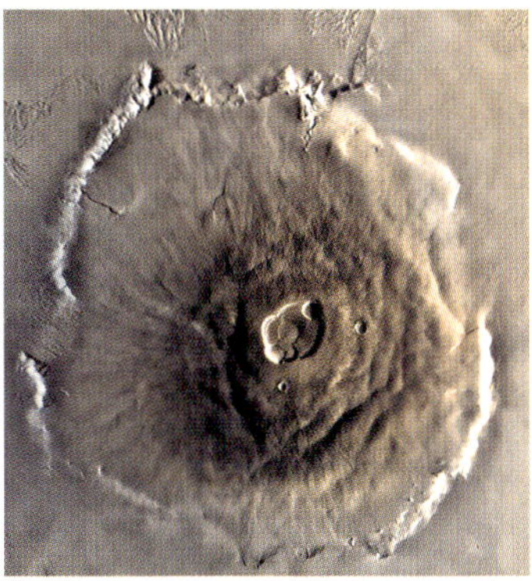

Tipos de volcanes
Monte Olimpo.
Erupciones en Io: el humo alcanza 280 km de altura.

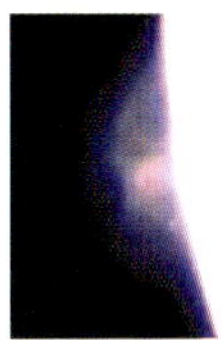

En el enorme espacio comprendido entre la órbita de Marte y la de Júpiter navegan sin control bloques de roca: son los asteroides. El mayor mide 1.000 km de diámetro y los menores no son más que guijarros; los mayores suman millares, mientras que los más pequeños pueden ser billones. Están sujetos a colisiones destructivas y sus fragmentos pueden caer a los planetas interiores.

EL CINTURÓN DE ASTEROIDES

Asteroides
a. Gaspra.
b. Ida y Dáctil, su pequeño satélite.
c. Juno.
d. Matilde.
e. Eros.

En la región del espacio que mide más del doble de la distancia Tierra-Sol (2,8 UA de media) comprendida entre la órbita de Marte y la de Júpiter, flotan millones de objetos celestes principalmente rocosos, llamados ***asteroides*** o ***planetas menores***. Son de dimensiones reducidas y formas irregulares: el diámetro mayor tiene 2-3 km de media y difícilmente superan los 50 km. El mayor de ellos es Ceres, con un diámetro de unos 1.000 km. Lo descubrió Giuseppe Piazzi en 1801, en el observatorio de Palermo. Desde principios del siglo XX se han descubierto muchos más. Al principio se decidió bautizarlos con nombres de la mitología griega: después de Ceres, diosa de las cosechas, vinieron Palas, Juno, Vesta... Pero pronto se agotaron los nombres. Existen casi 35.000 asteroides catalogados con nombres de objetos, reinas, novias, esposas de astrónomos y hasta de personajes famosos, como Beatles, Hemingway, Rembrandt o Clapton. Pero más de la mitad se identifican sólo con números.

La franja o cinturón de asteroides tiene orígenes desconocidos. Dado que, según la ley de Titius-Bode, en esta zona del sistema solar debería hallarse un planeta, algunos expertos creen que los asteroides son los restos de un planeta rocoso que explosionó o se fragmentó. En cambio, otros consideran que son los restos de planetas menores de la nebulosa primitiva, en los albores del sistema solar; según esta teoría, los asteroides serían objetos que no consiguieron unirse para formar un nuevo planeta. Sea cual sea su origen, los astrónomos convienen en que los asteroides tienen el mismo origen que los planetas. La segunda hipótesis, más aceptada, consiste en que las atracciones gravitatorias contrarias y muy fuertes de Júpiter y el Sol impidieron que la materia primitiva de esta zona del sistema solar se agregara en un único cuerpo planetario; al perder calor, la materia se condensó en cuerpos distintos.

Las superficies de los asteroides recuerdan a la lunar: cráteres, estrías y crestas accidentan estas

a

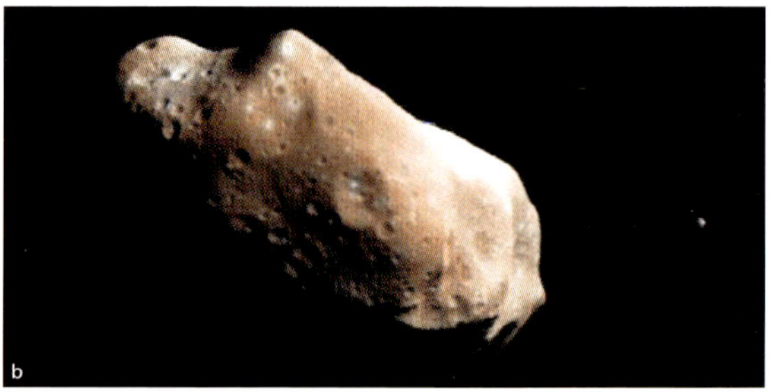
b

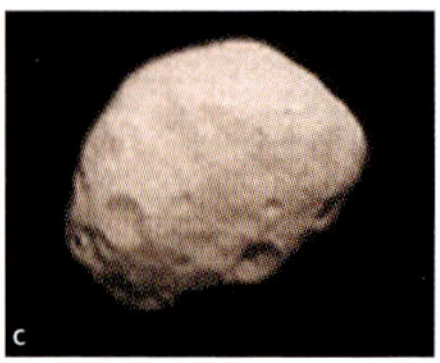
c

d

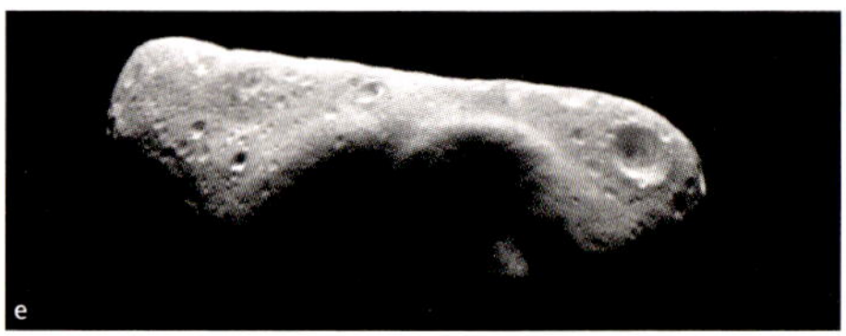
e

Los principales asteroides en cifras

Nombre	Distancia media del Sol (106 km)	Dimensiones o radio(km)	Albedo
Gaspra	205	17 x 10	0,20
Ida	270	58 x 23	?
Eunomia	395,5	136	0,19
Ceres	413,9	457	0,10
Palas	414,5	261	0,14
Psiqe	437,1	132	0,10
Interamnia	458,1	167	0,06
Europa	463,3	156	0,06
Hygiea	470,3	215	0,08
Davida	475,4	168	0,05
Silvia	521,5	136	0,04
Vesta	353,4	262,5	0,38

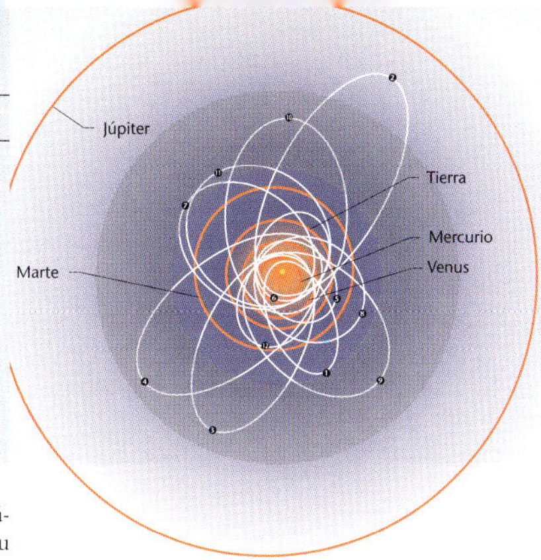

Órbitas
Las órbitas de algunos asteroides NEO comparadas con las órbitas de Júpiter y de planetas interiores. El anillo de color indica la franja en cuyo interior se desarrollan la mayoría de las órbitas del resto de asteroides. Los números ordenan estos objetos en función de la cercanía al Sol de su perihelio.

«masas» de naturaleza básicamente rocosa y metálica, marcadas por los impactos con meteoritos u otros cuerpos celestes.

PELIGRO DE IMPACTO

Muchos asteroides «viajan en pareja» y rotan alrededor de un centro de gravedad común; a menudo siguen una órbita muy alargada. Algunos de ellos, como Eros, Ícaro y Apolo, en su movimiento de traslación alrededor del Sol cruzan las órbitas de la Tierra, Venus y Mercurio y, dado que tienen una masa muy pequeña, son muy sensibles a las interferencias gravitatorias de cuerpos mayores. Por ello es posible que, por un choque o por particulares configuraciones planetarias, cambien repentinamente su recorrido.

El estudio de sus movimientos es importante, puesto que es cierto que una parte de los meteoritos que alcanzan la Tierra proceden de esta zona del cosmos y nunca puede obviarse, por remotas que sean las probabilidades, el impacto con un asteroide. Los EGA (Earth Grazing Asteroids, «asteroides que rozan la Tierra») o los NEO (Near Earth Objects, «objetos cercanos a la Tierra») son asteroides de diámetro inferior a 50 km que siguen una órbita que puede convertirlos en peligros potenciales para nuestro planeta. «Sólo» pasan a varias centenas de miles de kilómetros de nuestro planeta, y por ello son vigilados continuamente para prever con cierto margen una actuación en caso de un posible impacto con la Tierra. Es un trabajo realmente difícil, pues los NEO son numerosísimos y con órbitas complejas: hay 150 millones con un diámetro mayor de 10 m, más de 300.000 de 100 m, unos 1.000 de 500 m, más de 2.000 de 1 km, unos 400 de 2 km y una docena de 10 km. Cuerpos como estos últimos caen en la Tierra cada 100 millones de años como media, pero producen efectos devastadores.

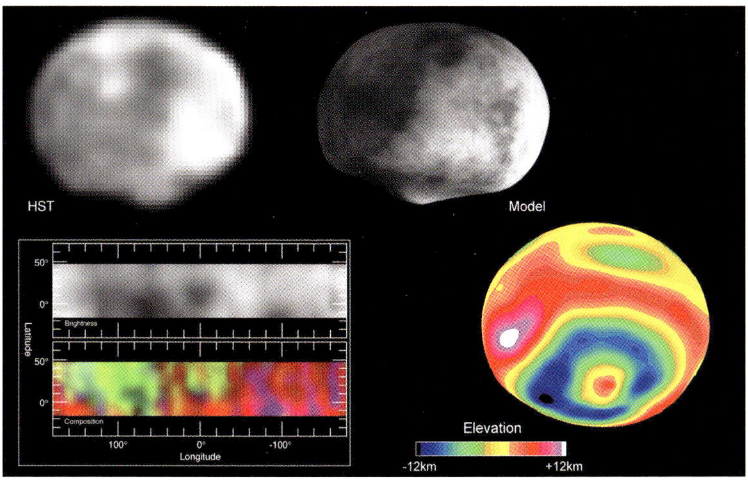

Vesta
Quizá es el asteroide más estudiado.
De izquierda a derecha y de arriba a abajo: Fotografía tomada por el *Hubble*. Reconstrucción por ordenador. Planisferio e imagen digitalizada tridimensional que resumen los datos sobre la altitud.

Es el mayor planeta del sistema solar y el segundo de los planetas exteriores. Su densa atmósfera impide ver el planeta en sí, pero le confiere una luminosidad que, a veces, iguala a la de Venus. En muchos aspectos se asemeja al Sol: tiene una rotación diferencial evidente, presenta fenómenos superficiales de grandes dimensiones y breve duración y, sobre todo, emite energía (más de la que recibe del Sol).

JÚPITER

Imagen de Júpiter
Abajo: Júpiter en la franja visible, tomada desde el *Hubble*.
Abajo, derecha: El mismo encuadre tomado en los infrarrojos permite ver, además de las nubes, el fino anillo que se muestra en la página siguiente en un análisis más profundo.

Arriba: Elaboración por ordenador de los anillos de Júpiter.

No sólo es el mayor de los planetas, sino que, después de Venus, cuando se halla en oposición, es el planeta más brillante. Júpiter se presta muy bien a la observación: con unos prismáticos puede verse el planeta cortejado por sus cuatro principales satélites. Con unos buenos prismáticos o un telescopio parece un disco aplastado en los polos y cruzado por franjas claras y oscuras paralelas al ecuador. Para apreciar los detalles de la superficie hay que usar un telescopio; en este caso, podremos observar los rápidos desplazamientos de formaciones mutantes que, al cabo de pocos días o incluso escasas horas, aparecen y desaparecen. Pero, también podremos ver la famosa «mancha roja», un huracán de inmensas proporciones que agita la atmósfera de Júpiter desde hace al menos tres siglos.

Las máximas medidas de este fenómeno superficial han sido de 39.000 km por 14.000 km: fue visto por primera vez hace más de 300 años y los planetólogos creen que se trata de un fenómeno de larga duración pero inestable. También la coloración por franjas horizontales de color rojizo es producida por los fuertes vientos y por los movimientos de convección que agitan los gases de la atmósfera. En las zonas claras, los gases más calientes ascienden rápidamente hasta alturas elevadas, donde cristalizan y vuelven a descender a las zonas más oscuras. Los colores dominantes (amarillo, anaranjado y ocre) son generados por el amoniaco y el hidrosulfuro de amonio, que se condensan en nubes densas; en cuanto a los colores más intensos, son originados por compuestos de flúor.

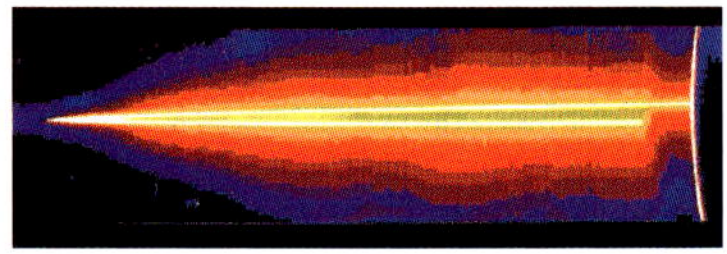

A MEDIO CAMINO ENTRE UN PLANETA Y UNA ESTRELLA

Después del Sol, Júpiter es el cuerpo de mayor tamaño del sistema solar, con un diámetro 10 veces menor que el del Sol, una masa 1.000 veces inferior y una densidad casi igual. El volumen de Júpiter es muy superior al de la Tierra: más de 1.300 veces, y su masa es tal que produce sensibles perturbaciones en las órbitas de los asteroides y cometas.

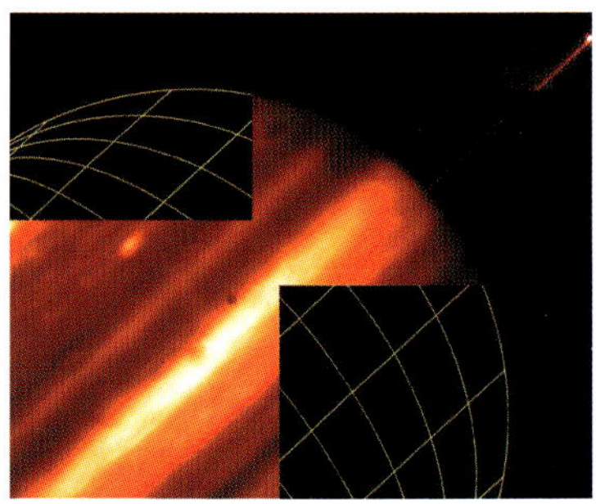

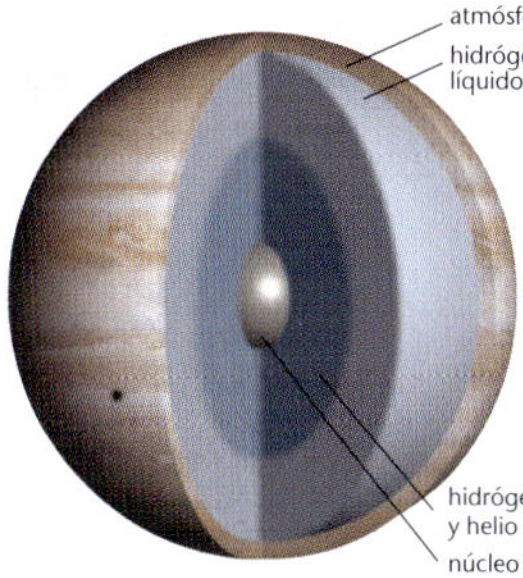

Júpiter en cifras

Radio ecuatorial (km)	71.492	Satélites:	17
Masa (10^{27} kg)	1,9	Afelio (10^6 km)	815,7
• respecto a la Tierra	317,938	Diámetro aparente del Sol	6,2'
Volumen (10^{27} cm^3)	1.425,23	Periodo	
• respecto a la Tierra	1.316	• de rotación (h solares medias)	9,84
Densidad media (g/cm^3)	1,33	• de traslación (años terrestres)	11,86
Temperatura media (K = °C)		Excentricidad orbital	0,0483
• de las nubes	152,15 = -121	Velocidad orbital media(km/s)	13,1
• interna	303,15 = 30	Inclinación	
Gravedad superficial(m/s^2)	22,87	• de la órbita respecto a la eclíptica	1,308°
Aplastamiento polar	0,061	• del ecuador en la órbita	25°11'
Distancia media (10^6 km)		Albedo	0,52
• del Sol	778,4	Presión atmosférica (10^4 Pa)	7
• de la Tierra (en punto opuesto)	628,8	Principales componentes de la atmósfera	H (90%), He (10%)
Perihelio (10^6 km)	740,9		

El movimiento de rotación es muy rápido: en apenas 9 h 50 min realiza un giro completo. Esto implica que, en el ecuador, la velocidad lineal puede alcanzar los 12,6 km/s, lo que provoca un considerable aplastamiento en los polos y la evidente rotación diferencial, semejante a la del Sol: Júpiter no rota como un cuerpo rígido, sino más rápidamente en el ecuador que en los polos. Júpiter también comparte con el Sol sus principales elementos: gases como el hidrógeno (90%), el helio (9%) y, en medida claramente inferior, el metano y el amoniaco. Además, los datos recopilados por las sondas *Pioneer, Galileo* y *Voyager* indican que el planeta se está contrayendo: cada año su diámetro se reduce alrededor de 1 mm. Esta consideración y muchas otras confirman la hipótesis de que Júpiter es un cuerpo prioritariamente gaseoso y que la energía que emite, superior a la que recibe del Sol, se produce por la «concentración gravitatoria» que las sondas han puesto de manifiesto. Si Júpiter hubiera sido algo mayor, estos procesos habrían podido desembocar en reacciones nucleares de fusión, tal como sucede en el Sol. Entonces, nuestro sistema hubiera sido doble. Pero la masa de Júpiter no es suficiente y por ello se habla de él como de una «estrella fallida» y su temperatura es considerablemente baja.

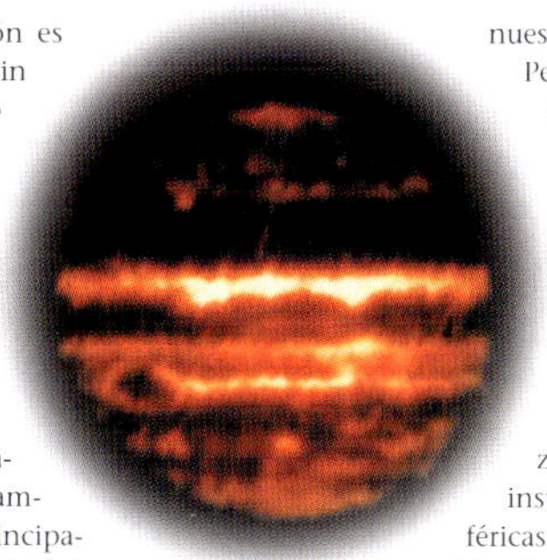

El rápido movimiento de rotación tiene más consecuencias: determina el equilibrio geostrófico entre la presión atmosférica y la fuerza de Coriolis, que obstaculiza la instauración de corrientes atmosféricas en dirección Norte-Sur.

Además, se supone que la elevada velocidad de rotación origina el intenso campo magnético del planeta: la magnetosfera de Júpiter se irradia al espacio a lo largo de millones de kilómetros, lo que provoca bellísimas auroras polares, similares a las que se observan en la Tierra.

A partir de los datos recogidos por las sondas, se cree que Júpiter tiene en su interior un pequeño núcleo rocoso de silicatos de hierro en el corazón de un océano de hidrógeno metálico líquido. Esta estructura contribuiría a explicar el campo magnético, aunque sólo es una hipótesis de trabajo. Por encima de él y por más de 1.000 km se extiende su atmósfera.

El calor de Júpiter Imagen en los infrarrojos de Júpiter. La cantidad global de la energía emitida por el planeta supera la que recibe del Sol.

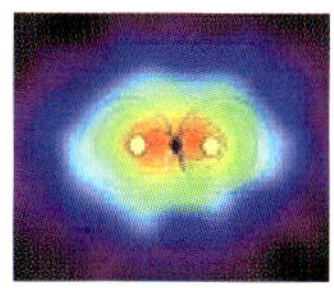

Magnetismo La magnetosfera de Júpiter. Abajo: Un *montaje* con las auroras polares producidas por el campo magnético y el viento solar.

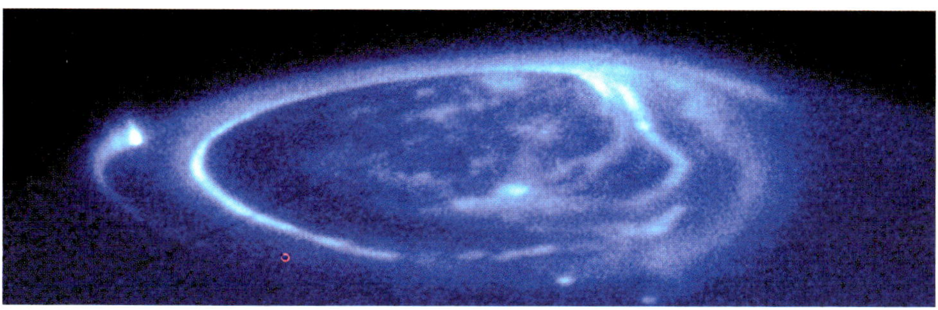

Júpiter y su corte
Derecha: Ío mientras avanza por su órbita, visto desde el *Hubble*. Al fondo, las nubes de Júpiter.

Abajo: Ío en infrarrojos; los colores claros subrayan las zonas calientes.

ANILLOS Y SATÉLITES

Además de una corte de satélites (actualmente se conocen 17, pero este número aumentará con nuevos datos de las investigaciones espaciales), Júpiter posee un anillo de materiales incoherentes similar (aunque sea mucho mayor) al que orbita alrededor de Saturno. Este anillo es invisible al telescopio, pero fue descubierto por la *Voyager*. Se sabe que sólo mide 4 km de grosor y orbita alrededor del planeta, a unos 60.000 km de la cima de las nubes.

Entre los satélites de Júpiter, los mayores son lo, Europa, Ganímedes y Calisto, descubiertos por Galileo en 1610, y por ello denominados satélites mediceos, en honor a los Médicis de Florencia. Pueden observarse fácilmente con unos buenos prismáticos: aparecen como estrellitas alrededor del planeta, pero, debido a que el plano de sus órbitas está poco inclinado respecto al de Júpiter, los eclipses son muy frecuentes. Ole Rømer los estudió en 1675 y consiguió medir por primera vez la velocidad de la luz.

Gracias a las exploraciones de las sondas estadounidenses *Pioneer 10* y *11* y *Voyager 1* y *2*, existe muchísima información sobre los satélites de Júpiter. Los satélites mediceos son esféricos y muy distintos entre sí: los menores son similares a las lunas

Anillos y principales satélites

Nombre	Distancia al centro de Júpiter (10^3 km)	Dimensiones anchura x grosor o radio (km)	Masa (kg)
Halo	92	$3 \cdot 10^4 \times 2 \cdot 10^4$	?
Anillo principal	122,5	$6{,}4 \cdot 10^3 \times <30$	$1{,}0 \cdot 10^{13}$
Metis	127,97	20	$9{,}56 \cdot 10^{16}$
Adrastea	128,98	12,5 x 10 x 7,5	$1{,}91 \cdot 10^{16}$
Amaltea	181,30	135 x 84 x 75	$7{,}17 \cdot 10^{18}$
Tebe	221,90	55 x 45	$7{,}77 \cdot 10^{17}$
Io	421,60	1.801	$8{,}94 \cdot 10^{22}$
Europa	670,90	1.569	$4{,}80 \cdot 10^{22}$
Ganímedes	1.070,00	2.631	$1{,}48 \cdot 10^{23}$
Calisto	1.883,00	2.400	$1{,}08 \cdot 10^{23}$
Leda	11.094,00	8	$5{,}68 \cdot 10^{15}$
Himalia	11.480,00	93	$9{,}56 \cdot 10^{18}$
Lisitea	11.720,00	18	$7{,}77 \cdot 10^{16}$
Elara	11.737,00	38	$7{,}77 \cdot 10^{17}$
Ananke	21.200,00	15	$3{,}82 \cdot 10^{16}$
Carme	22.600,00	20	$9{,}56 \cdot 10^{16}$
Pasífae	23.500,00	25	$1{,}91 \cdot 10^{17}$
Sinope	23.700,00	18	$7{,}77 \cdot 10^{16}$

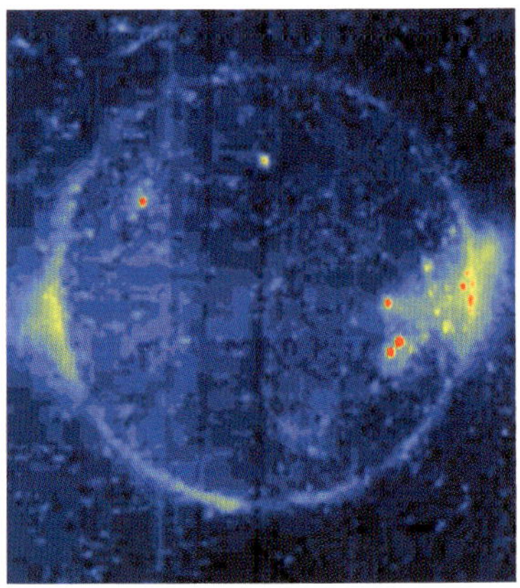

de otros planetas y, en algunos casos, es evidente que se originaron a partir de asteroides.

Io. Es relativamente caliente (2.000 K en los puntos eruptivos, pero la media está alrededor de los 130 K), rico en volcanes activos y carente de cráteres meteoríticos, lo que permite deducir que su superficie es muy reciente. Ío es el único cuerpo del sistema solar en el que se ha fotografiado una erupción. El material expulsado es probablemente azufre líquido o silicatos fundidos ricos en sodio. Algunos datos recientes enviados por la sonda *Galileo* sugieren que Ío tiene un núcleo de hierro (o sulfato de hierro) de al menos 900 km de diámetro y un campo magnético propio. Se baraja que el origen de la energía se halla en las interacciones de marea que lo unen a Europa, Ganímedes y Júpiter: mientras Ío muestra la misma cara a Júpiter (como en el casos de la Luna respecto a la Tierra), la gravedad de Europa y Ganímedes deforman su corteza con desniveles de hasta 100 m de altura. Estas deformaciones continuas se traducen en energía térmica, a imagen de lo que sucede con un alambre doblado repetidamente.

Europa. Es más pequeño que la Luna y está completamente envuelto por hielo, debajo del cual la sonda *Galileo* ha descubierto un enorme mar salado, aún líquido por el calor desarrollado por las fuerzas de marea. Europa es el cuerpo más liso del sistema solar: las formaciones superficiales más elevadas no superan unas centenas de metros. Además, junto a Io, Ganímedes, Titán y Tritón, es uno de los escasos satélites con atmósfera. Mientras que Ío se halla envuelto con vapores sulfurosos, Europa tiene una fina capa de oxígeno. También presenta un débil campo magnético, que, por su rotación alrededor de Júpiter, varía periódicamente por influencia del fuerte campo magnético del planeta.

Ganímedes. Es el mayor satélite del sistema solar, más grande que Mercurio y Plutón. Bajo una capa de hielo de 100 a 200 km de grosor oculta una capa de agua líquida. Tiene aspecto exterior lunar, con llanuras, grietas y cráteres llanos de todas las dimensiones. Posee un ligero campo magnético.

Calisto. Acribillado por los meteoritos capturados por el campo gravitatorio de Júpiter, está lleno de cráteres, de los que destaca un enorme impacto.

Satélites
Relación dimensional entre los satélites mediceos (descubiertos por Galileo), fotografiados en la franja visible.
De izquierda a derecha: Io, Europa, Ganímedes y Calisto.

En detalle
Las superficies de estos cuatro satélites, en color (arriba) y en blanco y negro (abajo).
De izquierda a derecha: Ío y su superficie volcánica; Europa cincelada y su superficie de hielo, bajo la que se sospecha la existencia de un océano líquido; las superficies agujereadas de Ganímedes, y Calisto. Las imágenes son *collages* de fotografías de la *Voyager 2* o instantáneas recientes de la *Galileo*.

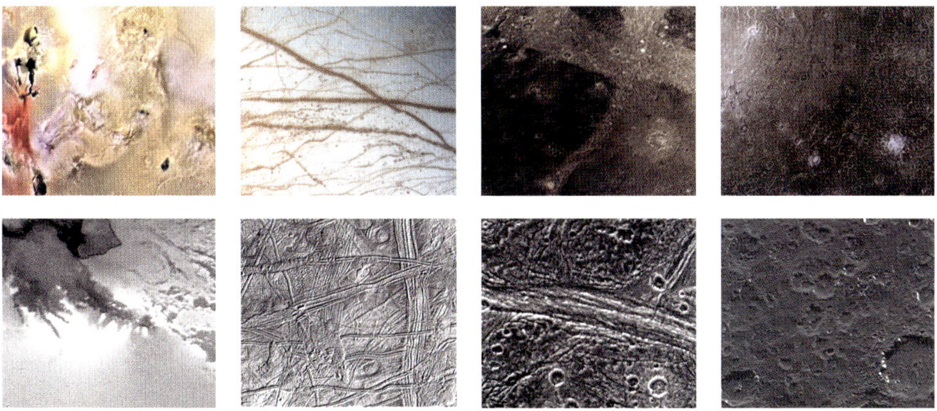

Saturno ocupa el sexto lugar desde el Sol. Es ligeramente menor que Júpiter y dista casi 1.500 millones de kilómetros de nuestra estrella. Sin duda, es el planeta más famoso gracias a sus anillos luminosos, conocidos y estudiados desde tiempos de Galileo.

SATURNO

Saturno
Al igual que Júpiter, Saturno tiene un fuerte campo magnético que genera inmensas auroras boreales.
Abajo: Una imagen completa del planeta, tomada desde el *Hubble*.

A pesar de parecer algo más pequeño que Júpiter, tanto por sus dimensiones reales como por estar más alejado, para observar Saturno basta con unos buenos prismáticos. Es de color blanco perlado y presenta un bonito sistema de anillos, no siempre visible.

Saturno se parece mucho a Júpiter: tiene una densa atmósfera de hidrógeno (75% en masa) y helio (25%) y se cree que posee un núcleo rocoso cubierto por un océano de hidrógeno metálico líquido y una corteza de hidrógeno molecular y hielos de distinto género.

Como Júpiter, tiene una rotación diferencial: su superficie visible no es sólida, un hecho confirmado por su densidad (inferior a la del agua), la más baja del sistema solar. Saturno también tiene una elevada rotación, que, a pesar de ser inferior a la de Júpiter (10 h 40 min, en lugar de 9 h 45 min), influye tanto en la forma como en la estratificación atmosférica: el aplastamiento polar y la coloración en bandas claras y oscuras paralelas al ecuador son consecuencias de esta, como ocurre en Júpiter; en Saturno la forma es aún más aplastada, mientras que las franjas paralelas tienen perfiles menos netos y más amplios cerca del ecuador.

También Saturno muestra formaciones atmosféricas de gran duración, parecidas a la gran mancha roja de Júpiter. Las diversas tonalidades de color de las franjas se deben a diferencias en la composición química (compuestos de azufre y fósforo) y en el grosor de las nubes. Además, al igual que Júpiter, Saturno posee un intenso campo mag-

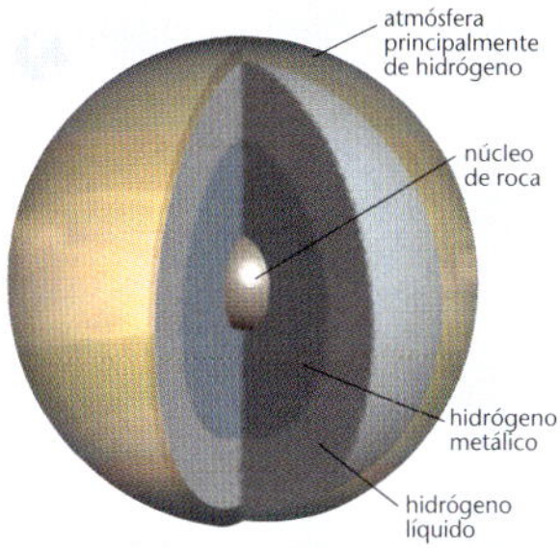

Saturno en cifras

Radio ecuatorial (km)	60.268	Satélites:	23
Masa (10^{26} kg)	5,688	Afelio (10^6 km)	1.507
• respecto a la Tierra	95,1	Diámetro aparente del Sol	3,4'
Volumen (10^{27} cm^3)	817,67	Periodo	
• respecto a la Tierra	755	• de rotación (h solares medias)	10,233
Densidad media (g/cm^3)	0,69	• de traslación (años terrestres)	29,458
Temperatura media (K = °C) de las nubes	148,15 = -125	Excentricidad orbital	0,056
Gravedad superficial (m/s^2)	9,05	Velocidad orbital media (km/s)	9,6
Aplastamiento polar	0,109	Inclinación	
Distancia media (10^6 km)		• de la órbita respecto a la eclíptica	2,488°
• del Sol	1.429,4	• del ecuador en la órbita	26,7°
• de la Tierra (en punto opuesto)	1.277,4	Albedo	0,47
Perihelio (10^6 km)	1.347	Presión atmosférica (10^5 Pa)	1,4
		Principales componentes de la atmósfera (n.º de partículas)	H_2 (96%), He (4%)

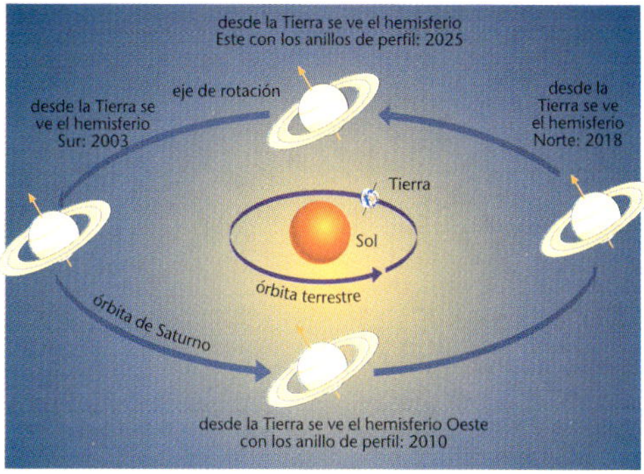

nético e irradia más energía de la que recoge del Sol. En su interior se alcanzan los 12.000 K, probablemente por el mismo proceso de contracción que se observa en Júpiter.

Pero Saturno fascina sobre todo por la belleza de sus anillos. Galileo fue el primero en observar el anillo de Saturno, aunque no comprendió qué era. En realidad, está formado por una numerosa sucesión de anillos concéntricos de diámetros ligeramente distintos. Están compuestos de polvo, corpúsculos de hielo, hielo seco (anhídrido carbónico) y roca helada en órbita alrededor del planeta, con un amplio abanico de masas, dimensiones (comprendidas entre un centímetro y varios metros) y formas.

Este sistema de anillos presenta una estructura muy compleja: con el telescopio pueden verse dos o tres separados por espacios aparentemente vacíos. En realidad, el anillo se extiende sin solución de continuidad a lo largo de 65.000 km. El anillo más interno orbita en el límite de la atmósfera y el más externo se aleja del borde visible del planeta unos 250.000 km. En cambio, su grosor es muy reducido y la media es de varios kilómetros.

Aspectos de Saturno
Según su posición respecto a la Tierra, Saturno muestra su anillo con varias inclinaciones, tal como queda plasmado en el montaje de fotografías tomadas en distintos tiempos y en el esquema.

Anillos
De izquierda a derecha:
a. Saturno se coloca de perfil: los anillos desaparecen. Se aprecian algunos satélites.
b. La división de Encke (menor) y la Cassini con sus colores contrastados.
c. El anillo C en una fotografía compuesta (ultravioleta, visible y con un filtro verde) desde casi $3 \cdot 10^6$ km de distancia.
d. El módulo *Voyager 2*, desde casi $9 \cdot 10^6$ km de distancia, muestra las diferencias de constitución química de los anillos.

SATÉLITES Y ANILLOS
Relación entre las dimensiones de los principales satélites de Saturno y las del planeta.
ABAJO: Estructura de los anillos. Se ve claramente la colocación de las principales divisiones y de las órbitas de los satélites interiores.

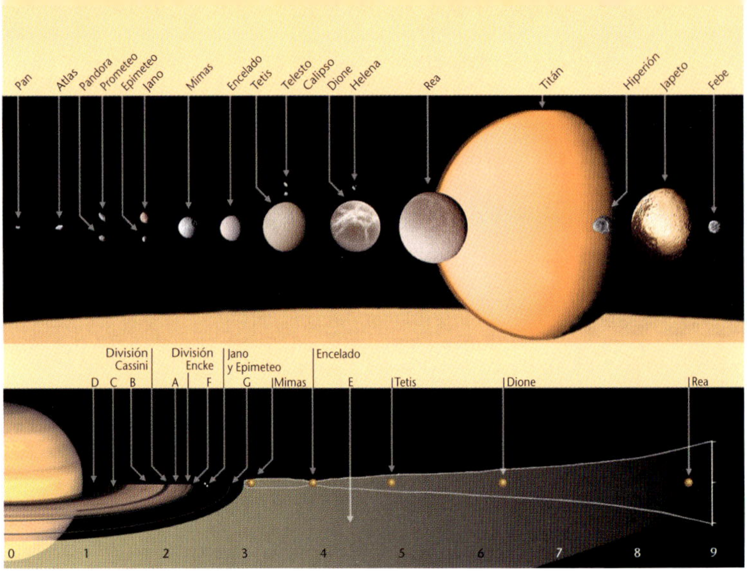

Además, como todos los anillos se disponen en el plano ecuatorial del planeta, y dado que el eje de rotación está inclinado respecto al plano de la órbita, si se observan desde la Tierra, cambian de aspecto con el paso del tiempo y, a intervalos de casi 14,5 años, dejan de ser visibles, porque se encuentran de perfil respecto a un observador terrestre.

ANILLOS Y PRINCIPALES SATÉLITES

NOMBRE	DISTANCIA DESDE EL CENTRO DE SATURNO (10^3 km)	DIMENSIONES AMPLITUD x GROSOR O RADIO (km)	MASA (kg)
ANILLO D	67	$7,5 \cdot 10^2$ x ?	?
ANILLO C	74,5	$1,8 \cdot 10^4$ x ?	$1,1 \cdot 10^{18}$
ANILLO B	92,0	$2,6 \cdot 10^4$ x 0,1÷1	$2,8 \cdot 10^{19}$
ANILLO A	122,2	$1,5 \cdot 10^4$ x 0,1÷1	$6,2 \cdot 10^{18}$
PAN	133,58	$9,66 \cdot 10^3$	?
ATLANTE	137,64	20 x 15	?
PROMETEO	139,35	72,5 x 42,5 x 32,5	$2,7 \cdot 10^{17}$
ANILLO F	140,2	30÷500 x ?	?
PANDORA	141,70	57 x 42 x 31	$2,2 \cdot 10^{17}$
EPIMETEO	151,42	72 x 54 x 49	$5,6 \cdot 10^{17}$
JANO	151,47	98 x 96 x 75	$2,01 \cdot 10^{18}$
ANILLO G	165,8	$8 \cdot 10^3$ x $1 \cdot 10^2$ ÷10^3	$6÷23 \cdot 10^6$
ANILLO E	180,0	$3,0 \cdot 10^5$ x $1 \cdot 10^3$	?
MIMAS	185,52	196	$3,80 \cdot 10^{19}$
ENCELADO	238,02	250	$8,40 \cdot 10^{19}$
TETIS	294,66	530	$7,55 \cdot 10^{20}$
TELESTO	294,66	17 x 14 x 13	?
CALIPSO	294,66	17 x 11 x 11	?
DIONE	377,40	560	$1,05 \cdot 10^{21}$
HELENA	377,40	18 x 16 x 15	?
REA	527,04	756	$2,49 \cdot 10^{21}$
TITÁN	1.221,85	2.575	$1,35 \cdot 10^{23}$
HIPERIÓN	1.481,00	205 x 130 x 110	$1,77 \cdot 10^{19}$
JAPETO	3.561,30	730	$1,88 \cdot 10^{21}$
FEBE	12.952,00	110	$4,0 \cdot 10^{18}$

El origen de los anillos de Saturno (como el de los anillos de otros planetas exteriores) es desconocido. Se supone que los formaron uno o más satélites fragmentados por las fuerzas de marea, pero es más probable que sean los restos del material primario que, a causa de la excesiva cercanía de los grandes planetas, no se agregó para formar un satélite. Por otra parte, ningún planeta ha capturado tanta «basura espacial» como Saturno: la *Voyager 1* localizó enormes cantidades de asteroides, rocas cósmicas, cúmulos de polvo, pequeñas lunas y bloques helados. Saturno, con sus 23 satélites, 18 de ellos mayores, tiene a su alrededor un sistema solar en miniatura. Sólo Titán, conocido antes de enviar las sondas, es grande, de dimensiones semejantes a Ganímedes, y es mayor que Mercurio, con una atmósfera compuesta por nitrógeno, metano, amoniaco, hidrocarburos y acetileno.

Puesto que se cree que la atmósfera de la Tierra primitiva tenía la misma composición, se considera que Titán es uno de los cuerpos extraterrestres más aptos para la formación de vida. Desgraciadamente, la capa atmosférica no permite ver ningún detalle de la superficie y sólo se presume que sea similar a la de la Tierra primaria: las sondas han revelado la presencia de agua y rocas y se estima que alrededor de un corazón rocoso se extiende una corteza helada.

Dado que carece de campo magnético y que a veces su órbita sale de la magnetosfera de Saturno, permanece expuesto al viento solar; se supone que todo esto puede contribuir a producir una evolución química hacia la vida.

Sin telescopio y sin Luna, Urano es casi invisible en el cielo nocturno. Es un planeta «moderno», bautizado definitivamente en 1850. Urano mostró a la sonda *Voyager 2*, que se le acercó y lo fotografió, su hermoso aspecto y sus características más relevantes.

URANO

Con los prismáticos, este planeta aparece como un punto luminoso, pero con el telescopio adopta un color verde azulado, aunque sigue siendo un disco demasiado pequeño para que se puedan distinguir en él detalles significativos.

El planeta fue descubierto por casualidad en 1781, cuando William Herschel observaba el cielo de forma sistemática con su nuevo telescopio. Por su pequeña magnitud ➤190 (sólo 5,6), aunque los astrónomos de la Antigüedad lo hubieran visto lo habrían considerado una estrella.

Urano es un planeta único en el sistema solar: además de tener un movimiento rotatorio inverso, el eje de rotación está inclinado 82° respecto al plano de la órbita; en otras palabras, el ecuador es casi perpendicular a la dirección del movimiento de traslación. Se supone que el violento impacto con un cuerpo de las dimensiones de la Tierra lo giró desde su posición inicial, semejante a la del resto de planetas. Un golpe de esta magnitud explicaría también el movimiento inverso: si el planeta hubiera girado 98°, el polo norte sería el de debajo del plano de la órbita y el planeta seguiría girando «en el sentido correcto». Las consecuencias de esta característica son numerosas: el polo expuesto al Sol tiene una temperatura media de -208 °C (62,4 K), mientras que en el polo oculto al Sol es de -215 °C (64,5 K); al revés de lo que sucede con otros planetas, los polos son siempre visibles y, casi siempre,

Urano
Dos imágenes de Urano y de algunos de sus satélites, tomadas por el *Hubble*. También son visibles los anillos.

Urano
Imagen en la franja visible (a la izquierda) y con colores falsos (a la derecha) del polo de rotación del planeta, tomada por el *Voyager 2* desde una distancia de $18 \cdot 10^6$ km. El color gris verdoso visible se debe al metano atmosférico. Gracias a la elaboración electrónica de imágenes tomadas a varias longitudes de onda, a la derecha se aprecia una zona polar de partículas similares a humo rodeada por una serie de bandas de convección cada vez más claras. En el ecuador, el marrón quizá se debe al acetileno atmosférico.

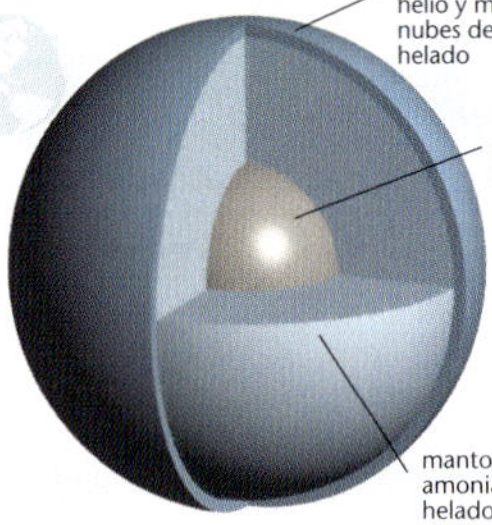

Urano en cifras

Radio ecuatorial (km)	25.560
Masa (10^{25} kg)	8,686
• respecto a la Tierra	14,6
Volumen (10^{27} cm^3)	72,56
• respecto a la Tierra	67
Densidad media (g/cm^3)	1,29
Temperatura media (K = °C) de las nubes	80,15 = -193
Gravedad superficial(m/s^2)	7,77
Aplastamiento polar	0,03
Distancia media (10^6 km)	
• del Sol	2.871
• de la Tierra (en punto opuesto)	2.719,7
Perihelio (10^6 km)	2.735
Afelio (10^6 km)	3.004
Satélites:	15
Diámetro aparente del Sol	1,7'
Periodo	
• de rotación inversa (h solares medias)	17,9
• de traslación (años terrestres)	84,01
Excentricidad orbital	0,046
Velocidad orbital media (km/s)	6,8
Inclinación	
• de la órbita respecto a la eclíptica	0,774°
• del ecuador en la órbita	97,9°
Albedo	0,51
Presión atmosférica (10^5 Pa)	1,2
Principales componentes de la atmósfera	H_2 (82,5%), He (15,2%), CH_2 (2,4%)

Los 11 anillos de Urano
La composición es similar a la de los anillos de Júpiter y Saturno. La diferencia mayor se halla en la estructura del sistema, pues los anillos de Urano son más oscuros, estrechos y ampliamente separados que los de los otros dos planetas.

también el sistema de 11 anillos concéntricos (formados por polvo y fragmentos sólidos minúsculos). Además, el campo magnético, con una intensidad de casi un tercio de la terrestre (0,25 G), presenta un eje inclinado de 35° respecto al eje de rotación.

Como los grandes planetas exteriores, Urano tiene una atmósfera muy desarrollada compuesta por hidrógeno y hielo, así como por metano, que le confiere un color anaranjado-azulado. La sonda *Voyager 2* mostró las nubes de la alta atmósfera, donde la temperatura es de unos -200 °C, rayando el cero absoluto.

A semejanza de Saturno, además de anillos, Urano tiene una corte de satélites. Desde la Tierra pueden verse 5 (Miranda, Ariel, Umbriel, Titania y Oberón), pero la sonda *Voyager 2* descubrió otros 10 y puede haber más, incluso si 9 de los recientes son simples rocas cósmicas capturadas por el planeta en tiempos remotos. Los satélites de Urano, bautizados como los personajes de Shakespeare y Pope, orbitan con movimiento inverso por el plano ecuatorial. Se considera que, como en el resto de los sistemas de satélites de grandes planetas, su evolución se detuvo hace algunos miles de millones de años.

Satélites
De arriba a abajo: Oberón, Titania y Umbriel.

Anillos y principales satélites

Nombre	Distancia desde el centro de Urano (10^3 km)	Dimensiones amplitud x grosor o radio (km)	Masa (kg)
Anillo 19686U2R	38,00	2.500 x 0,1	
Anillo 6	41,84	1÷3 x 0,1	?
Anillo 5	42,23	2÷3 x 0,1	?
Anillo 4	42,58	2÷3 x 0,1	?
Anillo Alfa	44,72	7÷12 x 0,1	?
Anillo Beta	45,67	7÷12 x 0,1	?
Anillo Eta	47,19	0÷2 x 0,1	?
Anillo Gamma	47,63	1÷4 x 0,1	?
Anillo Delta	48,29	3÷9 x 0,1	?
Cordelia	49,75	13	?
Anillo 1986U1R	50,02	1÷2 x 0,1	?
Anillo Épsilon	51,14	20÷100 x < 0,15	?
Ofelia	53,76	16	?
Bianca	59,16	22	?
Crésida	61,77	33	?
Desdémona	62,66	29	?
Julieta	64,36	42	?
Porcia	66,10	55	?
Rosalinda	69,93	27	?
Belinda	75,26	34	?
Luna 1986U10	75,00	20	?
Puck	86,01	77	?
Miranda	129,78	235	$6,33 \cdot 10^{19}$
Ariel	191,24	578	$1,27 \cdot 10^{21}$
Umbriel	265,97	584	$1,27 \cdot 10^{21}$
Titania	435,84	788	$3,49 \cdot 10^{21}$
Oberón	582,60	761	$3,03 \cdot 10^{21}$
Calíbano	7.100,00	30	?
Luna 1999U1	10.000,00	20	?
Sycorax	12.200,00	60	?
Luna 1999U2	25.000,00	15	?

MUCHOS EXPERTOS CONSIDERAN A PLUTÓN UN COMETA FALLIDO Y AFIRMAN QUE NEPTUNO ES EL ÚLTIMO PLANETA DEL SISTEMA SOLAR. ES INVISIBLE A SIMPLE VISTA Y SE PARECE A URANO HASTA EN LOS HERMOSOS COLORES CARACTERÍSTICOS DE SU ATMÓSFERA NUBOSA, DEBIDOS A LA PRESENCIA DE METANO.

NEPTUNO

Es el octavo planeta del sistema solar respecto al Sol y el último planeta joviano. Tiene características muy distintas a las del resto de los planetas exteriores. Por la geometría de las órbitas de Neptuno y Plutón, a veces Neptuno está más alejado del Sol que Plutón. Fue lo que sucedió en 1979-1999, pero habitualmente Plutón es el más alejado y alcanza una distancia máxima del Sol, que es casi 1,5 veces el máximo alejamiento alcanzado por Neptuno.

La presencia de un octavo planeta ya había sido prevista por Adams y Le Verrier, quienes observaron algunas irregularidades en el movimiento orbital de Urano justificables por la acción gravitatoria de un cuerpo exterior de grandes dimensiones. Pero Neptuno estaba al límite de las posibilidades de observación de los instrumentos de la época y su descubrimiento, realizado por los astrónomos del observatorio de Berlín el 23 de diciembre de 1846, fue el mayor resultado astronómico del siglo XIX.

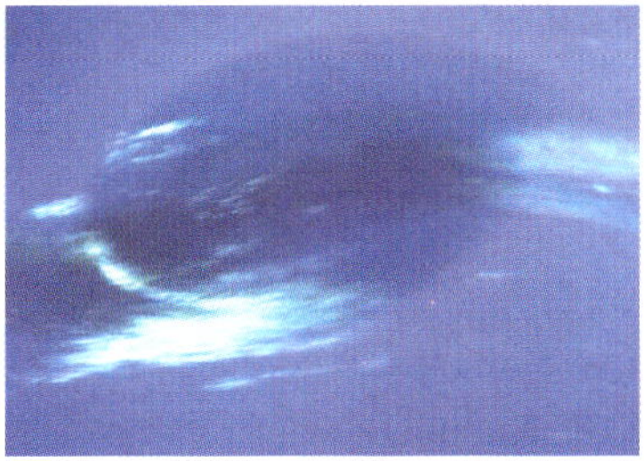

Si en aquella época apareció como un disco pequeño azulado verdoso, ahora sabemos que no es en absoluto pequeño: en dimensiones sigue a Júpiter, Saturno y Urano. Eso fue prácticamente todo lo que se sabía sobre Neptuno hasta 1989, año en que llegó la sonda *Voyager 2* y que cambió el modo de pensar sobre este planeta. En las fotografías, Neptuno aparece como un hermoso planeta azul con matices, manchas y tenues estrías blancas. En su superficie se observaba una mancha oscura tan grande como la Tierra: como en el caso de la gran mancha roja de Júpiter, se trataba de una tormenta en condiciones estacionarias que, más tarde, desapareció, como demuestran las recientes imágenes del *Hubble*.

Dado que la *Voyager 2* pasó a gran velocidad y durante poco tiempo junto al planeta, se recogieron informaciones ulteriores sobre Neptuno mediante telescopios más potentes desde la Tierra y desde el *Hubble*.

IMÁGENES DESDE NEPTUNO
La gran mancha oscura, una nube de hidrógeno sulfuroso tomada por la sonda *Voyager 2*, había desaparecido en las imágenes recientes tomadas por el *Hubble*.

ARRIBA: En esta imagen tomada por el *Hubble* se observan las nubes de metano (blancas), la potente corriente de chorro ecuatorial (azul oscuro) con vientos que alcanzan velocidades cercanas a los 1.400 km/h y una región donde la atmósfera absorbe de forma particular los rayos ultravioletas cerca del polo sur (franja verde).

A LA IZQUIERDA: Vista del planeta.

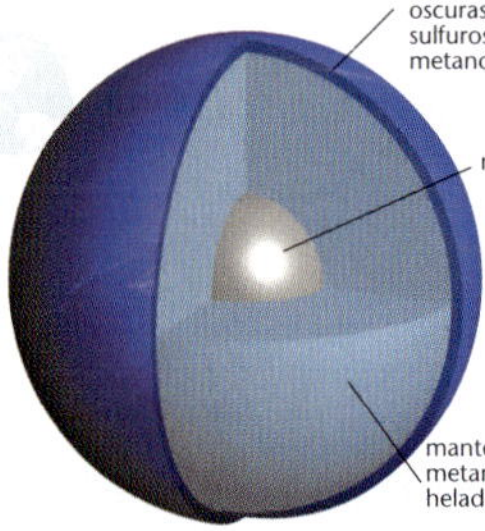

NEPTUNO EN CIFRAS

Radio ecuatorial (km)	24.746	Satélites:	8
Masa (10^{26} kg)	1,024	Afelio (10^6 km)	4.537
• respecto a la Tierra	17,2	Diámetro aparente del Sol	1,1'
Volumen (10^{27} cm^3)	61,73	Periodo	
• respecto a la Tierra	57	• de rotación (h solares medias)	16,11
Densidad media (g/cm^3)	1,64	• de traslación (años terrestres)	164,79
Temperatura media de las nubes (K = °C)		Excentricidad orbital	0,0097
• máxima	120,15 = -153	Velocidad orbital media (km/s)	5,45
• mínima	80,15 = -193	Inclinación	
Gravedad superficial (m/s^2)	11,0	• de la órbita respecto a la eclíptica	1,774°
Aplastamiento polar	0,03	• del ecuador en la órbita	28,8°
Distancia media (10^6 km)		Albedo	0,41
• del Sol	4.504,3	Presión atmosférica (10^4 Pa)	1÷3
• de la Tierra (en punto opuesto)	4.347,4	Principales componentes de la atmósfera	
Perihelio (10^6 km)	4.456		H_2 (85%), He (13%), CH_4 (2%)

NUBES
Neptuno con colores falsos, imagen tomada por la sonda *Voyager 2* a 5.000 km de la superficie. La imagen muestra diversos niveles de nubes en la atmósfera.

DERECHA: Detalle de un sistema de nubes paralelo al ecuador.

TRITÓN
Montaje de fotografías tomadas por la nave *Voyager 2*.

Aunque el nombre de Neptuno recuerda al del dios del mar y su aspecto blanco-azulado recuerda el color del agua, no significa que el planeta esté cubierto de océanos. Al igual que en Urano, el color de la atmósfera (formada principalmente por hidrógeno y helio) se debe a un pequeño porcentaje de metano. Como en el resto de planetas exteriores, la atmósfera impide ver la superficie helada de Neptuno, barrida por torbellinos, tormentas y vientos que soplan paralelos al ecuador a 2.000 km/h –los vientos de Neptuno son los más rápidos del sistema solar–. La temperatura media se sitúa alrededor de -200 °C y, como en el resto de los planetas exteriores, Neptuno también emite más energía de la que recibe.

Como Urano, posee un campo magnético más débil que el terrestre y un sistema de cuatro anillos estrechos, muy oscuros y muy tenues, constituidos por partículas de hielo de agua con dimensiones que oscilan entre la millonésima de milímetro y unos pocos metros. A diferencia de otros conocidos, los anillos de Neptuno no tienen una densidad uniforme: en algunas zonas es muy alta, mientras que en otras la materia se rarifica.

En la actualidad se conocen ocho satélites de Neptuno, todos de dimensiones muy inferiores a las de la Luna. Los mayores son Proteo, el cuerpo más oscuro del sistema solar (sólo refleja el 6% de la luz solar); Nereida, con una trayectoria muy elíptica e inclinada respecto al plano ecuatorial de Neptuno, y Tritón, el más pesado, que rota en sentido inverso. En particular, Tritón presenta dimensiones similares a la Luna y suscita el interés de los planetólogos por algunos géiseres de nitrógeno gaseoso que han sido fotografiados y que alcanzan muchos kilómetros de altura. Además, goza de una atmósfera propia, probablemente contiene un 25% de agua y tiene una estructura rocosa. La superficie, a temperaturas bajísimas –similares a las de Plutón (unos 34,5 K)–, está presumiblemente cubierta por metano, anhídrido carbónico y nitrógeno congelados.

ANILLOS Y PRINCIPALES SATÉLITES

Nombre	Distancia desde el centro de Neptuno (10^3 km)	Dimensiones anchura x grosor o radio (km)	Masa (kg)
Anillo 1989N3R	41,90	15	
Náyade	48,00	29	?
Thalassa	50,00	40	?
Despina	52,50	74	?
Anillo 1989N2R	53,20	15	?
Anillo 1989N4R	53,20	5,80	?
Galatea	62,00	79	?
Anillo 1989N1R	62,93	< 50	?
Larisa	73,60	104 x 89	?
Proteo	117,60	200	?
Tritón	354,80	1.350	$2{,}14 \cdot 10^{22}$
Nereida	5.513,40	170	?

¿Plutón y Caronte son un planeta doble? ¿Son satélites perdidos? ¿Cometas atrapados en el campo gravitatorio solar? Las hipótesis planteadas en estos últimos decenios aún no han dado con una respuesta definitiva, pero un número creciente de investigadores afirma que estos dos cuerpos celestes son unos «intrusos». Igual que Sedna.

PLUTÓN, CARONTE, SEDNA...

Si Sedna, descubierto en 2004, es reconocido como el décimo planeta del sistema solar, Plutón dejará de poseer los títulos del más pequeño y el más lejano. Plutón fue descubierto en 1930 y lo poco que sabemos de él es que recorre su órbita en 248 años y su perihelio se halla ligeramente dentro de la órbita de Neptuno. Caronte, cuyas dimensiones son casi la mitad que las de Plutón, se halla a sólo 17.000 km y forma con él un verdadero planeta doble: Caronte y Plutón giran en torno a un centro gravitatorio, de forma que siempre se muestran el mismo hemisferio el uno al otro.

El origen de estos cuerpos, al igual que el de Sedna, sigue siendo controvertido. Según las hipótesis más recientes, Plutón y los otros cuerpos más lejanos del sistema solar podrían ser grandes cometas, o cuerpos de Kuiper que orbitan a distancias relativamente pequeñas del Sol, o bien elementos «internos» de la nube de Oort, que podría rodear el sistema solar a gran distancia. Sus características son tan diferentes de las de los demás planetas que resulta difícil creer que hayan tenido el mismo origen.

Observemos Plutón, del que sabemos un poco más. Su órbita es excéntrica, mientras que la del resto de los planetas es casi circular y, además, se desarrolla en un plano muy inclinado respecto a la eclíptica, mientras que en los otros planetas casi coincide con ésta. Prácticamente carece de atmósfera (mientras que los demás la tienen muy extensa) y es probable que tenga una constitución similar a Tritón: 70% de roca y 30% de hielo. El elevado porcentaje de agua hace que se parezca a un cometa. Sedna, en cambio, tiene un color muy rojizo, lo que podría indicar la presencia de óxido de hierro... Se ha sugerido también que Platón y Caronte sean satélites de uno de los grandes planetas que hubieran escapado a su órbita por un impacto o por una fuerte interferencia gravitatoria, lo que explicaría sus diferencias. Pero esto no vale para Sedna, pues está a demasiada distancia.

Plutón, Caronte y Sedna en cifras

Radio ecuatorial (km)	
• Plutón	1.137
• Caronte	586
• Sedna	500
Masa (10^{22} kg)	
• Plutón	1,27
• respecto a la Tierra	0,002
• Caronte	0,19
Volumen de Plutón (10^{27} cm^3)	0,11
• respecto a la Tierra	0,1
Densidad media de Plutón (g/cm^3)	1
Temperatura media superficial (K = °C)	
• Plutón, máxima	63 = -210
• Plutón, mínima	38 = -235
• Sedna	37 = -240
Distancia media de Caronte de Plutón (10^4 km)	1,964
Distancia media de Plutón (10^6 km)	
• del Sol	5.909,200
• de la Tierra (en punto opuesto)	5.665,6

Perihelio (10^6 km)	
• Plutón	4.425
• Sedna	11.370
Afelio (10^6 km)	
• Plutón	7.375
• Sedna	147.805
Diámetro aparente del Sol desde Plutón	0,8'
Periodo	
• de rotación: Plutón (h solares medias)	153
• de revolución: Plutón (años)	247,7
• de revolución: Sedna (años)	10500 ca.
Excentricidad orbital	
• Plutón-Caronte	0,25
• Sedna	0,86
Velocidad orbital media (km/s) de Plutón-Caronte	4,7
Inclinación de la órbita respecto de la eclíptica	
• de Plutón-Caronte	17,2°
• Sedna	11,9°
Albedo de Plutón	0,41÷0,50

Orígenes
Tras el descubrimiento de Sedna, la comunidad científica se pregunta sobre los límites de la definición de «planeta» y sobre la naturaleza de los cuerpos más lejanos del sistema solar. Sus pequeñas dimensiones y su órbita muy excéntrica son los elementos más discutidos.

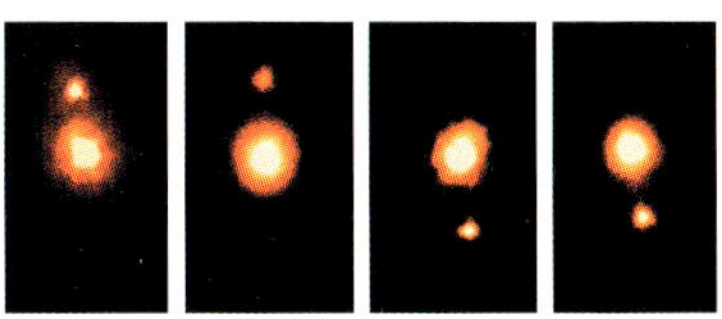

¿Pareja de planetas, satélites o cometas? Plutón y Caronte fotografiados por el *Hubble*. Durante 24 años se buscó Plutón para explicar la irregularidad de la órbita de Urano, que el descubrimiento de Neptuno no explicaba por completo.

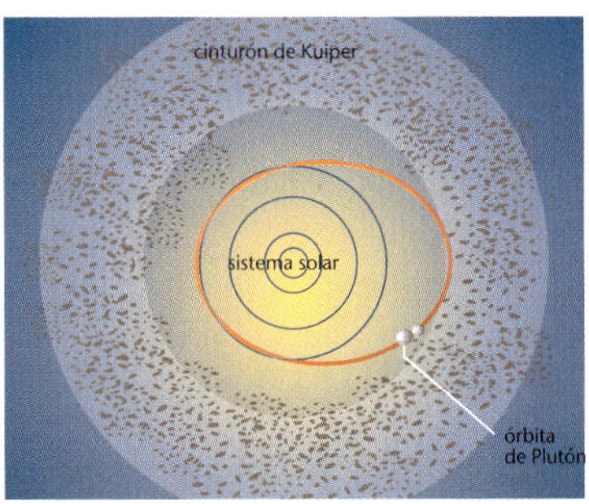

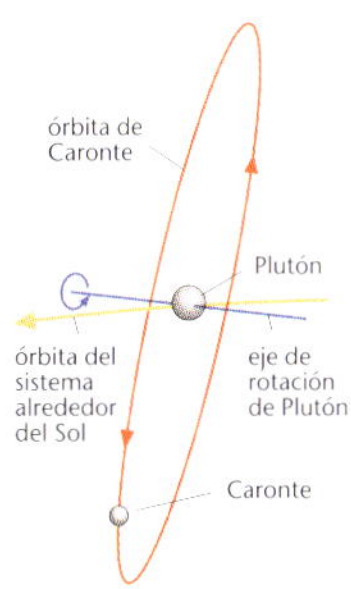

A la derecha: Excentricidad de la órbita de Plutón. La de Sedna es aún más elíptica, muy similar a la de un cometa.

COMO «BOLAS DE NIEVE SUCIA», LOS COMETAS DESCRIBEN ÓRBITAS ENORMES Y VIAJAN INVISIBLES EN EL VACÍO, PERO CUANDO SE ACERCAN AL SOL ESTE LOS TRANSFORMA EN LOS OBJETOS MÁS HERMOSOS Y ESPECIALES DEL SISTEMA SOLAR. EN CAMBIO, LOS METEORITOS ARDEN AL ENTRAR EN CONTACTO CON LA ATMÓSFERA. EN EL ESPACIO TAMBIÉN EXISTEN BILLONES DE KILOS DE POLVO, IONES, MOLÉCULAS Y PARTÍCULAS.

COMETAS, METEORITOS Y MEDIO INTERPLANETARIO

VIENTO Y RADIACIÓN
La cola de un cometa es obra del Sol. El calor origina la sublimación de los hielos del núcleo, la presión de la radiación (fotones) y del viento solar (iones y campo magnético) «alejan» la cola. Un cometa tiene como mínimo dos colas: la ***cola recta*** (iones moleculares y atómicos y electrones que brillan por fluorescencia, como una aurora polar), y la ***cola arqueada*** (polvo que se mueve sobre la órbita del cometa). Ambas se mueven por la fuerza de repulsión del núcleo, por la gravitatoria del Sol y por la presión de la luz. La cola es más amplia y brilla porque difunde la luz solar.

WEST Y HALE-BOPP
Dos cometas observados desde la Tierra.

Los cometas son cuerpos celestes de pequeñas dimensiones, caracterizados por órbitas fuertemente alargadas y excéntricas. Algunos cometas orbitan alrededor del Sol siguiendo trayectorias que, aunque sean muy alargadas, los llevan de nuevo cerca del Sol en tiempos relativamente breves. En cambio, otros tienen periodos tan largos que sólo se nos muestran una sola vez.

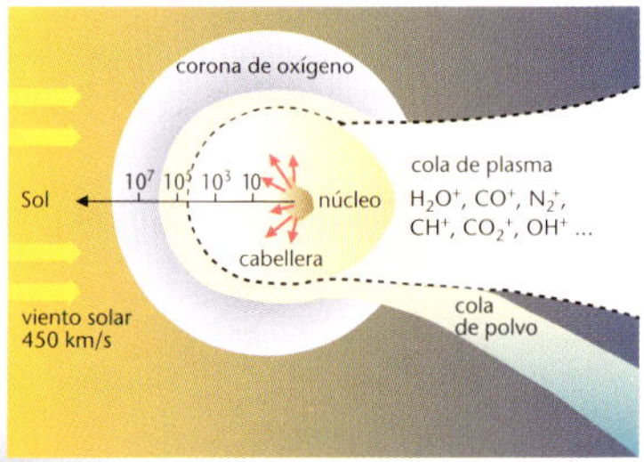

Su origen es incierto, pero se considera que existe una gran nube esférica, llamada **nube de Oort**, con un radio de 0,5-1 a.l. y formada por 100.000 millones a un billón de cometas. Debido a las perturbaciones gravitatorias provocadas por las estrellas o los planetas exteriores, los cometas son atraídos por el Sol, se detienen en una órbita bastante baja o se pierden en el espacio. Se cree que algunos proceden del ***cinturón de Kuiper.*** Esta franja es un anillo de dimensiones semejantes a la nube de Oort –con abundantes cuerpos pequeños, cometas o asteroides– que orbita a 4,5-7,2·10^9 km del Sol. Cuando viaja por el espacio, el cometa es un cuerpo como muchos astros, de las dimensiones de un asteroide pequeño (como máximo 60 km), formado por polvo, materiales meteoríticos rocosos y hielos, pero cuando se acerca a 3·10^8 km del Sol, los hielos del núcleo subliman, es decir, pasan al estado gaseoso y forman una nube de gas que forma la *cabellera* (la «atmósfera» del cometa). La radiación solar repele los gases de la cabellera y forma la cola, en dirección opuesta al Sol. La *cabeza* del come-

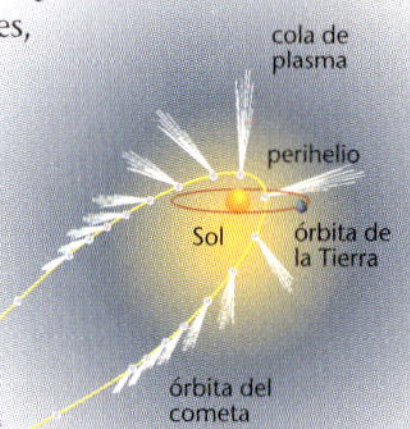

Lluvia de cometas

Nombre	Fecha del máximo	Duración media (días)	Número medio (por hora)	Nombre* de la lluvia
Thatcher (1861 I)	21 de abril	3	5	Líridas
Halley	4 de mayo	4	5	η Acuáridas
1862 III	12 de agosto	10	40	Perseidas
Giacobini-Zinner	9 de octubre	1	irregular	Dracónidas
Halley	20 de octubre	8	12	Oriónidas
Temple-Tuttle (1866 I)	6 de noviembre	5	irregular	Leónidas
Biela	22 de noviembre	10	1	Andromédidas
?	13 de diciembre	6	50	Gemínidas

*Se ha elegido según la constelación en la que se halla el punto radiante, de donde parecen provenir todas las estrellas fugaces.

Meteoritos
Fragmentos de los meteoritos Murchison, en los que se han hallado aminoácidos de origen extraterrestre.

ta, (el núcleo y la cabellera), puede alcanzar 200.000 km de diámetro, mientras que la cola puede medir centenares de millones de kilómetros.

METEORITOS Y ESTRELLAS FUGACES

Innumerables cuerpos pequeñísimos surcan el espacio interplanetario. Si caen sobre la Tierra se llaman ***meteoritos.*** Cada año, la Tierra recibe varios millones de kilogramos. Los más pequeños (polvo) caen lentamente como si fueran nieve. Los más grandes pueden llegar al suelo, causar efectos catastróficos e inflamarse por el rozamiento con la atmósfera, que se ilumina por la ionización y recombinación de sus átomos calentados. Son las llamadas *estrellas fugaces,* que en determinados periodos del año caen con más frecuencia. Ellas son los restos de antiguos cometas: cada vez que se acerca al Sol, el núcleo pierde gran cantidad de materia y se ve sometido a fuerzas gravitatorias capaces de fragmentarlo en múltiples pedazos. El cometa como tal desaparece, pero sus fragmentos continúan viajando por la antigua trayectoria. Cuando la Tierra u otro cuerpo cruza este anillo de fragmentos, los captura.

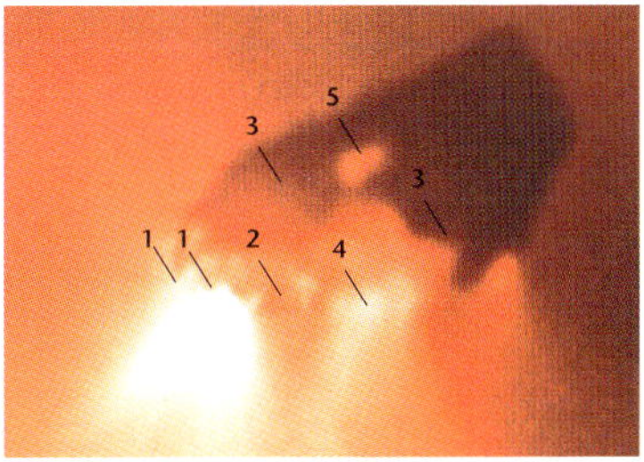

Núcleo del Halley
Fotografiado por la sonda *Giotto* a 600 km de distancia. El núcleo del cometa muestra, en la parte iluminada, chorros similares a los géiseres: los gases forman la cabellera y, al ser doblegados por el viento solar y la presión de la luz, forman la cola de plasma.
1. Manchas luminosas (¿origen de los chorros?).
2. Cráter.
3. Terminador (confín entre la noche y el día).
4. Región luminosa.
5. Monte.

LA LUZ ZODIACAL

La enorme cantidad de gases, polvo y partículas que surcan el espacio interplanetario producida por todos los objetos del sistema solar no se distribuye uniformemente, sino que abunda sobre todo en el plano coincidente con la eclíptica. Al igual que el polvo terrestre, el espacial refleja y difunde la luz del Sol: durante el crepúsculo, en las zonas donde el aire está muy limpio, puede observarse un débil cono luminoso de luz siguiendo la eclíptica: es la llamada *luz zodiacal*.

Burger y Linear, desde el *Hubble*
La segunda imagen muestra una de las partes en las que el cometa se ha fragmentado.

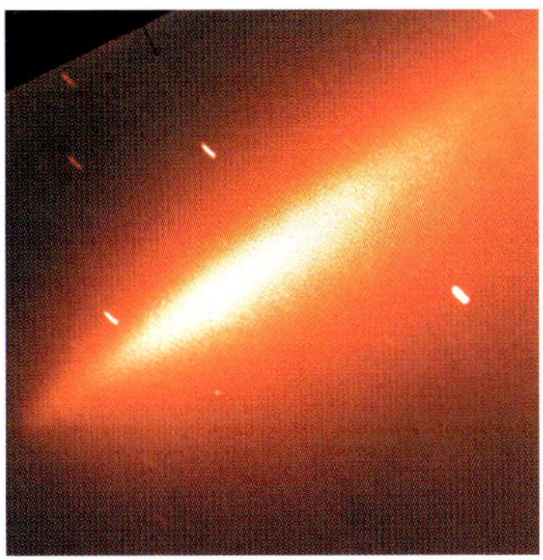

A PARTIR DE LOS DATOS RECOPILADOS POR LAS SONDAS PLANETARIAS Y, SOBRE TODO, DEL ANÁLISIS DE LOS METEORITOS CAÍDOS A LA TIERRA, SE ELABORAN TEORÍAS EVOLUTIVAS QUE EXPLIQUEN LAS OBSERVACIONES ACTUALES, PERO NINGUNA HIPÓTESIS HASTA AHORA ES CAPAZ DE DAR UNA RESPUESTA TOTALMENTE SATISFACTORIA, Y LOS MODELOS TEÓRICOS SON ACTUALIZADOS Y REVISADOS CONTINUAMENTE.

HIPÓTESIS SOBRE EL ORIGEN DEL SISTEMA SOLAR

SUPERNOVA
Esquema del efecto que tiene sobre una masa nebular la onda de impacto producida por la explosión de una estrella: a partir de la concentración de gas y polvo se origina una nebulosa solar.

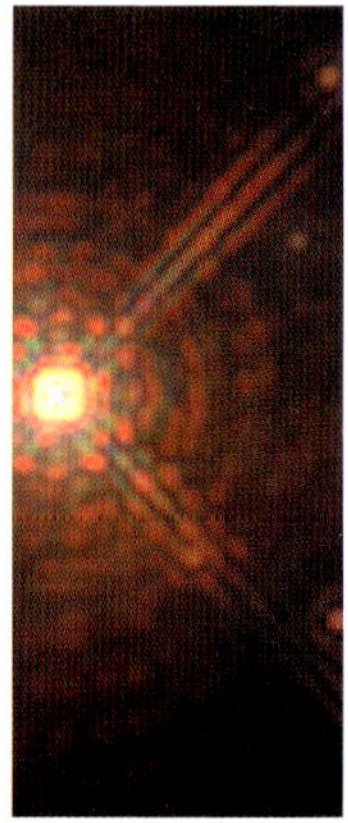

ESTRELLAS NUEVAS
Se observa una serie de estrellas jovencísimas a lo largo del borde de expansión del flujo de energía que genera la formación de la gran estrella NGC2264IRS.

Dado que todos los planetas giran alrededor del Sol, en el mismo sentido y siguiendo órbitas que se mantienen casi en el mismo plano, Kant y Laplace pensaron que todos los cuerpos del sistema solar tenían un origen común y que procedían del mismo remolino de gas y polvo que dio origen al Sol. Y eso sigue creyendo la mayoría de los astrónomos, apoyándose en una gran cantidad de pruebas y observaciones.

Las estrellas nacen en una región en la que el gas y el polvo son lo suficientemente densos como para desencadenar un movimiento de concentración gravitatorio. Según algunas hipótesis, la explosión de una supernova ➢203 pudo producir estas concentraciones: la onda de impacto generada por la explosión habría desencadenado los procesos que, a través de la densificación de la materia, llevaron a la formación de una nebulosa solar que giraba alrededor de su eje, mientras era atraída hacia el centro.

(Hace millares de años)	5.000.000	4.999.950	4.999.925
	Empieza la contracción de la nube; la acción combinada de la gravedad y la rotación produce un disco aplanado, como los que ha fotografiado el *Hubble* en la nebulosa de Orión.	En sólo 50.000 años la nube toma forma: en el centro se está formando el Sol, aún invisible porque está envuelto por la nube; el polvo más pesado se concentra en un disco plano mientras que el gas, más ligero y turbulento, envuelve el conjunto.	En 25.000 años más, toda la zona central alcanza la temperatura necesaria para desencadenar las primeras reacciones nucleares. Mientras, en el disco de polvo, cada vez más estrecho, empiezan a formarse los planetésimos.

Estrellas, galaxias y otros

UN UNIVERSO DE SOLES

El Sol es la estrella que mejor conocemos. Sabemos mucho sobre los procesos nucleares que alimentan su producción energética y sobre los fenómenos superficiales, su origen y su evolución. Sin embargo, no es mucho lo que sabemos del Sol, y la investigación solar sigue ocupando a muchísimos científicos. Pero entonces, ¿cómo podemos decir algo sobre las demás estrellas? ¿Cómo se puede tener información válida sobre esos puntos luminosos que incluso el mejor telescopio continúa mostrándonos puntiformes, de lo lejos que están? El ingenio y la fantasía de algunos científicos han hallado la forma de analizar los sutiles rayos de luz que llegan hasta nosotros desde años luz de distancia para extraer información.

Aunque la «destitución» de la Tierra del centro del universo provocó una auténtica revolución, la «destitución» del sistema solar no ha provocado la misma reacción, y ello a pesar de que la perspectiva de la investigación astronómica cambia radicalmente. Decir que las estrellas son cuerpos sustancialmente iguales al Sol y que los hay a millones en todo el universo implica un gran esfuerzo mental y una cascada de consecuencias. Por ejemplo, esperar que estrellas como el Sol tengan un sistema planetario similar y que por ello existan miles de planetas compatibles con la vida. Este es un aspecto de la investigación que siempre ha despertado interés, sobre todo en los no especialistas. Por estas razones, el presente capítulo está dedicado a las estrellas.

Disco planetario
(Arriba a la izquierda)
El *Hubble* ha tomado esta imagen del disco de polvo que rodea la estrella β del Pintor. Es un ejemplo de un sistema planetario en formación. El área central (más clara) tiene las dimensiones del sistema solar y se cree que aquí se están formando planetas.

Betelgeuse
Esta inmensa estrella roja (arriba a la izquierda, en la fotografía junto a estas líneas de la constelación de Orión) fue la primera en la que se observó la emisión fotosférica en detalle. La imagen de arriba muestra una elaboración por ordenador de la emisión registrada, donde se aprecian diferentes características.

Las estrellas más cercanas

Sol	8 min luz
Próxima	4,2 años luz
α Centauri	4,3 años luz
Estrella de Barnard	5,9 años luz
Wolf 359	7,6 años luz
BD +36° 2147	8,1 años luz
Lalande 21185	8,3 años luz
Sirio	8,6 años luz
Luyten 726-8	8,9 años luz
Ross 154	9,4 años luz
Ross 248	10,3 años luz
ε Eridani	10,7 años luz

Sistema de Yerkes o MKK

Clase de luminosidad	Denominación
Ia - 0	super-supergigantes
Ia, Ib	supergigantes
IIa, IIb	gigantes luminosas
IIIa, IIIb	gigantes
IVa, IVb	subgigantes
Va, Vb	enanas (secuencia principal)
VI	subenanas

Estrellas, colores y clases

Mintaka	violeta, O
Rigel	azul, B
Sirio	blanco-azul, A
Proción	verde, F
Capella	amarilla, G
Aldebarán	anaranjada, K
Betelgeuse	roja, M

Las estrellas cercanas más grandes

	Color	Clase	Diámetros solares
Betelgeuse		M2	750
Antares		M1	640
αHércules		M2	500
Mira		M6	420
Deneb		A2	110
Rigel		B8	70
Aldebarán		K2	45
Canopus		F0	45
Arturo		K2	23

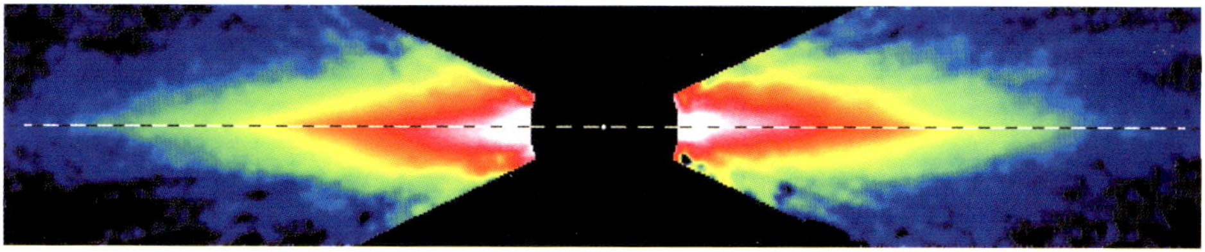

QUÉ ES UNA ESTRELLA

Como el Sol, las estrellas son grandes cuerpos gaseosos formados principalmente por hidrógeno. Estas irradian energía en todas las longitudes de onda, debido a las reacciones nucleares que se producen en su interior. Nacidas por la concentración gravitatoria de grandes nubes de materia interestelar, las estrellas continúan produciendo energía hasta que las reacciones de fusión nuclear desarrollen más energía de la que necesitan para vivir.

DISTANCIAS Y DIMENSIONES

La primera pregunta que uno se plantea al mirar al cielo es: ¿A cuánta distancia se hallarán esos puntitos luminosos? La respuesta se va precisando a medida que los instrumentos avanzan. La estrella más cercana (es una forma de hablar) es Próxima, de Centauro: 4,2 a.l., unos $4{\cdot}10^{13}$ km, un número realmente «astronómico». Para hacernos una idea, si el Sol se apagara en este instante la oscuridad tardaría en invadirnos unos 8 min; pero si se apagara Próxima, antes de que el último rayo de luz alcanzara la Tierra pasarían 4,2 años. Las distancias de las estrellas «cercanas» se miden con el *paralaje* (el mismo ángulo que se extiende entre la órbita terrestre y el vértice de la estrella), pero cada vez más se recurre a métodos físicos indirectos, como sucede con las estrellas lejanas o cuerpos extragalácticos.

Si la composición química y la masa presentan valores relativamente uniformes, las temperaturas, las dimensiones y las distancias varían mucho. Algunas estrellas, como Antares, tienen un diámetro equivalente a 640 veces el del Sol (como la órbita de Marte); otras son más pequeñas, del tamaño de un planeta.

Dimensiones
El *Hubble* fotografió esta inmensa estrella *WR124* rodeada por una capa de plasma sobrecalentado eyectado al espacio a más de 200.000 km/h. Con la misma masa, las dimensiones de una estrella están vinculadas a su actividad interna: cuanto más rápidos sean los procesos nucleares de fusión, mayor es la radiación producida y más se dilata la estrella.

Un objeto grande y muy alejado parece más pequeño que un objeto pequeño y muy cercano. ¿Cómo saber entonces si una estrella es más grande y luminosa que otra o si es sólo que está más cerca? Una primera clasificación de las estrellas se basa precisamente en su intensidad luminosa.

LUMINOSIDAD Y DISTANCIA

Luminosidad y distancia
La radiación producida por una fuente se irradia en todas las direcciones de modo uniforme, siguiendo una superficie esférica de radio creciente: cuanto más alejado esté el observador, menor será la cantidad de radiación que lo alcanza y, por tanto, menor será la luminosidad aparente de la fuente.

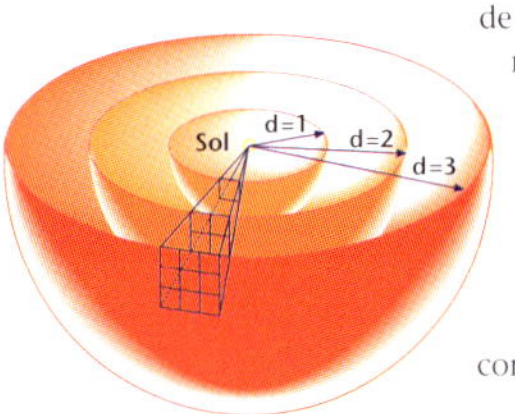

A la vista está, las estrellas no son iguales, pues unas brillan más que otras. La luminosidad con que se nos muestra una estrella se llama *magnitud aparente,* se indica con una m y depende de la *luminosidad intrínseca* de la estrella, es decir, de la cantidad de luz que esta emite cada segundo por superficie unitaria, y de la distancia que la separa de la Tierra.

Fue la magnitud aparente el criterio que empleó Hiparco ➢12 para clasificar varios centenares de estrellas que observaba a simple vista. Para Hiparco, todas las estrellas se hallaban en la bóveda celeste, es decir, a la misma distancia de la Tierra, y las diferencias de luminosidad se debían a una diferencia de tamaño. Él las subdividió en seis grupos: las más brillantes correspondían a la primera magnitud y las más débiles, al límite de lo visible, pertenecían a la sexta magnitud. Por tanto, comparativamente, la estrella más resplandeciente tenía una magnitud menor, y viceversa.

En el siglo XIX, el sistema de Hiparco se consolidó con una base numérica y se estableció que una magnitud correspondía a una luminosidad aparente casi 2,5 veces inferior. De acuerdo con esta escala y de forma aproximada, tenemos que una estrella con m = 1 tiene una luminosidad 1; la m = 2, una luminosidad de 0,4; la m = 3, una luminosidad de 0,16; la m = 4, una luminosidad de 0,064; la m = 5, una luminosidad de 0,026, y la m = 6, una luminosidad de 0,01.

A una diferencia de 5 magnitudes aparente corresponde una diferencia de luminosidad aparente de 100 veces y una estrella con m = 3 es 10.000 veces más luminosa que una estrella con m = 13. Obviamente, el cero es arbitrario.

Más tarde, para mantener lo más intacta posible la división tradicional de las estrellas y para tener en cuenta las nuevas medidas destinadas a catalogar todos los objetos celestes observables, esta escala fue modificándose, atribuyendo a los cuerpos más luminosos un valor de magnitud negativo. Así, Sirio tiene m = -1,5; Venus, según las fases, llega a un máximo de m = -4, y el Sol tiene m = ≈ -27.

Sin usar instrumentos, el límite de la visibilidad es la sexta magnitud (en condiciones de observa-

LA INVESTIGACIÓN DE LOS SISTEMAS PLANETARIOS

Frente a los millares de estrellas conocidas, sólo son nueve los planetas directamente observados, todos ellos pertenecientes a nuestro sistema solar. Ya se ha abierto la veda para la caza de otros planetas: se considera probable que el modelo de nuestro sistema solar sea muy común en el universo. A pesar de ello, resulta difícil ver un cuerpo que, por definición, no es luminoso y que, por lo general, suele ser mucho más pequeño que una estrella, sobre todo si además se halla a varios años luz de distancia.

El *Hubble* ha conseguido captar imágenes muy detalladas del disco de polvo que orbita alrededor de la estrella AB de Auriga; a la derecha: una visión de conjunto del campo de observación (nueve veces más extenso que nuestro sistema solar); a la izquierda: se aprecian bandas, estructuras espiraliformes y aglo-

LA ESTRELLA MÁS LUMINOSA Recientemente descubierta por el *Hubble*, esta estrella que emite una cantidad de energía equivalente a 10 millones de veces la solar tiene una luminosidad mayor que todas las demás estrellas de la Galaxia. Antes de ser captada por la potente cámara para infrarrojos cercanos y por el espectrómetro del *Hubble* era invisible, pues se escondía tras las nubes del centro galáctico.

DIMENSIONES Diferencias de diámetro entre los cuatro tipos principales de estrellas: una gigante roja, una estrella similar al Sol, una enana blanca y un agujero negro. Su densidad es inversamente proporcional a las dimensiones. Con la luminosidad sucede lo contrario.

ción excepcionales), mientras que los grandes telescopios consiguen ver detalles de objetos en la magnitud 25. Sin embargo, dado que la magnitud aparente de una estrella también depende de su distancia a la Tierra, esta medida sin valor físico no es muy utilizada por los astrónomos, pues ellos se decantan por la *magnitud absoluta M:* los objetos celestes se clasifican en una escala en la que la magnitud aparente se modifica en función de la distancia, y donde M indica la luminosidad que la estrella tendría si se hallara a una distancia convencional de 10 pc (equivalente a 32,6 a.l.). Se puede establecer la magnitud de un objeto celeste tanto si conocemos la distancia real como si conocemos la magnitud aparente. De hecho, las magnitudes se relacionan con una fórmula sencilla:

$$M = m + 5 - 5 \log d$$

donde d es la distancia del objeto observado a la Tierra. La magnitud absoluta de una estrella es una dimensión física que permite comparar directamente las luminosidades estelares. De hecho, en esta escala la estrella más luminosa también es la fuente energética más potente.

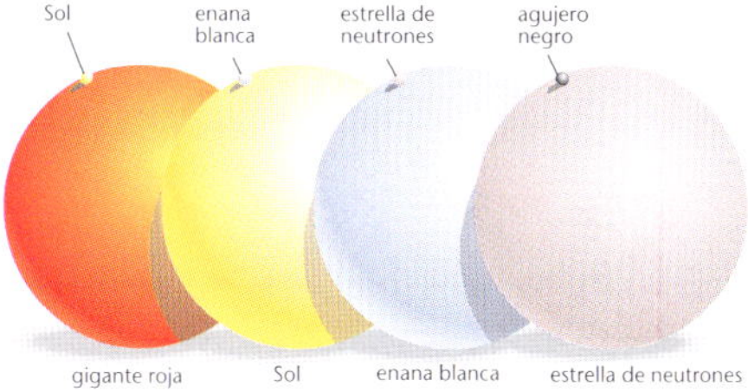

merados más oscuros que se interpretan como planetas en formación.

Otra fotografía realizada por el *Hubble* muestra un detalle del disco de polvo que rodea la estrella β del Pintor: se estima que los nódulos son discos concéntricos de polvo producidos por el paso cercano de una estrellita (hace unos 100.000 años) que provocó profundas perturbaciones gravitatorias. Este modelo de evolución de un sistema planetario a partir de una nebulosa primitiva formada por polvo y gas en órbita alrededor de una estrella, por acción de perturbaciones gravitatorias, ya se propuso para explicar el origen del sistema solar y la disposición particular de los planetas terrestres y jovianos.

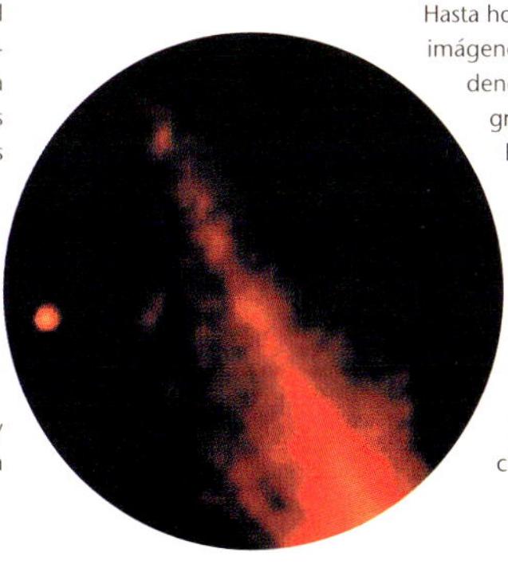

Hasta hoy, estas son las mejores imágenes. Cualquier otra evidencia de la presencia de grandes planetas cerca de las estrellas conocidas está limitada a la observación de una oscilación regular de la luminosidad estelar, lo que puede explicarse con el paso de un planeta entre la estrella y la Tierra que eclipsa parcialmente el disco estelar.

Los conocimientos que hemos adquirido sobre dimensiones, distancia, constitución química, temperatura y velocidad de las estrellas y de otros objetos celestes están íntimamente ligados al conocimiento de la dinámica atómica: las puertas de lo infinitamente grande se han abierto sólo después de que las de lo infinitamente pequeño hicieran lo propio.

ESPECTROS ESTELARES

Estrellas y colores
En esta imagen de un campo de estrellas, tomada por el *Hubble* en la franja visible, se diferencian con claridad estrellas de distintos colores, del azul al anaranjado.

Las estrellas suelen mostrarse blancas: a esos niveles de luminosidad el ojo pierde la capacidad de distinguir colores. Pero a veces, observando las estrellas más brillantes (o una fotografía), se distinguen algunas azules, otras amarillas y otras rojizas. Si se observan los espectros, se aprecian más diferencias. Precisamente basándose en estas diferencias y las causas que las originan, los investigadores han conseguido obtener mucha información del hilo de luz que nos llega de cada cuerpo celeste.

ESPECTROS, ÁTOMOS Y ELEMENTOS QUÍMICOS

Se llama *espectro de una fuente de radiación* al conjunto ordenado de radiaciones emitidas por la fuente. Instrumentos como el *espectroscopio* y el *espectrógrafo* ➢121 aprovechan la refracción para dividir el rayo luminoso en sus componentes con longitudes de onda distintas, y, al proyectarse en una placa fotosensible, la impresionan sólo en los puntos de incidencia: dado que la radiación pasa por una hendidura, el espectro aparece formado por una serie de rayas alineadas, una por cada longitud de onda presente en la radiación analizada.

Para comprender cómo se forma una radiación y de qué modo está relacionada con la temperatura y la constitución química de una estrella, hay que saber de qué manera la materia emite energía. Primero hay que saber cómo funciona un átomo desde el punto de vista energético, cuáles son los procesos atómicos que desarrollan energía en forma de radiación y cuáles son los que la absorben. Por ello, hasta que Röntgen, Pierre y Marie Curie, Maxwell, Einstein y Planck no aclararon la relación entre átomos, elementos químicos y radiaciones, pudo afirmarse muy poco sobre el origen de la energía y la constitución química de las estrellas.

Espectro luminoso
Un prisma escinde la luz visible en sus colores: en el manuscrito en el que se halla apoyado este cristal, Newton describió el fenómeno y dio una explicación corpuscular opuesta a la ondulatoria propuesta por Huygens y Hooke.

RADIACIONES Y FOTONES

La radiación electromagnética es un campo eléctrico y un campo magnético cuyas intensidades varían en el tiempo. Esta variación se propaga en la misma dirección (radial respecto a la fuente) a la velocidad de la luz ($c = 3 \cdot 10^8$ m/s). Por tanto, se habla de *ondas electromagnéticas* y de *longitud de onda*, según la interpretación de Maxwell de 1865. Pero la radiación solar (y del resto de los cuerpos celestes) es un fenómeno más complejo: según la teoría elaborada por Einstein 50 años más tarde, la luz es un flujo de corpúsculos carentes de masa, los fotones, «paquetes» o «cuantos» de energía que se mueven a la velocidad de la luz «transportando» una energía inversamente proporcional a la propia longitud de onda: cuanto mayor sea la longitud de onda menor será la energía transportada. En otras palabras,

ESTRUCTURA ATÓMICA Y NIVELES DE ENERGÍA

La relación entre estructura de la materia y radiaciones es un tema muy complejo. Resumirlo dando sólo algunas pinceladas esenciales significa forzosamente hacerlo de forma esquemática y aproximada. A pesar de ello, resulta indispensable tener claros ciertos conceptos si se quiere comprender cómo pueden usarse los espectros estelares para luego pasar a la constitución química y a la temperatura de los cuerpos celestes.

La materia está formada por átomos y cada uno de ellos presenta diversos componentes:

- ***Protones.*** Todos tienen la misma masa y carga eléctrica unitaria positiva.
- ***Neutrones.*** Tienen masa ligeramente distinta de la de los protones y no tienen carga eléctrica.
- ***Electrones.*** Su masa es desestimable (~ 2.000 veces menor que la del protón) y tienen carga eléctrica unitaria negativa.

Entre los modelos atómicos propuestos hasta la actualidad, el más sencillo y suficiente para aclarar el problema de los espectros es el modelo planetario, según el cual el núcleo ocupa el centro del átomo y está formado por neutrones y protones, a cuyo alrededor se mueven los electrones. El número de protones que forman el núcleo se llama número atómico y sumado al número de neutrones da el número de **masa**. Por tanto, en el núcleo se hallan casi toda la masa del átomo y la carga positiva (suma de las cargas de los protones).

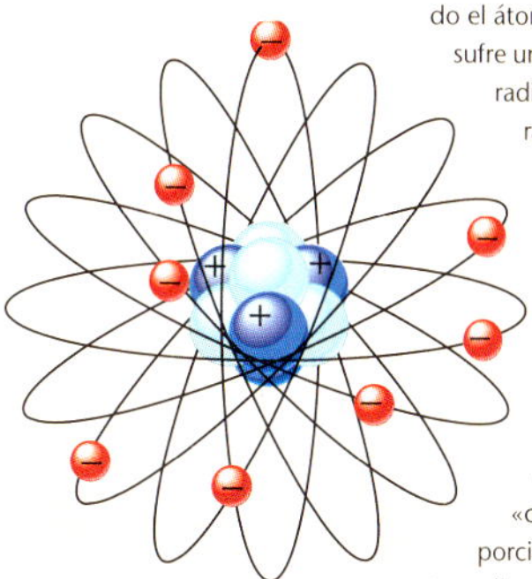

En condiciones normales, alrededor del núcleo se halla el mismo número de electrones que de protones. Se dice que el átomo es «neutro», porque las cargas positivas están equilibradas por las negativas.

Este modelo del átomo no se parece tanto al sistema solar. De hecho, los planetas giran en órbitas casi constantes en el tiempo, órbitas que adoptan formas diversas (circular, elíptica, parabólica...), y pueden hallarse a cualquier distancia del Sol (como demuestran los satélites). En cambio los electrones cambian continuamente de trayectoria y saltan de una órbita a otra, ocupando sólo órbitas situadas a determinadas distancias del núcleo (indicadas por la teoría cuántica de Plank).

Además, por atracción electrostática, un electrón está más unido al núcleo cuanto más interior sea su órbita. Por tanto, para desplazarse de una órbita a otra más exterior deberá «absorber» energía capaz de superar la atracción que ejerce el núcleo. Se dice que el electrón (o el átomo) debe «excitarse», y esto sucede cuando el átomo absorbe energía: si sufre un impacto o recibe una radiación. La energía liberada por el electrón para «saltar» hacia el interior del átomo se dispersa de un solo golpe. Del átomo sale un «corpúsculo de radiación» llamado fotón o cuanto de luz. La energía del fotón emitido es «cuantizada» y es proporcional al tamaño del salto realizado por el electrón.

Ese fotón de energía emitido viaja por el espacio: es una radiación con una longitud de onda (λ) calculable con la fórmula:

$\varepsilon = hc / \lambda$

donde ε es la energía, *h* la constante de Planck y *c* la velocidad de la luz. Según dicha fórmula, cuanto mayor sea el salto del electrón (esto es, cuanto mayor sea la energía absorbida) más pequeña es la longitud de onda de la radiación emitida.

Los fotones de energía más elevada son los rayos γ (gamma), siguen los rayos X, los ultravioletas (invisibles al ojo humano) y los fotones, de energía más baja (visibles). Así, los más energéticos dan sensación de color violeta, y siguen varios colores hasta llegar al rojo. Los fotones de energía menor se vuelven invisibles a nuestro ojos: percibimos los más energéticos como «calor» (infrarrojos), mientras que los menos energéticos (microondas y ondas de radio) sólo pueden percibirse con instrumentos apropiados.

Los átomos sólo pueden absorber determinadas cantidades de energía: las necesarias y suficientes para provocar un «salto» de un electrón entre dos órbitas permitidas. Así, algunos fotones no son absorbidos y es como si cada átomo fuera un surtidor automático de gasolina: si no se introduce la tarjeta de crédito que retiene dinero (absorbe) para que dé (emita) gasolina (energía), el surtidor no funciona. Como las diversas posiciones del electrón respecto al núcleo corresponden a distintas energías potenciales del átomo, resulta más cómodo (y propio) hablar de niveles de energía o niveles de excitación en lugar de órbitas, y de saltos entre niveles de energía en lugar de saltos entre una órbita y otra. Así, para el hidrógeno (con un electrón, es el caso más sencillo) se dibuja el esquema inferior **(diagrama de los niveles energéticos)**: las rayas horizontales (la inferior corresponde al **estado fundamental** o **neutro**) del átomo están distanciadas entre sí proporcionalmente a las diferencias energéticas entre un nivel y el siguiente. Cada nivel representa la energía necesaria para llevar un electrón del nivel más bajo al nivel considerado. La última raya superior corresponde a la **energía de ionización**, es decir, el valor de la energía de excitación característico para cada configuración atómica al que la unión núcleo-electrón se rompe y el electrón y el resto del átomo (llamado ahora **ion**) se repelen. El **átomo ionizado** sigue perteneciendo al mismo elemento químico: un átomo de carbono que ha perdido un electrón es un átomo de carbono ionizado una vez; si ha perdido dos, es un átomo de carbono ionizado dos veces, etc.. Sin embargo, átomos del mismo elemento ionizados de forma distinta tienen una distinta configuración de los niveles energéticos y, desde este punto de vista, podrían considerarse elementos distintos.

Cuando un ion captura un electrón libre, este pasa a ocupar uno de los niveles libres y emite uno o más cuantos de energía.

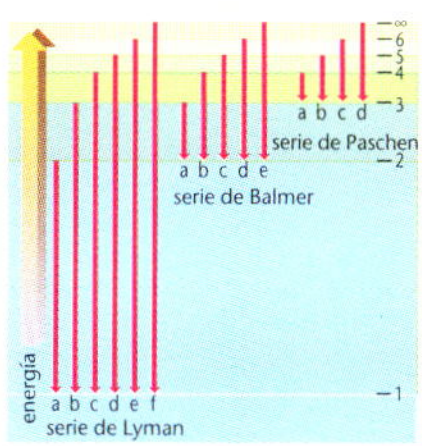

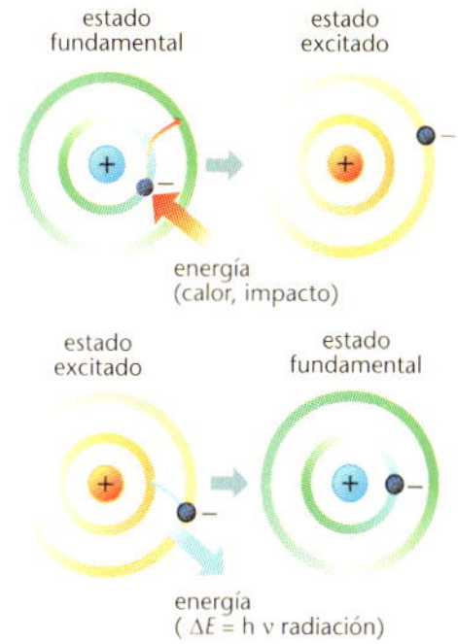

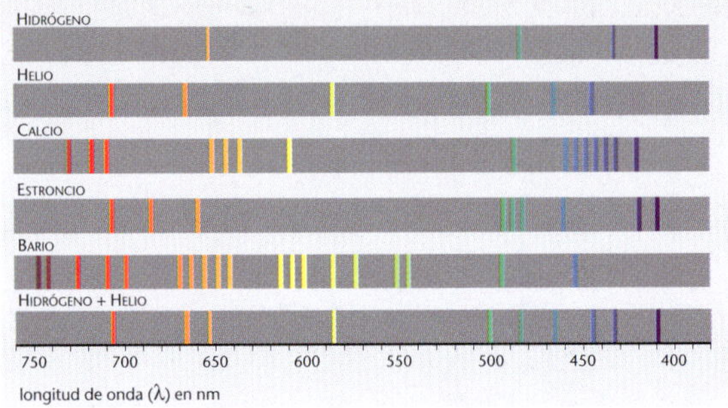

Espectros de emisión
Las rayas que componen estos espectros de diversos elementos están relacionadas con las diversas posibilidades de «saltos» que tienen los electrones según la estructura de cada átomo. Un espectro de emisión producido por una mezcla de gas equivale a la suma de las rayas producidas por cada elemento químico.

los fotones «rojos» transportan una cantidad de energía menor que los fotones «violetas».

Pero los fotones actúan de forma extraña. Interactúan con la materia como si fueran corpúsculos: son absorbidos por átomos y moléculas, desviados de su camino, rebotan y cruzan imperturbables la materia... y también pueden actuar como un «paquete de ondas» y producir fenómenos de interferencia. Las radiaciones de los cuerpos celestes se comportan en algunos casos como una onda electromagnética y en otros como un flujo de fotones. Por ello, cuando se realiza un espectro de una radiación visible, se puede decir tanto que se dividen las longitudes de onda como que se seleccionan los grupos de fotones que la componen.

EL ESPECTRO DE EMISIÓN

Supongamos que hacemos el espectro de la radiación emitida por átomos de un solo elemento químico calentando una muestra de gas en una lámpara. Lo que se ve es una sucesión de rayas brillantes, luminosas y de color: se trata de las *rayas de emisión,* típicas e identificativas del elemento químico. Cada raya representa un «salto energético» que los electrones de cada átomo excitado por el calor pueden realizar para volver al estado fundamental: la longitud de onda de las radiaciones emitidas es específica para cada tipo de «salto» (vinculada a la diferencia de energía entre los niveles iniciales y finales) y determinada por la estructura del propio átomo. Por ello, las rayas de emisión de nuestro elemento tienen colores precisos: en los «saltos» pueden producirse sólo fotones de colores particulares (es decir, unas longitudes de onda precisas). El conjunto de las rayas de emisión de una fuente se denomina *espectro de emisión:* la mayoría de las rayas no son perceptibles a nuestros ojos, porque tienen longitudes de onda fuera de la franja de lo visible.

Si una fuente está formada por un único tipo de elementos químicos, el número y el tipo de «saltos» que los electrones pueden hacer son siempre los mismos y la longitud de onda de las radiaciones emitidas por la fuente corresponde –cualitativamente– a la emitida por un solo átomo. Al contrario, si la fuente está compuesta por diversos elementos, el número y el tipo de «saltos» que los electrones pueden realizar son distintos y la longitud de onda de las radiaciones emitidas por la fuente corresponde –cualitativamente– a la suma de las longitudes de onda emitidas por cada átomo. En el espectro de esta fuente se hallan todas las rayas de emisión típicas de cada elemento mezcladas entre sí y ordenadas por longitud de onda creciente.

EL ESPECTRO CONTINUO

En condiciones particulares de presión y temperatura, cualquier fuente también se compone de iones atómicos que pueden capturar electrones libres. Un electrón que se recombina con un ion puede tener una energía distinta a otro. Además, cada electrón puede introducirse en un nivel atómico distinto. Cuando un electrón se une a un ion emite una radiación con una longitud de onda distinta en función del «salto» que le permita dar la energía y la estructura de dicho ion. Una fuente de este tipo emi-

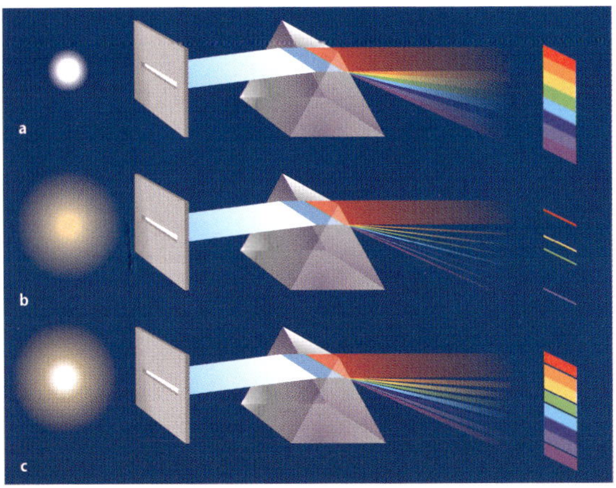

Prismas y espectros
Producción de distintos espectros.
a. ***Espectro continuo.*** La radiación que llega al prisma es producida por un cuerpo sólido, líquido o gaseoso a presión elevada (o por un cuerpo negro).
b. ***Espectro de emisión.*** La radiación emitida por un gas llega inalterada al prisma
c. ***Espectro de absorción.*** La radiación producida por la fuente llega al prisma después de ser absorbida. Las rayas negras corresponden, en negativo, a las rayas coloreadas que los elementos químicos que la han absorbido emitirían si fueran la fuente.

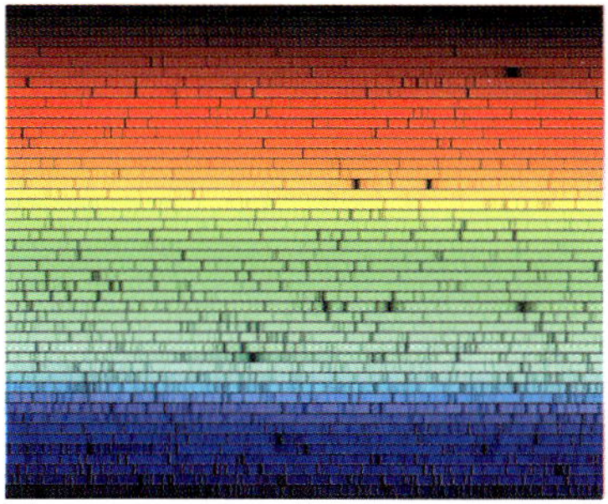

Espectro solar visible
Se aprecian muchísimas rayas de absorción: algunas son producidas por los gases de la atmósfera terrestre *(espectro telúrico)*, en particular por el vapor de agua, el ozono y el oxígeno (más densas durante el ocaso); otras son producidas por la atmósfera solar, en particular la serie de Balmer del hidrógeno, las rayas H y K del calcio, el doblete del sodio (en amarillo) y la raya del magnesio (en verde).

te todo tipo de radiaciones: las rayas se «aprietan» entre sí y el espectro es un ***espectro continuo.*** La capacidad de emitir un espectro así depende sólo del estado físico de la fuente.

EL CUERPO NEGRO

Un espectro continuo puede ser, por ejemplo, el del ***cuerpo negro,*** es decir, un cuerpo capaz de absorber todas las radiaciones recibidas. En realidad, este cuerpo no existe; sin embargo, esta abstracción es muy útil para estudiar la relación entre temperatura y radiación. Como cualquier otro cuerpo, un cuerpo negro calentado emite radiaciones, pero a diferencia de los cuerpos reales la radiación absorbida por cada centímetro cuadrado de un cuerpo negro a una temperatura determinada y la emitida por la misma superficie se contrarrestan, y su relación sólo depende de la longitud de onda de la radiación y de la temperatura alcanzada.

Gracias al artificio del cuerpo negro se ha hallado la regla matemática que relaciona la radiación emitida (la energía del cuerpo) con la temperatura. Como muestra el gráfico, cuanto más aumenta la temperatura mayor es la emisión absoluta de radiación. Y no sólo eso, cuanta más radiación se emite mayor es la parte de radiación con longitud de onda menor. Este es el motivo por el que un cuerpo negro, como cualquier otro cuerpo, al aumentar la temperatura cambia de color; por ello, dado que la mayoría de los fotones emitidos tiene una longitud de onda cada vez más pequeña, a unos 3.000 K se volvería rojo; a 6.000 K, amarillo y brillante como el Sol, y a 10.000 K sería azul.

Hay estrellas de color rojo, amarillo, azul... Esto significa que la radiación que emiten es más «abundante» en el rojo, en el amarillo, en el azul... Es decir, que a igual energía emitida y a igual distancia, cada una presenta un pico de emisión en zonas espectrales distintas. Ahora sabemos que este efecto corresponde a una diferencia de temperatura superficial y, por ello, estarán, respectivamente, sobre los 3.000 K, 6.000 K y 10.000 K. Si fuera más alta, el pico de emisión estaría situado en los ultravioletas, y si fuera inferior a 3.000 K, dicho pico se hallaría en los infrarrojos. Con instrumentos adecuados, también se realizan los espectros de estas señales.

EL ESPECTRO DEL SOL Y LAS ESTRELLAS

Como el de otras fuentes naturales, el espectro del Sol es continuo; no obstante, muestra numerosas rayas oscuras, llamadas ***rayas de absorción.***

La radiación emitida por el Sol está formada por fotones de todas las longitudes de onda producidos durante las reacciones nucleares. Todos los fotones, aunque interfieran entre sí en cuanto a longitud de onda, viajan juntos a la velocidad de la luz y llegan simultáneamente al instrumento. Pero antes la radiación pasa a través de la atmósfera del Sol y de la de la Tierra, es decir, a través de capas de átomos de diversos elementos químicos que pueden absorber fotones de longitudes de onda particulares y características, excitándolos. Mientras los fotones con otras longitudes de onda prosiguen su viaje, los que presentan energía correspondiente a la energía de excitación de los átomos de las atmósferas son absor-

Diagrama del cuerpo negro
La radiación de un cuerpo negro a tres temperaturas distintas, comparada con la parte de la radiación solar que más se acerca a la de un cuerpo negro. El pico de las radiaciones producidas por el Sol se halla en la franja visible.

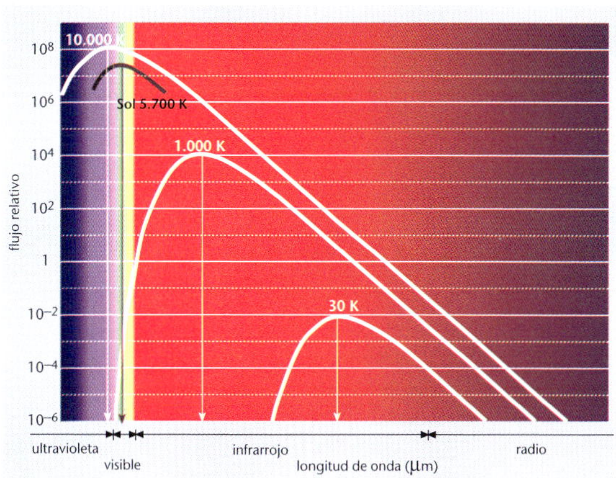

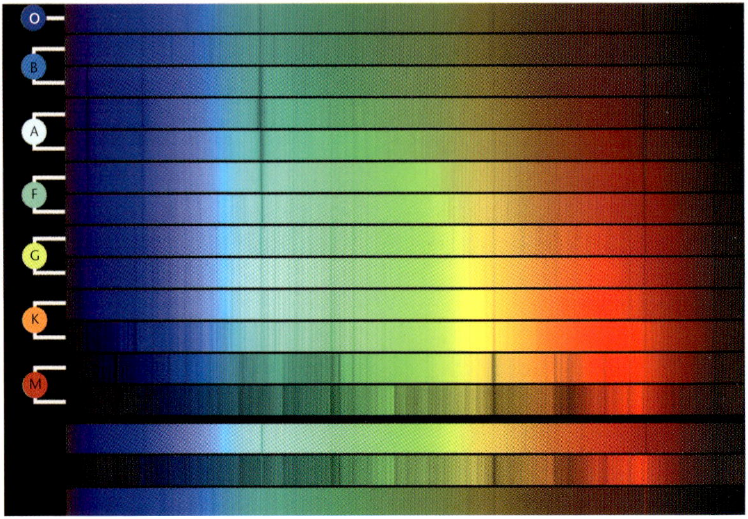

Espectros estelares
Los espectros visibles de estrellas de distintos grupos estelares (de arriba a abajo):
- HD 12993, tipo O6,5;
- HD 158659, tipo B0;
- HD 30584, tipo B6;
- HD 116608, tipo A1;
- HD 9547, tipo A5;
- HD 10032, tipo F0;
- BD 610367, tipo F5;
- HD 28099, tipo G0;
- HD 70178, tipo G5;
- HD 23524, tipo K0;
- SAO 76803, tipo K5;
- HD 260655, tipo M0;
- YALE 1755, tipo M5.

Los tres últimos espectros pertenecen a estrellas con características especiales:
- HD 94028, tipo F4 pobre en metales.;
- SAO 81292, tipo M4,5 con rayas brillantes de emisión.
- HD 13256, tipo B1 con rayas brillantes de emisión.

bidos y redirigidos en todas las direcciones. La radiación original es «privada» de parte de sus fotones y al instrumento, a pesar de que llegan fotones de todas las longitudes de onda, llega un número inferior de fotones con las longitudes de onda características de los elementos atmosféricos. Así, el espectro al que corresponden estas longitudes de onda donde «faltan» fotones se interrumpe: se forman las rayas oscuras de absorción o ***rayas de Fraunhofer.***

ESPECTROS E INFORMACIÓN

Ahora sabemos que un determinado elemento puede emitir sólo un tipo determinado de radiación: si en la luz de una estrella hallamos esa radiación, podemos decir que la estrella contiene dicho elemento. Es decir, puede practicarse un análisis químico de una estrella analizando la luz que emita.

Parece sencillo, pero no lo es. Las radiaciones emitidas por las estrellas son infinitas. En un gas a la temperatura, presión y densidad de una estrella, los átomos son rapidísimos y los impactos se suceden sin interrupción. Cada impacto provoca la transferencia de energía de un átomo a otro, la excitación de los átomos y la emisión de ulteriores radiaciones. Además, los átomos pertenecen a numerosísimos elementos químicos (aunque muchos sólo estén presentes en porcentajes muy bajos), y cada átomo tiene un esquema propio de niveles tanto más complicado cuanto más elevado sea su número atómico, y por esa razón las emisiones son igualmente complejas. Por último, cada átomo puede ionizarse varias veces y eso vuelve a alterar las características atómicas que determinan las emisiones.

Las características de la radiación de una estrella variarían también si esta estuviera formada por un solo tipo de átomos, tanto por las diversas condiciones de temperatura (que limita la posibilidad de que se produzcan algunos «saltos» y determina la formación o no de ciertos tipos de iones) como por las diversas condiciones de densidad (que influyen en el número de impactos).

A pesar de esto, comparando las medidas de las longitudes de onda de cada raya con las de los espectros muestra realizados en laboratorio usando gas de elementos químicos individuales y habida cuenta de las intensidades relativas de las rayas de emisión, los astrofísicos han diferenciado los elementos presentes en la atmósfera de muchísimas estrellas. Con ulteriores valoraciones, el análisis químico se ha cuantificado para extrapolar las proporciones de los elementos que forman estas fuentes. En definitiva, se conoce con precisión de qué y en qué proporción están hechas las estrellas.

CLASES ESPECTRALES

Según el color o, lo que es lo mismo, la temperatura y las características del espectro, las estrellas se clasifican en 7 clases espectrales y, a su vez, cada una de ellas se divide en 10 subclases. A partir de la temperatura más elevada, tenemos estrellas:

- **Tipo O.** Azules, muy luminosas y grandes, con temperaturas superficiales comprendidas entre 40.000 y 20.000 K. Las rayas de helio y de otros átomos ionizados varias veces son visibles; las del hidrógeno casi completamente ionizado son más débiles.

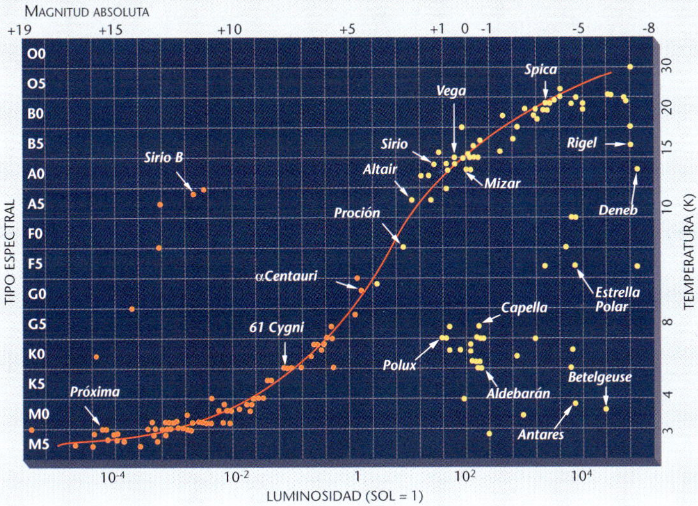

DIAGRAMA DE HERTZPRUNG-RUSSELL
Sobre la diagonal se hallan estrellas enanas como el Sol. Por debajo, el grupo de estrellas gigantes y supergigantes (las más luminosas de este grupo). Por encima de la diagonal, las enanas blancas. Construido a partir de valores de estrellas cercanas a la Tierra cuyas distancias son conocidas mediante el paralaje trigonométrico, el diagrama permite hallar la distancia o definir la magnitud absoluta de estrellas de las que podemos, de alguna forma, definir la clase espectral. De esta manera, se determinan las distancias estelares en cuanto se fotografían las estrellas.
Las zonas del diagrama en las que se produce mayor masificación son aquellas que indican condiciones físicas de estabilidad en las que las estrellas permanecen mucho tiempo.

• **TIPO B.** Blanco-azuladas, con temperaturas superficiales entre 20.000 y 10.000 K. Son numerosas las rayas de átomos metálicos muy ionizados, disminuyen en intensidad las del helio y aumentan las del hidrógeno. Forman parte de este grupo: β Crucis (B0), Spica y β Centauri (B1), γ Orionis (B2), Alkaid (B3), Achenar (B5), Régulo y Alción (B7), Rigel (B8) y Alpheraz (B9).

• **TIPO A.** Blanco-verdosas, con temperaturas superficiales entre 10.000 y 7.000 K. Las rayas de la serie de Balmer del hidrógeno tienen la intensidad máxima; empiezan a verse las rayas del calcio ionizado. Vega, α Coronae, Alioth (A0), Sirio, β Ursae Maioris (A1), Deneb, β Aurigae (A2), Fomalhaut (A3), Rasalhague (A5), Altair (A7) y Bellatrix pertenecen a este grupo y algunas de ellas tienen campos magnéticos muy intensos.

• **TIPO F.** Verdes, con temperaturas superficiales entre 7.000 y 6.000 K. Las rayas del hidrógeno son intensas y, además de las del calcio ionizado, aparecen las rayas del calcio neutro. Canopo, γ Scorpionis, α Hydri (F0), β Cassiopeae (F2), Procyon, α Persei, Mirfak (F5), ρ Puppis (F6) y la Estrella Polar (F8) pertenecen a este grupo.

• **TIPO G.** Como el Sol (G2), son amarillas, con una temperatura superficial entre 6.000 K (enanas G0) y 4.800 K (gigantes G0). Disminuyen las rayas de Balmer del hidrógeno y emergen las de los metales. A esta clase pertenecen Capella, ζ Herculis, ν Boötis (G0), β Hydri (G1), β Corvi (G5), β Geminorum, β Persei (G8) y la componente principal de α Centauri.

• **TIPO K.** Amarillo-anaranjadas, con temperaturas superficiales entre 4.800 K (enanas K0) y 3.100 K (gigantes K0). La raya del calcio neutro tiene la intensidad máxima y las rayas metálicas están cada vez más en relieve; desaparecen las del hidrógeno. A este grupo pertenecen Aldebarán y Schedir.

• **TIPO M.** Rojas más o menos densas, con una temperatura superficial entre 3.400 K (enanas) y 2.000 K (gigantes). Son muy intensas las rayas del óxido de titanio (compuesto molecular). Este grupo está formado por β Andromedae (M0), Antares (M1), Betelgeuse, β Pegasi, Rasalgethi (M2), γ Crucis, μ Geminorum (M3), Mira (M6) y Menkar.

En cada clase hay enormes diferencias. Así, existen blancas luminosísimas y otras poco brillantes, estrellas rojas enanas y gigantes, etc. Para clasificarlas también se recurre a la magnitud absoluta.

DIAGRAMA DE HERTZPRUNG-RUSSELL

Si se dibuja un diagrama con dos coordenadas, por un lado la clase espectral –que depende de la temperatura– y por otro la magnitud absoluta –que depende de la masa–, se obtiene el famoso diagrama de Hertzprung-Russell (HR), un auténtico descubrimiento en la astronomía moderna. La distribución de las estrellas no es casual: el mayor número se condensa en una franja central llamada *serie* o *secuencia principal;* arriba se agrupan las estrellas azules (O, B); en el centro, las blancas y amarillas (A, F, G); abajo, las rojas (K, M). Fuera de la serie principal hay dos grupos: el primero, abajo a la derecha, comprende estrellas rojas muy grandes y luminosas; el segundo, sobre la diagonal, donde sólo hay astros blancos y azules poco luminosos. Pero este diagrama dice mucho más.

OBSERVAMOS EL CIELO Y, SIMULTÁNEAMENTE, VEMOS ESTRELLAS EN FORMACIÓN, EN PLENA ACTIVIDAD, EN TRASFORMACIÓN, ESTRELLAS QUE EXPLOTAN... EL DIAGRAMA DE HERTZPRUNG-RUSSELL NOS DESCRIBE EL RECORRIDO QUE SIGUE CADA ESTRELLA, DESDE QUE NACE HASTA QUE MUERE. TODO DEPENDE EXCLUSIVAMENTE DE SU MASA.

EVOLUCIÓN DE UNA ESTRELLA

Si observamos el diagrama HR, parece que la mayoría de las estrellas tenga alguna característica común. Y es cierto. Todas ellas son cuerpos celestes formados por hidrógeno y otros gases, con altísimos valores de temperatura, densidad y presión en su interior. Dado que la posición de una estrella en el gráfico sólo depende de su masa (cuanto mayor sea, más luminosa será; se comparan magnitudes absolutas), el diagrama HR se transforma en un instrumento para establecer la edad de una estrella y describir su evolución, una vez conocida la masa de partida.

SE FORMA UNA ESTRELLA

Una estrella no puede ser eterna: irradia energía a costa de su propia masa y, al no tener una masa infinita, antes o después se apaga. Y antes o después también, se forma por condensación de la materia esparcida. En el espacio no faltan nubes de gas y de polvo. Por tanto, es de esperar que por doquier haya estrellas en formación. Pero los átomos de la materia interestelar tienen una densidad muy baja: para formar un núcleo a cuyo alrededor a largo plazo se recoja materia suficiente como para formar una estrella, varios átomos deben hallarse cerca de forma que no puedan alejase uno de otro. Las interferencias gravitatorias de otros cuerpos u otros fenómenos, como la explosión de una supernova ➢203, producidos en las proximidades pueden desencadenar este proceso de formación estelar. La protoestrella es un objeto casi siempre invisible: cuando aún es «frío» sólo puede verse «en negativo» (oscu-

NUBES INTERESTELARES Dos imágenes tomadas en la constelación de Orión desde el *Hubble*.
a. En el cúmulo del Trapecio, en proceso de formación de nuevas estrellas.
b. Estas estrellas de reciente formación aún están envueltas por una densa nebulosa.

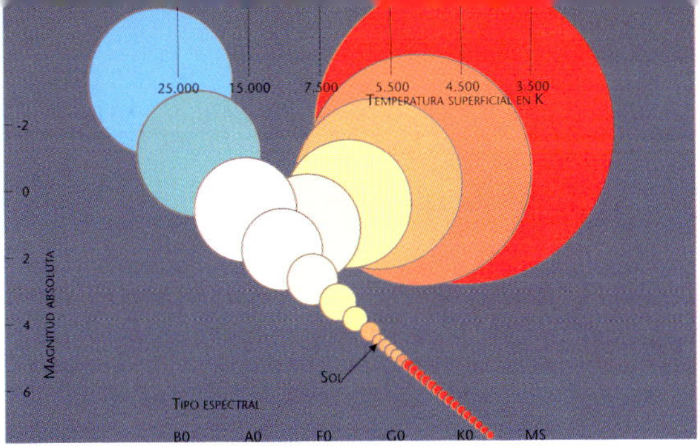

Diagrama HR
Aquí se observa la relación entre la posición de una estrella en el diagrama HR, la clase espectral a la que pertenece, el diámetro y la temperatura superficial (color).

ro sobre fondo luminoso) o si está iluminado por una fuente cercana. Se observan muchas masas globulares oscuras *(glóbulos de Bok)* de grandes dimensiones (del orden del año luz).

UNA NUEVA ESTRELLA

Los átomos caen por la fuerza de la gravedad cada vez a mayor velocidad hacia el centro de masa del glóbulo. Aumentan la velocidad y la presión, y el gas se vuelve cada vez más caliente. La protoestrella, ya visible en la franja de los infrarrojos, continúa volviéndose más pequeña y densa, y su temperatura pasa de casi 100 K a 50.000 K (también se observa en la franja visible). Aunque débil y difuminada, puede ocupar su lugar en el diafragma HR y, en adelante, sus transformaciones le harán desplazarse de un punto a otro del diagrama. Nosotros no podremos verlo porque los tiempos son demasiado dilatados, pero podemos imaginar su recorrido y hallar confirmaciones teóricas y experimentales. Por ejemplo, sin duda los gases continuarán cayendo hacia el centro de la masa, el diámetro disminuirá y la temperatura aumentará.

UNA ESTRELLA COMO EL SOL, Y COMO TANTAS OTRAS

Al alcanzar los casi 10^8 km de diámetro, la temperatura superficial es de 3.500 K; la protoestrella tiene un flujo de radiación aún bajo, pero ya es grandísima, más de 4.000 veces la superficie del Sol. Es un objeto rojo, enorme y, en el diagrama HR, su punto representativo se sitúa en la zona de las gigan-

Nebulosa Laguna
El *Hubble* permite distinguir algunos elementos dinámicos:
1. Estrella central Herschel 36.
2. Torbellino.
3. Onda de choque.
4. Anillo y chorro.
5. Glóbulo de Bok.

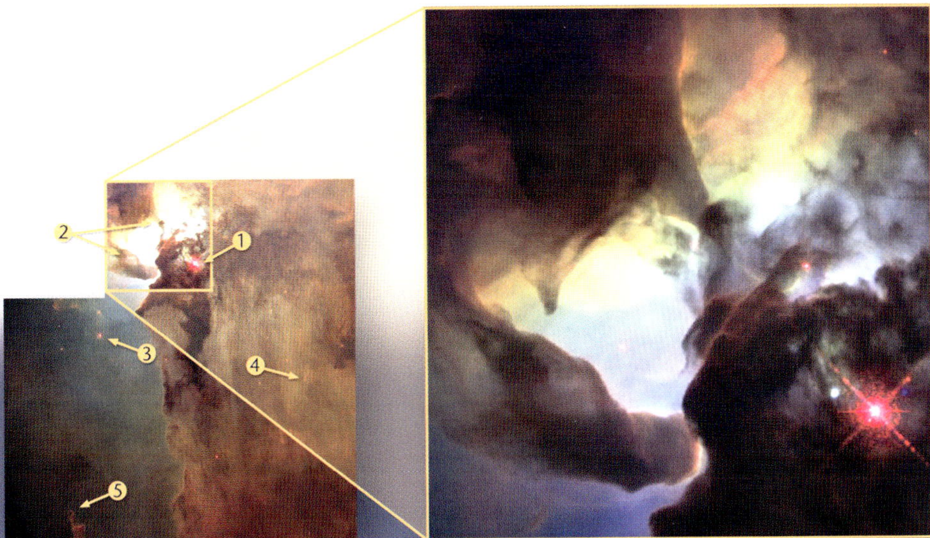

Estrellas en formación
La imagen tomada desde el VLT muestra una nube de gas iluminada por un grupo de estrellas nacientes en la región RCW38.

tes rojas. Allí permanecerá poco tiempo, porque los cambios se suceden con rapidez.

El radio –y la superficie irradiante– disminuyen progresivamente y, hasta que la temperatura del centro no alcance un valor del orden de 10^7 K, la luminosidad disminuirá. Después, a dicha temperatura, se desencadenarán los procesos de fusión y la estrella se «encenderá» e irradiará energía. Tras un periodo de asentamiento, la temperatura, el radio y la luminosidad se estabilizan: el diámetro será un poco menor que el solar y en la superficie casi se alcanzarán los 6.000 K.

Tras 27 millones de años desde su formación, la estrella ha encontrado un sitio estable en la secuencia principal, donde permanecerá durante 10.000 millones de años, mientras haya hidrógeno. A medida que vaya cambiando el porcentaje de hidrógeno, aumentarán las dimensiones y la luminosidad. Al cabo de unos 450 millones de años de actividad, la estrella será igual que el Sol.

Hasta aquí todo habría seguido el mismo curso, aunque en tiempos distintos, incluso si la masa de la protoestrella hubiera sido mucho mayor: no es casualidad que la secuencia principal sea la zona más densa del diagrama. Pero las cosas cambian cuando el combustible empieza a escasear.

EL FIN DEL SOL

La interrupción de la cadena de reacciones de fusión del hidrógeno rompe el equilibrio hidrostático que

Nebulosa Dorado
Dos imágenes tomadas desde el *Hubble* con luz visible (arriba) y con infrarrojos (abajo) muestran numerosas estrellas en formación (indicadas por las flechas). En la franja visible aún no se ven, pero los infrarrojos indican que en esas zonas de la nebulosa la temperatura es notablemente más elevada.

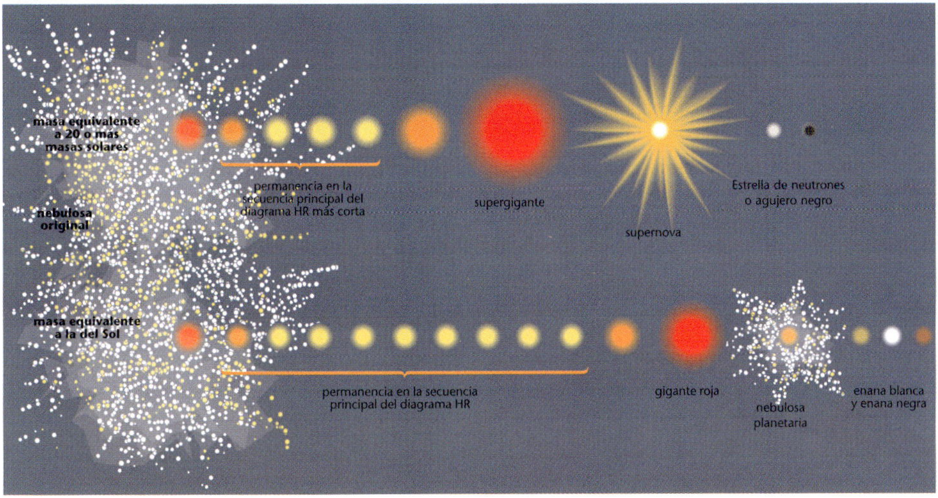

mantenía «suspendidas» alrededor del núcleo las zonas externas de la estrella. La energía desarrollada por la zona en la que se suceden las fusiones (con un diámetro de casi un décimo del de la estrella) ya no desarrolla presión suficiente para contrarrestar la gravedad. El gas del núcleo, al igual que el de las capas más exteriores, vuelve a precipitar hacia el centro de gravedad. Aquí concluye el tiempo de permanencia de la estrella en la secuencia principal: la luminosidad se reduce casi 1,5 veces y el diámetro aumenta a unos dos millones de kilómetros, mientras la rápida concentración del gas provoca una nueva elevación de la temperatura. También se calienta el hidrógeno de la parte exterior del núcleo de helio y los procesos de fusión vuelven a iniciarse en las capas superficiales: en un momento dado, la energía emitida es mayor que la producida en la primera fase.

Sin embargo, la estrella no se vuelve más brillante, sino más grande, se dilata, y su punto representativo en el diagrama HR se desplaza a la zona de las gigantes rojas. La dilatación conduce a una disminución de la temperatura superficial, que en poco más de 10^9 años desciende a los casi 4.000 K. Entonces la estrella se vuelve cada vez más roja, hasta entrar en una fase de luminosidad constante.

Pero la producción de energía crece cada vez más, hasta alcanzar centenares de veces la producida en la fase de la secuencia principal. La dilatación y el enfriamiento superficial no pueden equilibrarla y la estrella aumenta de dimensiones, pero también su luminosidad, y en un centenar de millones de años se convierte en una gigante roja con una atmósfera de hidrógeno rarefacto (densidad media de apenas $2 \cdot 10^{-8}$ g/cm^3, equivalente a unos 10^{16} átomos/cm^3), un pequeño núcleo de helio en el que, a pesar de contener un cuarto de la masa total, su diámetro apenas alcanza los 10^{-3}-10^{-2} del de la estrella. Alrededor del núcleo, la primera capa de hidrógeno, donde se producen las fusiones, tiene un grosor de unos pocos miles de kilómetros.

Cuando la temperatura del centro llega a los 10^8 K, se desencadena la fusión de los núcleos de helio en núcleos de carbono. Debido a la elevadísima densidad, el núcleo de una estrella con masa solar se expande muy poco a pesar de la energía liberada por las fusiones y no se enfría con bastante rapidez.

La fusión de los núcleos de helio se acelera y provoca el aumento de la temperatura, que produce un incremento de fusiones, y así hasta que, al cabo de pocas horas, el núcleo explota. Es la llamada fase del *flash* del helio.

Evolución de las estrellas
Según la masa presente en la nebulosa original, cada estrella tiene una evolución distinta, en tiempos distintos: cuanto mayor sea más rápida es su evolución. Sin embargo, todas pasan la mayoría de su existencia en una fase estacionaria que coincide con la secuencia principal del diagrama HR.

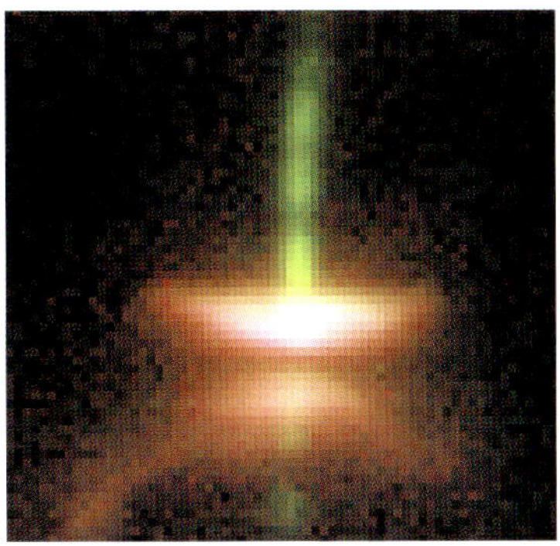

Herbig-Haro 30
Este ejemplo de estrella neoformada, fotografiada por el *Hubble*, ilumina desde el interior la nebulosa que aún la envuelve, «cortada» en dos mitades por un disco fino de materia oscura. En los polos se aprecian dos potentes chorros de gas.

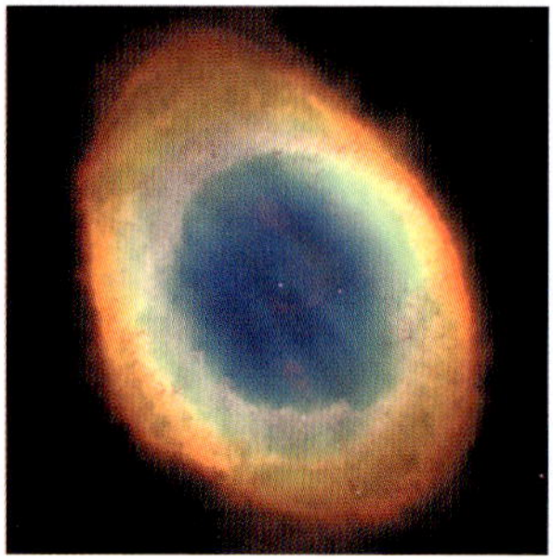

Nebulosas planetarias
De izquierda a derecha: Imágenes del *Hubble* de: NGC6751, en Águila. M57 o Anillo, que se halla a 2.000 a.l., en Lira. Hen-1357, la nebulosa planetaria más «joven» jamás observada.

Derecha: Un campo estelar con numerosas enanas blancas, en M4 (fotografía tomada por el *Hubble*).

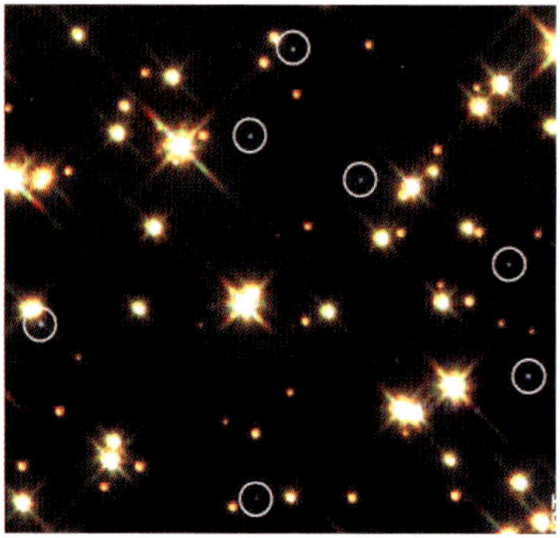

El núcleo destrozado se extiende a gran velocidad y la estructura de la estrella cambia con rapidez. La temperatura interna baja y la síntesis del carbono se detiene, y con ella la emisión de energía y luminosidad.

Al no estar ya «sostenido», el gas exterior se precipita hacia el centro de gravedad y el diámetro de la estrella vuelve a disminuir, la temperatura central aumenta y, en un momento dado, los procesos de producción del carbono vuelven a empezar. Pasados 10.000 años desde el *flash,* en el centro de la estrella hay una temperatura de $2 \cdot 10^8$ K. De esta forma, se produce un nuevo periodo de luminosidad constante durante el cual, en el centro del núcleo de helio, se forma un núcleo de carbono, como antes se formó otro de helio dentro del de hidrógeno. La secuencia se repite: en un momento determinado tendremos un núcleo exclusivamente formado por carbono que empezará a contraerse, elevará la temperatura del helio que lo envuelve y desencadenará las reacciones nucleares. En las capas de hidrógeno más exteriores se producirán reacciones nucleares, expandiéndose una enorme capa exterior envolvente de hidrógeno.

La temperatura superficial disminuye y la luminosidad aumenta: la estrella vuelve a la zona de las gigantes rojas del diagrama. Pero ahora los procesos se acelerarán sin cesar: en pocos millones de años es probable que la estrella conozca varios *flash.*

Tras este periodo de inestabilidad, la estrella entra en la fase final de su existencia. Al no tener una masa lo suficientemente grande, el aumento de la temperatura en las zonas centrales producido por la gravedad nunca resulta suficiente para desencadenar las reacciones nucleares de fusión del carbono, que se producen como mínimo a $6 \cdot 10^8$ K.

El carbono resulta comprimido y el aumento de temperatura incrementa la producción energética por parte del helio que rodea el núcleo. La estrella vuelve a ser una gigante roja, pero esta vez, en la expansión, la temperatura de las capas superiores disminuye hasta posibilitar la formación de átomos neutros que absorben y vuelven a emitir fotones.

Se produce una cadena de reacciones: calentamiento, expansión, enfriamiento, nuevo átomos neutros, calentamiento, expansión, enfriamiento...

El envoltorio se expande cada vez más deprisa, hasta abandonar la estrella. En el centro, permanece el núcleo, un pequeño objeto blanco con un cuerpo central y una atmósfera gaseosa de átomos neutros. Se ha formado una *nebulosa planetaria.*

Mientras que la luminosidad global permanece inalterada, el diámetro varía radicalmente: la superficie de la estrella alcanza con rapidez la temperatura de la parte exterior del núcleo (del orden de 10^4 K).

Cuando el diámetro de la estrella se ha reducido a casi $3 \cdot 10^4$ km, la densidad es de 10^6-10^7 g/cm^3 y la concentración del núcleo se detiene. Ahora la estrella se ha convertido en una enana blanca, 10^2 veces menos luminosa que el Sol.

La radiación que emiten las partes centrales prácticamente no resulta alterada y la temperatura superficial es como máximo 10 veces superior a la del núcleo (unos 10^4 K). El auténtico final está a punto de producirse. Con el tiempo, la estrella irradia su última energía, como un cuerpo a una determinada temperatura abandonado en el vacío. Su color pasa del blanco al amarillo, al rojo, al rojo intenso y desaparece. Se ha convertido en una *enana negra.*

Nebulosa planetaria
La nebulosa planetaria Abell 39, captada por uno de los potentes telescopios de Kitt Peak.

Nebulosa Mariposa
El *Hubble* ha fotografiado la nebulosa M2-9, un ejemplo de nebulosa mariposa, bipolar o de chorros gemelos. Aquí la estrella en fase de extinción emite materia a velocidad supersónica.

UNA ESTRELLA MAYOR QUE EL SOL

Si en el momento en que se detienen los procesos de fusión del helio la estrella tiene una masa igual a casi ocho veces la del Sol, la contracción prosigue hasta «compactar» los átomos en un diámetro de apenas una decena de kilómetros. Así nace una *estrella de neutrones* o un *púlsar*. Se caracteriza por una elevadísima densidad (10^{13} g/cm^3), por girar a mucha velocidad sobre sí misma (un giro cada 20 s) y por emitir centenares de impulsos de radio por segundo con perfecta regularidad. La llegada de una señal desde un púlsar se prevé con semanas de anticipación, con un margen de error que no supera 10 s. De todos los púlsares identificados al radiotelescopio, pocos son visibles, ni siquiera en la franja visible.

Si cuando se forma la estrella tiene una masa igual a poco menos de 20 masas solares, en el momento en que se detienen los procesos de fusión del helio la fusión nuclear continúa gracias a los átomos de carbono, que se transforma en una mezcla de neón, magnesio y oxígeno. Cuando el carbono se haya transformado por completo, los procesos continúan hasta que todo el silicio del núcleo se transforme en hierro. Entonces la síntesis se interrumpe, porque fundir núcleos de hierro requiere más energía que la que produce el proceso de fusión.

En pocos segundos, la estrella se desmorona y de unas dimensiones comparables a las de nuestro Sol pasa a un diámetro de varias decenas de kilómetros. La energía gravitatoria liberada por este proceso pro-

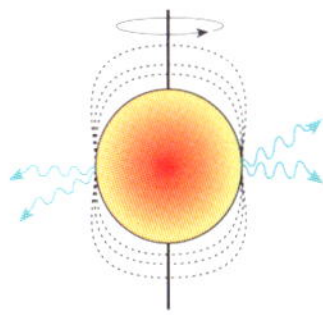

Púlsar
Modelo estándar de un púlsar, donde los campos magnéticos (en el dibujo) concentran las radiaciones que salen de los polos magnéticos.

Más del *Hubble*
La nebulosa planetaria NGC2440, que se halla a 4.000 a.l. en dirección a Quilla, tiene una estructura mucho más caótica de lo normal, y una enana blanca central, una de las estrellas más calientes conocidas (la temperatura superficial gira en torno a los $2{\cdot}10^5$ K). La estrella aparece rodeada por nubes oscuras y nubes que parecen fluorescentes por la radiación ultravioleta.

Arriba: Una imagen de la enana marrón Gliese 229B, junto a su pareja todavía activa.

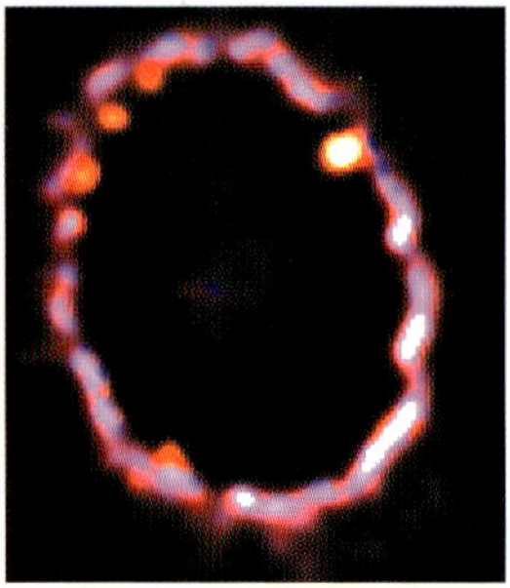

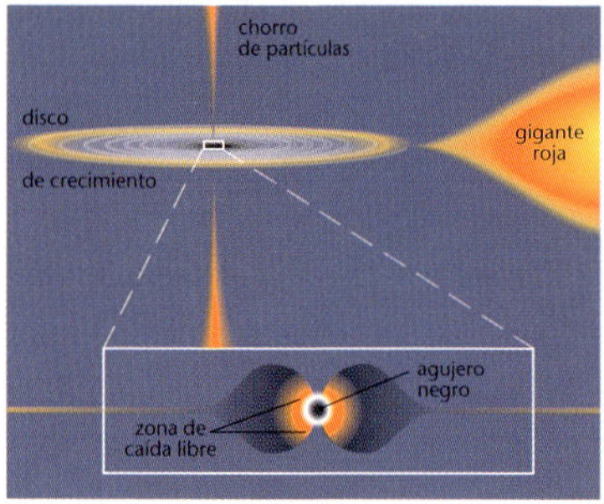

Supernova 1987 A
El *Hubble* nos muestra el anillo de gas que rodea la zona en la que se hallaba la estrella, que explotó en el año 2000. Algunas zonas del gas se han vuelto visibles y probablemente han resultado calentadas por una onda de impacto residual.

Nebulosa del Cangrejo
El *Hubble* nos muestra los restos en la franja visible de esta supernova en la constelación del Toro (a la derecha) y su emisión en los rayos X (abajo).

duce un flujo de fotones tan ricos en energía que fragmentan todos los núcleos atómicos en partículas elementales. Es como si el núcleo de la estrella se transformara en un inmenso núcleo atómico de 200 km de diámetro con una masa equivalente a casi 1,5 veces la del Sol. Una compresión que, en el centro, determina la producción de una onda de impacto en rápida expansión. La onda choca con el resto de la estrella, una masa de 15 veces la del Sol que cae hacia el núcleo. El choque origina fusiones nucleares que generan todos los elementos más pesados que el hierro y la estrella se disgrega completamente. En el cielo se observa una *supernova,* que alcanza en menos de un día una luminosidad 15-20 magnitudes mayor, para desaparecer en unos años.

Los restos de la explosión, que constituyen una nebulosa de perfil irregular, se dispersan lentamente por el espacio y esparcen por el universo los elementos pesados de los que después se encuentran huellas en el medio interestelar y en las estrellas de segunda y tercera generación.

La expansión de la onda de impacto de una supernova «arrastra» todo el material interestelar que halla en su recorrido y a menudo provoca la formación de concentraciones gaseosas que originan «familias» enteras de estrellas.

AGUJEROS NEGROS

Cuando la masa equivale a al menos 20 masas solares, lo que queda tras la explosión es suficiente para desencadenar procesos ulteriores. La fuerza de la gravedad es superior a cualquier otra y provoca una concentración imparable de la masa. Dado que en toda masa esférica existe un radio límite (llamado *radio de Schwarszchild* en honor al científico que lo calculó en 1916) que provoca una

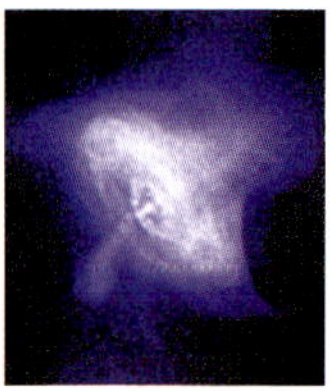

Hace algún tiempo se pensaba que el origen de los púlsares se hallaba en las explosiones de las supernovas, pero hasta ahora sólo las nebulosas del Cangrejo y de la Vela tienen una radiofuente central. El púlsar del Cangrejo tiene un periodo de rotación alrededor de su eje de 33 milisegundos: realiza 30 rotaciones por segundo.

Agujero negro
En la página anterior, en el centro: Un disco de polvo y gas residual de una supernova con 3.700 a.l. de diámetro se dispone alrededor de un probable agujero negro de masa equivalente a 300 millones de soles. En 1783, John Michel ya supuso la existencia de los agujeros negros, aunque no se llamaron así. La foto se acompaña con un esquema que ilustra el crecimiento de un agujero negro en un sistema binario. Abajo, a la derecha: Una imagen recogida por el *Hubble* del centro de la galaxia M84. Se sospecha que contenga un agujero negro porque, como muestra en colores el diagrama en forma de S de la velocidad del gas, existiría un disco central en el que la materia gira a muchísima velocidad, como prevé la teoría en un disco de crecimiento.

Posibles agujeros negros

	Compañera	Masa (Sol = 1)	Magnitud	Distancia (a.l.)
A0620-200	enana K	8-15	18	3.000
Cygnus X-1	supergigante O	10-15	9	8.000
GS2000+25	enana K	5,3-8,2	22	8.000
J0422+32	enana M	4,5	22	8.000
Nova Muscae 1991	enana K	4-6	20	10.000
V404 Gygni	enana K	4-6	18	11.000
LMCX-1	gigante O	4-10	14	175.000
LMCX-3	enana B	4-11	17	175.000

extrema distorsión en el espacio-tiempo alrededor de la masa y la separa del resto del universo, nada de lo que emite la estrella tiene ya la energía suficiente para alejarse de su superficie, ni siquiera la radiación más energética.

La estrella se transforma en un agujero negro y se vuelve completamente invisible, excepto si se halla junto a otra estrella de masa considerable. En este caso, el material de la estrella gemela puede verse atraído por el agujero negro, rotar alrededor y caer en su interior, lo que aumentará su masa y su fuerza gravitatoria.

El material de este «disco de crecimiento» adquiere muchísima temperatura por la velocidad alcanzada y emite radiaciones, sobre todo X. De forma indirecta, revela la presencia del agujero negro.

Obviamente, como todos los temas analizados hasta ahora, esta descripción ha sido enormemente simplificada; las teorías propuestas son numerosas y hoy día hay científicos que miran con escepticismo la existencia de los agujeros negros, a pesar de las observaciones. La investigación de fuentes X como las previstas por la teoría ha permitido detectar probables anillos de crecimiento. Es el caso de la estrella Cignus X-1, una supergigante que emite potentes e irregulares impulsos de radiación X, con una dinámica orbital característica de un sistema binario ➢206 en el que una invisible compañera tenía dimensiones equivalentes a las de la Tierra y una masa mayor al límite teórico previsto.

Tras este primer probable agujero negro, se han hallado otros muchos de la misma manera. Entre ellos, el sistema V404 Cygni es el mejor candidato, aunque es probable que los agujeros negros más gigantescos se hallen en el centro de las galaxias activas ➢224.

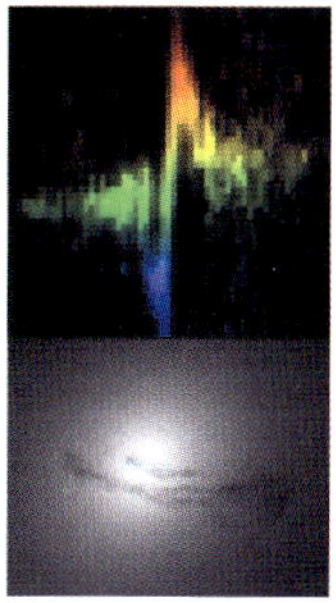

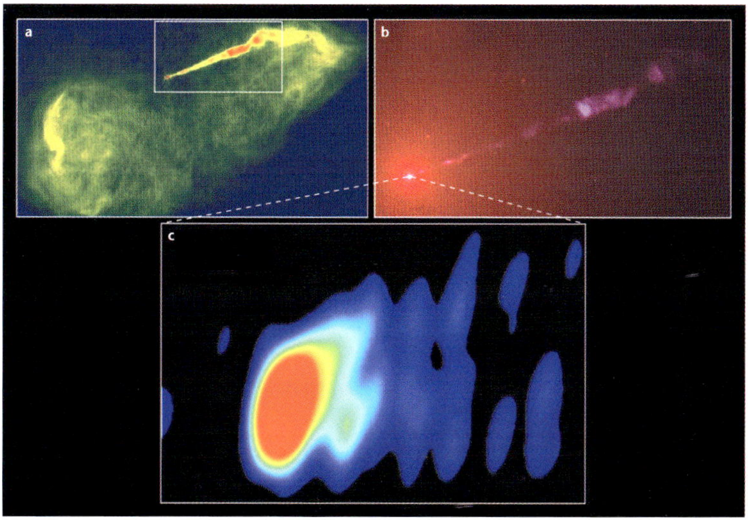

Cerca de un agujero negro
a. La imagen de la galaxia M87 tomada por el radiotelescopio VLA muestra una estructura gigantesca con una emisión radio que se cree que aumenta por los chorros de partículas subatómicas producidos por el agujero negro del centro de la propia galaxia.
b. El *Hubble* ha tomado esta fotografía del mismo objeto y refleja un chorro brillante de electrones a alta velocidad emitido desde el núcleo y producido por un agujero negro con una masa equivalente a 3.000 millones de veces la del Sol.
c. Imagen del VLBA muestra el chorro producido por el agujero negro.

ALGUNAS ESTRELLAS VIAJAN EN PAREJAS O EN GRUPOS PRÓXIMOS, Y SI NO SE OBSERVAN BIEN PARECEN UN ÚNICO PUNTO LUMINOSO. A VECES, NOS DAMOS CUENTA DE QUE SON MÁS DE UNA PORQUE LA LUMINOSIDAD DE DICHO PUNTO VARÍA. OTRAS VECES ALGUNA SE TRANSFORMA EN NOVA E ILUMINA EL CIELO. EN OTRAS OCASIONES, LAS ESTRELLAS MODIFICAN RÁPIDAMENTE SU MAGNITUD, SON LAS ESTRELLAS VARIABLES, Y LAS HAY DE MUCHOS TIPOS.

ESTRELLAS BINARIAS Y VARIABLES

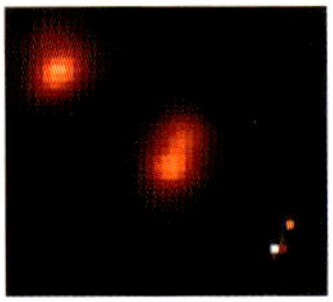

SISTEMA BINARIO
Las dos estrellas muy cercanas que componen un sistema binario sólo se vuelven visibles usando instrumentos cada vez más avanzados.

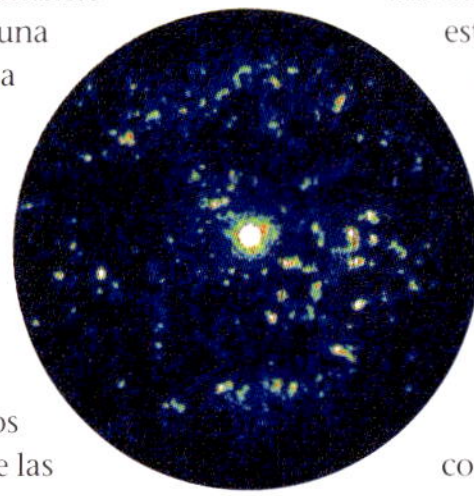

NOVA RECURRENTE
Lo que queda de la nova τ Pyxidis, tomada en la franja ultravioleta por el *Hubble*.

Las estrellas que se formaron en pareja o en grupos (que después se disgregan) y que permanecen unidas por la gravedad se llaman *binarias*. Cuando se ven a simple vista, como sucede con Mizar –un grupo de siete estrellas de las que sólo se ven dos (binaria visual)–, se observan unos puntitos luminosos cercanos. Podría ser un efecto de perspectiva, pero si se estudia el movimiento de cada estrella se aprecia que cada una gira en torno a un centro de masa común siguiendo las leyes de Kepler. De esta forma, también hallamos las «compañeras invisibles»; por ejemplo, si una de las dos estrellas es una enana blanca, resultaría muy difícil verla, pero su masa está presente e interfiere en el movimiento de su pareja. Los estudios sobre los movimientos de las binarias son importantes, porque constituyen el único medio de determinar de forma directa la masa de estas estrellas y construir un *diagrama de masa-luminosidad* que nos permita obtener la masa de una estrella de la que sólo conocemos la luminosidad.

Si las estrellas están muy cercanas (lo que equivale a decir millones de kilómetros), las fuerzas de marea provocan el paso de materiales de una estrella a otra. Así también se detectan los agujeros negros, alrededor de los que se forma el anillo de crecimiento. Y de esta forma se originan las novas.

NOVAS

Son estrellas que sufren un aumento repentino de visibilidad a causa de una reacción explosiva e, inesperadamente, aparecen de la nada, «nuevas», como las llamaron en la Antigüedad. En

DINÁMICA DE PAREJA

El esquema muestra una probable evolución de un sistema binario, a partir de una nebulosa con masa igual a unas 30 veces la masa solar. Una de las dos estrellas, por fuerza, tendrá una masa mayor: supongamos que sean de 6 y 20 masas solares, respectivamente (1). Unidas por la gravedad, ambas estrellas permanecen activas durante al menos 10^7 años, hasta que una empieza a dilatarse (2) hacia la fase de gigante roja. Las capas más exteriores son capturadas por el campo gravitatorio de la segunda estrella, que aumenta de masa (3). El núcleo de la primera permanece descubierto y la estrella se precipita hacia la fase de supernova y dada su masa inicial sobrevive como estrella de neutrones o como agujero negro de unas 3 masas solares (4). Pero el aumento de masa en la segunda estrella provoca un rápido «envejecimiento» (5). Al transformarse en una estrella enorme, con elevadas temperaturas y en rápida rotación, en unos millones de años se transformará en otra gigante roja que traspasará masa a su gemela (6). El material capturado por el campo gravitatorio formará un disco de crecimiento que producirá radiaciones X o γ (7).

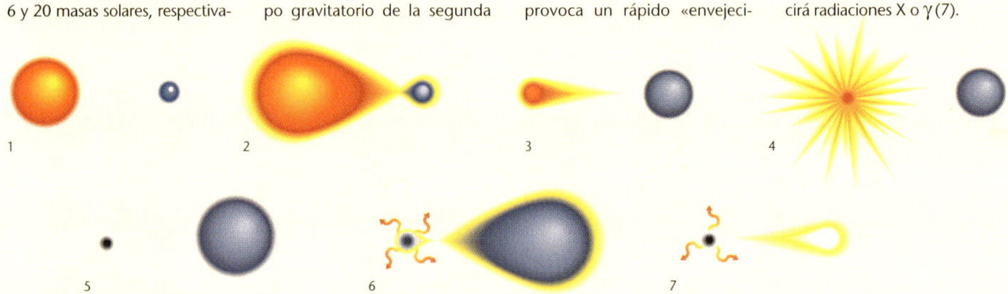

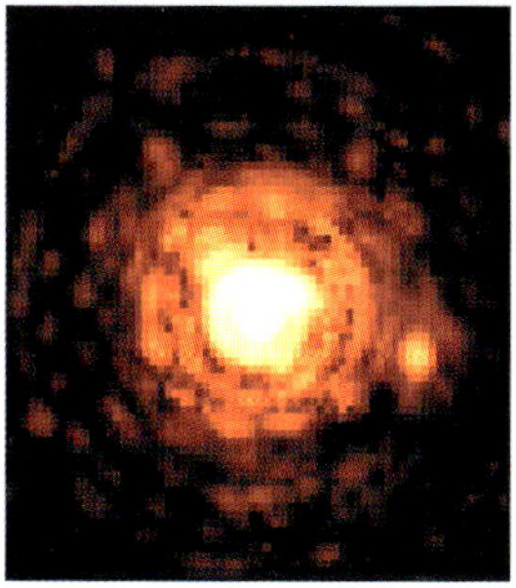

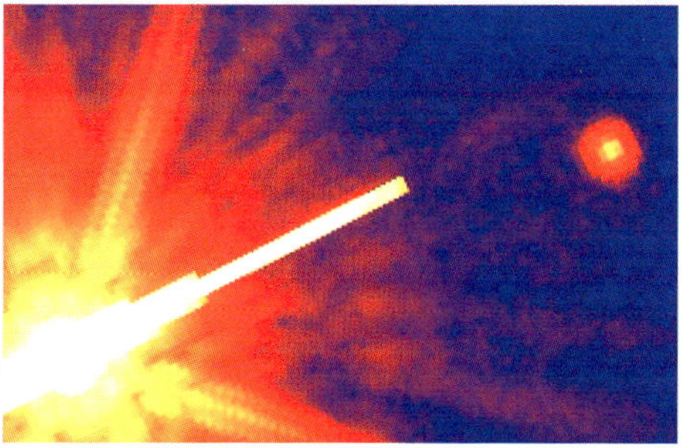

Gliese 623B y 105A
La pareja de estrellas fotografiada por el *Hubble* (izquierda) y a varias longitudes de onda (derecha). Gliese 105A, la estrella más pequeña, es una enana marrón.

realidad, antes de la explosión son poco luminosas, pero hasta que no se pudo comparar el cielo antes y después de la reacción, gracias a la fotografía, no podía saberse. Casi todas son estrellas «binarias en contacto»: una enana blanca y una gigante roja muy cercanas entre sí. El material en expansión de la gigante roja forma un disco de crecimiento alrededor de la enana blanca y cuando la masa del disco supera un límite las condiciones en las capas más cercanas a la enana son de tal magnitud que desencadenan procesos de fusión nuclear. La gran explosión que deriva de ello provoca que la estrella se vuelva hasta 100.000 veces más luminosa al cabo de pocos días. El caparazón externo se parte, es repelido y forma una nube de gas que se expande a miles de km/s. La cantidad de materia expulsada no es elevada, pero contiene numerosos elementos pesados y la explosión no marca el final de la estrella, que en pocos meses vuelve a las condiciones precedentes.

Este proceso se repite y muchas novas se «reencienden», como, por ejemplo, la estrella τ de la Corona Boreal, que explotó en 1866 y en 1946. Se calcula que en una galaxia media como la nuestra se producen cada año unas 25 explosiones de novas.

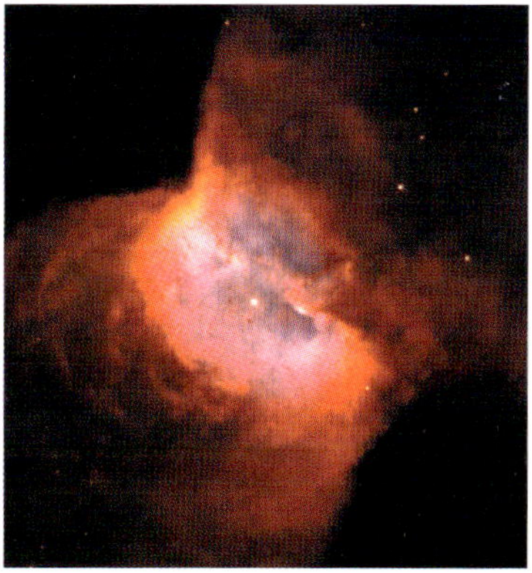

Sistema binario
La nebulosa planetaria NGC2346 es el primer caso observado que tiene un sistema binario en el centro. Ambas estrellas están muy cerca y completan una órbita en 16 días.

VARIABLES

Las novas no son las únicas con luminosidad variable, pues casi todas las estrellas lo son, unas más que otras. Por ello se las clasifica en: ***variables cataclísmicas*** o ***eruptivas*** (novas y supernovas); ***variables eclipsantes***, en las que la variación se debe a la interposición de otra estrella entre nosotros y ellas; ***variables de rotación***, que nos muestran en tiempos sucesivos zonas de distinta luminosidad, y ***variables pulsantes***, con variaciones regulares. Estas últimas son estrellas de masa distinta con fases particulares y que se hallan en zonas del diagrama HR alejadas de la secuencia principal. Tal como se ha demostrado con estudios doppler sobre la velocidad de los gases, esas estrellas varían de diámetro en periodos de 1 a 50 días *(cefeidas)* o de 9 a 17 horas *(RR Lyrae)*: son más luminosas cuando el gas se contrae (y, por tanto, se aleja de nosotros) y menos cuando se expande.

Delta Cephei
El diagrama muestra la relación entre velocidad radial y luminosidad.

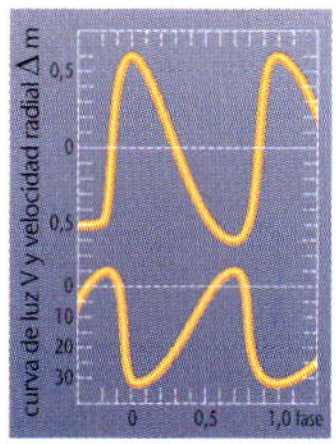

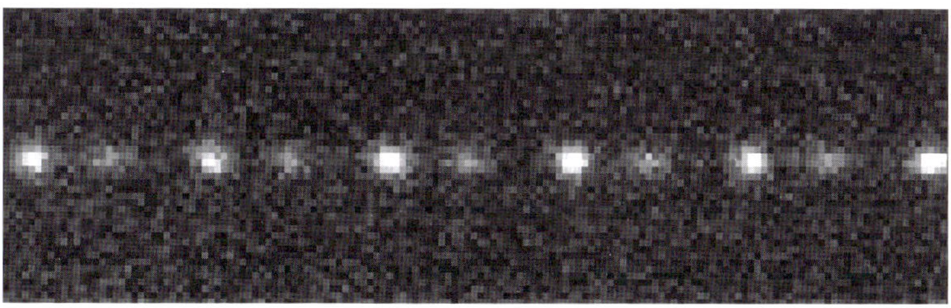

Púlsar
Secuencia fotográfica del púlsar del Cangrejo tomada por el VLT. Aunque el nombre púlsar deriva de *Pulsating Radio Sources* («radiofuentes pulsantes»), estas estrellas no pulsan, son variables de rotación.

LA VÍA LÁCTEA Y OTRAS GALAXIAS

Vía Láctea
En este cielo estival resplandece, a unos 30.000 a.l. de distancia, el centro galáctico. Pueden observarse numerosos grupos de estrellas y nubes de materia oscura. Abajo, a la izquierda de la parte más brillante, puede distinguirse la constelación de Sagitario.

Parecerá imposible, pero aunque las estrellas estén separadas años luz siguen en contacto, y no sólo eso, sino que están unidas entre sí por fuerzas gravitatorias que las arrastran en un movimiento rapidísimo y las agrupan en sistemas enormes, llamados galaxias. También el Sol, junto con otras estrellas, forma una galaxia, nuestra Galaxia. En la Antigüedad fue bautizada como Vía Láctea sin saber qué era, simplemente porque se veía en el cielo nocturno una franja de luz. Hoy sabemos que es el plano sobre el que se hallan la mayoría de las estrellas, las nebulosas y el polvo que giran alrededor del centro galáctico. Y como millones de galaxias más, la nuestra también tiene una estructura que cada día conocemos mejor mediante la observación de otras galaxias y el desarrollo de nuevos métodos de análisis.

Ya en la Antigüedad se establecieron numerosas hipótesis de qué sería esa franja de luz difusa en el cielo salpicada de estrellas: para los griegos era la leche que esparcía Era, madre de los dioses, y Galaxia, o mejor *galàxias kùklos* («círculo lácteo») fue el nombre que le dieron, y del que deriva Vía Láctea. En cambio, los chinos creyeron que se trataba de un Río Celeste, y así lo llamaron; en él nadaban miles de peces-estrella que, confundiendo la Luna creciente con un anzuelo, picaban, ascendían y desaparecían a medida que la Luna avanzaba. Pero las interpretaciones no acaban ahí. Los habitantes de Siberia, convencidos de que el cielo se había partido en dos en el pasado, pensaban que esa banda de luz era la soldadura que mantenía unidos los dos hemisferios.

A pesar de ser visible desde cualquier lugar de la Tierra, hasta que Galileo Galilei la observó con su telescopio nadie se había dado cuenta de que esa luminosidad difusa en realidad era la suma de millones de estrellas pequeñísimas.

Origen de la Vía Láctea
Esta pintura, conservada en la National Gallery de Londres y realizada en 1582 por Tintoretto, se inspira en el mito griego del origen de nuestra Galaxia. Muestra a Eras, quien, mientras amamanta, desprende estrellas del pecho.

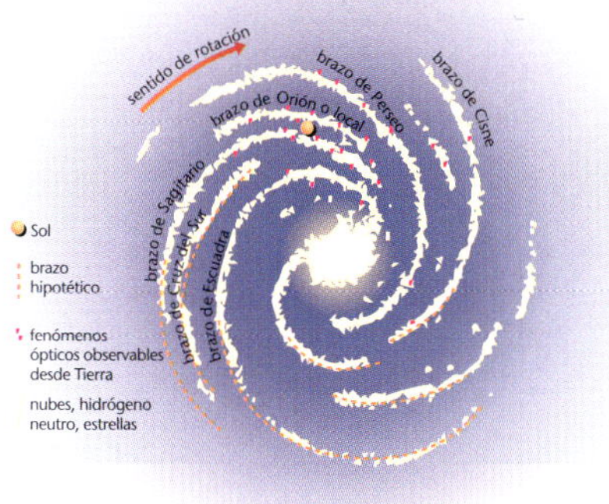

La vía láctea en cifras

Estrellas que la componen	2-3 · 10^{11}	Estrellas de tipo espectral O y B	11%
Diámetro del disco	10^5 a.l. = 30 kpc	Estrellas de tipo espectral A y F	41%
Grosor en el centro del disco	10^3 a.l. = 300 pc	Estrellas de tipo espectral G, K y M	48%
Edad total	1,5 · 10^{10} años	Nebulosas planetarias	~700
Masa (10^{33} kg)	1,99	Cúmulos globulares	~500
Densidad media del gas	10^5 átomos/cm³	Púlsar	~400
Composición:	H 73%, He 25%, otros 2%	Cúmulos abiertos	~18.000
Porcentaje de estrellas dobles	70%	Novas/año (media)	~2
Enanas blancas	15%	Supernovas/siglo (media)	2

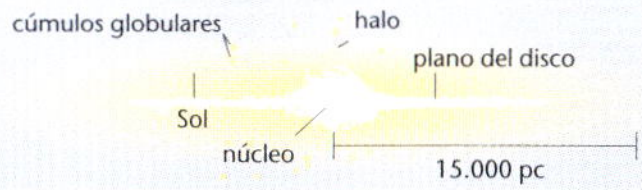

William Herschel fue el primero en dar «cuerpo» a la Galaxia, pues al intentar comprender qué lugar ocupaba el Sol entre las estrellas realizó un mapa bidimensional del cielo que indicaba con claridad que las estrellas se distribuían de forma aplanada y que entre ellas también se hallaba el Sol. Sólo desde finales de los años veinte del siglo pasado se sabe con precisión que las estrellas de nuestro sistema suman miles de millones (entre 200.000 y 300.000), que el centro de la Galaxia se halla a unos 30.000 a.l. del Sol en dirección a Sagitario y que esta presenta una estructura espiral en la que pueden distinguirse zonas menos pobladas de estrellas y zonas en las que se concentran las estrellas.

Se ha empezado a hablar de ***brazos*** de la espiral; de ***núcleo*** de la Galaxia, que se halla en la zona en la que nacen todos los brazos; de **halo** galáctico de forma esférica, que envuelve el disco de la Galaxia con estrellas muy antiguas y cúmulos globulares. El Sol está en posición periférica, y nosotros observamos la Galaxia desde su interior y la vemos proyectada en la esfera celeste.

Las observaciones de las galaxias en el espacio exterior a nuestro sistema estelar confirman lo que se ha reconstruido sobre la Vía Láctea y validan la afirmación de que está en movimiento.

MOVIMIENTO DE LA GALAXIA

La cinemática estelar estudia este movimiento gracias a las aplicaciones de la espectroscopia. La Galaxia gira sobre sí misma a una velocidad radial de 220 km/s y realiza un giro completo en unos 2,4·10^8 años. Como en las demás galaxias, también nuestra rotación es diferencial: las estrellas cercanas al centro, que se mueven como un cuerpo sólido, rotan a mayor velocidad que las alejadas, presumiblemente siguiendo las leyes de Kepler. Pero hay más tipos de movimientos. Por ejemplo, el Sol se desplaza con su propio movimiento en dirección a la μ de Hércules, y este movimiento se superpone al general galáctico. Y como el Sol, el resto de los objetos de la Galaxia efectúa movimientos independientes: estrellas, nebulosas, cúmulos abiertos y cúmulos globulares.

Galaxia
Este término, usado desde la Antigüedad para indicar la Vía Láctea, se usó después como nombre común (escrito en minúscula) para indicar otros sistemas estelares. En cambio, Galaxia, en mayúscula, y Vía Láctea son dos términos que designan nuestro sistema solar. Hasta Dante lo llama así en el *Convivio* (II, 14): «Ese albor, que nosotros llamamos Galaxia» y en la *Divina Comedia* (Par. XIV, 96-98): «Como marcada por menudas y mágicas / luces blanquea entre los polos del mundo / Galaxia hace dudar a los más sabios». En la imagen, una galaxia muy similar a la nuestra, aunque a 108 millones de a.l. de distancia: la NGC4603.

Una galaxia es un sistema complejo, formado por millones de estrellas como el Sol, por estrellas enormes y enanas, de reciente formación y cercanas a la muerte. Pero no sólo eso. Una galaxia también está constituida por una gran cantidad de «materia oscura»: gases, polvo, partículas atómicas invisibles cuya presencia no puede obviarse si se quiere entender la dinámica galáctica observada.

LA ESTRUCTURA

Esquema
La estructura de la Galaxia, como resulta de las observaciones ópticas y de radio, completadas con los últimos datos infrarrojos y ultravioletas. En realidad, la parte opuesta a la del Sol es hipotética. Desde hace muy poco tiempo, gracias a instrumentos como el *Hubble*, hemos conseguido mirar más allá del núcleo galáctico repleto de estrellas y gases luminosos.

La forma de espiral de la Galaxia queda confirmada por los estudios de la distribución del hidrógeno neutro en el plano galáctico, que emite en la longitud de onda de 21 cm: las zonas de mayor concentración corresponden al disco, al núcleo y a los brazos. En el exterior, en el halo, se hallan los cúmulos abiertos y los cúmulos globulares (grupos de estrellas que orbitan alrededor de la Galaxia). Aunque no se encuentran inmersos en la parte más densa de la espiral galáctica, están vinculados gravitatoriamente a nuestro sistema.

ZONAS Y CARACTERÍSTICAS

La Vía Láctea tiene una estructura similar a la de millones de otras galaxias observadas en el cielo. Como ellas, a pesar de tener un diámetro de 10^5 a.l. (30 kpc) en las regiones exteriores tiene un grosor de apenas 10^2 a.l. (30 pc). En el centro, existe un abultamiento central, llamado ***núcleo,*** a cuyo alrededor se extiende el ***disco,*** una capa de $17 \cdot 10^2$ a.l. (500 pc) de grosor. Este presenta algunas zonas donde la materia es más densa, las estrellas más cercanas llamadas brazos que tienen forma de media luna a causa de la rotación diferencial.

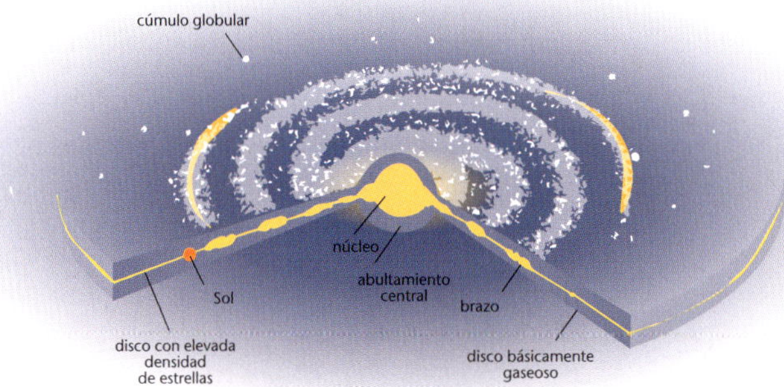

Perfil galáctico
El perfil de la galaxia espiral NGC4013 señala las diversas zonas en las que se divide nuestra Galaxia.
1 brazo.
2 halo.
3 núcleo.
4 plano galáctico.
5 cúmulo globular.

Núcleo
Detalle de la galaxia Sombrero, en forma de anillo. Imagen captada por el *VLT* que muestra cómo se amontonan grandes cantidades de estrellas luminosas en el centro galáctico. En cambio, en la periferia se hallan inmensas nubes oscuras de polvo y gas que, al no ser iluminadas por estrellas cercanas, actúan como pantalla a la radiación central.

Gas
Nebulosa del Cisne, captada por el *Hubble*. Los gases galácticos iluminados por las estrellas reemiten la radiación absorbida en longitudes de onda de color distinto.

NÚCLEO

Con un diámetro cercano a $2 \cdot 10^4$ a.l. (7 kpc) y un grosor de unos $3 \cdot 10^3$ a.l. (1 kpc), visto desde la Tierra el núcleo galáctico se halla en dirección a la constelación de Sagitario. Se compone de estrellas viejas, cercanas al final de su evolución, activas desde hace $15 \cdot 10^9$ años: se llaman de *Población II* y tienen características similares a las estrellas que componen el halo y, en particular, los cúmulos globulares. De hecho, son estrellas rojas, relativamente pobres en elementos pesados, que se originaron con materiales aún primarios, antes de que el hidrógeno y el helio hubieran podido transformarse en otros átomos. Por la misma razón, se cree poco probable que estas estrellas hayan desarrollado sistemas planetarios con planetas rocosos (constituidos con elementos pesados).

En el núcleo, el gas y el polvo existen en cantidades muy limitadas respecto a otras zonas galácticas: las estrellas son todo lo que queda del lejanísimo periodo de formación de la Galaxia.

La velocidad orbital de las estrellas que componen el núcleo es casi la misma: se cree que el núcleo rota alrededor del eje galáctico como si fuera un cuerpo sólido. Además, se cree que, como se sospecha para otras galaxias, en el centro de la Vía Láctea existe un agujero negro ➤206.

DISCO

En el disco se hallan principalmente estrellas jóvenes al principio de su evolución o en formación: estas constituyen la ***Población I*** junto a las estrellas de los cúmulos abiertos del halo galáctico. Son estrellas que se hallan sobre todo en el plano galáctico y en los brazos, azules muy calientes y también frías: se formaron a partir de nubes gigantes relativamente ricas en elementos pesados y, por esa razón, es probable que hubieran desarrollado sistemas planetarios. En el disco también se hallan diversas estrellas, como el Sol, que forman la ***Población del disco*** y que pueden ser muy viejas (hasta 10^9 años).

En particular, las estrellas de edades comprendidas entre 2.000 y 5.000 millones de años –como

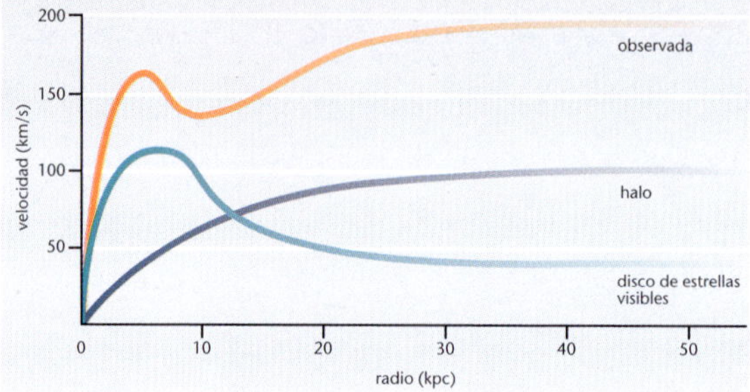

Velocidad de rotación
La Galaxia no se mueve uniformemente: aumenta desde el centro del núcleo hasta unos $3 \cdot 10^4$ a.l. (10 kpc) y después disminuye, para volver a aumentar hasta estabilizarse a unos $7{,}5 \cdot 10^4$ a.l. (22,5 kpc) del centro.
Si se observan las curvas de velocidad de objetos galácticos distintos se obtienen gráficos diferentes.

La distribución de la velocidad no puede explicarse sólo en función de la distribución de la gravedad de las estrellas visibles. El Sol, que se halla a unos $3 \cdot 10^4$ a.l. (9 kpc) del centro galáctico, tiene una velocidad orbital de casi 250 km/s: el año cósmico, es decir, el tiempo que este emplea para realizar una rotación galáctica, dura unos 225 millones de años solares medios.

el Sol, que ocupa una posición destacada– son más numerosas cerca del plano galáctico, mientras que los gases y el polvo, presentes en estas zonas de la Galaxia en cantidades considerables, se hallan principalmente en las partes externas y en el espacio entre los brazos.

A priori, la velocidad de rotación de cada estrella es proporcional a la distancia que la separa del centro de la Galaxia –hasta casi $1{,}5 \cdot 10^4$ a.l. (4,5 kpc) desde el centro–: cuanto más alejada, más lenta. Luego, al contrario de lo que permite imaginar la dinámica que mueve nuestro sistema solar, la velocidad aumenta. Así lo demuestran las observaciones con radiotelescopios, que han permitido valorar la velocidad de las nubes de monóxido de carbono que pueden hallarse incluso a distancias superiores a $4 \cdot 10^4$ a.l. del centro galáctico. Estos datos sugieren que la masa implicada en los movimientos galácticos no sólo es la que se observa: al parecer, la periferia de la Galaxia contiene cinco veces más materia que la existente dentro de la órbita galáctica del Sol.

Como en las otras galaxias conocidas y en todo el universo, para ello debe existir una gran cantidad de ***materia oscura,*** invisible para los instrumentos: estrellas demasiado débiles para ser vistas, planetas con una masa notable pero invisibles por la gran distancia, núcleos atómicos y partículas elementales como los neutrinos, dispersos por el medio interestelar...

Witchead
La nebulosa «Cabeza de Bruja», captada por el *Hubble,* es un ejemplo de nebulosa de emisión.

Galaxia Whirlpool M51
El núcleo de esta galaxia de espiral, tomada desde el *Hubble,* demuestra la intensa actividad de formación estelar.

Nebulosa Trífida
Nebulosidad y estrellas nacientes, captadas por el *Hubble* en la constelación de Sagitario. Según las zonas, se observan partes de nebulosa oscuras y partes reflectantes.

Nebulosidad y estrellas nacientes
Detalle de la Gran Nube de Magallanes, tomado por el *Hubble*.

Las hipótesis son muchas, pero el problema de la masa «ausente», tanto en la Galaxia como en el universo en general, aún está lejos de tener solución. Se sabe que la masa «dinámica» de la Galaxia equivale a $1{,}5 \cdot 10^{12}$ masas solares, mientras que la masa de las estrellas visibles –y supuestas más allá del centro galáctico– alcanza, grosso modo, 10^{11} masas solares.

BRAZOS

Al igual que sucede con la velocidad, la distribución de la materia observable en la Galaxia no es uniforme. Existen zonas menos densas en materia, con estrellas más distanciadas, y otras zonas más luminosas y con más estrellas. Estas últimas se denominan *brazos* y son generadas por la rotación diferencial de la Galaxia. Sin embargo, si sólo fuera esta la razón de su existencia en pocas rotaciones (del orden de 1.000 millones de años) deberían desaparecer.

Los cúmulos abiertos más visibles

Nombre	Constelación	Características
Híades	Tauro	más de 100 estrellas, muchas con magnitud entre 3 y 4
M45	Tauro	Conocido como Pléyades; más de 100 estrellas, 6 de magnitud < 5
M47	Popa	30 estrellas de magnitud < 5
M44	Cáncer	conocido como Pesebre; unas 50 estrellas, al menos 10 de magnitud < 7
M6	Escorpio	unas 80 estrellas de magnitud > 7
M7	Escorpio	unas 80 estrellas de magnitud > 7
M35	Géminis	unas 200 estrellas de magnitud > 8

Las nebulosas más visibles

Nombre	Ascensión recta	Declinación
M8, Laguna	$18^h04',1$	-24°20′
M16, Águila	$18^h18',8$	-13°49′
M17, Omega	$18^h20',9$	-15°59′
M20, Trífida	$18^h02'$	-22°60′
M42, Orión	$5^h35',5$	-5°28′
Rosetta	$6^h33',7$	+4°58′

Medio interestelar

	Temperatura en K	Densidad en átomos/cm³	Masa en masas solares
medio internebular	~10	10^7	$5 \cdot 10^7$
Nubes oscuras	10	10^9	10^{-30}
Nubes moleculares	30-100	10^{10}-10^{12}	10^5
Nubes de emisión	10^4	10^7-$2 \cdot 10^3$	10

La espiralización de nuestra Galaxia, como la de otras galaxias, es en realidad la parte visible de una onda de densidad que se mueve alrededor de la Galaxia en el mismo sentido que las estrellas, aunque a velocidad inferior: unos 30 km/s (las estrellas se mueven a 200-300 km/s de media). Por ello, las estrellas alcanzan y superan la onda de densidad produciendo una onda de impacto que rota también siguiendo la espiral. Las nubes de gas y polvo, tan presentes en el disco, resultan comprimidas justo detrás del arco de lo que nosotros vemos como un brazo de espiral y dan origen a una intensa actividad de formación estelar.

Lo que vemos como «bordes de los brazos», en realidad son zonas más luminosas a causa de la intensa producción de estrellas: aquí se amontonan las estrellas jóvenes, muy calientes y brillantes. Si existen estrellas de gran masa, en tiempo breve (breve en términos astronómicos, por supuesto) explotan y originan ondas de impacto que contribuyen a desencadenar nuevos procesos de formación estelar en las nubes cercanas. Si existen estrellas pequeñas, acompañan al material interestelar excedente en su recorrido galáctico. En todo caso, antes o después estas enriquecen el medio interestelar con materiales nebulosos que, a su vez, se convierten en nuevas estrellas y el ciclo se repite. Se ha calculado que el ritmo en que las nubes interestelares se transforman en estrellas equivale al ritmo con que las estrellas en fase terminal dispersan nuevamente el material que las compone por el medio interestelar.

Pléyades
El cúmulo abierto de las Pléyades puede verse a simple vista. La «juventud» de las estrellas se deduce por la presencia de halos de gas y polvo residuales de su formación. Estos son muy luminosos porque reflejan la luz de las estrellas (nebulosas de reflexión).

A partir de esta hipótesis y de los datos recogidos, las simulaciones por ordenador confirman que la perturbación producida por la perduración de este proceso de continua formación estelar, en un cuerpo galáctico en rotación, da un dibujo en espiral.

Además, estos modelos matemáticos conducen a una conclusión: excepto si existe realmente, como se supone, una gran cantidad de materia oscura, la espiral está abocada a deshacerse. En cambio, la presencia de materia oscura estabiliza la estructura en espiral y la transforma lentamente en una espiral barrada ➢222.

Además de los brazos en espiral, también son característicos de la galaxia los cúmulos abiertos o galácticos, las nubes moleculares y el polvo cósmico, que no se hallan fuera de la Galaxia y que también caracterizan a otras galaxias.

CÚMULOS ABIERTOS O CÚMULOS GALÁCTICOS

Se trata de agrupaciones irregulares y relativamente pequeñas de varias docenas o miles de estrellas de Población I distribuidas de forma irregular y no excesivamente agrupada en una superficie que varía de 6 (2 pc) a 30 a.l. (10 pc): una media de 12 a.l. = 4 pc.

Estas estrellas de reciente formación suelen ser muy brillantes y observarse con facilidad, como, por ejemplo, las Pléyades en la constelación de Tauro o las estrellas del Pesebre en la constelación de Cáncer, el doble cúmulo de Perseo o el cúmulo M6 en la constelación de Escorpio (conocido como la Mariposa), o como las Híades en la constelación de Tauro, a unos 140 a.l. de la Tierra, que fueron muy útiles para definir una escala de distancias galáctica.

Las estrellas de un cúmulo abierto se originaron a partir de una nube de gas: lo demuestra la relativa uniformidad de su composición química. Además, casi todas tienen la misma edad, y las diferencias que se aprecian entre una y otra pueden justificarse en su diferente recorrido evolutivo (distinta masa original). Estas estrellas permanecen unidas por la fuerza de gravedad, que a menudo no consigue vencer las fuerzas disgregadoras y acaban por superarla al cabo de varios cientos de millones de años.

NEBULOSA CRESCENTE Captada por el *Hubble* en la galaxia NGC6888. Una gran estrella próxima a su fin lacera la nube de materia emitida hace 250.000 años con un fuerte viento estelar. La nube aparece por primera vez en esta imagen como una compleja red de filamentos y nodos más densos alrededor de una película gaseosa (en azul, por emisión).

NUBES GALÁCTICAS O NEBULOSAS

Entre las imágenes tomadas por los instrumentos más poderosos, como el *Hubble* o el *VLT,* las de las nubes galácticas son sin duda las más sugerentes. Se trata de enormes masas de gas relativamente frías, hasta el punto de que el gas se halla mayoritariamente en forma molecular. En conjunto, estas nubes constituyen una masa de $3 \cdot 10^9$ masas solares, igual al 15% de la masa total de las estrellas presentes en el disco. Se dividen según sus dimensiones:

- ***Nubes pequeñas.*** Alcanzan pocos años-luz de diámetro y una densidad de 10^3-10^4 moléculas/cm^3. Tienen una temperatura de 10-20 K y están principalmente compuestas por hidrógeno molecular. Su temperatura es tan baja porque no hay estrellas cercanas que las calienten. Algunas de ellas tienen zonas aún más frías, en las que la concentración del hidrógeno aumenta hasta la potencia 10.
- ***Nubes gigantes.*** Cada una de ellas mide 1,5-$2{,}5 \cdot 10^2$ a.l. y tiene una densidad de 10^5 moléculas/cm^3, con una masa global que puede alcanzar valores de 10^6 masas solares. Fueron identificadas gracias a la investigación radioastronómica y se sabe que están formadas tanto por grandes cantidades de hidrógeno como de monóxido de carbono, y también –en cantidades menores– por otras moléculas: en algunas de las nubes más

Observar las nebulosas
Las nubes galácticas pueden ser visibles por tres procesos distintos:

a. Emisión de radiación propia tras la excitación del gas nebular por parte de una estrella que se halla en la parte opuesta respecto a la Tierra.

b. Reflexión de la radiación procedente de una fuente que se halla entre la nube y la Tierra.

c. Intercepción y oscurecimiento de la radiación procedente de un objeto difuso que se halla en el lado opuesto respecto a la Tierra.

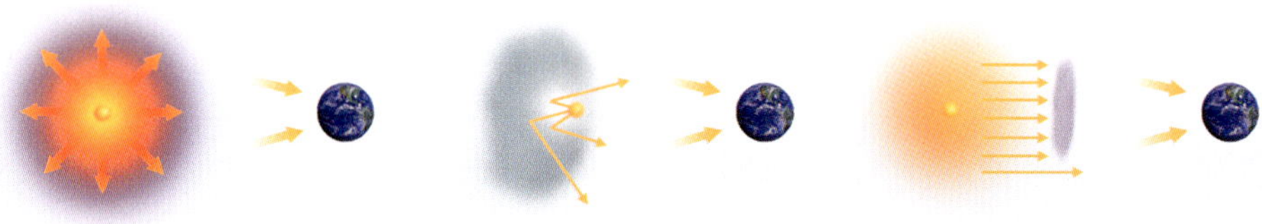

grandes se han identificado hasta 60 tipos distintos de moléculas. En otras palabras, las nubes también (y sobre todo) están formadas con materiales expulsados por las estrellas que han terminado su evolución, y que pueden combinarse entre sí.
A diferencia de las nubes más pequeñas, las nubes gigantes dan origen a nuevas estrellas y por ello tienen temperaturas mucho más elevadas, hasta el punto de que pueden conocerse con los infrarrojos. En particular, estas nubes contienen varios núcleos con masa de hasta 10^3 masas solares y más densos (hasta 10^5 moléculas/cm^3), claramente visibles en el infrarrojo y de los que se supone que son estrellas en fase de formación.

También se encuentran fuentes con una intensa actividad maser *(Microwave Amplification by Stimulated Emission of Radiation):* las moléculas, excitadas por la radiación de estrellas cercanas, emiten radiaciones en las microondas que, a su vez, estimulan a otras moléculas a producir microondas en una reacción en cadena que genera un intenso haz de radiación con una longitud de onda precisa.

De hecho, las nebulosas pueden verse porque su gas emite radiaciones tras ser excitado por una fuente cercana *(nebulosas de emisión),* porque al ser ricas en polvo reflejan la luz producida por una fuente *(nebulosa de reflexión)* o porque aparecen como masas oscuras sobre un fondo iluminado *(nebulosas oscuras).*

Detalle de nebulosa
En la nebulosa Carina (NGC3372), el *Hubble* nos muestra en detalle la nebulosa «agujero de la cerradura», bautizada así por sir John Herschel en el siglo XX: una nube oscura de moléculas frías y polvo, junto a un filamento de gas fluorescente.

Nebulosas
Nebulosas oscuras en la Gran Nube de Magallanes, captadas por el *Hubble,* y nebulosa de emisión tomada en los rayos X por el *Rosat* en el pequeño grupo de galaxias NGC2300, situadas a unos $1{,}5 \cdot 10^8$ a.l. de la Tierra en dirección a Cefeo.

POLVO CÓSMICO

Se llama así a las pequeñas partículas de materia que «rellenan» el espacio interestelar. Consiste en gránulos de polvo, principalmente de grafito y silicato, a menudo envueltos por hielo acuoso, amoniaco congelado o hielo seco (anhídrido carbónico sólido), tiene un diámetro de 1,01-10 μm y se descubrió porque absorbe y difunde la radiación de las estrellas, en particular en la franja azul del visible y en el ultravioleta. La presencia de este polvo provoca que las estrellas parezcan más rojas de lo que son, como sucede con la Tierra cuando, al ponerse el Sol, el polvo atmosférico modifica la radiación.

Se ha calculado que la presencia del polvo interestelar reduce la luminosidad de las estrellas de la Galaxia una magnitud cada 10^3 pc ($3 \cdot 10^4$ a.l.) recorridos por la luz.

Se cree que los gránulos se forman a partir de la materia creada en la atmósfera de las estrellas frías, que se dispersa por el espacio; la cantidad de polvo que se calcula es considerable y sólo en nuestra Galaxia constituye una masa de $2 \cdot 10^8$ masas solares. Se estima que estos gránulos helados dispersos en las nubes gigantes hacen que la superficie sea apta para la producción de moléculas complejas, como por ejemplo los aminoácidos.

Esta hipótesis goza con el respaldo del descubrimiento de glicina (uno de los aminoácidos más sencillos) en una nube estelar.

Nebulosa Burbuja
No había nombre más apropiado para la nebulosa NGC7635, en Casiopea. El *Hubble* la captó con increíble nitidez. El confín esférico en expansión marca el límite al que llega un viento estelar muy fuerte, donde empieza la parte más tranquila y fría de la nebulosa.

Lente gravitatoria
La imagen, captada por el *Hubble* en el cúmulo de galaxias 0024+1654, muestra el efecto de una lente gravitatoria: la gravedad de un objeto desvía la luz de la fuente, que puede volverse más luminosa o incluso dividirse en imágenes múltiples. Pero hay quien cree que estas observaciones pueden demostrar que el espacio, en lugar de ser plano e infinito, está doblado sobre sí mismo: la luz de las estrellas nos llegaría desde varias direcciones.

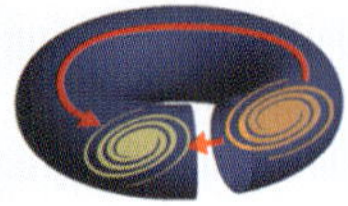

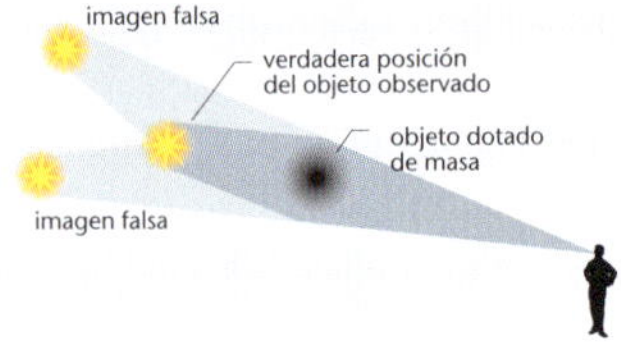

CERCA DE LA GALAXIA

Nuestra Galaxia, tal como se deduce de su dinámica, no acaba donde parece acabar. Además, desde hace tiempo se sabe que a su gravitación están vinculados otros cuerpos «externos».

HALO GALÁCTICO

Se llama así a la zona esférica que rodea la Galaxia, dominada por la influencia gravitatoria de la materia oscura galáctica. Se divide en dos partes:

- Una zona luminosa, que tiene el mismo diámetro que el disco (30 kpc = 10^5 a.l. aprox.) y está formada por gas muy caliente, estrellas de la Población II y estrellas agrupadas en cúmulos.
- Una parte oscura, muy extensa, probablemente con abundantes estrellas muy débiles (enanas marrones). La existencia de estos objetos se ha demostrado por el efecto de lente gravitatoria que estos producen, en particular en la luz de llegada procedente de objetos exteriores a la Galaxia.

Según los cálculos dinámicos, la masa «ausente», es decir, la materia oscura, debería hallarse concentrada en el halo: casi el 90% de la masa de la Galaxia se hallaría aquí. Este modelo teórico se ha basado en observaciones de otras galaxias, en particular, en 1994 astrónomos del observatorio de Kitt Peack han descubierto alrededor de una galaxia lejana una luminosidad de las dimensiones, presumidas, de un halo oscuro. Pero las investigaciones continúan buscando más confirmaciones.

CÚMULOS GLOBULARES

Son agrupaciones de estrellas de Población II, muchas de las cuales ya han alcanzado la fase de gigante roja. Contienen cientos de miles o incluso millones de estrellas en pocos parsec de diámetro. En algunos casos, las estrellas están tan concentradas que pueden contabilizarse hasta 1.000 en una esfera de radio algo superior a 2 a.l. Para tener una idea de lo que esto significa, cabe recordar que la estrella más cercana al Sol (Proxima) se halla a 4,2 a.l.

Cúmulo
El resto de las galaxias también tiene cúmulos globulares que, como los nuestros, giran alrededor del centro galáctico describiendo órbitas sumamente elípticas que cruzan periódicamente el disco. En esta imagen vemos G1 o Mayall II, un cúmulo globular de al menos 300.000 estrellas captado por el *Hubble*. Se halla a unos $1{,}3 \cdot 10^4$ a.l. desde el centro de Andrómeda.

Cúmulos
Los NGC1850 se hallan en la Gran Nube de Magallanes.

Cúmulos globulares El *Hubble* tomó esta instantánea del cúmulo globular M80 (NGC6093) y (abajo) el centro del cúmulo 47 de Tucán. A menudo, el corazón de los cúmulos globulares tiene tal densidad de estrellas que no se distinguen entre sí, ni siquiera con los aparatos más potentes.

Habitualmente, estos cúmulos son prácticamente esferas perfectas, y sólo algunos parecen ligeramente aplanados. Todos orbitan alrededor de la Galaxia y permanecen en el halo, y, aunque no se encuentran en la plano galáctico, existen pocos que estén más lejos que el Sol del centro de la espiral.

De acuerdo con su distribución espacial y su constitución química, pobre en metales, se cree que las estrellas de los cúmulos globulares se originaron hace 10.000-20.000 millones de años, cuando la Galaxia aún estaba en formación y el *big bang* era reciente. Dado que todas las estrellas del mismo cúmulo se hallan casi a la misma distancia de la Tierra, ordenándolas según el programa HR también pueden extraerse indicaciones sobre la distancia del cúmulo. El estudio de los casi 150 cúmulos conocidos ha sido primordial para definir mejor la evolución estelar y determinar la estructura de la Galaxia y continúa siendo fundamental para determinar la edad del universo.

EL EFECTO DOPPLER Y LA VELOCIDAD

El efecto Doppler, que originariamente describía la compresión de las ondas sonoras al acercarse a la fuente (con el consiguiente aumento de frecuencia e intensidad sonora) y su sucesiva extensión al alejarse de la fuente (con la consiguiente disminución de frecuencia e intensidad sonora) se aplicó a la luz y a otras ondas electromagnéticas a mediados del siglo XIX, gracias al francés Fizeau. Aprovechando este efecto, que actúa de parecida forma tanto en las ondas sonoras como en las electromagnéticas, se obtiene la velocidad de la fuente respecto al observador. La radiación de un sujeto luminoso que se desplaza en nuestra posición se comprime y se produce un desplazamiento del espectro hacia el azul; y viceversa, si la fuente se aleja, la radiación emitida se distiende y el espectro se desplaza hacia el rojo. Cuanto mayor sea el desplazamiento del espectro, mayor es la velocidad del objeto a lo largo de la línea de unión con la Tierra. Si se consigue medir incluso a una velocidad transversal, combinándola con la velocidad Doppler puede determinarse el movimiento real de una estrella. Esta técnica es fundamental para determinar las distancias a escala cósmica. El efecto Doppler también sirve para precisar la masa de las estrellas que componen sistemas binarios o múltiples, para cuantificar la velocidad de rotación de nuestra Galaxia o las velocidades relativas de galaxias que se hallan dentro del propio cúmulo, datos que pueden resultar de gran utilidad al valorar las masas implicadas y para precisar el total de materia oscura en el universo.

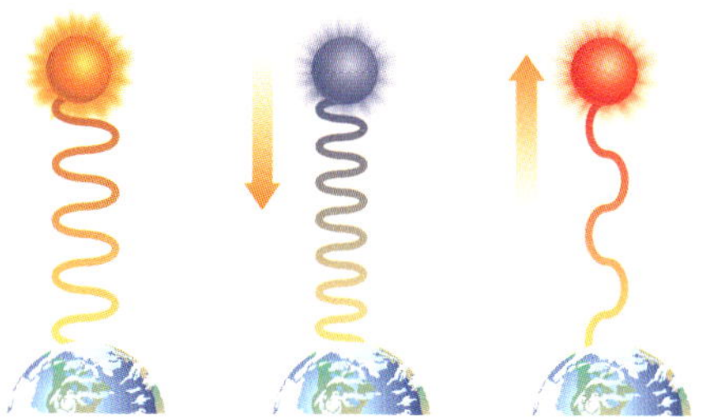

DESDE QUE, EN 1925, EL NORTEAMERICANO EDWIN POWELL HUBBLE CONSIGUIÓ DESPEJAR TODA DUDA SOBRE LA DISTANCIA DE ANDRÓMEDA A NUESTRA GALAXIA Y UBICARLA A MÁS DE UN MILLÓN DE AÑOS LUZ DE NOSOTROS, EL UNIVERSO CONOCIDO EMPEZÓ A EXTENDERSE A VELOCIDAD ASTRONÓMICA. INSTRUMENTOS, OBSERVACIONES Y DATOS SOBRE SISTEMAS Y OBJETOS CELESTES INIMAGINABLES HAN ESTIMULADO LA CREACIÓN DE TEORÍAS Y ESCENARIOS COSMOLÓGICOS CADA VEZ MÁS COMPLEJOS.

MÁS ALLÁ DE LA VÍA LÁCTEA

ANÁLISIS DE UNA GALAXIA
El potente telescopio *Hubble*, así como el *VLT* y el resto de los telescopios de los últimos años han permitido mostrar detalles de galaxias lejanas que hace tan sólo unos años eran impensables. Aquí vemos la galaxia espiral barrada NGC1365. Alrededor de la foto tomada en la franja visible desde un telescopio óptico de Tierra, se observa: ARRIBA A LA DERECHA: la región central tal como se mostró con luz visible al *Hubble*. Alrededor de la esfera amarilla del núcleo, la materia oscura formada por gas y polvo es impulsada hacia el centro galáctico por la barra. ABAJO A LA DERECHA: Se observa la zona del centro de la región central captada por el *Hubble* en el infrarrojo con aglomerados de estrellas nacientes. Se cree que en el centro existe un agujero negro.

Una vez superados los confines de la Galaxia, nos hallamos con el universo. La Tierra deja de ser el centro del sistema solar, el Sol abandona el centro de una esfera de estrellas y la Galaxia cede el centro del universo y se convierte en uno de los miles de sistemas estelares que rotan a velocidades increíbles en el espacio. Los hay de todos los tipos: sencillos como cúmulos estelares, complejos como la Vía Láctea, largos, en forma de espiral barrada, de mariposa... Hubble fue el primero en clasificarlos y, al proponer una hipótesis sobre su evolución, dio también una explicación a las formas «extrañas» de un grupo pequeño de galaxias.

LA FORMA DE LAS GALAXIAS Y LA CLASIFICACIÓN DE HUBBLE
Hubble propuso subdividir las galaxias en dos grandes grupos, según su forma.

Galaxias elípticas
No tienen casi estructura y recuerdan a los cúmulos globulares, aunque son mucho más grandes. Son esféricas o elipsoidales, con luminosidad en disminución al alejarse del centro. Carecen de brazos, núcleo y disco; no muestran condensaciones ni nubes de polvo y están formadas exclusivamente por estrellas de Población II: sin gas no se pueden formar nue-

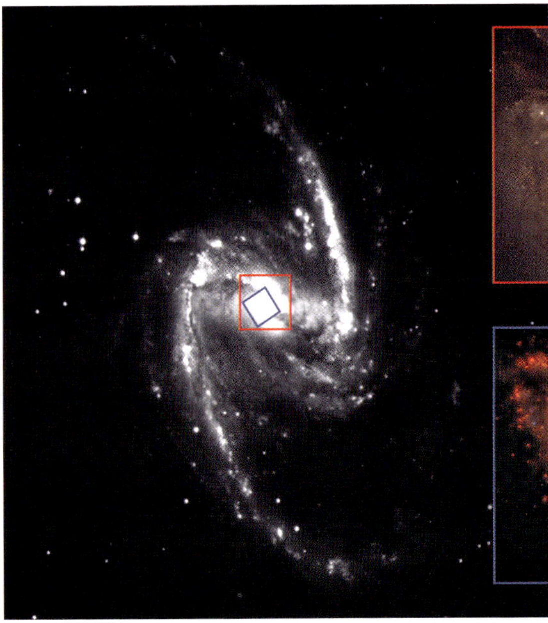

Galaxias famosas
Estas dos imágenes fueron captadas por el *Hubble* en luz visible.
A la izquierda: La galaxia de Andrómeda (M31), una galaxia espiral similar a la Vía Láctea de la que se ha podido calcular, por primera vez con precisión, la distancia desde nuestro sistema solar.
A la derecha: La galaxia NGC4650A, caracterizada por un anillo polar. Mientras la primera se halla a $2{,}3 \cdot 10^6$ a.l. de nosotros, la segunda está a unos $1{,}3 \cdot 10^8$ a.l. de la Tierra. Es una de las 100 galaxias conocidas con un anillo polar, sobre cuya naturaleza, estructura y dinámica aún se sabe muy poco. La hipótesis es que esté formada por los restos de una colisión entre dos galaxias sucedida hace al menos 1.000 millones de años.

Galaxias desde el *Hubble*
A la izquierda: Un detalle del Quinteto de Stefan, un grupo de cinco galaxias que, por las fuertes interferencias gravitatorias recíprocas, muestra un aspecto deformado y largas corrientes de gas que las unen.
A la derecha: La interacción entre las galaxias NGC6872 e IC4970 y las enormes fuerzas de marea que esta implica modifican en gran medida la forma de espiral barrada.

vas estrellas. Es probable que las poquísimas galaxias de este tipo con un poco de gas y polvo hayan englobado a galaxias más recientes. De hecho, las galaxias elípticas contienen algunas de las estrellas más viejas que se conocen y quizá sean las más antiguas.

El aspecto aplastado es más marcado cuanto más inclinada esté la galaxia respecto a la dirección de la Tierra; sin embargo, al carecer de detalles superficiales, es difícil decir cuál es su simetría: el aplastamiento podría derivar de la mayor o menor velocidad de rotación. No obstante, diversas observaciones recientes sugieren que la dinámica de las galaxias elípticas esté más relacionada con la dinámica caótica de cada estrella que con un movimiento de conjunto ordenado como el de nuestra Galaxia. Estas no tenderían a concentrarse hacia el centro, como se esperaría, sino que mantendrían su forma gracias a la caótica distribución de las velocidades de cada una de las estrellas, a imagen de lo que sucede en una nube de gas de temperatura elevada, que adopta una forma determinada sólo en función de la velocidad de cada una de las moléculas.

Hubble clasificó las galaxias elípticas atribuyéndoles un número de 0 a 7 que caracteriza su grado de elipse: una galaxia de *tipo E0* (E significa elíptica) es casi esférica y una de *tipo E7* es muy alargada.

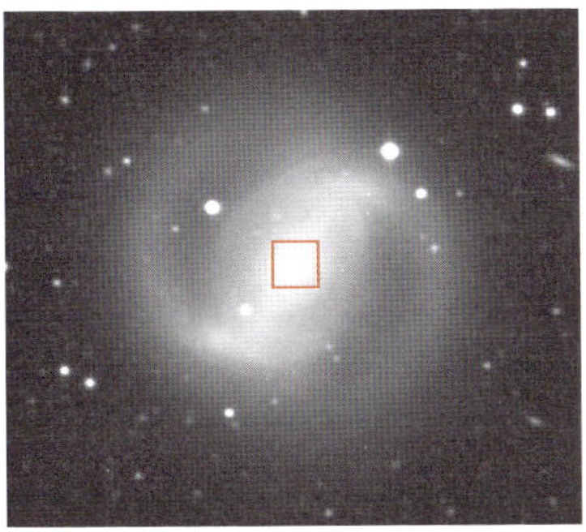

Galaxia espiral barrada
La galaxia espiral barrada NGC4314, tal como aparece al telescopio óptico del observatorio McDonald (Texas) y al *Hubble:* el detalle muestra núcleos de activa formación estelar.

HCG87
Conocidas como Hickson Compact Group 87 (HCG87), estas cuatro galaxias están tan cercanas que la gravedad provoca intercambios de gases y les altera la forma y la evolución. La galaxia HCG87a, de perfil, y la HCG87b, elíptica a la derecha, tienen núcleos activos en cuyos centros podrían existir agujeros negros. En la galaxia espiral HCG87c, bastante cercana, se aprecia una fuerte actividad de formación de estrellas. Aún no se ha descubierto con el análisis espectral si la gravedad de la pequeña galaxia espiral del centro resulta realmente afectada por las otras tres o si sólo se trata de una galaxia unida a las demás simplemente por la perspectiva.

Colisiones entre galaxias
Aunque las estrellas estén a años luz de distancia, los choques entre galaxias tienen consecuencias devastadoras en la forma y la dinámica de estos inmensos objetos celestes. En estas imágenes, que comparan una visión de conjunto y un detalle que captó el *Hubble*, puede observarse cómo cambian de forma al chocar las galaxias espiral NGC4038 y NGC4039.

Galaxias en espiral

Se dividen en galaxias en espiral ordinaria, como la Vía Láctea, y galaxias en espiral barrada.

• Galaxias en espiral ordinaria. Tienen estructura curvilínea, alargada y muy luminosa; con brazos, en espiral, que pueden ser de número muy variable y que nacen en un núcleo central muy brillante. Normalmente, el núcleo tiene características similares a las de las galaxias elípticas, pero más pequeño: aplastado en mayor o menor grado, formado por grandes cantidades de estrellas de Población II y casi carente de gas y polvo. Lo rodea un disco fino formado por estrellas de Población I, polvo, gas y nubes que presentan una fuerte actividad de formación estelar. Las dimensiones relativas de núcleo, disco y brazos son muy variables y se usan para subdividir las galaxias en espiral en subgrupos. Así, tenemos galaxias *tipo Sa* (S indica espiral), con un núcleo muy grande respecto al disco y brazos muy densos y compactos; de *tipo Sc,* con núcleo pequeño y brazos muy extensos y bien separados, de *tipo Sb,* con características intermedias.

Las galaxias de *tipo S0* también se llaman ***galaxias lenticulares*** y son consideradas un elemento de transición entre las galaxias elípticas y las espirales.

• Galaxias en espiral barrada. Además del núcleo y el disco tienen un tercer elemento de forma ligeramente cilíndrica llamado ***barra,*** habitualmente simétrico al núcleo. En los extremos de la barra se alargan los dos brazos principales en espiral, y pueden desarrollarse otros brazos en cualquier

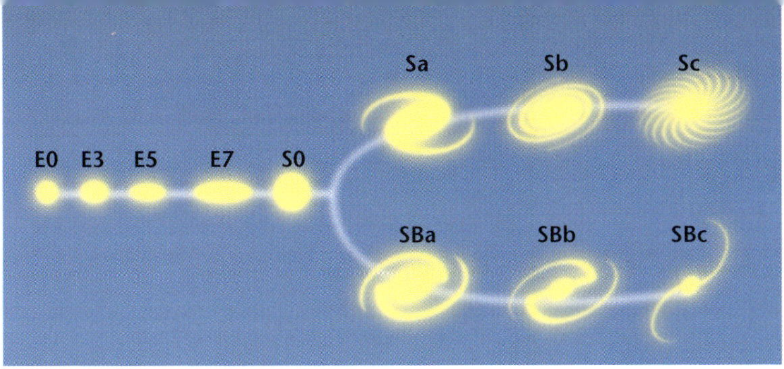

La horquilla de Hubble
Aun siendo muy sencillo, el modelo de Hubble para clasificar las galaxias y explicar su evolución sigue considerándose un modelo válido de trabajo.

Galería de galaxias
Arriba, la imagen en la franja visible de cada galaxia permite ver cuál es el detalle (abajo) observado por el *Hubble* combinando informaciones tomadas en el visible y en el infrarrojo. De esta forma, se observan las poblaciones estelares más antiguas en el núcleo de las galaxias de espiral.
De izquierda a derecha: NGC5838 *(S0)*, NGC5689 *(Sa)*, NGC5965 *(Sb)*, NGC7537 *(Sbc9)*. Esta última es la más parecida a la Vía Láctea.

punto de un anillo luminoso centrado en el núcleo y con un diámetro coincidente con la longitud de la barra. También en esta ocasión, el aspecto y las dimensiones relativas de los elementos galácticos (núcleo, barra y brazos) son muy variables y se usan para catalogar las galaxias en subgrupos. Así, tenemos galaxias de ***tipo SBa*** (SB significa espiral barrada), con un núcleo muy grande, barra relativamente corta y brazos compactos y a menudo numerosos; de *tipo SBc*, con núcleo pequeño, barra muy larga y brazos finos y a menudo individuales, y de *tipo SBb*, con características intermedias.

Galaxias irregulares, enanas y *gigantes*

Son galaxias que Hubble no consiguió clasificar y probablemente se trate de los restos de una colisión entre galaxias; se trata de galaxias irregulares en las que no se distingue una simetría particular. Son ricas en polvo y materia interestelar, pero con una masa pequeña y una luminosidad relativamente baja. También abarcan las galaxias enanas, aun teniendo una clara estructura en espiral, o las gigantes elípticas, que normalmente se hallan en el centro de grupos de galaxias.

HIPÓTESIS SOBRE LA FORMACIÓN DE LAS GALAXIAS

Los astrónomos creyeron que la clasificación de Hubble podría reflejar un esquema evolutivo y las galaxias de *tipo Sa* y *SBa* se llamaron «primitivas», mientras que las *Sc* y las *SBc* se denominaron «evolucionadas». Pero, aunque esta terminología se usa algunas veces, se cree que la simplificación es demasiado exagerada para describir correctamente los fenómenos de evolución galáctica. De hecho, aunque se sepa mucho sobre la evolución estelar, en el caso de la evolución de las galaxias a partir de su formación no puede afirmarse nada con certeza.

El problema se debe sobre todo a que mientras en el interior de la misma galaxia se observan poblaciones enteras de estrellas en diversas fases evolutivas, las galaxias que podemos observar con claridad parecen tener todas la misma edad: sólo algunas extremadamente lejanas, en los confines del universo visible, parecen relativamente más jóvenes. A falta de un amplio espectro de casos, es difícil describir una evolución: hay que basarse aún en conocimientos «estadísticos» y en elaboraciones teóricas.

De media, de 100 galaxias observadas, 13 son elípticas, 22 lenticulares, 61 espirales y 4 irregulares,

Galaxia lenticular
La forma de la galaxia NGC6745 se debe claramente a la interacción con la pequeña galaxia de paso situada abajo a la derecha.

HE1013-2136
Este cuásar, captado por el *VLT* del ESO, muestra una larga cola de marea en dirección a la galaxia cercana.

Intercambios de materia
Las dos galaxias en colisión NGC1410 y NGC1409 parecen unidas por un cordón de materia de más de 20.000 a.l. de longitud (fotografía del *Hubble*).

Galaxia Circino
El *Hubble* ha fotografiado esta galaxia, perteneciente al grupo de galaxias de Seyfert, con un centro compacto que quizá contenga un agujero negro. La galaxia emite chorros de gas a velocidades inauditas.

y la mayoría se concentra en grupos o cúmulos poblados en mayor o menor grado. También nuestra Galaxia forma parte de un cúmulo: el ***Grupo Local.*** Junto a algunas decenas de otras galaxias, entre ellas las Nubes de Magallanes, Andrómeda y sus satélites NGC205, NGC221, M33 y muchas otras, ocupa un volumen de unos 10 Mpc^3 (10^{12} kpc^3). Es un cúmulo modesto, pues se cree que existen algunos que comprenden varios miles de galaxias. A su vez, los cúmulos tienden a agruparse en supercúmulos, con dimensiones del orden de los 100 Mcp^3.

Al parecer, los supercúmulos tienen orígenes lejanos: tras el *big bang,* los elementos primordiales (hidrógeno y helio) se agruparon en nubes enormes con una masa millones de veces mayor que la de la Vía Láctea. Aquí, alrededor de las disparidades que se crearon de forma espontánea, se produjeron numerosísimos núcleos galácticos: los cúmulos globulares que, aún hoy, orbitan alrededor de las grandes galaxias. Algunas observaciones sugieren que en las galaxias más lejanas, de las que se observan los momentos más remotos de actividad, existen núcleos múltiples, además de una intensa actividad de formación de estrellas con masa grande.

Este escenario es compatible con la hipótesis de que, en el origen, a partir de los choques de numerosos grupos de estrellas (los cúmulos) se originaron los sistemas estelares más grandes: las grandes galaxias actualmente conocidas crecieron englobando a los grupos estelares más cercanos.

RADIACIONES GALÁCTICAS

Las observaciones espectroscópicas, radio y rayos X han mostrado que a menudo los núcleos de las galaxias emiten enormes cantidades de energía que a veces es tal que es incompatible con la existencia normal de la propia galaxia.

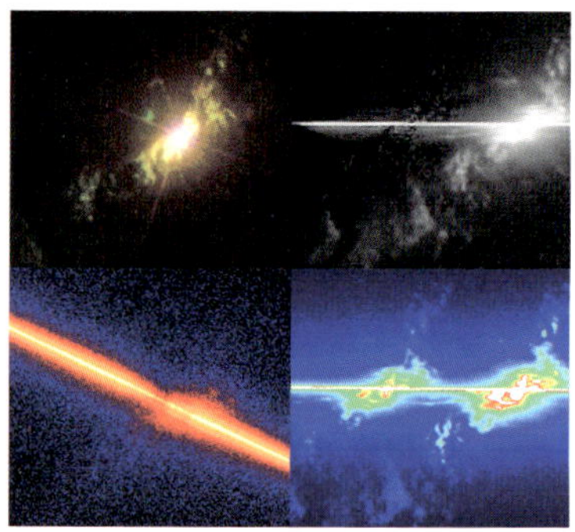

Agujero negro galáctico
Imágenes en el visible (arriba) y en el ultravioleta (abajo, a la izquierda) comparadas con una imagen del STIS, un instrumento montado en el *Hubble* que visualiza y mide las velocidades del gas que resulta acelerado por el doble cono de radiación a la salida de un agujero negro enorme situado en el centro de la galaxia de Seyfert NGC4151.

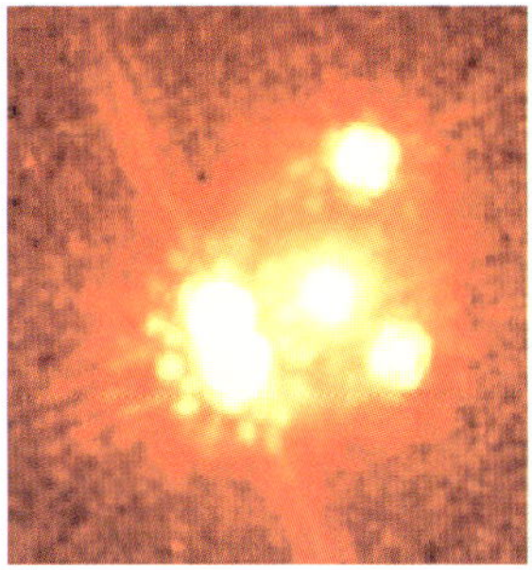

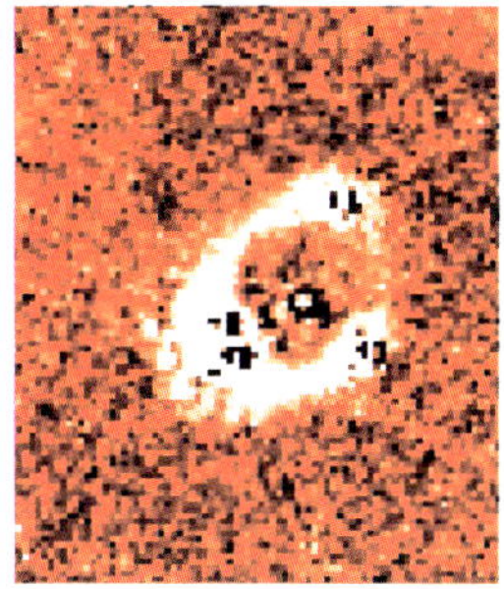

Cuásar
A la izquierda: La imagen tomada por el *Hubble* del cuásar PG1115+080, a unos $8 \cdot 10^9$ a.l. de distancia, en la constelación de Leo, está distorsionada por una lente gravitatoria debido a la presencia de una galaxia elíptica que se halla a $3 \cdot 10^9$ a.l. de la Tierra.
A la derecha: La imagen del mismo objeto, corregida y reconstruida, muestra en los infrarrojos un anillo casi completo. Se trata de la galaxia que contiene el núcleo activo. Otras observaciones similares han resultado útiles para medir las dimensiones del universo y su velocidad de expansión.

Aunque los mecanismos que conducen a producir esta energía aún sean desconocidos, la hipótesis de que en el centro de estas galaxias exista un agujero negro puede explicar, al menos parcialmente, algunos datos. La radiación procedente de los núcleos galácticos, por ejemplo, es preferentemente de tipo «no térmico»; es la llamada «radiación de sincrotrón», una radiación que se produce cuando los electrones se mueven a gran velocidad en una dirección no paralela a las líneas de fuerza de un campo magnético en el que están inmersos, y su intensidad aumenta al disminuir la longitud de onda.

Entre los objetos que tienen núcleos activos, se distinguen las ***galaxias Seyfert,*** con espectros con abundantes e intensas rayas de emisión muy anchas; las ***galaxias Markarian,*** caracterizadas por una intensa emisión ultravioleta, que se dividen en normales –con el exceso de radiación circunscrito al núcleo– y difusas –que emiten radiación por toda la galaxia–; las ***galaxias compactas,*** de altísima luminosidad; las ***radiogalaxias,*** galaxias elípticas que emiten en un radio de hasta 10^7 veces más que el resto de galaxias en zonas localizadas en dos grandes nubes (de hasta 5 Mpc de diámetro); los ***cuásar,*** fenómenos aún difíciles de interpretar, que según algunos expertos son el fenómeno más energético conocido, caracterizado por velocidades de alejamiento sólo compatibles con distancias enormes –otros, en cambio, afirman que son fenómenos menos impresionantes y más cercanos a nosotros–. Muchos objetos pequeños ($<0{,}1$ pc^3) emiten hasta 100 veces la energía de una galaxia normal. Por último, los ***objetos BL Lacertae,*** al principio considerados estrellas variables, tienen características intermedias entre las galaxias Seyfert y los cuásar, con luminosidad rápidamente variable, con un espectro carente de rayas de absorción o emisión y de los que se supone que no contienen ningún tipo de gas.

Núcleo doble
En estas dos imágenes del *Hubble* puede observarse la galaxia NGC4486B y una ampliación de la zona central que muestra claramente dos núcleos.

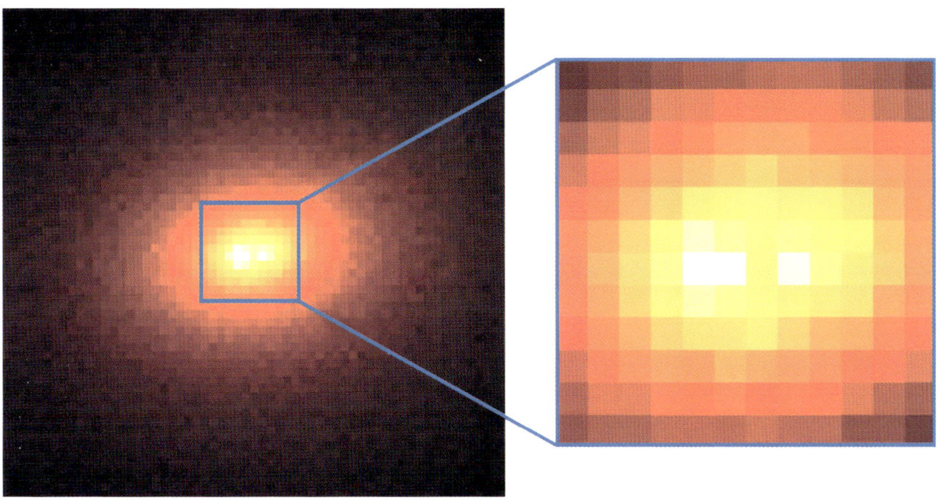

¿CUÁNTO TIEMPO HACE QUE SE FORMÓ EL UNIVERSO? ¿CUÁL ES SU TAMAÑO? ¿CÓMO ACABARÁ? VOLVEMOS A PLANTEARNOS LAS MISMAS PREGUNTAS QUE LOS FILÓSOFOS DE LA ANTIGÜEDAD, PERO CON UNA DIFERENCIA: LAS RESPUESTAS QUE PODEMOS DAR HOY SON MÁS «CONCRETAS» QUE LAS DE HACE 4.000 AÑOS. HOY PODEMOS BASARNOS EN OBSERVACIONES, MEDIDAS, CÁLCULOS Y SIMULACIONES POR ORDENADOR Y PODEMOS ILUSIONARNOS PENSANDO QUE NO SE TRATA SÓLO DE FANTASÍAS.

DEL *BIG BANG* AL FUTURO

A LOS CONFINES DEL UNIVERSO
Las potentes herramientas del *Hubble* permiten observar los objetos galácticos más alejados y cuantificar la velocidad. Según los últimos datos recogidos, las galaxias lejanas son más lentas de lo que se suponía: ¿El universo volverá a concentrarse en una singularidad?

Las opiniones de los científicos respecto al inicio del universo son bastante coincidentes. El universo nació de una singularidad, es decir, un punto en el que la masa universal se concentró a densidad y temperaturas infinitas, en condiciones tales que cualquier ley de nuestro conocimiento y cualquier concepto del espacio y del tiempo carecerían de significado. La causa original del nacimiento del universo continúa siendo una mera especulación filosófica, matemática o religiosa.

Luego se produjo el *big bang*, la «gran explosión», una hipótesis que lanzaron Friedmann y Gamow en 1940, aunque no se pueda hablar de explosión en el sentido común del término. De hecho, todo queda encuadrado dentro de una compleja teoría

matemática que cataloga una sucesión de acontecimientos iniciales rapidísimos:

- **Entre 10^{-43} y 10^{-35} segundos después del *big bang*.** Una fuerza desconocida produjo una *inflación*, es decir, una expansión del universo a velocidades superiores a la luz. Desde una bola de menos de un milímetro de diámetro, en un instante el universo alcanzó las dimensiones que hoy no vemos ni con los mejores telescopios. Nació el espacio.
- **Entre 10^{-35} y 10^{-12} segundos después del *big bang*.** Agotada la inflación, la fuerza que la originó se escindió en fuerza gravitatoria y fuerza unificada (nuclear y electromagnética): las partículas elementales que se produjeron (electrones, quark, gluones y neutrinos) ocupaban un espacio a 10^{27} K. Las leyes de Einstein empezaron a ser válidas y el universo continuaba extendiéndose y enfriándose.
- **Pasados 10^{-11} segundos del *big bang*.** La temperatura se redujo a 10^{15} K debido a que el electromagnetismo empezó a actuar junto con otras fuerzas físicas fundamentales ya existentes (gravitatorias, nuclear fuerte y débil) y se crearon partículas nucleares más complejas.
- **Pasados 10^{-6} segundos del *big bang*.** Los quarks se unieron en grupos de tres para formar protones y neutrones. La antimateria y la materia chocaron y se anularon. Por alguna razón desconocida existía más materia que antimateria y, por ello, la materia compuso todo lo que quedaba. La temperatura descendió a 10^{9} K.
- **Pasados 10^{2} segundos del *big bang*.** Neutrones y protones formaron núcleos de hidrógeno, helio y litio. El enfriamiento del universo prosigue a tanta rapidez que no se forman átomos más pesados. A partir de este momento, los acontecimientos se producen con saltos temporales desmesurados.
- **Transcurridos $3 \cdot 10^{5}$ años desde el *big bang*.** El universo tiene una temperatura de $3 \cdot 10^{5}$ K y la luz, que antes no conseguía cruzarlo por la elevada densidad de electrones y fotones, ya se propaga. Los electrones pueden unirse a los núcleos atómicos y los fotones quedan libres para formar la primera señal electromagnética del universo. El espacio se

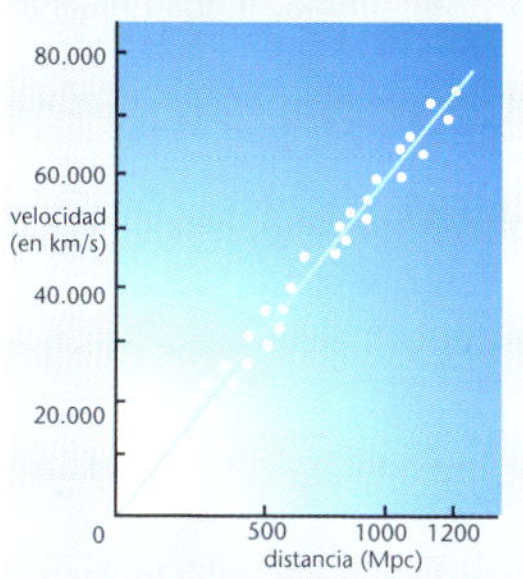

Velocidad y distancia
Al aumentar la distancia de la Tierra, las galaxias parecen aumentar la velocidad de alejamiento (ley de Hubble), pero las nuevas observaciones aportan datos contrarios.

Universo abierto
Sólo con cambiar la masa implicada, cambia el futuro: al alcanzar unas dimensiones límite, el universo vuelve a concentrarse en una singularidad, como en el momento del *big bang*.

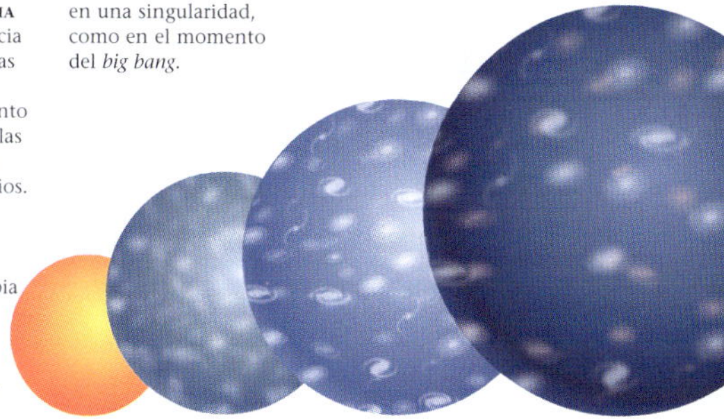

ha vuelto transparente a la radiación y esta radiación es la que hoy se observa: es la *radiación cósmica de fondo*, descubierta por Penzias y Wilson en 1965; se caracteriza por una distribución espectral típica de un cuerpo negro →206, con temperatura absoluta de 2,7 K.

- **Transcurridos 2-3·10^9 años desde el *big bang*.** En el centro de inmensas nubes de gas se encienden las primeras estrellas, que generan nuevos elementos químicos y forman las galaxias.
- **Transcurridos 0,5·10^{10} años desde el *big bang*.** Se forma el sistema solar.
- **Transcurridos 1,5-2·10^{10} años desde el *big bang*.** El hombre desarrolla la teoría del *big bang*.

¿Y el futuro? Puesto que las galaxias se están alejando entre sí, ¿continuarán haciéndolo siempre o no? En otras palabras: ¿El universo está destinado a expandirse mientras tenga energía y a apagarse en la oscuridad? ¿O bien tendrá una masa suficiente como para volver a concentrarse en una singularidad y volver a empezar de nuevo?

Todo depende de la masa del universo y no es sencillo saber si la masa será suficiente como para desarrollar la gravedad «universal» necesaria que desacelere la carrera de las galaxias y las haga volver atrás. Los valores barajados de esta hipótesis son muy parecidos. Hay que observar las galaxias más lejanas, al límite de la visibilidad, y descubrir si su velocidad disminuye.

Una tarea realmente difícil.

Supercúmulo
El *Hubble* fotografió el cúmulo de galaxias Abell 2218, situado a unos 2·10^9 a.l. de la Tierra, en dirección a la constelación de Dragón. Resulta extremadamente difícil calcular con precisión la masa de las innumerables galaxias que pueblan el universo y la materia oscura que contienen. Además, la diferencia de masa entre una hipótesis cosmológica y otra es mínima.

GLOSARIO
BIBLIOGRAFÍA

A

Ábside. Puntos de los extremos del eje principal de una órbita elíptica. La línea de los ábsides coincide con el eje mayor de la órbita. La recta perpendicular a la línea de los ábsides terrestre en el punto medio y al plano de la eclíptica toca la esfera celeste en dos puntos llamados polos de la eclíptica.

Absorción. Fenómeno por el que un cuerpo retiene una fracción de la energía que incide en él.

Aceleración. Magnitud vectorial que mide la variación de la velocidad respecto al tiempo (positiva: aumento de la velocidad; negativa: reducción). Depende del sistema de referencia elegido.
-de la gravedad: Se simboliza con la letra g y es la aceleración a la que se someten los cuerpos libres de caer al acercarse a la superficie terrestre; su valor estándar (9,8062 m/s^2) se obtiene a 45° de latitud. Varía con la distancia al centro de la Tierra, variación que sirvió para medir de manera indirecta la forma de nuestro planeta.

Acimut. Distancia angular medida en el sentido de las agujas del reloj (hacia el Oeste) en un círculo del horizonte a partir del punto cardinal Sur. Se suele medir con un ángulo y, junto a la altura, constituye una de las dos coordenadas altacimutales.

Actividad solar. Complejo de procesos y fenómenos variables en el tiempo producidos en la parte visible del Sol: fotosfera, cromosfera y corona solar.

Afelio. Punto de la órbita más alejado del Sol. El opuesto es el punto de la órbita más cercano al Sol, llamado perihelio.

Agujero negro. Fase final de la evolución de estrellas con una masa muy grande o de galaxias enteras que, según la teoría, se reducirían a objetos con densidades tales que producirían fuerzas gravitatorias capaces de aprisionar la totalidad de la radiación.

Albedo. Fracción de luz reflejada por un cuerpo.
-de la Tierra: es la relación entre el flujo luminoso emitido por la superficie de nuestro planeta y la que llega del Sol. Varía con la latitud y la naturaleza del suelo. Así, el agua refleja el 10% de la luz solar, la vegetación del 15% al 20%, el hielo marino del 50% al 60%, la nieve reciente del 80% al 90%. Esta relación es máxima en la Antártida.

Altitud. Distancia vertical entre un nivel de referencia convencional (por ejemplo, el nivel del mar) y el punto considerado. Es positiva si el punto se halla por encima del nivel de referencia y negativa en el caso contrario.

Altura. Medida angular del lugar en el que se halla un cuerpo celeste por encima del horizonte del observador. Junto al acimut, constituye una de las dos coordenadas altazimutales.

Aminoácido. Molécula orgánica esencial para la vida que contiene un grupo amínico (NH_2) y un grupo ácido (COOH). Se conocen 21 aminoácidos principales que constituyen toda la materia viva.

Análisis espectroscópico. Estudio de las radiaciones emitidas o absorbidas por sustancias, efectuado mediante el análisis del espectro. Así, se obtienen las características químico-físicas del objeto emisor o absorbente (por ej., la naturaleza, la composición química o el estado físico de los objetos estelares).

Ángulo horario. Distancia angular que se mide a lo largo del ecuador celeste a partir del meridiano local hasta el meridiano celeste, que pasa por el cuerpo considerado. Junto con la declinación, constituye una de las dos coordenadas del sistema ecuatorial fijo. Se mide en horas (h), minutos (min) y segundos (s), o bien en grados de arco: es positivo hacia el Oeste y negativo hacia el Este.

Antimateria. Materia formada por los antielementos químicos de los elementos conocidos.

Año
-anomalístico: es el intervalo de tiempo medio que transcurre entre un paso del Sol por el perihelio y el sucesivo. Está formado por 365,259 días solares medios.
-civil: basado en el año solar; es el año del calendario, formado por un número entero de días solares medios. Para evitar descuadres con el año solar, cada tres años de 365 días, se establece un cuarto año bisiesto, de 366 días. Para recuperar este descuadre respecto al año solar producido por movimientos menores (como la precesión) también son bisiestos los fines de siglo cuya cifra sea divisible por cuatro (no fueron bisiestos los años 1700, 1800 y 1900; sí lo fueron 1600 y 2000).
-luz (a.l.): unidad de medida de longitud utilizada en astronomía y que corresponde a la distancia recorrida en un año por la luz a una velocidad constante de 300.000 km/s e igual a unos $9{,}46 \cdot 10^{12}$ km. Un año luz equivale a 0,3066 parsec. También existen submúltiplos: hora luz (h.l.), minuto luz (m.l.) y segundo luz (s.l.).
-sideral o sidéreo: es el intervalo de tiempo que la Tierra invierte para volver al mismo punto de la órbita respecto a las estrellas fijas. Equivale a 365,256 días solares medios. La diferencia de unos 20 min respecto a la duración del año solar se debe al movimiento de precesión de los equinoccios.
-solar o trópico: es el intervalo de tiempo que la Tierra invierte para volver a ver el Sol proyectado de nuevo en el punto γ. Son 365,242 días solares medios.

Ascensión recta. Distancia angular que se mide en sentido contrario a las agujas del reloj (hacia el Este) a lo largo del ecuador celeste a partir del punto γ. Junto con la declinación, constituye una de las dos coordenadas en el sistema ecuatorial móvil. Se mide en horas (h), minutos (min) y segundos (s). 1 h = 15° de arco.

Astronomía cenital. Es el estudio de los astros realizado a partir de un sistema de coordenadas altacimutales, típico de pueblos de la Antigüedad como los mayas y los aztecas, que vivían en territorios próximos al ecuador.

Átomo. Del griego *átomos* («indivisible»). Antes se consideraba la partícula más pequeña.

Aurora polar. Luminosidad difusa visible en el cielo, sobre todo a latitudes terrestres elevadas y en la alta atmósfera de los planetas con campo magnético sensible. Son fenómenos luminosos provocados por la interacción entre partículas eléctricamente cargadas con mucha energía procedentes del Sol (viento solar) y capturadas por el campo magnético y los gases extremadamente poco densos e ionizados (plasma) de la alta atmósfera, con un proceso similar al que provoca la fluorescencia de los tubos de neón.

B

Bacterias. Organismos unicelulares carentes de núcleo y protegidos por una pared externa; comunes en cualquier entorno terrestre, incluidos los más extremos. Por ello se considera probable que los primeros organismos vivos de la Tierra fueran similares a las arqueobacterias modernas y que sea probable encontrar formas de vida análogas en otros planetas o cuerpos celestes menores.

Balanza energética. Cálculo de la energía total implicada en el funcionamiento de un determinado sistema.

Banda de absorción. Campo de frecuencia (o de longitud de onda) en el que un cuerpo o conjunto de partículas absorbe energía. Cada elemento químico tiene un espectro con bandas de absorción características.

Bárico. Relativo a la presión.

Basalto. Roca ígnea básica de grano fino, oscura, carente de cuarzo, con un porcentaje de 45-50% de SiO_2. Es una lava que forma casi el 90% de las rocas volcánicas. Caracteriza las rocas de los fondos abisales oceánicos de la Tierra y de las cuencas lunares.

Big bang. Traducido, «gran explosión». Es el fenómeno que dio inicio a la historia del universo, según la teoría más aceptada en la actualidad. Al parecer, la inmensa cantidad de energía concentrada en un único punto (*singularidad*) estalló (*big bang*) e inmediatamente empezó a transformarse, según la ley de Einstein de materia en expansión.

Biomasa o materia orgánica. Término genérico que comprende toda la materia orgánica. Contiene energía solar en forma de uniones químicas.

C

Calor. Forma de energía de un cuerpo procedente del movimiento de agitación de las moléculas que lo forman: cuanto más caliente está un cuerpo, mayor y más desordenado es el movimiento de sus moléculas. En condiciones adecuadas, su movimiento puede dar lugar a un trabajo mecánico visible. Éste se propaga también por el espacio vacío en forma de radiación electromagnética.

Campo. Atributo de una región del espacio donde una carga, o una masa, experimenta una fuerza.
-dipolar: que presenta dos polos.
-eléctrico: en el campo eléctrico se perciben los efectos de una fuerza eléctrica. Es un campo bipolar: los polos (positivo o Sur y negativo o Norte) se identifican por la dirección de las cargas eléctricas negativas que se trasladan de Norte a Sur.
-electromagnético: en él se notan los efectos de una fuerza eléctrica y de una fuerza magnética.
-geomagnético o campo magnético terrestre: campo magnético originado por la Tierra. Es similar a uno dipolar. Es probable que haya cambiado varias veces de orientación (inversión del campo magnético terrestre): aun sin variar de forma, al parecer hubo dos polos magnéticos en posición inversa a las condiciones actuales.
-gravitatorio: donde se manifiestan los efectos de la fuerza gravitatoria.
-magnético: campo donde se manifiestan los efectos de la fuerza magnética; es dipolar: los polos positivo o Sur y negativo o Norte se determinan por la dirección de las líneas de fuerza que salen del polo negativo y entran en el positivo. En un campo magnético existen zonas por donde no pasa ninguna línea de fuerza: son las zonas neutras, donde la fuerza magnética no se manifiesta. Muchos cuerpos celestes se caracterizan por un intenso campo magnético que se extiende por el espacio circundante (magnetosfera).

Carga eléctrica. Origen de un campo eléctrico, cuerpo que ejerce una fuerza de atracción o repulsión sobre otros cuerpos con carga eléctrica. Existen cargas eléctricas positivas y negativas: las cargas del mismo signo se repelen y las de signos opuestos se atraen. Un cuerpo sin carga eléctrica o en el que las cargas positivas y negativas se igualan se llama *eléctricamente neutro*.

Casquete polar. En la superficie terrestre y marciana, la zona próxima a los polos geográficos cubiertos de hielo (de agua o de anhidrido carbónico).

Catalizador. Átomo, molécula o sustancia que participa en una reacción sin resultar alterado (regenerándose). Puede reducir los tiempos de desarrollo de la reacción; reducir la energía de activación, es decir, el umbral energético que impide el inicio de una reacción que desencadene la reacción o bien modificar los reactivos para que se produzca la reacción.

Cero absoluto. Es el cero medido en la escala termométrica absoluta y corresponde a una condición de la materia en la que la temperatura es nula en sentido absoluto, es decir, en la que la velocidad media de las moléculas es cero. El cero absoluto corresponde a -273 °C y se define mediante valoraciones termodinámicas totalmente independientes de los fenómenos físicos tomados como referencia en otras escalas termométricas.

Ciclo. Fenómeno cuyo desarrollo se produce por la mutación de una o más variables que, al cabo de un cierto periodo de tiempo, vuelven al valor inicial.
-solar: ciclo de la actividad solar de unos 11 años de duración, durante el cual la intensidad de los fenómenos solares varía entre un máximo y un mínimo para volver de nuevo al máximo.

Cinturón de asteroides. Región del sistema solar comprendida entre la órbita de Marte y la de Júpiter, donde se mueve la mayoría de los asteroides.

Cinturón de Kuiper. Cuerpo del sistema solar presumiblemente de la misma naturaleza que los núcleos de los cometas en una órbita comprendida entre las órbitas de Neptuno y de Plutón. Según algunos expertos, Plutón es el mayor de los cuerpos del cinturón de Kuiper.

Colapso de una estrella. Implosión de la estrella hacia el centro de gravedad con desmoronamiento de su estructura.

Compuesto. Materia formada por moléculas compuestas por dos o más átomos de elementos químicos distintos.

Conjunción. Posición en la que están dos astros cuando, vistos desde la Tierra, presentan la misma longitud. Por ejemplo, la Luna está en conjunción con el Sol durante el novilunio.

Constante solar. Flujo energético procedente del Sol medido por encima de la atmósfera terrestre a una distancia del Sol igual a la distancia media Sol-Tierra. Equivale a unos 1.400 watt/m^2.

Convección. Fenómeno que se produce en los fluidos (gases y líquidos) cuando existe un gradiente de temperatura. El paso de calor al fluido tiene lugar con el desarrollo de las *corrientes convectivas*.

Coronógrafo. Instrumento óptico en el que una pantalla circular oculta el disco solar y permite estudiar la corona y la cromosfera, sólo visible desde Tierra durante los eclipses de Sol. Se emplea donde la luz difusa es menor: en alta montaña y, sobre todo, en los satélites.

Corriente. Masa de un fluido (líquido o gaseoso) en movimiento continuo (flujo), prioritariamente unidireccional respecto al sistema de referencia elegido.
-convectiva: corriente producida en una masa de fluido en la que existe un gradiente de temperatura. Las corrientes calientes están originadas por un fluido de temperatura superior y densidad inferior al fluido circundante; las frías, por material a temperatura menor y densidad mayor. El resultado final es un trasvase de energía, transmitida por el desplazamiento de materia. Las corrientes siguen produciéndose hasta que toda la masa implicada alcanza una temperatura uniforme, es decir, hasta que se anula el gradiente térmico.

Corteza. La corteza es la capa sólida exterior de un planeta.

Crómlech. Edificio megalítico constituido por grandes piedras dispuestas en círculo.

Cuerpo negro. Cuerpo ideal que absorbe toda la radiación que le impacta; sirve para hallar la relación cuantitativa entre longitudes de onda de la energía irradiada y la temperatura absoluta.

D

Datación. Determinación de la edad de rocas, fósiles u otros hallazgos. Uno de los métodos más usados es el basado en la cuantificación de las proporciones presentes en la muestra examinada de isótopos de un mismo elemento radioactivo del que se conozca el tiempo de decaimiento.

Decaimiento. Es el proceso espontáneo de emisión radioactiva producida en los átomos pesados de la naturaleza, con la que éstos se transforman en átomos de elementos químicos distintos.

Declinación. Distancia angular de un objeto desde el ecuador celeste; es positiva en el hemisferio Norte y negativa en el Sur. Se mide en grados de arco y es una de las coordenadas de los dos sistemas ecuatoriales (fijo y móvil).

Deferente. En el sistema tolemaico, es un círculo a lo largo del cual se mueve el epiciclo. Es sinónimo de *excéntrico*.

Densidad. Relación entre la masa de una sustancia y la unidad de volumen; se expresa en kg/m^3 o g/cm^3.

Deriva de los continentes. Teoría propuesta varias veces en la historia de la geología. Desarrollada por Alfred Wegener en 1912, se confirmó a principios de los años sesenta del siglo pasado con los estudios de Hess sobre la expansión de las fosas oceánicas y está englobada en la teoría más amplia de la tectónica de placas de McKenzie y Parker.

Determinismo. Actitud cultural de las personas que consideran que todo fenómeno es mecánica y necesariamente causado por otro que lo precede y que, por tanto, se puede prever el comportamiento de un determinado objeto o conjunto de objetos en función de su condición inicial y de rigurosas leyes físicas.

Día
-sideral o sidéreo: por convención, es el intervalo de tiempo que separa dos pasos consecutivos del punto γ o de cualquier otra estrella por el meridiano del observador. Dado que las dimensiones de la órbita terrestre son desestimables en el marco de las distancias estelares (el punto γ y las estrellas pueden considerarse a una distancia infinita de la Tierra), el día sideral siempre tiene la misma duración: 24 horas siderales, igual a 23 h 56 min 4 s de tiempo solar medio. La hora sideral se mide a partir del momento en el que el punto γ se halla en el meridiano del observador (hora cero).
-solar medio o civil: es el intervalo de tiempo de duración constante de 24 h 3 min 56 s que separa dos pasos sucesivos del Sol medio o teórico sobre el meridiano del observador. El Sol medio se mueve sobre el ecuador celeste con un movimiento circular uniforme con una velocidad igual a la media del Sol real y recorre el ecuador en un año.
-solar real: es el intervalo de tiempo de duración levemente superior a las 24 h y variable a lo largo del año que separa dos pasos consecutivos del Sol real por el meridiano del observador. Su duración varía durante el año porque mientras la Tierra gira sobre sí misma también lo hace alrededor del Sol a una velocidad no uniforme.

Diámetro aparente. Diámetro que parecen tener los cuerpos celestes vistos desde la Tierra; a causa de la distancia, es inferior al diámetro real.

Difracción. Fenómeno debido a las propiedades ondulatorias de la luz que provoca que la propagación no siga la dirección prevista según las reglas geométricas de la óptica. También se produce con el sonido y se debe esencialmente a la interferencia.

Dirección radial. Dirección de los rayos divergentes desde un punto (origen o fuente). Si la fuente es esférica, la dirección de cada rayo siempre es perpendicular al plano tangente en el punto de salida del rayo.

Discontinuidad. Zona del espacio donde se produce un cambio brusco de alguno de los parámetros físicos o químicos.

Dispersión. La dispersión es el fenómeno según el cual un rayo de luz policromo se escinde en las diversas longitudes de onda que lo forman y da origen a un espectro luminoso. Se produce en todos los tipos de radiaciones electromagnéticas y es consecuencia de la refracción.

E

Eclíptica. Es el plano en el que se desarrolla la órbita terrestre alrededor del Sol. En algunas ocasiones, con este término también se entiende la trayectoria de la Tierra alrededor del Sol, así como la proyección del plano sobre la esfera celeste, es decir, la trayectoria circular que recorre el Sol en un año.

Ecuador
-celeste: circunferencia producida por la intersección del plano ecuatorial terrestre con la esfera celeste.
-solar: circunferencia máxima del Sol, perpendicular al eje de rotación.
-terrestre: circunferencia máxima perpendicular al eje de rotación, es el paralelo de referencia y reposa en el plano ecuatorial.

Efecto
-Doppler: cambio de frecuencia de una señal originado por el movimiento relativo de la fuente y del receptor de dicha señal.
-honda: interferencia gravitatoria que aprovechan los vehículos espaciales para aumentar considerablemente la velocidad.
-invernadero: calentamiento progresivo del planeta que, en la Tierra y en Venus, se debe principalmente al aumento de anhídrido carbónico en la atmósfera, que impide que la radiación infrarroja se disperse por el espacio.
-sinérgico: efecto debido a la acción conjunta de dos o más causas; se produce si el efecto de la primera causa facilita la realización de la segunda. Los efectos conjuntos son más relevantes que los efectos producidos por cada causa individual.

Eje
-de rotación: recta alrededor de la que cada punto de un cuerpo en rotación recorre una circunferencia. Los puntos del cuerpo por donde pasa el eje de rotación no rotan.
-magnético: recta a cuyo alrededor se disponen simétricamente las líneas de fuerza desarrolladas por un campo magnético.

Eléctricamente neutro. Cuerpo con cargas positivas y negativas equivalentes.

Electrón. Partícula subatómica descubierta en 1897 por J. Thomson. Tiene carga eléctrica elemental negativa (todas las cargas eléctricas negativas son múltiplos enteros de la del electrón) y masa elemental indivisible, irrelevante respecto a la masa del núcleo atómico equivalente a unas dos milésimas de la masa de un protón. Para arrancar un electrón a la atracción deel núcleo atómico cargado positivamente y crear un *ion* hace falta proveer de energía al átomo.

Elemento químico. Componente primario de la materia. A cada elemento químico le corresponde un tipo de átomo (con su familia de isótopos) de características particulares, y viceversa. Actualmente, se conocen 105 elementos químicos (92 naturales y 13 artificiales).

Elipse. Línea curva cerrada formada por la intersección de la superficie de un cono circular recto con un plano inclinado respecto al eje del cono de un ángulo superior a la mitad del ángulo en el vértice del cono. Se caracteriza por dos vértices unidos por un eje mayor. En el eje mayor, equidistante de los vértices, se halla el centro de la elipse por donde pasa; ortogonal al eje mayor, el eje menor. Además, los focos de la elipse, situados en el eje mayor, son dos puntos tales que, para cada punto de la curva, la suma de las distancias entre dicho punto y los dos focos es constante.

Emisiones radioactivas. Se conocen tres tipos, ligadas al *decaimiento radioactivo*: rayos α, formados por núcleos de helio; rayos β, formados por electrones, y rayos γ, constituidos por radiación electromagnética con mucha energía.

Enana
-blanca: última fase de la evolución de una estrella con masa similar a la del Sol. Está formada sólo por los restos del núcleo de altísima densidad (decenas de miles de veces superior a la del agua).
-marrón: estrellas formadas por el colapso gravitatorio de nubes de gas, pero con una masa insuficiente para desencadenar la reacción de fusión nuclear (inferior a casi el 1,8% de la masa solar). Se estima que irradia una débil luz por la conversión de energía gravitatoria en calor.
-negra: residuo de una enana blanca en la que se han detenido los procesos de fusión nuclear.

Endógeno. De origen interno.

Energía. Capacidad de un cuerpo para realizar un trabajo, derivada de su estado químico o físico. Se mide en julios.
-cinética: es la energía que posee un cuerpo por el efecto de su propio movimiento.
-de enlace nuclear: energía que mantiene unido cada núcleo atómico; equivale a la energía que necesita un núcleo atómico para romper los enlaces entre las partículas subatómicas.
-degradada: energía que ya no se puede utilizar para producir trabajo; sinónimo de calor «a baja temperatura».
-electromagnética: energía que se propaga en el espacio de forma no mecánica (energía radiante) y que toma nombre de los fenómenos eléctricos y magnéticos que determina. El flujo de energía electromagnética también se conoce como radiación electromagnética. Cuando una radiación alcanza un objeto capaz de absorber dicha energía, ésta realiza un trabajo: provoca el movimiento de cargas eléctrica que puede almacenarse o usarse.
-luminosa: energía electromagnética ligada a las radiaciones luminosas.
-magnética: energía que deriva de la acción de una fuerza magnética originada por un campo magnético. Se mide en función del trabajo que debe realizarse para crear un campo magnético o en función del trabajo que se obtiene para anular dicho campo.
-nuclear: energía liberada por reacciones que implican el núcleo del átomo.
-química: energía que posee un cuerpo originada por su propia estructura química, es decir, por las uniones que agrupan los átomos en moléculas. Al romper estas uniones, la energía puede traspasar parcialmente a otra unión química o liberarse en forma de calor.
-radiante: energía que se propaga en forma de radiación electromagnética.
-solar: energía procedente de las reacciones nucleares que se producen en el Sol; irradiada al espacio (energía electromagnética).
-térmica o calor: energía poseída por un cuerpo en virtud del movimiento de agitación de las moléculas que lo forman y que aumenta proporcionalmente con la temperatura. Sinónimo de calor.
-térmica radiante: sinónimo de radiación infrarroja.

Epiciclo. Según las antiguas teorías astronómicas, es el círculo sobre el que cada planeta se mueve y que, a su vez, se traslada, con su centro, a lo largo de una circunferencia concéntrica y excéntrica respecto a la Tierra. Servía para apreciar los movimientos de los planetas sin recurrir a figuras distintas al círculo.

Equinoccio. Proviene del latín *aequa nox* («noche igual») e indica dos puntos de la órbita terrestre en los que la eclíptica intersecciona con el ecuador celeste. Cuando se halla en estos puntos de su órbita (el 21 de marzo y el 23 de septiembre) la Tierra está iluminada según la perpendicular a su propio eje de rotación. Esta posición provoca que el día y la noche duren lo mismo (12 horas).

Erosión. Desgaste de las rocas debido a la acción de agentes exógenos (agua, viento, cambios de temperatura, hielo, etcétera).

Erupción volcánica. Afloramiento, a menudo violento, de fluidos a través de una escisión de la corteza. Se origina por la presión de los gases producidos en las profundidades de la Tierra.

Espectro. Gama de haces de color y de líneas oscuras en que se divide la radiación luminosa visible del Sol o de otros objetos celestes al cruzar un prisma. En realidad, también forman parte del espectro los haces invisibles a nuestros ojos: desde los rayos γ a las microondas.
-de absorción de un gas: conjunto de líneas negras visibles en el espectro continuo de una luz blanca que ha cruzado un gas. Toda sustancia es capaz de absorber la radiación que emite: el espectro de absorción es el negativo del espectro de emisión. Se puede tener espectros de absorción incluso con frecuencias fuera del segmento visible.
-de dispersión prismática o espectro prismático: figura luminosa obtenida recogiendo en una pantalla la luz emergente de un prisma por el que ha pasado el haz de luz que se quiere analizar. Es un fenómeno relacionado con la difracción.
-de emisión de un gas: conjunto de líneas luminosas y coloreadas sobre un fondo oscuro en el que se descompone la radiación emitida al pasarla por un prisma. También pueden tenerse espectros de emisión con frecuencia fuera del segmento visible.

Espectrofotómetro. Instrumento que compara la intensidad luminosa de fuentes distintas con distinta longitud de onda.

Espectrógrafo, espectroscopio. Instrumentos para producir, observar y registrar los espectros.

Excentricidad. Relación constante de la distancia de un punto de un cono desde un foco y desde la directriz correspondiente a dicho foco. En las hipérboles es > 1, en las parábolas = 1, en las elipses < 1 y en las circunferencias = 0. Es uno de los parámetros fundamentales para calcular las órbitas de los cuerpos celestes: para los planetas y los asteroides, que tienen órbitas casi circulares, los valores son bajos; en los cometas es cercano a la unidad.

Exógeno. De origen externo.

F

Fluido. Estado de agregación, líquido o gaseoso, de la materia.

Flujo energético. Cantidad de energía que atraviesa, en una unidad de tiempo, una superficie unitaria (por ejemplo, 1 m^2) perpendicular a su dirección de propagación.

Fósil. Originariamente, este término sólo indicaba la procedencia subterránea de un cuerpo o combustible obtenido de capas de roca; más tarde, el concepto se extendió y hoy se entiende por fósil un cuerpo que haya sufrido el proceso de fosilización o, genéricamente, algo que ha superado el tiempo y ha llegado hasta nuestros días (radiación fósil, fósiles vivientes).

Fotodisociación. Ruptura de las uniones químicas de una molécula por obra de la energía electromagnética de la luz (del griego *fotòs*).

Fotones. Partículas elementales carentes de masa. Se definen como cantidad indivisible de energía electromagnética (*cuanto de luz o de energía*). La energía de los fotones es proporcional a la frecuencia de la radiación (ν) según la ecuación $E = h \cdot \nu$, en la que h es la constante de Planck. El fotón se propaga a una velocidad c, obviamente igual a la de la luz, con una longitud de onda λ, inversamente proporcional a la frecuencia y, por tanto, a su energía.

Fotosfera. Superficie visible del Sol, de donde procede la luz que observamos. Corresponde a una zona de unos 300 km de grosor en la que los gases que forman el Sol se vuelven transparentes a la radiación solar.

Fotosíntesis. Producción de enlaces químicos y de una molécula gracias a la luz (en griego, *fotòs*).

Frecuencia. Valor físico que indica el número de repeticiones de un fenómeno periódico en la unidad de tiempo (generalmente, el segundo). En caso de una onda, es el número de crestas de onda que pasan por un determinado punto en un segundo; es igual a la velocidad de propagación de la onda dividida por su longitud.
-de una radiación electromagnética: valor del número de oscilaciones en una unidad de tiempo de un campo magnético y eléctrico en un punto del espacio tocado por la radiación. Se mide en hercios (Hz). Por ejemplo, la luz visible tiene una frecuencia de unas 10^{15} oscilaciones por segundo (10^{15} Hz).

Fuerza. Magnitud física, base de la dinámica y la estática, definida como agente físico capaz de alterar el estado de reposo o de movimiento de un cuerpo o de deformarlo. Se caracteriza por una intensidad, una dirección, un sentido y un punto de aplicación. Por el segundo principio de la dinámica, está relacionada con la masa m de un cuerpo al que se le aplica y la aceleración a. Esto lleva a la fórmula $F = m \cdot a$. En muchos casos, la fuerza no se aplica directamente a un cuerpo, sino que se manifiesta como una acción a distancia (campo).
-eléctrica: fuerza ejercida por un cuerpo en virtud de su propia carga eléctrica; también es la fuerza recibida por cada carga eléctrica inmersa en un campo eléctrico.
-electromagnética: fuerza desarrollada por una carga eléctrica en movimiento; también es la fuerza recibida por toda carga eléctrica inmersa en un campo electromagnético.
-gravitatoria: es la fuerza ejercida por todo cuerpo originada por su propia masa; también es la fuerza que sufre toda masa inmersa en un campo gravitatorio.
-magnética: fuerza ejercida por un imán o cualquier cuerpo magnético; también fuerza a la cual es sometido cualquier carga eléctrica o cuerpo magnético que se encuentra en un campo magnético.
-nuclear: fuerza que mantiene unidas las partículas que forman los núcleos atómicos (*protones* y *neutrones*) que se hallan a distancias inferiores a 10^{15} m.
-peso o de gravedad: es la fuerza con la que los cuerpos son atraídos hacia el centro de planetas como la Tierra o de otros cuerpos celestes. La fuerza observada viene dada por la resultante de las fuerzas centrífuga y centrípeta, pro-

ducida por la rotación del cuerpo sobre su propio eje.

Fuerzas
-**de rozamiento:** fuerzas que se originan en la zona de contacto entre dos cuerpos y que se oponen al movimiento relativo de uno contra el otro.
-**electromagnéticas:** fuerzas que actúan entre cuerpos eléctricamente cargados, transmitidas por los fotones; entre otras cosas, mantienen unidos los electrones al núcleo.
-**gravitatorias:** son una consecuencia de la masa y actúan a distancias astronómicas. Se cree que son transmitidas por los *gravitones*.

Fulguraciones. Fenómeno de la actividad solar que, cerca de la superficie de la estrella, libera repentinamente grandes cantidades de energía en tiempos muy breves.

Fusión nuclear o atómica. Proceso contrario al de fisión nuclear, que consiste en producir un núcleo atómico de masa más elevada por la unión de dos núcleos de masa inferior. Para que puedan unirse los núcleos originales deben superar las fuerzas de repulsión originada por tener la misma carga eléctrica (positiva) y chocar a velocidades altísimas. Esto sólo sucede en condiciones de temperatura muy elevada. En la fusión, los núcleos producidos suelen tener una masa distinta a la de los núcleos iniciales, donde la diferencia de masa se ha transformado en energía de unión nuclear y energía liberada (emisión de neutrinos veloces, radiación electromagnética). En caso de que la masa aumente, para que se produzca la fusión hay que añadir energía externa.

G

Galaxia. Nombre común que indica una enorme concentración de gases, polvo y miles de millones de estrellas en evolución unidas entre sí por la fuerza gravitatoria.
Nombre propio usado para indicar nuestra Galaxia, también llamada Vía Láctea, a la que pertenecen la estrella Sol y el sistema solar.

Gas ionizado. Gas compuesto por partículas con carga eléctrica.

Gauss (G). Unidad de medida de la inducción magnética; 1 G es la inducción magnética producida por un flujo magnético de 1 maxwell en una superficie de 1 cm^2; 1 G equivale a $9{,}99 \cdot 10^5$ V s/m^2.

Geoide. Forma irregular aproximadamente esférica, típica de la Tierra.

Gnomon. Barra alargada o estilo cuya sombra proyectada en un plano horizontal o vertical indica la dirección y la altura del Sol. En la Antigüedad se usaba para determinar la latitud del lugar y el paso del tiempo. Reloj de Sol.

Gradiente. Variación de un valor físico en el espacio en una dirección determinada.

Grado centígrado o celsius (°C). Unidad de medida de la temperatura en la escala termométrica más usada (escala centígrada), en la que, por convención, a presión atmosférica 1, el hielo se funde a 0 °C y el agua hierve a 100 °C.

Granito. Roca ígnea ácida, de grano rojo, formado principalmente por cuarzo, feldespato alcalino y mica. Se trata de una roca cristalina originada por la consolidación de un magma debajo de la superficie de la corteza.

Gravedad o fuerza gravitatoria. Fuerza que actúa en cualquier objeto dotado de masa que se halla cerca de otro objeto dotado de masa. Según la ley de la gravedad universal de Newton, es proporcional al producto de las masas ($m_1 \cdot m_2$) de los cuerpos considerados, e inversamente proporcional al cuadrado de la distancia que los separa (d). La fórmula es $F = G\,[(m_1 \cdot m_2)/d^2]$, donde G es la constante de gravedad universal, establecida por Cavendish en 1798 en $6{,}67 \cdot 10^{-11}$ Nm^2kg^{-2}.

Gravimetría. Análisis geológico, a través de la cuantificación de diferencias aunque mínimas en la constante de la gravedad, que indica las diferencias de masa que las han inducido. Dado que pone de relieve la presencia de masas con distintas densidades, se utiliza para tener información de los cuerpos rocosos en el interior de la corteza.

H

Helio. Elemento químico caracterizado por un núcleo constituido por dos protones y uno o dos neutrones. Después del hidrógeno, es el elemento más sencillo, con la masa menor y el más abundante en el universo.

Heliosfera. Región de influencia del Sol; se extiende más allá de la órbita de Plutón.

Hercio (Hertz, Hz). Unidad de medida de la frecuencia en el Sistema Internacional: 1 Hz es la frecuencia de un fenómeno en el periodo de 1 segundo: 1 Hz = 1 s^{-1}.

Hidrógeno. Es el elemento químico más simple y con la masa más pequeña. Su núcleo está formado por un solo protón.

Horizonte. Círculo máximo de la esfera celeste en ángulo recto con la vertical del lugar donde se halla el observador.
-**de Hubble**: distancia hipotética a la que, según las leyes de Hubble, las galaxias se alejarían entre sí a la velocidad de la luz, equivale a unos 20.000 millones de años luz (~ $6 \cdot 10^6$ kpc). Esta distancia corresponde a la distancia que la luz puede haber recorrido desde el *big bang* hasta hoy. Por esa razón, el universo tendría una edad en años igual al valor de dicha distancia. Cualquier objeto que se hallase más allá de dicha distancia no sería visible.

I

Infrarrojo. Parte de la radiación electromagnética emitida por todo cuerpo que tenga una temperatura superior a 0 K y una longitud de onda comprendida entre 1μm y 1 mm, aproximadamente.

Interferencia. Fenómeno característico de los movimientos ondulatorios, superposición de ondas que proceden de fuentes coherentes, es decir, que emiten ondas de la misma frecuencia y que mantienen invariable su diferencia de fase. Si las ondas se hallan en concordancia de fase, por interferencia, se crea una onda con amplitud igual a la suma de amplitudes de dos ondas (interferencia constructiva). Si las dos ondas tienen una diferencia de fases equivalentes a un número dispar de semilongitudes de onda, la amplitud de onda resultante es cero (interferencia destructiva). En los casos intermedios se producen situaciones intermedias.

Ion: Término derivado del griego *ion* (part. pres. del verbo *ienai*, «andar», en referencia al movimiento de los iones, que se desplazan en dirección a un polo eléctrico). Indica un átomo o una molécula dotados de carga eléctrica positiva o negativa diferente respecto a su configuración normal de sistema eléctrico neutro. La carga se debe a la pérdida o adquisición de uno o más electrones o grupos atómicos cargados. El proceso que lleva a la formación de uno o más iones por pérdida de electrones o por ruptura de las uniones moleculares se llama *ionización* y para que se produzca hay que aportar energía al sistema.

Isótopo. Los átomos de cada elemento químico poseen un número preciso de protones; el núcleo también contiene neutrones, cuyo número varía. Así tenemos átomos con carga nuclear igual (número de protones igual) y, por tanto, las mismas características químicas, pero peso distinto (distinto número de neutrones) y, por tanto, distintas características físicas. Por esa razón, no se habla de elementos distintos, sino de distintos isótopos de un mismo elemento químico. Cada isótopo se caracteriza por:
-*un número atómico (Z):* representa el número de protones (es decir, cargas positivas) presentes en el núcleo del átomo de un elemento, característico de cada elemento químico (en un átomo neutro es igual al número de electrones).
-*un número de masa (A):* representa el número con que se expresa la suma del número de protones (Z) y neutrones (N) presentes en el núcleo atómico, característico de cada isótopo de cada uno de los elementos químicos (A = Z + N). Cada isótopo está indicado con el símbolo del elemento original precedido por el número atómico y el número de masa. Por ejemplo, el carbono (C) está presente en la naturaleza en forma de tres isótopos en proporciones distintas: el 98,9% está formado por el isótopo 12_6C, el 1% por el 13_6C y el 0,1% por el isótopo inestable 14_6C.Esta forma de escribir nos muestra que el elemento carbono se caracteriza por un número atómico Z = 6 (tiene 6 protones en el núcleo) y puede hallarse en una de sus tres formas isotópicas, que tienen núcleos con N = 6, N = 7 y N = 8 (es decir, 6, 7 y 8 neutrones, respectivamente).

J

Julio (J). Unidad de medida del trabajo, de la energía y de la cantidad de calor en el Sistema Internacional (SI). 1 J = 1 Nm.

K

Kelvin o grado absoluto (K). Unidad de medida de la temperatura en la escala termométrica absoluta. A diferencia de lo que sucede en las otras escalas termométricas, el kelvin se define con consideraciones termodinámicas sin referencia a fenómenos físicos particulares. La temperatura expresada en kelvin se relaciona con la de los grados celsius por la ecuación K = °C + 273.

Kilo- (k). Es el prefijo que indica mil veces la unidad. Por ejemplo, 1 km = 1.000 m.

kPa (kilopascal). Múltiplo del pascal (Pa), unidad de medida de presión en el Sistema Internacional (SI). 1 kPa = 1.000 Pa = 1.000 Nm^{-2} = $9{,}869 \cdot 10^{-3}$ atm = 10^{-2} bares.

kpc (kiloparsec). Unidad de medida de longitud, muy común en astronomía; 1 kpc = 1.000 pc = $3{,}08 \cdot 10^{16}$ km = $3{,}2558 \cdot 10^3$ a.l.

KREEP o norite. Roca lunar formada por potasio (K), tierras raras (*Rare Earth Elements*) y fósforo (P), con rastros abundantes de uranio y torio.

L

Láser. Dispositivo que genera y amplifica radiaciones de una frecuencia específica.

Líneas (de flujo, campo, fuerza...). Se trata de líneas imaginarias que en la representación convencional de los campos unen los puntos del espacio caracterizados por el mismo valor de la

magnitud considerada. Son proporcionalmente más numerosas donde la variación es más rápida, y viceversa.

Longitud de onda. Distancia entre los picos superiores o inferiores sucesivos de una onda.
-de una radiación: distancia entre dos picos superiores sucesivos de una onda electromagnética; en el vacío, la longitud de onda (λ) de una radiación electromagnética está relacionada con la frecuencia (ν) según la fórmula $c = \lambda \cdot \nu$, donde c es la velocidad de la luz ($3 \cdot 10^8$ m/s).

Luminosidad. Intensidad luminosa de una estrella definida como energía total irradiada por unidad de tiempo. Es proporcional a la superficie de la estrella y a su temperatura efectiva.
-solar: La luminosidad solar es la cantidad total de energía radiada por el Sol en la unidad de tiempo.

Luna. No sólo es el nombre del único satélite natural de la Tierra, sino que, como nombre común, indica cualquier satélite de un planeta. El vocablo deriva de *leuk*, una antiquísima raíz indoeuropea que ha influido en muchísimos términos, como *leucos* («brillante, blanco, puro, claro», en griego), *lux* («luz», en latín), *luceo* («iluminar», en latín), *lumen* («luz», en latín).

Luz. Energía radiante visible por el ojo humano, comprendida entre 380 y 700 nm de longitud de onda.

M

Magnetosfera. Zona del espacio relativamente cercana a cualquier cuerpo celeste dotado de campo magnético, en cuyo interior se perciben los efectos del magnetismo del propio cuerpo. En la magnetosfera de los planetas se hallan haces de partículas con carga eléctrica procedentes del viento solar y aprisionadas por las líneas de fuerza del campo magnético terrestre (cinturones de Van Allen).

Magnitud. Luminosidad de los cuerpos celestes.
-absoluta: es la magnitud que una estrella tendría si se hallase a 10 pc de la Tierra.
-aparente: luminosidad de una estrella tal y como se muestra a un observador; el sistema de referencia usado atribuye una magnitud 5 a una estrella con luminosidad 100 veces mayor respecto a una estrella de magnitud 1, siguiendo una escala de clasificación que tiene su base en la Antigüedad.

Marea. Cambio del nivel de la atmósfera, mares, océanos, continentes y corteza de un cuerpo celeste debido a la acción gravitatoria de otro cuerpo celeste situado en sus proximidades.

Masa. Es uno de los conceptos más difíciles de la física, y sigue planteando problemas el atribuirle una definición aceptable e unívoca. La física clásica la definió como la cantidad de materia que constituye un cuerpo. Luego se insistió en la propiedad del cuerpo para oponerse al cambio de velocidad (masa = inercia, resistencia al cambio). Con Einstein, la masa se consideró otro aspecto de la energía, una especie de energía condensada: según la ley de Einsten, la masa está relacionada con la energía por la ecuación $E = m \cdot c^2$, donde c es la constante de velocidad de la luz en el vacío. La masa también es un estado de energía, cuando desaparece se crea energía y viceversa.
-atómica: relación entre la masa de un átomo y la del átomo de hidrógeno, tomado como unidad de referencia; es ligeramente inferior a la suma de las masas de protones y neutrones que forman el núcleo. Este defecto de masa equivale a la energía necesaria para formar las uniones nucleares.

Maser. *Molecular Amplification by Stimulated Emission of Radiation* («amplificación de microondas me-diante la emisión estimulada de radiación»). Indica un amplificador usado para las microondas y que sirve para recibir señales muy débiles. El funcionamiento consiste en que cuando una molécula o un átomo se hallan en un estado energético adecuado y pasan cerca de una onda electromagnética con una longitud de onda determinada, ésta puede inducirles a emitir energía en forma de otra radiación electromagnética con la misma longitud de onda que refuerza la onda de paso y desencadena una cascada de fenómenos que llevan a aumentar mucho la intensidad del impulso original. En algunas nubes de materia interestelar excitada por la radiación de estrellas cercanas se produce el mismo fenómeno, que conduce a la formación de un intenso haz de radiación con longitud de onda bien definida.

Medio interplanetario (o interestelar). Materia a baja densidad, formada por gas y polvo.

Mega- (M). Prefijo que indica un millón de veces la unidad. Por ejemplo: 1 MW (megawatt) = 1 millón de watt.

Menhir. Piedra alta y de gran tamaño, toscamente labrada y clavada en el suelo. Tiene funciones religiosas, funerarias o astronómicas desconocidas.

Meridiano. Circunferencia máxima perpendicular al ecuador y que pasa por los polos. Junto al ecuador, define un sistema de coordenadas geográficas o astronómicas.

Meseta. Región de extensión variable y llana caracterizada por una altitud media superior a 2000 m. Suele estar delimitada por zonas escarpadas y surcado por valles profundos.

Metano. Es el hidrocarburo más sencillo. Su molécula está formada por un átomo de carbono y cuatro átomos de hidrógeno.

Meteorito. Cuerpo celeste de dimensiones y constitución variables (metálica y rocosa) que precipita a la Tierra.

Meteoro. Fenómeno luminoso producido en la atmósfera terrestre por un meteorito que, al precipitar, se sobrecalienta por el rozamiento.

Micro- (μ). Prefijo que indica la millonésima parte de la unidad. Por ejemplo, 1 μs (microsegundo) = 10^{-6} s.

Microondas. Radiaciones electromagnéticas con longitud de onda inferior al metro y frecuencia superior a los 300 Hz.

Mili- (m). Prefijo que indica la milésima parte de la unidad. Por ejemplo, 1 mm = 1 milésima de metro.

Mineral. Sustancia cristalina natural con una composición química definida y una estructura regular.

Modelo atómico. Esquematización de la estructura del átomo que da una explicación coherente de los fenómenos observados y permite una comprobación experimental.

Molécula. Dos o más átomos unidos por fuerzas electromagnéticas (o de Van der Waals). Según el número de átomos que la componen, puede tener dimensiones mínimas (como la molécula de hidrógeno) o incluso microscópicas (como el cromosoma bacteriano formado por una molécula de ADN).
-inestable: molécula que, a causa de las uniones que la forman, tiende a romperse espontáneamente.
-inorgánica: molécula que no presenta un «esqueleto» de átomos de carbono.
-orgánica: molécula que pertenece a la química del carbono y que tiene un «esqueleto» de átomos de carbono.

Movimiento
-directo: movimiento alrededor del propio eje o de un planeta, característico de la mayoría de planetas y satélites. Si se observa a partir de la eclíptica con la cabeza en dirección del polo norte celeste, resulta contrario al sentido de las agujas del reloj.
-galáctico: movimiento rotatorio de la Galaxia alrededor de su propio centro.
-inverso: movimiento de un cuerpo alrededor de su propio eje o alrededor de un planeta en dirección opuesta a la más común; es característico de ciertos planetas y satélites.
-turbulento: movimiento irregular en el que las partículas no siguen un recorrido lineal, sino trayectorias sin continuidad ni periodicidad, a velocidad variable en cada punto y momento, y con fuertes componentes transversales respecto a la dirección principal. El movimiento turbulento determina una fuerte disipación de energía.

Mya. Acrónimo de *Million Years Ago* («hace millones de años»). Indica periodos geológicos.

N

Nano- (n). Prefijo que indica la mil millonésima parte de la unidad. Por ejemplo, 1 nm = 10^{-9} m.

Nebulosa. Nube del medio interestelar más o menos condensado. En el proceso de condensación de los elementos que la forman (polvo y gas) da origen a centenares de miles de estrellas.
-planetaria: cúmulo de gas muy rarefacto mezclado con polvillo cósmico; está formado por materia que ha sido expulsada de una estrella, con masa análoga a la del Sol, durante su última fase evolutiva.

Neutrino. Partícula con carga eléctrica nula y con masa extremadamente pequeña que, junto a los antineutrinos, electrones y quarks, forma la familia de los *leptones*, considerados actualmente las únicas partículas subatómicas realmente elementales, es decir, indivisibles.

Neutrón. Partícula atómica carente de carga eléctrica, con masa igual a la del protón, en el que puede transformarse por decaimiento radioactivo β. Está formado por partículas subnucleares, llamadas quarks.

O

Oposición. Se trata de la posición en la que se hallan dos astros cuando, vistos desde la Tierra, difieren 180° en longitud. Por ejemplo, la Luna está en oposición con el Sol cuando se halla en plenilunio.

Órbita. La órbita es la trayectoria que recorre en el espacio un cuerpo celeste alrededor de otro. En general, presenta forma de elipse. La forma y las dimensiones están determinadas por la excentricidad y la longitud del semieje mayor; la orientación de la órbita se debe a la inclinación del plano orbital respecto a un plano de referencia, mientras la posición del cuerpo a lo largo de la órbita está definida por su anomalía, es decir, por el ángulo, medido en la dirección del movimiento, entre el perihelio, el cuerpo a cuyo alrededor se mueve y el propio cuerpo. El plano ideal en el que yace la órbita de un cuerpo celeste se llama *plano orbital*.

P

Paralaje. Ángulo bajo el que el radio terrestre (o el diámetro o la órbita terrestre, según las mediciones a realizar) es visto desde un cuerpo celeste. Se obtiene con cálculos trigonométricos, midiendo la altura del objeto celeste en ambos lados de la longitud elegida.

Parsec (pc). Unidad de medida de longitud muy usada en astronomía; 1 pc equivale a una distancia en la que 1 UA contiene un arco de 1'': 1 pc = $3{,}08 \cdot 10^{13}$ km = 3,2558 a.l.

Partícula elemental. Partícula puntiforme y sin estructura. Actualmente se considera que sólo lo son los seis quarks y los seis leptones.

Pascal (Pa). Unidad de medida de presión del Sistema Internacional (SI). 1 Pa = 1 Nm^{-2} = $9{,}869 \cdot 10^{-6}$ atm = 10^{-5} bares.

Planetas. Cuerpos celestes fríos, de dimensiones bastante grandes (masa del orden de 10^{19}-10^{27} kg), aunque muchísimo más pequeños que las estrellas. Son bastante esféricos y en ellos no se producen espontáneamente reacciones de fusión nuclear.
-exteriores al sistema solar: son Júpiter, Saturno, Urano, Neptuno y Plutón. A excepción de Plutón, están formados por un alto porcentaje de compuestos volátiles, tienen masas mucho mayores que los planetas interiores (del orden de 10^{26}-10^{27} kg) y están acompañados de un elevado número de satélites y anillos.
-interiores al sistema solar (también rocosos o terrestres): son Mercurio, Venus, la Tierra y Marte. Tienen una masa relativamente pequeña (del orden de 10^{19}-10^{24} kg) y están formados principalmente por minerales de hierro, níquel, silicio y magnesio.

Planetésimos. Materia condensada por la nebulosa primaria que, según una teoría aceptada en la actualidad, formó los planetas del sistema solar por concreción.

Plano
-ecuatorial: plano ideal en el que yace el ecuador.
-orbital: plano ideal en el que yace una órbita.

Plasma. Gas constituido de materia altamente ionizada que caracteriza a gran parte de la estructura estelar o del medio interestelar o interplanetario. En física se considera el cuarto estado de la materia, junto a los estados sólido, líquido y gaseoso.

Poder reflectante o albedo. Capacidad de reflejar una radiación. Se calcula midiendo la fracción de la radiación de llegada que una superficie refleja hacia el exterior.

Polo. Cada uno de los dos puntos en los que un eje corta una esfera.
-celeste: punto en el que el eje de rotación terrestre corta la esfera celeste.
-de la eclíptica: punto en el que el eje perpendicular a la eclíptica en su centro corta con la esfera celeste.
-galáctico: punto en que el eje perpendicular con el ecuador galáctico corta con la esfera celeste.
-geográfico: punto en el que el eje de rotación terrestre corta la superficie de la Tierra.
-magnético: punto en el que convergen las líneas de fuerza del campo magnético.

Positrón. Partícula subnuclear idéntica a un electrón, pero con carga eléctrica positiva (antielectrón). Forma parte de las partículas subnucleares de antimateria: al chocar con un electrón se aniquila, es decir, desaparece junto al electrón porque se transforma en energía.

Precesión de los equinoccios. Movimiento debido a las fuerzas gravitatorias externas que provoca el cambio de dirección del eje de la Tierra en un ciclo de 26.000 años. En virtud de este movimiento, año tras año se anticipa ligeramente el inicio de las estaciones.

Proceso espontáneo. Proceso que tiene lugar sin aportes energéticos externos al sistema considerado.

Protón. Partícula nuclear con carga eléctrica elemental positiva (de intensidad igual a la de un electrón). Tiene masa igual a 2.000 veces la de un electrón. Está formado por partículas subnucleares, llamadas *quarks*.

Q

Quarks. Partículas elementales que componen protones y neutrones, cuya existencia se ha demostrado indirectamente. Se consideran partículas elementales de la materia junto a los leptones, y se cree que carecen de estructura. Para dar razón de las observaciones se han dividido en seis (*up, down, strange, charm, top, bottom*) y, a su vez, con tres posibles cargas de color (verde, rojo y azul). El hecho de que sean de colores los hace sensibles a las *fuerzas de color* o *extrafuertes* vehiculadas por los *gluones*. También existen antipartículas de los quarks (*antiquarks*), con las mismas divisiones que los quarks, a las que se añade el prefijo anti-.

R

Radiación electromagnética. Flujo o forma de propagación de energía electromagnética que se comporta a veces como una onda electromagnética (propagación de un campo eléctrico y de uno magnético a la velocidad de la luz, equivalente a $3 \cdot 10^{8}$ m/s en el vacío) y otras como un flujo de fotones (cada uno con energía h·f, donde h es la constante de plank, $6{,}6 \cdot 10^{-27}$Js, y f es la frecuencia).
-infrarroja: radiación electromagnética de frecuencia menor y longitud de onda mayor respecto a la luz visible. Los cuerpos a temperatura superior a 0 K la emiten espontáneamente, y constituye la mayoría de su emisión cuando la temperatura es inferior a varios miles de kelvin. Tiene longitud de onda comprendida entre 1 µm y 1 mm.
-luminosa o visible: abarca las radiaciones electromagnéticas con una longitud de onda comprendida, aproximadamente, entre 390 nm y 690 nm.
-ultravioleta: radiaciones electromagnéticas con longitud de onda comprendida, aproximadamente, entre 400 nm y 4 nm; es invisible a nuestros ojos y tiene un alto contenido energético.
-X: junto a los rayos γ constituye una radiación electromagnética de altísima frecuencia (de cortísima longitud de onda).

Radiotelescopio. Instrumento que permite medir las radiaciones con longitudes de onda en la banda radio emitidas por objetos celestes.

Rayos. Emisiones corpusculares y (o) energéticas producidas por el decaimiento radioactivo o por reacciones nucleares.
-X: están constituidos por fotones con gran cantidad de energía, pero inferior a la presente en los rayos γ.
-α: están formados por núcleos de helio ionizados positivamente.
-β: están constituidos por un electrón.
-γ: están formados por fotones muy energéticos.

Reacción. En química, este término indica toda variación o transformación de naturaleza química de una o más sustancias. Toda reacción química se acompaña de un desarrollo energético (exoenergética) o por una absorción energética (endoenergética).
-en cadena: serie de reacciones sucesivas, generalmente exoergónicas, que una vez activada por una causa se desarrolla en cadena con independencia de la precedente.

Red Shift. Literalmente, «desplazamiento hacia el rojo». Es el desplazamiento de las rayas presentes en el espectro de estrellas y galaxias alejándose del observador hacia longitudes de onda mayores respecto a las que habría si estuvieran quietas. De la misma forma, estos objetos pueden presentar *blue shift* si están acercándose. La causa es el efecto Doppler. Sobre el origen del *blue shift* de las galaxias lejanas (que no presentan *blue shift)* se discute mucho si también se debe al efecto Doppler o si tiene otro origen.

Refracción. Derivación de la dirección de propagación de ondas (sísmicas, electromagnéticas o luminosas y acústicas) que se produce al penetrar en materiales con distinta densidad.

Regolito. Traducción del inglés *regolith*, que deriva de la fusión de los términos *regular* («uniforme, regular», en inglés) y *lithos* («roca, suelo», en griego); es el nombre que dieron los astronautas al suelo lunar.

Roca. Agregado de minerales.

Rotación
-diferencial: rotación característica de un sistema en el que las distintas partes de éste se mueven a velocidades distintas. Es típica de los cuerpos fluidos (Júpiter o el Sol) o heterogéneos (galaxias).
-sideral (de la Tierra): movimiento circular de la Tierra alrededor de su eje, observado tomando como referencia un cuerpo celeste fijo en la esfera celeste.

Rozamiento. Conjunto de fuerzas disipadas que impiden u obstaculizan el movimiento relativo de dos superficies en contacto. A causa del rozamiento, el movimiento produce ma-yor pérdida de energía.

S

Salida helíaca. Se dice de la salida de un cuerpo celeste poco antes que el Sol. Para un horizonte determinado, una estrella sale cada día unos cuatro minutos antes respecto al día anterior y sale a una hora determinada sólo una vez al año. Todos los días, escasos minutos antes que el Sol, salen estrellas distintas. Las civilizaciones de la Antigüedad y los indios norteamericanos observaban la salida helíaca de estrellas muy luminosas o constelaciones particulares para corregir los calendarios respecto a la duración real del año; los egipcios usaban la salida helíaca de Sirio para marcar su calendario.

Selene. Nombre dado a la Luna derivado de *selas* («luz, resplandor, relámpago, llama», en griego).

Sol medio. Es un artificio teórico, sin existencia real; es un Sol que se mueve sobre el ecuador celeste con un movimiento circular uniforme y a una velocidad igual a la media del Sol auténtico. Recorre el ecuador en un año y se usa para calcular la duración del día solar medio o civil.

Solsticio. Término que proviene del latín *Sol stat* (literalmente, «Sol inmóvil»). Es el nombre del día en el que la Tierra se halla en uno de los dos puntos de la eclíptica más lejanos del ecuador celeste. El nombre se debe a que, en este periodo, la variación de la altura máxima del Sol en el horizonte que se registra de un día al siguiente es mínima, la menor en todo el año.

Supernova. Estadio final de la evolución de una estrella con una masa equivalente a varias masas solares y que no colapsa gradualmente.

T

Tectónica. Palabra derivada del griego *tectaino* («construyo»), literalmente «arte de construir». Indica la rama de la geología que estudia la estructura y la deformación de la corteza terrestre, tal como resultan de las relaciones de distribución y ubicación de las masas rocosas en el globo. También investiga las causas que originan los procesos que determinan las características estructurales fundamentales de la corteza terrestre.

Temperatura. Procede del término latino, *temperatura* («mezcla en la justa medida», por ejemplo, de calor y frío, de humedad y sequedad...). Es una magnitud que mide la energía cinética media de moléculas, átomos, partículas... que conforman un determinado cuerpo.
-cinética: derivada del cálculo de la energía cinética de las moléculas y no por una medida experimental realizada con la sustancia examinada. Se habla de ella en caso de gases extremadamente rarefactos cuyas moléculas poseen muchísima energía (plasma).

Terminador. Línea de separación entre la parte iluminada de un cuerpo celeste, sólido o líquido y su parte en sombra, es decir, la línea de separación entre el día y la noche.

Terremoto o seísmo. Movimiento repentino de las rocas por una fractura en la corteza. Está formado por series sucesivas de sacudidas (réplicas sísmicas) que se propagan a través de todo el cuerpo planetario y se irradian desde el lugar donde se ha producido la fractura (hipocentro). Cada réplica libera energía cinética, que se suele medir con la escala Richter. Las réplicas se propagan en las rocas con velocidad y modo distintos y su fuerza es máxima en la zona inmediatamente superior al hipocentro, llamada *epicentro*.

Tormenta magnética. Perturbación de la magnetosfera terrestre a causa de un aumento de la actividad solar (originada, por ejemplo, por una fulguración que descargue en el viento solar una gran cantidad de partículas cargadas): puede alterar la intensidad del campo magnético en la superficie terrestre por periodos breves y distorsionar las transmisiones de radio.

U

Unidad astronómica (UA). Unidad de medida de longitud usada en astronomía, en particular para medir las distancias planetarias. Corresponde originalmente a la distancia media Tierra-Sol durante una traslación. El valor ha sido redondeado por la UAI con un valor estándar: 1 UA = 149.597.870 km = $1{,}496 \cdot 10^8$ km = 499,005 segundos luz.

Unión Astronómica Internacional (UAI). Asociación internacional oficial de referencia para todos los astrónomos e investigadores espaciales.

V

Velocidad. Relación entre el espacio recorrido y el tiempo empleado para ello.
-angular: es la relación entre el ángulo recorrido desde un punto o una línea situados en una circunferencia, con una rotación sobre un eje y en un sentido determinados, y el tiempo empleado en la rotación. Se mide en radianes por segundo (rad/s).
-de fuga: es la velocidad que un cuerpo debería tener al desprenderse de la superficie de un cuerpo celeste para escapar a su campo de gravedad. Es directamente proporcional a la masa del cuerpo: cuanto mayor es el cuerpo, mayor será su velocidad de fuga.
-de satelización: equivale a la primera velocidad cósmica y debe ser tal que se desarrolle una fuerza centrífuga igual al peso del objeto.
-tangencial: relación entre el ángulo en radianes que un punto o una línea recorren en su movimiento de rotación sobre un eje y en un sentido determinados y el tiempo empleado.

W

Watio (W). Unidad de medida de potencia. Se calcula midiendo la cantidad de energía liberada o absorbida en la unidad de tiempo: 1 W = 1 J/s.

POTENCIAS DE DIEZ

10^3 = 1.000
10^4 = 10.000
10^5 = 100.000
10^6 = 1.000.000
10^7 = 10.000.000
10^8 = 100.000.000
10^9 = 1.000.000.000
10^{12} = 1.000.000.000.000 (un billón)

10^{-2} = 0,01
10^{-3} = 0,001 (una milésima)
10^{-4} = 0,0001
10^{-5} = 0,00001
10^{-6} = 0,000001 (una micra)

PARA SABER MÁS

AA.VV, *Lunar Sourcebook*, Cambridge University Press, Cambridge 1991.
Acker A., *Formes et couleurs dans l'Univers*, Masson, París 1987.
Bourge P., Dragesco J. y Dargery Y., *La photographie astronomique d'amateur*, P. Montel, París 1979.
Cadogan P., *The Moon, our sister planet*, Cambridge University Press, Cambridge 1981.
Clark S., *Stars & Atoms*, Andromeda Oxford Ldt., Oxford 1994.
Cohen N., *Gravity's lens*, John Wiley and Sons, Chichester 1988.
Collins M., *Liftoff*, Grove Press, New York 1988.
Couderc P., *Les éclipses*, Presses Universitaires de France, París 1971.
Dragesco J., *High Resolution Astrophotography*, Cambridge University Press, Cambridge 1995.
Gowstad J., *Astronomy: The Cosmic Perspective*, John Wiley and Sons, Chichester 1990.
Hack M. y Struve O., *Stellar spectroscopy*, Del Bianco, Udine 1969.
Hartmann W.K., *Astronomy: the Cosmic Journey*, Wadsworth Pub. Co., Belmont, (Cal.) 1982.
Kaufmann, W.J.III, *Discovering the Universe*, Freeman & Co., New York 1990.
Kitchin C.R., *Journey to the Ends of the Universe*, Adam Hilger, Bristol 1990.
Kitchin C.R., *Stars, Nebula and the Interstellar Medium*, Adam Hilger, Bristol 1987.
Kuiper G., *Photographic Lunar Atlas*, University of Chicago Press, Chicago 1960.
Levinson y Taylor, *Moon Rocks and Minerals*, Pergamon Press, New York 1971.
Link F., *La Lune*, Presses Universitaire de France, París 1981.
Marau, S.P. (editor), *The Astronomy and Astrophysics Encyclopedia*, van Nostrand Reinhold, New York 1992.
Osterbrock D.G., *Stars & Galaxies: Citizens of the Universe*, Freeman, Oxford 1990.
Price F.W., *The Moon Observer's Handbook*, Cambridge University Press, Cambridge 1988.
Ross Taylor S., *Lunar Science: a post-Apollo View*, Pergamon Press, New York 1975.
Viscardy G., *Atlas-guide photographique de la Lune*, Masson, París 1986.

REVISTAS DIVULGATIVAS:

Astronomy, *Astronomy Now*, *La Reserche*, *Sky & Telescope*, *Nature*, *Scientific American*

PARA SABER MÁS: EN LA RED

- Links útiles
www.ster.kuleuven.ac.be
www.tng.iac.es/links/links.html
www.algonet.se/~sirius/astro/links.html

- Institutos internacionales de investigación espacial y astronómica
www.nasa.gov
www.estec.esa.nl
www.esa.int
www.eso.org
www.iac.es/eno
www.iau.org
www.hubblesite.org
http://oposite.stsci.edu/pubinfo/
www.stsci.edu/resources

- Divulgación y didáctica
www.telescope.org/rti
www.telescope.org/rti/nuffield.html
http://science.nasa.gov
www.algonet.se
http://hou.lbl.gov/research
http://solar-center.stanford.edu/resources.html
www.eso.org/outreach/info-events
http://micro.magnet.su.edu/primer/java/scienceopticsu/powersoft10
www.fourmilab.ch/yoursky/cities
www.hubblesite.org/news_ and _views/pr.cgi/2002.02
http://astroclub.net/saturne/antares_on_line

- Sociedades de astrónomos aficionados
www.uai.it
http://astrolink.mclink.it/assoc.htm
http://w3c.ct.astro.it/cnaa
www.astrofili.org

- Exobiologia
http://bioastronomy.uws.edu.au
www.seti.org/education
www.seti.org
www.nai.arc,nasa.gov
www.links2gonet/topic/SETI

- Sol
www.solar-center.stanford.edu
http://solar-center.stanford.edu/folklore.hyml
http://mesola.obspm.fr
http://sohowww.nascom.nasa.gov
www.solarviews.com/upgrade.html

- Sistema solar
http://seds.lpl.arizona.edu/nineplanets/nineplanets
www.planetary.org
www.solarviews.com/upgrade.html

ÍNDICE ANALÍTICO

0024+1654, galaxias: 218

Abbe, ocular ortoscópico: 113
Abell 2218, cúmulo: 227
Abell 39, nebulosa: 203
Aberración cromática: 121
Abisales, fondos marinos: 36
Absorción: 23, 140
-atmosférica: 125
Acimut: 64, 65
Acquarius, LEM del Apolo 13: 60
Actividad efusiva lunar: 46
Actividad geológica: 166
Actividad solar: 143, 149, 150, 152, 153
Adams, John Crouch: 179
Adrastea: 172
Afelio: 41
África: 37
Agua: 29, 34-37, 38, 48, 131, 132, 138, 140, 162, 163, 173, 174, 176, 180, 181
Agujero de la Cerradura, nebulosa: 216
Agujeros coronales: 148
Agujeros negros: 25, 129, 204-205, 206, 211, 220, 222, 224, 225
-galácticos: 224
Albedo: 114, 117, 167
Alción: 197
Aldrin, Edwin, Buzz: 59, 61
Alejandría (Egipto): 13
Alemania: 74, 124
Alfabeto griego: 79
Alighieri, Dante: 209
Alineamiento: 117
Almagesto o *Al-Magisti:* 15
Altímetro láser: 61
Altura: 64, 65
-del Sol: 68
Amaltea: 172
América Central: 75
America, astronave del *Apolo 17:* 61
Aminoácidos: 183, 217
Ampliación: 72, 73, 111, 113
Análisis
-Doppler: 142, 143, 145, 207
-espectral: 23
-químico de una estrella: 196
Ananke: 172
Anasazi: 10
Anaximandro: 11
Anaxímenes: 11, 42
Andes: 74
Anders, William: 59
Andrómeda o galaxia M31: 25, 70, 80, 81, 82, 83, 84, 85, 86, 90, 92, 93, 94, 96, 97, 101, 105, 218, 220, 221, 224
Ángulo horario: 66, 73
Anhídrido carbónico: 132, 160, 162, 165, 167, 175, 217
Anillos: 136, 155, 156, 167
-de Júpiter: 170, 172, 178
-de Neptuno: 180
-de Saturno: 70, 134, 176, 178
-de Urano: 177, 178
Año cósmico: 212
Año marciano: 164
Año sideral: 138
Año solar medio: 51, 212
Año venusiano: 163
Antares, LEM del *Apolo 14:* 60
Antemeridiano: 65
Antena: 74, 124, 126
Antimateria: 25, 226
Ångström, Anders J.: 23
Ápice del Sol: 68, 81
Apogeo lunar: 43, 51, 53, 54, 55
Apolo (asteroide): 169
Apolo, ➢ programa: 49, 61
- *1*, 10, 59
- *2, 3, 4, 5, 6, 7, 8, 9*, 59
- *11*, 43, **59-60**, 61
- *12*, 48, 60
- *13*, 60
- *14*, 43, 60
- *15*, 43, 60, 61
- *16*, 61
- *17*, 45, 49, 61
Apolo: 80, 85
Apolonio: 14, 15
Aquiles: 85
Árabes: 15, 52

Arcetri: 20
Arenaria: 32
Argonautas: 80, 83, 84
Ariel: 178
Aristarco de Samo: 12-13, 15, 43, 120
Aristóteles: 10, 12-13, 19, 43
Arizona: 74, 124
Armacolita: 48
Armstrong, Neil: 59
Arqueoastronomía: 10
Artémides: 85
Ascensión recta: 66, 67, 79, 124
Asclepio: 82, 85
Astenosfera: 31, 32
Asteroide Braille: 132
Asteroides: 43, 44, 45, 70, 126, 129, 133, 134, 154, 155, 156, 157, 168-169, 173, 176, 182, 185
-órbitas de: 169, 170
Astrología: 84
Astrónomos aficionados: 69, 72, 73, 74, 75, 118
Asuán: 13
Atacama: 123
Aterrazamientos lunares: 46, 47
Atmósfera: 29, 36, 38-39, 54, 70, 75, 117, 120, 123, 125, 139, 155, 162, 173, 182
-de Júpiter: 134, 171
-de Marte: 131
-de Neptuno: 179, 180
-de Saturno: 174, 175
-de Urano: 178
-de Venus: 130
-estelar: 24, 196, 201, 202, 217
-lunar: 42, 48, 61
-primitiva terrestre: 176
-solar: 38, 142, 195
-terrestre: 52, 75, 117, 132, 138, 155, 195
Átomo: 138, 150, 151, 154, 183, 192, 193, 194, 195, 196, 198
-ionizado: 193, 196
-neutro: 193
-modelo planetario: 193
-modelo cuántico: 24
-estructura: 194
Átomos metálicos: 197
Átomos neutros: 202
Atracción gravitatoria: 168
-lunar: 54
-solar: 54, 55
-terrestre: 43, 51
Aurora polar: 38, 39, 171, 182
Australia: 124

Bacon, Francis: 25
Bacterias: 75
Balmer, Johan: 23
-rayas, serie del hidrógeno: 24, 195, 197
Banquisa: 34
Barberini, Maffeo (papa Urbano VIII): 19
Barra galáctica: 220, 222, 223
Barrera coralina: 34
Basaltos lunares: 43, 48
Basaltos terrestres: 33, 48
Bean, Alan: 60
Beatles: 168
Bélgica: 74
Beppo Sax: 127, 128-129
Bequerel, Henry: 23-24
Bethe, Hans A.: 152
Big bang: 129, 219, 224, 226, 227
Binarias por contacto: 207
Biosfera: 29, 36-37
Bohr, Niels H.: 24
Bok, glóbulos: 199
Bolómetro: 121
Bombardeo meteorítico: 42, 45
Borman, Frank: 59
Bosque pluvial: 37
Bóveda celeste: 156, 190
-rotación, movimiento: 84, 113
Boyle, Robert: 22
Brahe, Tycho: 11, 15-16, 17, 18, 120
Brazos de la galaxia, galácticos: 209, 210, 211, 212, 213, 215, 222, 223

Brújula: 69, 71
Bruno, Jordano: 15
Bunsen, Robert: 23
Buolian, Ismael: 21

Cadena montañosa: 33, 45
Calcáreos: 33
Calcio ionizado, neutro: 197
Caldeos: 52
Calendario: 11, 12, 16, 52
California, nebulosa: 89
California: 74, 124
Calvino, Italo: 42
Cambridge: 21
Campo eléctrico: 139, 192
Campo electromagnético: 143, 145, 146, 148-149, 152
Campo gravitatorio: 181, 206
-de Venus: 129
-terrestre: 45
Campo magnético: 123, 139, 143, 146, 147, 163, 173, 174, 176, 180, 192, 197, 203, 225
-de Júpiter: 171
-de Urano: 178
-interplanetario: 134-135
-lunar: 56, 60, 127
-solar: 135
Cangrejo, nebulosa: 84, 98
Caracol: 10
Carbonatos: 33
Carme: 172
Caronte: 134, 136, 181
Carro Mayor: 80
Caspar, astronave *Apolo 16:* 61
Casquetes polares: 34, 165
Cassegrain, 72
Cassini, división: 175
Cáucaso: 74
Caudal fluvial: 35
Cavendish, Henry: 43
Cefeidas: 80, 81, 207
Celeste, sor María: 20
Cenit: 65, 66, 67, 69, 79, 80, 84, 87, 89, 92, 93, 94, 95, 97, 98, 99, 100, 101, 103, 107, 108, 109
Centro galáctico: 40, 212, 213, 218, 220
Ceres: 168, 169
Cernan, Eugene: 59, 61
Chaffe, Roger: 59
Challenger, LEM del *Apolo 17:* 61
Chapront: 55
Charlie Brown, módulo del *Apolo 10:* 59
Chile: 74, 120, 123, 124
Chimpancé Ham: 56
Chinos: 80, 81, 145, 208
Ciclo de actividad solar: 144, 153
Ciclo de las manchas solares: 153
Ciclo del agua: 38
Ciclo del carbono: 151
Ciclo lunar: 112
Ciclo solar o de 11 años: 134, 150, 152-153
Ciencia-ficción: 131
Cifras
-de Júpiter: 171
-de la Luna: 43
-de la Tierra: 29
-de la Vía Láctea: 209
-de los planetas jovianos o exteriores: 155
-de los planetas rocosos, terrestres o interiores: 155
-de los principales asteroides: 169
-de Marte: 165
-de Mercurio: 159
-de Neptuno: 180
-de Plutón y Caronte: 181
-de Saturno: 175
-de Urano: 178
-de Venus: 161
-del Sol: 139
Cignus X-1: 205
Cinturón de asteroides: 155, 168
Cinturón de Kuiper: 136, 182
Cinturones de Van Allen: 39, 233
Circinus, galaxia: 224
Círculo de altura: 65
Círculo de longitud: 68

Círculo horario: 65, 66, 67
Círculo polar: 77, 80
Clapton, Eric: 168
Clases de luminosidad: 189
Clases estelares, espectrales: 24, 82, 189, 196-197, 199
Clasificación de Hubble: 220
Clasificación de las estrellas: 190
Clima: 34, 36, 40, 41, 136
Cloruros: 33
Cohete Mercury Redstone: 56
Coladas lávicas, de lava: 47, 159, 161, 166
Colimador: 121
Colisión de galaxias: 221, 222, 224
Colisión entre galaxias: 223
Collins, Michael: 59, 60
Colón, Cristóbal: 53
Columbia, astronave del *Apolo 11:* 59
Cometa: 17, 21, 44, 45, 70, 71, 126, 129, 132, 133, 134, 135, 154, 155, 156, 157, 179, 181, 182-183
-Borrelly: 132
-Burger: 183
-cola: 182
-Giacobini-Zinner: 132, 134
-Grigg-Skjellerup: 133
-Hale-Bopp: 182
-Halley: 130, 132-133, 154
-Hyakutake: 71
-Linear: 183
-órbitas: 170, 182
-P/Wild 2: 132, 133
-P/Wirtanen: 133
-Tempel-1: 126, 133
-West: 182
Composición química estelar: 189, 215
Concentración o contracción gravitatoria: 171, 184, 188
Configuraciones planetarias: 169
Conjunción: 157
Conquista de la Luna: 127
Conquista de Marte: 131
Conrad, Charles: 60
Constante gravitatoria: 43
Constante solar: 134
Constante universal: 24
Constelaciones: 11, 14, 40, 62, 67, 69, 70, 76, 77, 78, 79, 80, 81, 82, 84, 86, 87, 88, 89, 90, 98, 99, 100, 103, 106, 107, 108, 109, 133, 198, 204, 215, 225, 227
-australes: 79
-circumpolares: 81, 91, 97
-de Acuario: 82, 85, 89, 92, 93, 100, 101
-de Águila: 79, 80, 82, 85, 89, 92, 93, 97, 100, 101, 104, 105, 108, 133, 202
-de Aries: 84, 85, 98, 105
-de Ballena: 81, 82, 89, 93, 94, 98, 101, 102, 105
-de Boyero: 79, 80, 84, 87, 89, 91, 92, 95, 96, 99, 100, 104
-de Brújula: 207
-de Camaleón: 98
-de Can Mayor: 79, 82, 83, 86, 90, 94, 98, 99, 101, 103, 105, 107, 108, 109
-de Can Menor, 80
-de Cáncer: 84, 90, 214, 215
-de Capricornio: 85, 92, 107, 109
-de Casiopea: 64, 76, 79, 80, 81, 82, 86, 87, 89, 90, 91, 92, 93, 94, 96, 97
-de Cefeo: 79, 80, 86, 90, 91, 92, 93, 94, 97, 217
-de Centauro: 79, 83, 98, 99, 100, 102, 103, 104, 105, 107, 108, 109, 189
-de Cisne o Cruz del Norte: 79, 80, 82, 86, 87, 89, 91, 93, 96, 97, 100, 101, 211
-de Cochero: 79, 80, 82, 84, 86, 87, 90, 91, 93, 94, 95, 97, 98, 102, 190
-de compresión o distensión: 32
-de Cruz del Sur: 79, 83, 95, 98, 99, 100, 102, 103, 104, 105, 107, 108, 109
-de Delfín: 82
-de Dragón: 64, 76, 80, 81, 86, 87, 89, 90, 93, 95, 97, 100, 227
-de Eridano: 79, 97, 98, 100, 101, 102, 104, 105, 108, 109
-de Escorpio: 79, 82, 84, 85, 92, 95, 96, 99, 100, 103, 104, 105, 108, 109, 214, 215

-de Escultor: 101
-de Fénix: 97, 105
-de Flecha: 82
-de Géminis: 79, 84, 86, 87, 89, 90, 91, 93, 94, 95, 98, 99, 102, 214
-de Grulla: 97, 109
-de Hércules: 81, 82, 84, 91, 93, 95, 96, 99, 100, 104, 209
-de Hidra: 87, 91, 93, 94, 99, 103, 107, 108
-de Hydrus: 79, 97, 98, 100, 101, 102, 103, 104, 107, 109
-de invierno (Norte): 86, 90, 94
-de invierno (Sur): 100, 104, 108
-de la Corona Boreal: 82, 96, 100, 207
-de la Osa de Leche: 85
-de la Osa Mayor: 69, 76, 77, 79, 80, 81, 82, 84, 86, 87, 89, 90, 91, 92, 93, 94, 95, 96, 97, 99
-de la Osa Menor: 40, 64, 69, 76, 77, 79, 80, 81, 86, 87, 89, 90, 92, 93, 94, 95, 96, 97
-de la Serpiente: 82, 99, 108
-de Leo: 84, 87, 90, 91, 94, 95, 98, 99, 100, 103, 225
-de Libra: 84, 91, 92, 95, 103, 104, 107, 108
-de Liebre: 83
-de Lince: 93
-de Lira: 79, 80, 81, 82, 87, 92, 93, 97, 104, 202
-de Lobo: 109
-de los Perros de Caza: 80
-de marea: 24, 49, 167, 176, 206, 221
-de Montaña de la Mensa: 70
-de Orión: 76, 79, 80, 82, 83, 85, 86, 89, 90, 93, 94, 97, 98, 101, 102, 105, 109, 198
-de Paloma: 83
-de Pavo: 102, 105, 108
-de Pegaso: 76, 80, 82, 85, 86, 87, 89, 90, 92, 93, 94, 96, 97, 101, 105
-de Perseo: 80, 87, 89, 90, 91, 92, 93, 94, 97, 100, 101
-de Pez Austral: 93, 101, 104, 105, 108, 109
-de Pintor: 188, 191
-de Piscis: 82, 84, 85
-de Popa: 79, 83, 99, 103, 107, 108, 109, 203, 214
-de Quilla: 79, 83, 98, 99, 100, 102, 103, 104, 105, 108, 109
-de Sagitario: 80, 82, 85, 92, 96, 99, 100, 103, 107, 108, 208, 209, 211, 213
-de Serpentario u Ofiuco: 82, 100, 107, 108
-de Tauro: 82, 84, 86, 87, 89, 90, 94, 97, 98, 101, 102, 105, 133, 204, 214, 215
-de Triángulo Austral: 98, 101, 102, 105, 108
-de Tucán: 70, 109, 219
-de un sistema binario: 206
-de un sistema planetario: 191
-de una estrella: 25, 198, 201, 205, 219, 223
-de Velas: 79, 83, 94, 99, 102, 103, 104, 105, 107, 108, 109, 204
-de Virgo: 79, 84, 87, 91, 92, 95, 96, 99, 103, 104, 107, 108
-del Dorado: 70, 79, 103, 107, 109
-zodiacales: 15, 85, 91, 92, 93, 95, 96, 97, 100, 101, 102, 104, 105, 107
Constitución química estelar: 192, 193, 219
Continentes: 29, 30, 32, 34, 54
Convección: 170, 177
-corrientes: 45, 139, 141, 143
Convivio (de Dante): 209
Coordenadas celestes: 65, 73, 77
-altacimutales: 64
-ecuatoriales: 79
Coordenadas geográficas: 64, 65
Copán: 10
Copérnico, Nicolás (Nickolas Koppernigk): 15-16, 18, 19, 20
Cordillera continental: 34
Cordilleras lunares: 46
Corona solar: 53, 118, 135, 142, 143, 144, 147, 148, 149

Coronógrafo: 118, 121, 149
Corriente de chorro: 179
Corrientes oceánicas: 34, 35
Corrimiento de tierras: 32
Corteza lunar: 43, 44, 45, 47, 49, 54
Corteza terrestre: 30, 32, 36, 44
Cosme II, gran duque de Toscana: 19
COSTAR (Corrective Optics Space Telescope Axial Replacement), 128
Cráteres: 168, 173
-de Mercurio: 159
-por impacto, meteoríticos: 46, 166, 173
Creación: 19
Cristales: 33, 45
Crómlech: 10
Cromosfera: 142, 143, 144, 146, 147
Cuadraturas: 52, 157
Cuásar: 25, 224, 225
Cuenca hidrográfica: 35
Cuerpo negro: 24, 194, 195, 227
Cuerpos de Kuiper: 156, 181
Cuevas: 34, 36
Culminación superior, inferior: 66
Cúmulo
-47: 219
-Abell 2218: 227
-Arches: 64
-de Perseo: 215
-de la Vela: 83
-del Pesebre: 84, 215
-del Trapecio: 198
-M13: 81
-M35: 84
-M5: 82
-M6: 215
Cúmulos: 218
-abiertos: 83, 84, 209, 210, 211, 214, 215
-estelares: 69, 85, 224
-galácticos, de galaxias: 84, 215, 219, 223, 224
-globulares: 24, 82, 209, 210, 211, 218, 219, 220
Cunningham, Walter: 59
Curie, Marie y Pierre: 24, 192
Cuzco: 10

Dáctil: 168
Davida: 169
De revolutionibus orbium caelestium: 16
Decaimiento nuclear: 185
Declinación: 40, 41, 66, 67, 73, 75, 77, 79, 80, 124
-del Sol: 67
-magnética: 69
Defecto de masa: 150
Deferentes: 14, 16
Deforestación: 37
Deimos: 167
Demócrito: 42
Descartes, René: 21
Desertificación: 37
Desigualdad lunar: 50
Detector de polvo espacial: 60
Deucalión: 85
Día lunar: 50, 51
Día solar medio: 41, 51, 52
Día solar sideral: 41
Diagénesis: 32, 33
Diagrama de Hertzprung-Russell: 197, 198, 199, 200, 201, 202, 207, 219
Diagrama de masa-luminosidad: 206
Diálogo sobre dos máximos sistemas del mundo: 20
Die Entstehung der Kontinente und Ozeane: 32
Dinamarca: 17, 74
Dinámica galáctica: 210, 213, 218
Dióptrica: 19
Disco de crecimiento: 45, 205, 206, 207
Disco galáctico: 209, 210, 211, 222
Disco protoplanetario: 81, 188
Discontinuidad, superficie: 30, 31, 49
-de Mohorovicic o de Moho: 30-31, 33
Discursos y demostraciones matemáticas sobre dos nuevas ciencias: 20
Distancia cenital: 65
Distancia de las estrellas: 190-191, 197
Distancia Luna-Sol: 42, 54
Distancia Tierra-Luna: 12-13, 42, 43
Distancia Tierra-Sol: 12-13, 150, 168
Distancias planetarias: 18
Diversidad biológica: 34
Divina Comedia: 209
Doppler, Johan: 23
Dorsales medio-oceánicas: 33
Duke, Charles: 61

Eagle, LEM del *Apolo 11:* 61
Eclipse: 11, 12, 13, 26, 42, 52-53, 68, 114, 117-118, 138, 142, 149, 172
-de Luna: 52, 53, 111, 117
-de Sol: 52, 53, 117-118, 121, 138, 142, 149
Eclíptica: 14, 40, 41, 51, 52, 55, 66, 67, 68, 79, 84, 91, 92, 93, 96, 97, 98, 100, 101, 102, 103, 104, 105, 107, 108, 117, 154, 156, 157, 161, 183
Ecosistema: 34, 36, 37
Ecuador: 14, 29, 35, 38, 64, 65, 67, 79, 82, 86, 98, 115, 177
-celeste: 65, 66, 67, 68, 79, 80, 84, 85
Edad de una estrella: 198, 215
Edad del universo: 219
Efecto de Coriolis: 41
Efecto Doppler: 25, 219
Efecto honda: 130
Efecto invernadero: 160, 162, 165
-natural: 29, 37
Efecto Wilson: 145
Efectos gravitatorios: 154
EGA (Earth grazing asteroids): 169
Egipcios: 52, 81
Einstein, Albert: 23, 24, 43, 192
-leyes: 226
-relación: 138
Eisele, Donn: 59
Eje
-de rotación: 40, 41, 53, 64, 66, 67, 73, 94, 156
-galáctico: 211
-polar: 50, 51, 66, 67
Elara: 172
Electromagnetismo: 226
-teoría: 23
Electrones: 39, 193, 194, 205, 226
Elementos químicos: 23, 24, 31, 150, 155, 166, 185, 192, 194, 195, 196, 204, 227
-pesados: 204, 207, 211
Elongación: 157
Emisiones radio: 205, 225
Empedocles: 42
Encke, división: 175
Endeavour, módulo del *Apolo 15:* 60
Energía de ionización: 193
Energía gravitatoria: 203
Energías de enlaces atómicos: 24
Epiciclos: 14, 16
Equilibrios ecológicos: 37
Equinoccio: 55, 66, 67, 68, 80, 84, 93, 99,101, 103, 105, 107, 109
-de otoño Norte: 89, 93, 97
-de otoño Sur: 99, 103, 107
-de primavera Norte: 87, 91, 95
-de primavera Sur: 101, 105, 109
Equinoccios, precesión: 14, 21, 40, 80, 84, 234
Eras: 208
Eratóstenes de Cirene: 12, 14, 120
Eros: 43, 132, 168, 169
Erosión: 32, 33, 34
ESA (European Space Agency): 127, 128, 130, 132, 133, 134, 135
Escala de las distancias galácticas: 215
Escala Richter: 49
Escuela pitagórica: 11
Esfera celeste: 14, 40, 55, 64, 66, 67, 68, 76, 79, 80, 157, 209
-oblicua, recta, paralela: 67
-rotación: 40, 64
Esferas homocéntricas: 12
ESO (European Southern Observatory): 74, 120, 122, 123, 128
Espacio interestelar: 217
Espacio interplanetario: 148
Espectro: 22, 23, 25, 121, 192, 196, 219, 225
-continuo: 140, 194, 195
-de absorción: 23, 194, 195-196
-de emisión: 23, 194
-de galaxias: 24
-de nebulosas: 23
-solar: 23
-estelar: 24, 193, 196
-telúrico: 195
Espectrofotómetro: 121
Espectrógrafo: 121, 192
Espectroheliógrafo: 121
Espectrómetro: 60, 61, 130, 135, 163
-de neutrinos: 127
-de partículas alfa: 127
-de rayos γ: 127, 132
Espectroscopia: 209
Espectroscopio: 22, 121, 146, 192
Espejo: 72, 112, 120, 122
-principal o primario: 122, 123, 128
-secundario: 122
Espículas: 142, 146
Espiral barrada: 215, 221
Espiralización de la Galaxia: 213
Estaciones: 41, 50, 53, 55, 62, 67, 68, 77, 78, 80, 136, 164, 166, 167
Estadística estelar: 68
Estados Unidos: 56, 161
Estadounidenses: 126, 131
Estratopausa: 39
Estratosfera: 39
Estrella
-Achernar: 97, 98, 100, 101, 102, 104, 105, 107, 109, 197
-Achird: 80
-Acruz: 108
-Adhara: 105
-Agena: 105, 108
-Aldebarán: 79, 84, 86, 87, 89, 90, 94, 97, 98, 102
-Alderamin: 91, 94, 97
-Algenib o Mirfalk: 82, 101
-Algieba: 84, 94, 98, 99, 103
-Algol, Demonio o Cabeza de Medusa: 82, 91, 94, 97, 101
-Alhema: 90
-Alioth: 89, 197
-Alkaid: 197
-Almach: 94
-Alnair: 97
-Alnilam: 86
-Alnitak: 90
-Alphard: 91, 94, 99, 107
-Alpheraz: 86, 87, 90, 197
-Alrisha: 85
-Alsuhail: 94, 105, 107, 108
-Altair: 79, 80, 82, 85, 92, 93, 100, 101, 104, 105
-Aludra: 109
-Antares: 84, 85, 92, 95, 96, 99, 100, 103, 104, 105, 107, 108, 109, 189, 197
-Arturo: 80, 84, 87, 91, 92, 96, 99, 100, 104
-Asellus Australis: 84
-Aspidiske: 105, 107, 108
-Atria: 101
-Avoir: 105, 108
-Bellatrix: 197
-Bellerofonte: 82
-Betelgeuse: 79, 82, 86, 90, 102, 189, 197
-Calisto: 172, 173
-Canopus: 83, 94, 98, 99, 104, 108, 197
-Capella: 22, 80, 84, 86, 87, 89, 90, 91, 93, 95, 197
-Caph: 80, 86
-Cástor: 22, 84, 86, 91, 93, 94, 95, 99, 102
-Cursa: 109
-Dabih: 85, 109
-Deneb: 80, 86, 91, 197
-Deneb Algiedi: 109
-Denébola: 84, 94, 95, 103
-Dubhe: 91
-Enif: 100
-Eltanin : 86, 90, 92, 93, 95, 100
-Fomalhaut: 104, 105, 109, 197
-Gredi: 85
-Hamal: 98, 105
-Herschel: 199
-Magrez: 80
-Markeb: 105, 107, 108
-Menkalian: 95
-Menkar: 94, 101, 102, 197
-Miaplacidus: 108
-Mimosa: 108
-Mira: 82, 197
-Mirak: 95
-Mirach: 101, 105
-Mirfak: 92, 197
-Mizar: 81, 206
-Nath: 84, 98
-Phecda: 89, 91
-Polar: 64, 66, 69, 76, 77, 81, 82, 84, 86, 90, 92, 95, 197
-Pólux: 22, 84, 86, 89, 91, 93, 94, 95
-Proción o Procyon: 22, 80, 197
-Proxima: 83, 105, 108, 189, 218
-Rasalgethi: 197
-Rasalhague: 197
-Rastaban: 86
-Régulus: 84, 90, 99, 103, 197
-Rigel: 79, 82, 86, 90, 102, 109, 197
-Sadal-Malik: 100
-Sadr o Sadir: 86, 87, 101
-Saiph: 109
-Scheat: 87
-Schedar: 80
-Schedir: 197
-Sirio: 22, 82, 86, 87, 90, 94, 95, 98, 99, 101, 102, 103, 105, 107, 109, 190, 197
-Sirrah: 92, 94, 96, 101
-Spica: 84, 87, 91, 92, 95, 96, 99, 103, 104, 107, 108, 197
-Tejat Prior: 84
-Thuban: 80
-Vega: 80, 81, 85, 87, 89, 91, 92, 93, 95, 97, 104, 131, 197
-WR124: 189
-Zaurak: 102
-Zuben-el-Genubi: 84, 91, 103
-Zuben-el-Schemali: 84
-α Centauri: 197
-α Coronae: 197
-α Hydri: 197
-α Persei: 197
-β Andromedae: 197
-β Aurigae: 197
-β Cassiopeae: 197
-β Centauri: 197
-β Corvi: 197
-β Geminorum: 197
-β Hydri: 197
-β Pegasi: 197
-β Persei: 197
-β Ursae Maioris: 197
-δ* Cephei: 207
-γ Crucis: 197
-γ Orionis: 197
-γ Scorpionis: 197
-ν Boötis: 197
-μ Geminorum: 197
-ρ Puppis: 197
-ζ Herculis: 197
Estrellas: 13, 24, 25, 38, 40, 53, 62, 64, 66, 68, 69, 71, 76-79, 99, 107, 109, 120, 133, 138, 154, 170, 184, 185, 186, 187, 188-191, 195, 196, 198-207, 208, 209, 210, 211, 212, 216, 217, 218, 219, 220, 227
-análisis químico: 196
-atmósfera: 196, 201
-azules: 211
-blanquiazules: 82
-binarias o dobles: 186, 206
-circumpolares: 67, 69, 80
-clases espectrales: 24
-clasificación: 23, 190
-composición química: 23, 189, 192, 193
-de los cúmulos: 219
-de neutrones o púlsar: 203
-distancias: 197
-dobles o binarias: 69, 80, 84, 85
-edad: 24, 198
-enanas: 138, 197
--blancas: 82, 197, 202, 206, 207
--marrones: 203, 207, 218
--negras: 202
-espectro: 23
-estructura: 201
-evolución: 25, 198-205, 223
-fijas: 11, 12, 14, 15, 23, 62, 64, 70
-formación: 214, 221, 222, 224
-fugaces: 70, 84, 183
-gigantes: 138, 197
--azules: 84
amarillas: 82
--rojas: 80, 84, 200, 201, 202, 206, 207, 218
-jóvenes, en formación o nacientes: 211, 214, 215, 216, 220
-movimiento: 66, 219
-múltiple: 84
-más cercanas: 189
-rojas: 82, 189, 211, 217
-supergigantes: 197, 205
-temperatura: 193, 199
-triple: 81
-variables: 69, 82
--cataclísmicas, eruptivas, de eclipse, de rotación, pulsantes: 206, 207
-visibles: 212, 213
Estructura atómica: 193, 194
Éter: 12, 14
Eunomia: 169
Europa: 17, 19, 84, 169, 172, 173
EVA (extra vehicular activity): 57, 61
Evans, Ronald: 43, 61
Everest: 166
Evolución
-del sistema solar: 135
-del universo: 24
-de las galaxias: 220, 223
Exosfera: 39
Expediciones con humanos a Marte: 132
Expediciones espaciales: 120, 126
Exploración
-del sistema solar: 126, 135
-espacial: 56
Exursión térmica: 159, 164
Eyecta: 46, 47

Factores limitadores: 37
Fáculas: 138, 142, 144
Faetón: 80
Falcon, LEM del Apolo 15: 60
Falla: 32, 47
Faraday, Michael: 23
Fases de Mercurio: 158
Fases de Venus: 157
Fermat, Pierre de: 22
Filamentos ➢ protuberancias, 143, 144
Filtros: 73, 117, 118, 146
Fizeau, Armand H.: 23, 219
Flare ➢ fulguraciones: 144
Flash del helio: 201, 202
Flóculos: 142, 144
Florencia: 20
Flujo de calor endógeno lunar: 45
Fluorescencia: 182
Fondos marinos: 32
Forma de las galaxias: 220, 222
Formación de las galaxias: 223
Formación estelar: 214, 215, 221
Fosa oceánica: 33, 34
Fósiles: 33
Fotografía: 24, 44, 70, 71, 75, 77, 113, 114, 118, 121, 135, 197, 205, 207, 220
Fotomultiplicadores: 121
Fotón o cuanto de luz: 154, 192, 193, 194, 195, 196, 202, 203, 226
-gamma: 141, 151
Fotoperiodo: 41
Fotosfera: 71, 142, 145, 147, 189
Foucault, Jean: 23
Francia: 74
Fraunhofer, Joseph: 22-23
-rayas: 196
Friedmann, Aleksandr Aleksandrovic: 226
Fuentes extraterrestres: 120
Fuentes galácticas ➢ galaxia: 129
Fuerza
-de Coriolis: 171
-de gravedad o gravitatoria: 39, 43, 204, 205, 208, 215, 226
-electromagnética: 226
-nuclear fuerte, débil: 226
-unificada: 226
Fulguraciones o flare: 134, 135, 138, 142, 143, 144, 147, 153
Fusión nuclear: 150, 185, 188, 189, 200, 201, 203, 204, 207

G1 o Mayall II: 218
Galaxia o Vía Láctea: 22, 24, 25, 40, 70, 75, 129, 191, 207, 208-219, 210, 214, 217, 218, 219, 220
-dinámica: 210, 213
-estructura: 209, 210, 219
-forma: 210
-mapa: 209
-movimientos: 24-25, 209, 212
-velocidad de rotación: 212, 219
Galaxias: 25, 62, 64, 70, 87, 96, 120, 121, 122, 128, 187, 208, 209, 210, 214, 218, 219, 220, 227
-activas: 205, 225
-alejamiento: 227
-clasificación: 220-223
-compactas: 225
-dinámica: 222
-elípticas: 220, 221, 225
-en colisión: 224
-enanas: 223
-espiral barrada: 222
-espiral: 222, 223
-evolución: 222, 223
-forma: 222
-formación: 223
-gigantes: 223
-irregulares: 223
-lejanas: 226
-lenticulares: 222, 223
-Markarian: 225
-Seyfert: 224, 225
Galilei, Galileo: 15, 18-20, 21, 22, 25, 42, 43, 44, 62, 70, 72, 73, 120, 121, 136, 138, 161, 172, 174, 175, 186, 208
Gamow, George «Joe»: 226
Ganímedes: 82, 172, 173, 176
Gas: 23, 38, 170, 171, 183, 184, 185, 186, 194, 196, 198, 201, 204, 205, 207, 210, 211, 212, 214, 215, 218, 221, 222, 223, 224
-fluorescente: 216
-galáctico: 211
-interestelar neutro: 135
-nebular: 216
Gaspra: 134, 168, 169
Geoide: 28
Geosfera: 29
Geosinclinales: 32
Glaciaciones: 36
Glaciares: 34, 35
Glicina: 217
Gliese 105A,Gliese 623B: 207
Gliese 229B: 203
Glóbulos de Bok: 199
Gluón: 226
Gnomon: 13, 49
Goethe, Johann Wolfgang: 22
Gordon, Richard: 60
Gran Carro: 91, 99
Gran Nube de Magallanes: 70, 98, 103, 107, 213, 217, 218
Granulación: 138, 142, 143, 144, 145

Gravedad, gravitación: 18, 21, 38, 142, 185, 201, 206, 212, 218, 222, 227
-ley: 21
-solar: 148, 154, 182
-universal: 156
Gravimetría: 45, 61
Gregory, James: 72
Griegos: 11, 52, 79, 80, 208
Grimaldi, Francesco M.S.J.: 22
Grissom, Virgil: 59
Grupo Local: 224
Grupos de galaxias: 223
Gum, nebulosa de: 83
Gutenberg, Beno: 30

Haise, Fred: 60
Halley, cometa: 183
Halo galáctico: 209, 210, 211, 218, 219
Hawai: 74, 124, 166
HCG87 (Hickson Compad Group 87): 222
HE1013-2136, cuásar: 224
Hegel, Georg W.F.: 22
Heliopausa: 134
Heliosfera: 133
Hemingway, Ernest: 168
Hemisferio: 40, 41, 55, 115
-austral o Sur: 64, 65, 66, 70, 76, 77, 79, 80, 82, 83, 98-109
-boreal o Norte: 64, 65, 66, 68, 76, 77, 79, 80, 81, 82, 86-97
Hen-1357: 202
Hendidura: 121
Herbig-Haro 30: 201
Herschel, John: 23, 216
Herschel, William: 22, 177, 208
Hespérides: 81
Hess: 33
Heterosfera: 39
Híades: 84, 215
Hidra de Lerna: 84
Hidrosfera: 29, 34-35, 36
Hielo: 38, 158, 166, 167, 173, 174, 175, 181, 182
-lunar: 44, 126, 127
Himalia: 172
Hiparco: 13-15, 43, 84, 120, 190
Hipocentro: 30, 49
Hiroshima: 144
Holanda: 74
Homosfera: 39
Hooke, Robert: 21, 192
Horizonte: 65, 87, 89, 92, 93, 94, 95, 97, 98, 99, 101, 104, 105, 107, 108, 109, 116
Horóscopos: 84
Hubble Space Telescope (HST): 82, 125, 126, 127, 128, 129, 133, 160, 164, 169, 170, 172, 174, 177, 179, 180, 181, 183, 184, 190, 192, 198, 199, 200, 201, 202-203, 204, 205, 207, 210, 211, 212, 213, 215, 216, 217, 218, 219, 220, 221, 222, 223, 224, 225, 226
Hubble, Edwin Powell: 220
-horquilla de: 223
-ley: 227
Husos horarios: 41
Huygens, Christian: 21, 192
Hygiea: 169

Ícaro: 169
ICE (International Cometary Explorer), también ISEE: 132, 134
Iceberg: 34
Ida: 134, 168, 169
Iglesia: 19, 20
Índice: 18, 20
Inflación: 226
Influencia gravitatoria: 218
Infrarrojo: 45, 82, 125, 128, 132, 140, 145, 195, 199, 200, 216, 220, 223, 225
Inglaterra: 21
Inquisición: 20
Instrumentos, aparatos: 17, 18, 22, 25, 71, 72, 74, 112, 114, 120-126, 127, 135, 136, 138, 139, 158, 177, 179, 186, 193, 195, 196, 220
-«compuestos»: 123
-espaciales: 127, 129
Interamnia: 169
Interferencia: 194
-atmosférica: 71, 123
-gravitatoria: 39, 51, 169, 181, 198, 221
Interferómetros intercontinentales: 124
Intrepid, LEM del Apolo 12: 60
Invierno: 41, 71, 86, 89, 94, 100, 165
Ío: 166, 172, 173
Iones: 39, 193, 194, 196
Ionosfera: 39, 148
Irlanda: 22
Irradiación, radiación: 39, 150
-del suelo venusiano: 163
-solar: 162
Irwin, James: 60
ISAS (Agencia Espacial Japonesa): 126, 127, 130, 132, 133, 135
ISEE (International Sun-Earth Explorer) o ICE: 134
Isla de Creta: 84
Isla de Hveen: 17
Islas Canarias: 124
Italia: 74

Juno: 168
Japoneses: 126
Jasón: 85
Julio César: 16
Juno: 168
Júpiter: 11, 12, 14, 15, 18, 19, 62, 70, 82, 120, 126, 129, 133, 134, 135, 136, 149, 154, 155, 157, 166, 168, 169, 170-173, 174, 176, 178, 179, 185
-anillos: 178
-órbita: 155, 168
-traslación: 157
-rotación diferencial: 157, 170, 171
-satélites: 71, 133, 136, 170, 172
-velocidad orbital: 157

Kant, Immanuel: 22, 184
Kepler, Johannes: 15, 16, 17-19, 20, 21, 72, 156
-leyes: 18, 19, 21, 41, 54, 156, 206, 209
-segunda ley: 157
Kirchhoff, Gustav: 23
Kitty Hawk, LEM del Apolo 14: 60
Kuiper, cinturón : 181,182

Laboratorios espaciales: 127, 129
Lagos: 34-35
Lagrange, Joseph-Louis: 51
Laguna, nebulosa: 103
Laplace, Pierre-Simon (marqués de): 184
Lascaux: 10-11
Latitud: 35, 38, 41, 65, 66, 67, 77, 78, 79, 80, 88, 90, 144, 147, 152, 153
-eclíptica y galáctica: 68
Latitudes medias: 77, 80, 81
-Norte: 90-93
-Sur: 102-105
Lava: 37, 44, 46, 166
IC4970: 221
Le Verrier, Urbain-Jean-Joseph: 179
Lecciones de óptica: 22
Leda: 84, 172
Leibniz, Gottfried W. von: 22
Lente: 121, 122, 125
-gravitatoria: 218, 225
Leónidas: 84
Leviatán de Parsontown: 22
Leyes
-de gravitación: 19, 138
-de Hubble: 227
-de Newton: 41, 50
-de los movimientos: 18
-de Einstein: 226
-de Kepler: 18,19, 41, 54, 156, 157, 206, 209
Línea de los ábsides, de los nodos: 51
Lisitea: 172
Litosfera: 29, 30-33, 34, 36
Llanura abisal: 34
Llegada a la Luna: 57-61, 126
Londres: 65
Longitud de onda: 23, 73, 124, 125, 128, 132, 134, 138, 139, 140, 146, 147, 163, 188, 192, 193, 194, 195, 196, 207, 211, 216, 225
Longitud focal: 112, 113
Longitud: 65, 115
-eclíptica y galáctica: 68
Loop, protuberancia: 147
Lovell, James: 59, 60
Lucifer ➢ Venus: 160
Luminosidad: 24, 79, 81, 118, 122, 143, 144, 145, 163, 170, 190, 191, 200, 201, 202, 204, 206, 207, 217, 220, 223, 225
- de un instrumento: 71, 72, 73, 111, 114
-intrínseca: 190
Luna: 12, 13, 14, 18, 19, 25, 26, 39, 42-61, 62, 70, 71, 84, 110-117, 118, 119, 126, 129, 130, 134, 157, 158, 159, 160, 166, 168, 173, 180, 208
--Alpes: 112, 115
--Marineris, Marte: 164
-meseta de Cayley: 61
-mesetas: 42, 44, 45, 46, 48
--Rheita: 111, 112
--Schroter: 114, 115, 116
-anomalías gravitatorias: 44, 46
-apogeo: 54
-atmósfera: 42, 61
-actividad efusiva: 46
-arrugas: 47
-basaltos: 48
-cara oculta, invisible: 50, 56, 126
-cara visible: 51, 70
-cuencas o mares: 42, 44, 45, 46, 47, 48, 111, 115, 117, 159
-campo magnético: 56, 60, 127
-canales: 46, 47
-cadenas montañosas: 45, 111
-ciclo: 111-117
-circos: 46
-colonización: 127
-conquista: 56-61, 120, 126
-continentes ➢ mesetas: 45
-cordilleras: 47
-corteza: 44, 45, 47, 49
-cráter: 42, 44, 46-47, 56, 70, 111
--Abufelda: 112
--Albatgenius: 112, 113
--Aliacensis: 112
--Alpetragius: 113
--Alphonsus: 112, 113, 115
--Altas: 112
--Apollonius: 111
--Archimedes: 112, 113, 114, 115
--Aristarchus: 114, 115, 116, 117
--Aristillus: 112, 113, 115
--Aristóteles: 112, 113, 115
--Arzachel: 112, 113, 115
--Atlas: 111
--Autolycus: 113
--Babbage: 117
--Baily: 113
--Barrow: 112
--Beaumont: 112
--Blancanus: 113, 116
--Bond: 112, 113
--Bullialdus: 113, 115, 116
--Bürg: 112
--Byrgius: 115
--Campanus: 114, 116
--Capuanus: 113, 114, 116
--Cassini: 112
--Catharina: 112, 115
--Cavalerius: 117
--Clavius: 113, 115, 116
--Cleomedes: 111
--Colombus: 111
--Condamine: 113
--Cono: 60
--Cook: 111
--Copernicus: 113, 114, 115, 116, 117
--Curtis: 112
--Curtius: 113
--Cyrillus: 112, 115
--Deslander: 112, 113
--Endymion: 111
--Epigenes: 115
--Eratosthenes: 113, 115, 116
--Eudoxus: 112, 113
--Euler: 116
--Fabricius: 111
--Faraday: 112
--Firmicus: 111
--Foucault: 116
--Fourier: 115, 116, 117
--Fra Mauro: 60, 114, 115, 116
--Fraunhofer: 111
--Furnerius: 111
--Gassendi: 114, 115, 116
--Gauricus: 116
--Geminus: 111
--Gioja: 114
--Goclenius: 111, 112
--Goldschmidt: 112
--Grimaldi: 114, 115, 116, 117
--Gutemberg: 111, 112
--Hainzel: 116
--Harpalus: 115, 116
--Helicon: 116
--Hércules: 111, 112
--Herodotus: 116
--Herschel: 113
--Hevelius: 117
--Julius Caesar: 112
--Kepler: 114, 115, 116, 117
--Klein: 112
--Lacroix: 115
--Lambert: 114, 115, 116
--Langrenus: 111
--Lansberg: 116
--Le Monnier: 56, 113
--Le Verrier: 116
--Letronne: 114, 115
--Littrow: 61
--Longomontanus: 113, 115, 116
--Maginus: 112, 113, 115
--Manilius: 112, 113, 115
--Maurolycus: 112, 115
--Menelaus: 112
--Mercator: 116
--Metius: 111
--Mitchell: 112
--Mutus: 111
--Olbers: 116, 117
--Petavus: 111
--Philolaus: 115, 116
--Phocyclides: 116
--Picard: 111
--Piccolomini: 112
--Pico: 113, 115
--Pitatus: 113, 114, 115, 116
--Pitiscus: 112
--Plato: 113, 114, 115, 116
--Plinius: 112
--Posidonius: 112
--Proclus: 111
--Ptolomaeus: 112, 113, 115
--Purbach: 112, 115
--Pythagoras: 115, 117
--Pytheas: 116
--Regiomontanus: 112, 115
--Reiner: 115
--Reinhold: 116
--Rheita: 111, 112
--Riccioli: 116, 117
--Rutherford: 113
--Sacrobosco: 112
--Scheiner: 113, 116
--Schiaparelli: 115
--Schickard: 114, 115, 116, 117
--Schiller: 114, 116
--Sharp: 115, 116
--Snellius: 111, 112
--Steinheil: 111
--Stevinus: 111, 112
--Stöfer: 112
--Strabo: 111
--Taruntius: 111, 112
--Thebit: 112, 113, 115
--Theophilus: 112, 115
--Thimocharis: 113, 115, 116
--Triesnecker: 112
--Tsiolkovsky: 46
--Tycho: 113, 114, 115, 116, 117
--Vendelinus: 111
--Vlacq: 111
--Watt: 111
--Werner: 112
--Wilhelm: 113, 116
--Wurselbauer: 116
-creciente: 51, 116
-cuarto creciente: 12, 51, 52, 54, 55, 112, 116
-cuarto menguante: 12, 52, 51, 54, 55, 116
-día: 50
-diámetro aparente: 52-53, 55, 117, 138
-dinámica tectónica: 45
-eclipse: 11, 13, 52, 53, 111
-edad: 44
-eje de rotación o polar: 50, 51, 53
-espectro: 22
-estructura: 43, 48, 49
-fases: 12, 42, 50-52, 54, 55
-fisuras: 41, 46, 47, 116
--medio angular: 43
-flujo de calor endógeno: 45
-forma: 43
-formaciones: 112-113, 116
-gajo: 115, 116
-geología: 44-47, 127
-gravedad: 45, 127
-hielo: 126, 127
-inclinación del eje: 50
-interior: 49
-Lacus Mortis: 112
-libraciones: 53-54
-llena o plenilunio: 42, 51, 52, 54, 55, 78, 114, 117, 118
-luminosidad: 117
-mapa: 126, 127
-Mare Australis: 115
--Cognitum: 114, 115, 116
--Crisium: 111
--Foeconditatis: 116, 111
--Frigoris: 112, 113, 114, 115, 116
--Humboldtianum: 111
--Humorum: 114, 115, 116
--Imbrium: 45, 113, 114, 115, 116
--Marginis: 111
--Nectaris: 112
--Nubium: 113, 114, 115, 116
--Serenitatis: 61, 112, 113, 116
--Smithii: 111
--Spumans: 111
--Tranquillitatis: 59, 112, 113, 116
--Undarum: 111
--Vaporium: 112, 113, 115
-masa: 54
-mascons: 44, 45
-menguante: 51, 52
-Mons Argaeus: 61
-montañas: 45, 111, 136
-Montes Alpes: 114
--Appennines: 45, 60, 112, 113, 114, 115
--Argaeus: 112
--Carpatus: 113, 116
--Caucasus: 112, 115
--Haemus: 112
--Jura: 114, 115
-movimiento: 43, 50, 53, 54, 55, 115
--de traslación, rotación: 50, 51, 54, 55, 117
-nueva: 42, 51, 52, 54, 55, 115
-Oceanus Procellarum: 60, 114, 115, 116, 117
-órbita: 43, 50, 51, 52, 53
-origen: 44
-Palus Nebularum: 112, 113, 114, 115
--Putredinis: 60, 112, 114, 115
--Somni: 112
-perigeo: 54
-polo sur: 126
-primer octante: 111
-quinto octante: 115, 117
-Rima Ariadeus: 112
--Hygunus: 112
-rocas: 42, 44, 45
-Rupes Altai: 112
--Philolaus: 115, 116
-séptimo octante: 117
-Sinus Aestuum: 113, 114
--Iridum: 114, 115, 116
--Medii: 113, 114, 115
--Roris: 114, 115, 116
-Somniorum: 112
--en el cielo: 10, 55
-suelo: 44, 46, 56, 126
-superficie: 42, 48, 49, 52, 71, 126
-surcos: 46, 47
-terremotos: 42
-topografía: 43, 112
-tercer octante: 113
-valles: 111
Lunación: 52, 115
Lunamoto: 49
Lunar Rover, todoterreno del Apolo 16: 61
Lunas: 176
Luz (visible): 21, 111, 139, 142, 145, 186, 192, 195, 196, 217, 218, 219, 226
-cinerea: 51-52, 116
-del Sol, solar: 35, 37, 42, 163, 182, 183
-polarizada: 45
-presión: 182, 183
-estructura: 21, 22
-teorías corpuscular y ondulatoria: 192
-velocidad: 22, 172
-zodiacal: 183

M2-9: 203
M31, cúmulo: 81, 221
M31, galaxia: 80, 93
M33: 224
M34, nebulosa: 109
M35, cúmulo abierto: 84
M4: 202
M42, nebulosa: 82, 109
M43, nebulosa: 82
M6, cúmulo: 215
M80: 219
M84, galaxia: 205
M87, galaxia: 205
Machu Pichu: 10
Magma: 32, 33, 166
Magnetómetro: 60, 130, 135
Magnetosfera: 39, 134, 148
-de Júpiter: 133, 171
-de Mercurio: 130
-de Saturno: 133, 134, 176
Magnitud: 71, 80, 82, 120, 177, 191, 204, 206, 217
-aparente: 190
-absoluta: 191, 197, 198
Mancha roja de Júpiter: 170
Manchas lunares: 42
Manchas solares: 18, 19, 136, 138, 140, 142, 143, 144, 145-146, 147, 148, 152-153
Manchester: 74
Mapa de Marte: 132
Mapa lunar: 56, 126, 127
Mapas estelares o celestes: 69, 78-79, 86-109
Mapas geográficos: 78
Mar: 173
-Báltico: 34
-Caspio: 35
-Rojo: 34
Mareas: 20, 21, 26, 34, 39, 43, 44, 54, 173
-atmosféricas: 165
Mares: 34, 35
-lunares ➢ cuencas: 42
Marga: 32
Mariner 10: 158

Mármoles: 33
Marte, dios de la guerra: 167
Marte: 11, 12, 14, 15, 18, 45, 62, 70, 126, 130, 131, 132, 154, 155, 157, 164-167, 185
-hielo: 166, 167
-Hellas: 167
-Monte Olimpo: 165, 166, 167
-órbita: 15, 18, 129, 155, 168
-traslación, rotación: 157
-estaciones: 166, 167
-suelo: 131, 132, 164, 165, 166
-Tharsis: 166, 167
-topografía: 166
-Valles Marineris: 164, 167
-velocidad orbital: 157
-atmósfera: 131, 132, 165
-actividad volcánica: 166
-cascos polares: 165, 166, 167
-conquista: 131, 132
-duración del día: 164
-efecto invernadero: 165
-Elysium: 166
-diferencias térmicas: 164
-ríos: 164, 166
Masa ausente: 212, 213, 218
Masa nebular: 184
Maser: 216
Materia interestelar: 198, 223
Materia oscura: 210, 212, 215, 218, 219, 227
Matilde: 168
Mattingly, Thomas: 61
Máximo, mínimo solar: 149, 152, 153
Maxwell, James C.: 23, 192
Mayas: 12
McDavitt, J.R.: 59
McKenzie: 33
Medicina weel: 10
Medio o materia interplanetarios, interestelares: 25, 125, 133, 183, 204, 212, 214
Meeus: 55
Mendeleiev, Dimitri I.: 23
Menhir: 10
Mercatore: 166
Mercurio: 12, 14, 15, 70, 126, 129, 130, 154, 155, 158-159, 160, 166, 173, 176
-afelio: 159
-atmósfera: 159
-campo magnético: 159
-excursión térmica: 159
-fases: 158
-Mare Caloris: 159
-órbita: 157, 161
-movimientos: 157, 158
Meridiano: 29, 41, 64, 65, 66
-de lugar o local: 65, 67
-de Greenwich: 65
-terrestre: 13, 14
Mes
-lunar anomalístico: 55
-lunar sinódico o lunación: 52
-sideral: 51, 52
Mesopausa: 39
Mesosfera: 39
Metamorfismo: 33
Metano: 179
Meteoritos: 44, 46, 47, 48, 70, 155, 157, 159, 167, 169, 173, 183, 184
-micrometeoritos: 44, 46
-Murchison: 183
Metis: 172
Meteoro: 155
Método científico: 18, 19
Michel, John: 205
Microondas: 125, 139, 193, 216
Mileto: 11
Minerales: 30
-lunares: 48
Miranda: 178
Misterio cosmográfico: 16, 18
Mitchell, Edgar: 60
Modelo de los planetésimos: 185
Modelo planetario del átomo: 193
Mohorovicic, Andrija: 30
Moléculas: 194, 216, 217
Montañas: 32
Monte Maat: 162, 166
Montura: 73, 113, 114
Moon Rover, todoterreno del Apolo 15: 60
Moscú: 107
Movimientos
-de los planetas: 68, 70
-diferencial: 210
-galácticos: 68, 209, 212
-inverso: 177, 178, 180
-tectónico: 166
MS, cúmulo globular: 82
MS1, galaxia: 212
MS7: 202
Muestras lunares: 126, 185

Nadir: 65
NASA (National Aeronautics and Space Administration): 82, 126, 127, 128, 130, 131, 132, 133, 134, 135
Nave Argo: 83
NEAP (Near Earth Asteroid Prospector): 133
NEAR (Near Earth Asteroid Randez-vous): 132
Nemeo: 84
NEO (near Earth objects): 129, 132, 133, 169
Neptuno: 126, 133, 154, 155, 179-180
-anillos: 180
-atmósfera: 179, 180
-órbita: 179
-traslación, rotación: 157
-satélites: 180
Nereida: 180
Nereidas: 80
Nereo: 133
Neutrinos: 120, 151, 212, 226
Neutrones: 193, 226
Newton, Isaac: 19, 20-21, 22, 43, 72, 120, 121, 186, 192
-leyes: 41, 50, 138, 156
NGC1365: 220
NGC1409: 224
NGC1410: 224
NGC1850: 218
NGC205: 70, 224
NGC221: 70, 224
NGC2264IRS: 184
NGC2300: 217
NGC2346, nebulosa planetaria: 207
NGC2440: 203
NGC3372, nebulosa: 216
NGC4013, galaxia: 210
NGC4039: 222
NGC4151: 224
NGC4314: 221
NGC4486B: 225
NGC4603: 209
NGC4650A: 221
NGC5689: 223
NGC5838: 223
NGC5965: 223
NGC6093: 219
NGC6745: 223
NGC6751: 202
NGC6872: 221
NGC6888: 215
NGC7537: 223
NIMS (Near Infrared Mapping Spectrometer): 163
Niveles de energía, o de excitación atómica: 193, 196
NIVR (agencia espacial holandesa): 128
Noé: 83
Norteamérica, nebulosa: 101
Nova: 17, 69, 83, 138, 206, 207
-recurrente: 24
Novilunio, Luna nueva: 113, 116
Nube de Oort: 156, 182
Nubes: 34, 38, 178, 179, 180, 184, 185, 191, 222
-cósmicas: 186
-de gas y polvo: 182, 198, 200, 214, 215, 220, 227
-de Magallanes: 224
-de materia interestelar: 125
-de Saturno: 174
-estelares: 217
-fluorescentes: 203
-galácticas ➢ nebulosas: 211, 212, 215-216, 224
-gigantes: 215, 216, 217
-interestelares: 188-189, 198, 214
-moleculares: 215
-oscuras: 203, 208, 211, 216
Núcleo galáctico: 209, 210, 211, 222, 223, 225
Núcleos atómicos: 212, 226
Núcleos de cometas: 133, 156
Nuevo México: 74, 124
Número atómico: 193, 196
Número de masa: 193
Número relativo de Wolf: 144. 153

Oberón: 178
Objetivo: 72, 111, 113, 121
-acromático: 121
Objetos BL Lacertae: 225
Observaciones: 40, 42, 69, 71, 74, 78, 112, 118, 121, 136, 144, 145, 164, 179, 184, 205, 210, 220, 226, 227
-del cielo: 63, 76 -del Sol: 73
-de la Luna: 110-117
-de los eclipses: 117-118
-de Júpiter: 170
Océanos: 30, 34, 35, 38
-Índico: 134
Octantes: 79, 98
Ocular: 72, 113, 114, 118, 121
Ocultación: 114, 116, 161
Odyssey, astronave del *Apolo 13:* 60
Oleaje: 35
Omega, nebulosa: 103
Ondas: 34, 35
-acústicas o sonoras: 141, 219
-electromagnéticas: 39, 75, 192, 194, 219
-gravitatorias: 135, 141
radio: 74, 124, 139, 145, 193, 224
-sísmicas: 30, 42, 46
Oort, nube: 156, 182
Oposición: 170
Orange soil: 49, 61
Órbitas: 12, 15, 16, 17, 18, 126, 156
-de los planetas: 70, 184, 185, 193
-de Júpiter: 129
-de Marte: 129, 189
-de Neptuno: 179, 181
-de Plutón: 179
-de Urano: 179, 181
-heliocéntrica: 77, 129, 132, 134, 135, 161
-helioestacionaria: 125
-geoestacionaria: 125
-lunar, 43, 51, 52, 53, 54, 117
-terrestre: 50, 54, 66, 189
Orfeo: 81
Orientarse en el cielo: 76
Orion, LEM del Apolo 16: 61
Orión, nebulosa: 82, 184
Oscurecimiento: 117
Óxido de titanio: 197
Oxígeno: 195
Ozono: 140, 195

Palas: 168, 169
Palmieri, Matteo: 82
Pangea: 32
Papa Urbano VIII, Maffeo Barberini: 19
Parabólicas: 124, 125
Paralaje: 13
-trigonométrico: 189, 197
Paralelos: 64, 65
Parker: 33
Parménides: 42
Parsons, William (conde de Rosse): 22
Partículas: 126, 133, 134, 135, 139, 144, 148, 150, 154, 177, 182, 183, 186, 204, 205, 210, 212, 217, 226
-alfa: 127, 159
Pascal, Blaise: 22
Pasifae: 172
Pasillos de lava: 47
Pathfinder: 154
Pelícano, nebulosa: 101
Penzias, Arno Allan: 227
Pequeña Nube de Magallanes: 70, 98, 103, 104, 107, 109
Perigeo lunar: 41, 51, 54, 55
Perihelio: 41, 169, 181
Perseo, cúmulo: 215
Perturbaciones atmosféricas: 74
Perturbaciones gravitatorias: 44, 55, 129, 182, 191
Pesebre, cúmulo: 84
PG1115+080: 225
Philosophiae naturalis principia mathematica: 21
Phobos, proyecto: 131
Phobos: 131, 167
Piazzi, Giuseppe: 168
Piedra de la Génesis: 60
Pila termoeléctrica: 121
Piroxiferrita: 48
Pitágoras: 11
Placas marinas, localización de las: 35
Placas tectónicas: 32, 33, 45
Placas: 33
Planck, Max K.: 24, 192
-teoría cuántica: 193
Plancton: 33
Planeta: 11, 14, 16, 17, 18, 19, 21, 25, 33, 50, 69, 70, 71, 75, 78, 84, 126, 129, 131, 132, 133, 154-183, 184, 185, 188, 191, 193, 212
-eje de rotación: 156
-campos magnéticos: 154
-dirección de los movimientos: 157
-doble: 136, 181
-exteriores o jovianos: 75, 133, 136, 154, 155, 170, 179, 180, 181, 185, 191
-geología: 120
-inclinación de las órbitas: 156
-interiores, rocosos o terrestres: 129, 154, 168, 169, 191, 211
-movimientos: 18, 21, 68, 70, 136, 156, 157
-órbitas: 21, 70, 156
-espectro: 22
Planetas menores: 168
Planetésimos: 54, 184, 185, 168
Plano
-de traslación lunar: 50
-ecuatorial celeste: 73
-focal: 73
-galáctico: 68, 210, 211, 212, 219
Plasma: 38, 39, 134, 135, 139, 141, 142, 143, 144, 147, 148, 149, 153, 183, 188
Plataforma continental: 34
Plenilunio o Luna llena: 52
Pléyades: 71, 83, 84, 89, 94, 101, 102, 214, 215
Plutarco: 42
Plutón: 134, 136, 154, 158, 159, 173, 179, 180, 181 -órbita: 148, 157 -movimientos: 157
Poblaciones estelares: 223
-I: 211, 215, 222
-II: 211, 218, 220, 222
-del disco: 211
Poder de resolución: 72, 73, 122, 124, 125
Polaridad magnética: 147, 149, 152
Polo celeste: 40, 62, 65, 80, 94, 97, 98, 108
-Norte: 64, 65, 66, 67, 77, 80, 99, 157
-Sur: 65, 66, 67, 101, 102, 105, 108
Polos: 35, 38, 67, 79, 80
Polvo espacial: 61
Polvo: 78, 154, 155, 175, 176, 182, 183, 184, 185, 186, 188, 191, 198, 205, 208, 210, 211, 212, 214, 216, 217, 220, 222
-cósmico: 135, 215, 217
Pope, Alexander: 178
Porro, prismas de: 111
Poseidón: 83
Positrón: 151
Pratt, John: 32
Precesión de los equinoccios: 14, 21, 40, 80, 234
Precesión gravitatoria: 152
Principia: 22
Principio de equivalencia: 43
Prismas: 32, 111, 121, 192
Prismáticos: 62, 69, 70, 71, 79, 80, 81, 111, 118, 158, 160, 164, 170, 172, 174, 177
Programa
-Apolo: 56, 57, 58-61, 126
-Grandes Observatorios: 128
-Mercury, cápsula: 56
Prometeo: 85
Proteo: 180
Protoestrella: 198, 199, 200
Protoluna: 45
Protones: 148, 150, 151, 152, 193, 226
Protosol: 185
Protuberancias o filamentos solares: 73, 118, 135, 138, 142, 144, 146-147
-activas: 147
-de chorro: 147
-de las manchas o loop: 147
-de tornado: 147
-eruptivas: 147
-quiescentes o estáticas: 147
Psique: 169
Puerto Rico: 75, 124
Púlsar: 24, 84, 203, 204, 207
-del Cangrejo: 204, 207
Punto cardinal: 65, 79
Punto equinoccial: 67
Punto gamma: 40, 66, 68, 84, 85
Punto vernal o de Aries: 66
Puntos equinocciales: 67

Quark: 226
Quimera: 82
Quinteto de Stefan: 221
Quirón: 80, 85

Radar: 43, 130
Radiación: 36, 70, 73, 75, 120, 125, 132, 135, 138, 139, 141, 144, 145, 148, 182, 185, 188, 189, 190, 192, 193, 194, 195, 196, 199, 202, 203, 205, 211, 216, 217, 219, 227
-cósmica de fondo: 227
-de sincrotrón: 225
-de un cuerpo negro: 195
-eletromagnética: 139
-galáctica: 224, 225
-gamma: 206
-infrarroja: 121, 125, 162
-solar: 38, 138, 139-140, 159, 192, 195
-estelar: 24, 120
-ultravioleta: 121
-visible: 143, 162
-X: 205, 206
Radiactividad: 24, 132
-natural: 33
Radio de Schwarzschild, 204
Radio, fuente: 124
Radio, galaxias: 225
Radiómetro: 61
Radiotelescopio: 74, 75, 124, 125, 212, 203, 205
-interferométrico: 124, 125
-de Arecibo: 124, 125
Ranger: 58
RATAN (Radio Astronomical Telescope of the Academy of Sciences): 74
Rayas espectrales, de absorción, o de Fraunhofer: 23, 24, 140, 144, 195, 196, 225
-de Balmer: 197
-de emisión: 194, 225
-metálicas: 197
Rayos
-cósmicos: 38, 75, 134
-galácticos: 135
-gamma: 75, 127, 134, 135, 139, 141, 145, 150, 193
-infrarrojos: 75, 121, 139, 141, 193
-ultravioletas: 35, 75, 121, 139, 141, 144, 179
-visibles: 141, 144, 193
-X: 75, 129, 134, 135, 139, 141, 144, 145, 149, 193, 217, 224
Rayos: 38
-RCW38: 200
-polar norte: 86-89
-polar sur: 106-109
-tropical norte: 94-97
-tropical sur: 98-101
Reacciones nucleares: 139, 142, 150, 171, 184, 185
-de fusión nuclear: 140, 171, 189, 195, 200, 201, 202
-PEP: 151
-protón-protón: 151
-solares: 150-151
Reflector láser: 60
Reflector o receptor: 124
Refracción: 192
-terrestre: 117
Región
Regolito: 43, 46, 48
Rembrandt: 168
Retico: 16
Retícula de defracción: 121
Revolución copernicana: 120
Río: 34-35
Rocas: 30, 31, 32-33, 34, 36, 44, 45, 155, 166, 175, 176
-basálticas: 44
-evaporíticas: 33
-ígneas, volcánicas, lávicas o plutónicas: 32
-lunares: 42, 44, 45, 48, 60, 61
-metamórficas: 33, 48
-organógenas: 33
-sedimentarias: 32, 33, 48
Röntgen, Wilhelm Conrad: 192
Rømer, Ole: 22, 172
Roosa, Stuart: 60
Rosat, 217
Rotación
-diferencial: 148, 152, 170, 171, 174, 209, 213
-lunar: 50, 51, 54, 55
-solar: 143, 147, 149, 153
-terrestre: 43, 55, 64, 65, 71, 77, 78, 79
Rover, del Mars Pathfinder: 130, 131
Rover: 56
RR Lyrae: 207
Rusos ➢ soviéticos: 126, 130, 131, 132
Russell, Henry: 24
Russia: 124
Rutherford, Ernest (Lord): 24

Saggiatore, Il: 19
Sagradas Escrituras: 17, 19
Sáhara: 37
Salinidad: 34
Salviati: 20
Satélites: 42, 50, 125, 126, 129, 132, 136, 138, 154, 155, 156, 157, 166, 173, 177, 181
-artificiales: 74
-de Júpiter: 71, 133, 170, 172
-de Neptuno: 180
-de Saturno: 133, 176
-de Urano: 178
-europeos: 126
-geodésicos: 28
-japoneses: 126
-Hagoromo: 127
-lunar: 61, 127
-mediceos: 18, 172, 173
-órbitas: 21
-síncrono: 51
Saturno 5: 60
Saturno IB: 59
Saturno: 11, 12, 14, 45, 62, 70, 71, 126, 133, 134, 136, 154, 155, 172, 174-176, 179

-anillos: 18, 70, 134, 174, 175, 176, 178
-magnetosfera: 133, 134, 175, 176
-órbita: 157
-rotación diferencial: 174, 157
-satélites: 133, 176
-traslación: 157
Schiaparello, Giovanni: 164
Schmidt-Cassegrain: 72
Schmitt, Harrison: 61
Schwarzschild, radio de: 204
Schweickart, R.L.: 59
Scott, David R.: 59, 60
Secchi, Angelo: 23
Secuencia (o serie) principal: 197, 200, 201, 207
Seeing, observación: 73, 114
Seísmos, terremotos: 47, 49, 61
Selene: 58
Señal electromagnética: 74
Serie de Balmer: 195, 197
Shakespeare, William: 178
Shepard, Alan: 60
Shirra, Walter: 59
Shuttle, Space Shuttle: 128, 129, 134
Siberia: 208
Sidereus nuncius: 18, 42
Siena (Asuán): 13
Signos zodiacales: 14, 62, 84
Silicatos: 33, 167, 217
Silvia: 169
Simplicio: 20
Singularidad: 226, 227
Sinope: 172
Sismógrafo: 30, 60, 61
Sistema
-copernicano: 18
-de referencia: 65
-doble o binario: 171, 205, 206, 219
-heliocéntrico: 13, 16
-geocéntrico: 13, 15
-planetario: 188, 190-191, 211
-Tierra-Luna: 42, 43, 54, 55
-tolemaico: 15, 16, 19
Sistema de coordenadas: 64
-altacimutal: 65
-ecuatorial fijo: 65, 66, 73
-ecuatorial móvil: 65, 66, 67
-eclíptico: 67, 68
-galáctico: 68
Sistema solar: 17, 22, 25, 26, 46, 70, 71, 75, 120, 121, 122, 126, 127, 132, 133, 136, 148, 154, 156, 158, 168, 170, 173, 176, 177, 179, 180, 181, 182, 183, 186, 188, 190, 212, 220, 221, 227
-exploración: 126-135
-evolución: 135
-origen: 44, 135, 184-185, 191
-volcanes: 166
Sistemas estelares: 220
-múltiples: 219
Skylab: 127-128, 134
Smart 1: 58
SMM (Solar Maximum Mission): 134, 138
Snoopy, LEM del *Apolo 10*: 59
Socorro: 124
Soddy, Frederick (sir): 24
(Solar and Heliospheric Observatory): 121, 125, 135, 138, 141, 142, 146, 147, 149
Sol: 12, 13, 14, 15, 16, 17, 18, 19, 21, 22, 23, 24, 25, 26, 38, 39, 40, 41, 42, 50, 51, 52, 54, 55, 62, 66, 67, 68, 70, 71, 73, 80, 84, 86, 114, 115, 116, 118, 120, 121, 128, 129, 132, 134, 135, 136-153, 154, 155, 156, 157, 158, 159, 160, 161, 168, 169, 170, 171, 174, 182, 183, 184, 185, 186, 188, 189, 190, 197, 199, 203, 208, 209, 210, 212, 218, 219, 220
-altura: 68
-análisis espectral: 121
-anillo de la corona: 148-149
-ápice: 68, 81
-eje de rotación: 148, 149
-eje magnético: 148
-actividad: 135, 138, 143, 149, 150, 152, 153
-Agujeros coronales: 148-149
-atmósfera: 38, 142, 195
-campo magnético: 135, 143, 148-149, 152
-ciclo: 134, 150, 152-153
--del carbono: 151
--de las manchas: 153
--de actividad: 144, 153
--magnético: 153
-corona: 53, 135, 142, 143, 144, 147, 148, 149
-cromosfera: 142, 143, 144, 147
-densidad media: 138
-diámetro: 142
--aparente: 52-53, 124, 138
-dinámica: 138
-eclipse: 12, 13, 52, 53, 117-118, 121, 142, 149
-espículas: 142, 146
-estratos externos: 117-118
-estructura: 140, 141
-fáculas: 138, 142, 144
-fenómenos superficiales o fotosféricos: 138, 143-147
--transientes: 144
-filamentos ➢ protuberancias: 143, 144
-flóculos: 142, 144, 146
-fotosfera: 141, 142, 147
-fulguraciones: 134, 135, 138, 142, 143, 144, 147, 153
-granulaciones: 138, 142, 143, 144, 145, 148
-infrarrojo: 125
-irradiación: 150, 162
-luz: 42, 163
-manchas: 140, 142, 143, 144, 145-146, 147, 148, 152-153
-masa: 138, 140, 151
-máximo, mínimo: 149, 152, 153
-materia coronal: 147, 149
-movimiento aparente: 41, 52, 67, 68
-núcleo o corazón: 140
-oscurecimiento del borde: 144
-polaridad: 148, 149, 152, 153
-polo sur y norte: 135, 138, 144, 147, 153
-poros: 143, 146
-protuberancias ➢ filamentos: 73, 135, 138, 143, 144, 146-147
-radiación: 159
-radio: 138
-reacciones nucleares: 150-151
-región convectiva: 141
-rotación: 143, 147, 149, 153
--diferencial: 148, 152
-superficie:135, 138, 143, 145, 147, 148, 153
-supergranulación: 143
-terremotos: 135
-trayectoria aparente: 41, 68, 125
-visible: 144
-zona radioactiva: 140
Sulfatos: 33
Solsticio: 10, 12, 67, 68, 84, 98, 100, 102, 104, 106, 108
Solsticio: 10, 12, 67, 68, 84, 98, 100, 102, 104, 106, 108
-de verano (Norte): 88, 92, 96
-de verano (Sur): 98, 102, 106
-de invierno (Norte): 86, 90, 94
-de invierno (Sur): 100, 104, 108
Sombrero, galaxia: 211
Sondas
-*Cosmos 21* y *27*: 162
-Cosmos 167, 359 y 482: 162
-europeas: 158
-*Galileo*: 127, 163, 171, 172, 173
-*Génesis*: 135
-japonesas: 158
-interplanetarias: 75
-*Luna 3*: 127
-*Lunakhod 2*: 56
-*Lunar Orbiter*: 57, 58
-Lunar Prospector: 58
-*Lunar-A*: 58
-lunares: 44, 50, 126-127
-*Magallanes*: 161, 162, 163
-*Mariner 1, 2, 5*: 162
-*Mariner 10*: 129, 130, 131, 162
-*Mars Global Surveyor*: 165
-Multiprobe: 130
-*Phobos 1* y *2*: 131
-*Pioneer 10, 11*: 133, 172
-*Pioneer Venus 1* y *2*: 162
-planetarias: 184
-radar: 61
-*Sakigake*: 133
-sísmicas: 49
-solares: 134-135, 158
-soviéticas, rusas: 43, 50, 127
-espaciales: 75, 126, 130, 132, 134, 136, 141, 149, 154, 158, 161, 164, 167, 176
-*Sputnik 7, 19, 20, 21*: 162
-estadounidenses: 158, 165, 172
-*Suisei*: 133
-*Surveyor 3*: 60
-*Ulysses*: 134, 135
-*Vegas 1, 2*: 162
-*Venera 1, 64A, 64B, 2, 3, 65A, 4, 5, 6, 7, 8, 9, 11, 12, 13, 14, 15, 16*: 162
-*Venera 10*: 162, 163
-*Viking 1* y *2*: 131, 165
-*Voyager 1*: 75, 133, 172, 176
-*Voyager 2*: 133, 172, 173, 175, 177, 178, 179, 180
-*Yohkoh*: 135
-*Zond 1*: 162
Soviéticos: 56, 123, 126
Spider, módulo lunar del Apolo 9: 59
Stafford, Thomas: 59
Stefan, Quinteto de (galaxias): 221
Stonehenge: 10, 54
Stringhe: 25
Suecia: 74
Suelo
-de Marte: 131, 132
-de Mercurio: 130
-lunar: 44, 46, 56, 126, 127
Suiza: 74
Sulfatos: 33
Sumerios: 10, 11
Supercúmulos de galaxias: 224
Superficie
-lunar: 42, 48, 49, 52, 71, 126
-solar: 135, 145, 147, 148, 153
Supergigante azul: 82
Supergigante roja: 82, 84
Supergranulación: 143, 146
Supernova: 24, 69, 84, 184, 198, 204, 205, 206 -1987A, 204
Sustermans, J.: 19
Swigert, John: 60

T Tauri: 185
Tabla de elementos químicos: 23
Tales: 11
Tebas: 172
Técnicas
-de observación a distancia: 44
-radar: 44
Tectónica de placas: 33, 163
Telescopio: 22, 44, 62, 69, 70, 71, 72-73, 74, 76, 79, 81, 84, 112-113, 114, 117, 118, 120, 135, 154, 158, 160, 162, 164, 167, 170, 172, 175, 177, 180, 188, 191, 226
-Cassegrain: 72, 73, 112
-catadióptrico: 73, 112
-coudé: 73
-de Gregory: 72
-de Maksutov: 73
-de neutrinos, rayos cósmicos, rayos γ, rayos X: 120
-de infrarrojos: 120, 125
-de seguimiento lunar, sideral: 113
-de ultravioleta: 61
-de Schmidt: 73
-en órbita: 125
-newtoniano: 72, 112, 120
-ópticos: 120, 122, 124, 125
--AEOS: 124
--Angloaustraliano, 124
--Bolshoi Teleskop Azimutalnyi, 124
--Gemini Nord, Sud: 124
--Hale: 124
--Hobby-Eberly: 124
--Keck, Keck II: 124
--Mayall: 124
--MMT 124
--Subaru: 124
--UKIRT: 124
--Víctor Blanco: 124
--Walter Baade: 124
--William Herschel: 124
-reflector, de reflexión, reflectante o de espejo: 21, 69, 72, 112, 121, 122, 123, 124
-refractor, de refracción: 72, 112, 122
--apocromático: 112
--Ritchey-Chretien: 128
Telesismómetro: 59
Temperatura: 23
-estelar: 195, 199
Teoría copernicana: 19, 161
Teoría corpuscular: 192
Teoría cuántica de Planck: 193
Teoría de la deriva de los continentes: 32
Teoría de la relatividad espacial: 24
Teoría isostática: 32
Teoría ondulatoria: 192
Teoría orogenética: 32, 33
Teorías cosmogenéticas: 25, 226-227
Terminador: 115, 116
Termosfera: 39
Terremotos: 30, 32, 33
-lunares: 42
-solares: 135, 144
Texas: 14
Tiempo sideral: 67
Tierra: 12, 13, 14, 15, 16, 18, 19, 21, 24, 26-41, 43, 44, 49, 50, 51, 59, 64, 67, 70, 76, 77, 78, 80, 84, 115, 120, 123, 125, 126, 127, 128, 131, 132, 134, 136, 139, 148, 149, 154, 155, 156, 158, 162, 163, 164, 166, 169, 170, 173, 175, 177, 190, 191, 205, 208, 215, 216, 217, 219, 220, 225, 227
-aplastamiento polar: 41
-atmósfera primitiva: 176
-atmósfera: 38, 117, 132, 138
-eje de rotación: 6, 64, 66, 67
-estructura: 11, 31
-campo gravitatorio: 45
-campo magnético: 38, 39
-corteza: 31, 44
-diámetro: 34, 43
-dinámica: 32, 33
-edad: 32
-entorno: 36
-excentricidad de la órbita: 41
-evolución: 36
-inclinación del eje: 41
-interior: 30
-ionosfera: 148
-magnetosfera: 134, 148
-masa: 138
-movimiento de precesión ➢ precesión: 40, 234
-movimiento: 16, 40, 55, 64
-órbita: 13, 15, 26, 50, 54, 55, 66, 138
--velocidad: 157
-radio: 28-29, 30
-traslación: 40, 67, 68, 77, 79, 157
--velocidad: 41
-rotación: 20, 26, 29, 40, 43, 55, 65, 71, 77, 78, 79, 157
--desaceleración: 43
--velocidad: 41
-temperatura: 37
Tierra-Luna, sistema: 39
Timocares: 14
Tintoretto: 208
Titán: 134, 173, 176
Titania: 178
Titius-Bode, leyes de: 168
Tolomeo, Claudio: 14, 15, 16, 17, 83
Topografía de Venus: 161
Topografía lunar: 43, 112
Topografía marciana: 166
Torricelli, Evangelista: 22
Tránsito: 161
Trapecio, nebulosa: 82
Traslación lunar: 41, 50, 51, 54
Traslación terrestre: 67, 68, 77, 121
Travertino: 33
Trífida, nebulosa: 103
Tritón: 173, 180, 181
Tropopausa: 39
Troposfera: 38, 39
Turbulencia atmosférica: 72, 78, 112, 114, 164

Uaxactun: 10
Uffizi, Galería de los: 19
Ultravioleta: 45, 125, 128, 145, 146, 152, 195, 203, 207, 217, 224, 225
Umbriel: 178
Unión Soviética: 161
Universo: 25, 186, 188, 190, 204, 205, 219, 220, 223
-abierto: 227
-expansión: 225
-edad: 150, 219, 226
-evolución: 25
Universos de espuma: 25
Urano: 22, 126, 133, 154, 155, 177-178, 179
-anillos: 177, 178
-atmósfera: 178
-campo magnético: 178
-órbita: 179
-traslación, rotación: 157, 177

V404 Cygni: sistema: 205
Vapor de agua: 38, 39, 78, 138, 195
Variables ➢ estrellas: 206, 207
Variedad de especies: 37
Velocidad de la luz: 172
Velocidad de rotación galáctica: 212
Venus, Véspero, Lucifer o lucero del alba: 12, 14, 62, 70, 126, 130, 134, 136, 154, 155, 157, 158, 160-163, 166, 169, 170, 190
-año: 163
-atmósfera: 130, 160, 161, 162
-calendario de las exploraciones: 162
-campo gravitatorio: 129
-campo magnético: 163
-coladas lávicas: 161
-diámetro aparente: 160, 161
-efecto invernadero: 160, 162
-fases: 12, 19, 157, 160, 161
-gravedad, gravitación: 130, 161, 162
-irradiación: 163
-Monte Maat: 162, 166
-movimientos: 18, 160, 163
-movimiento inverso: 161
-nubes: 162, 163
-órbita: 15, 161
-Rift Valley: 163
-traslación, rotación: 157, 162
-suelo: 160, 161, 162, 163
-topografía: 161
-vientos: 162
-volcanes: 160
Vesta: 168, 169
Vía Láctea ➢ Galaxia: 19, 22, 25, 68, 70, 108, 122, 186, 220, 221, 223, 224
-polos: 68
Vida: 75, 120, 131, 136, 161, 164, 176, 188
Viento: 34, 35, 38, 160, 162, 179, 180
-de Júpiter: 170
-de Venus: 162
-solar: 38, 46, 60, 126, 132, 133, 134, 135, 136, 142, 144, 145, 147-149, 154, 159, 171, 176, 183, 185, 186
-estelar: 215
Visibilidad: 71, 78
Visible: 173, 194, 199, 200, 203, 205, 217, 224
VLA (Very Large Array): 74, 124
VLBA (Very Long Baseline Array): 205
VLT (Very Large Telescope): 122-123, 124, 200, 205, 207, 211, 215, 220, 224
Volcanes: 32, 36, 44, 160, 164, 166-167, 173
-del sistema solar: 166
Vulcanismo: 163

Wegener, Alfred: 32
Wezen: 105, 109
Whirlpool (galaxia M51): 212
White, Edward: 59
Wilson, Robert Woodrow: 227
Wittenberg: 16
Wolf, Rudolf: 153
Wollaston: 22
Worden, Alfred: 60

Yankee Clipper, módulo del Apolo 12: 60
Young, John: 59, 61

Zagreb: 30
Zeeman, Pieter: 23
Zodiaco: 77, 80, 84
Zonas espectrales: 195
Zond: 58
Zosma: 87
Zenit, 65, 66, 67, 69, 79, 80, 84, 87, 89, 92, 93, 94, 95, 97, 98, 99, 100, 101, 103, 107, 108, 109
Zodiaco, 77, 80, 84
Zolle, 33
Zonazione marina, 35
Zone spettrali, 195
Zosma, 87

El inexorable aumento de la precisión de los instrumentos continúa abriendo nuevas fronteras, expandiendo el universo conocido, sugiriendo nuevas ideas, nuevas teorías y nuevas interpretaciones de la naturaleza. El sistema solar, que hasta tiempos de Galileo y Newton parecía inmenso e inabarcable, en pocos siglos se ha transformado en un pequeño grupo de objetos celestes casi banal: una estrella «media» como las hay a millares, algún cuerpo frío que orbita alrededor y, sobre todo, muchísimo vacío que el viento solar llena de partículas.

En cambio, fuera de la esfera de influencia del Sol se descubren fenómenos y objetos increíbles, cada vez más lejanos: estrellas inmensas de dimensiones al límite de lo imaginable, así como estrellas pequeñísimas de una altísima densidad, estrellas dobles y triples que rotan una alrededor de la otra, nubes cósmicas de gas y polvo que se concentran lentamente y que junto a las estrella rotan en el espacio a velocidades altísimas, formando esa enorme «espiral» celeste llamada Vía Láctea. Pero la tecnología no cesa de avanzar e instrumentos innovadores expanden aún más las distancias a las que llega la mirada. Así se descubre que la Vía Láctea no es un universo, sino sólo una pequeña parte de este. Más allá de sus confines, millones de galaxias se alejan a velocidades próximas a la de la luz: son objetos desmesurados, cada uno de ellos formado por centenares de miles de millones de estrellas, que hace miles de años emitieron la luz que vemos hoy. Mirar estos objetos significa observar el pasado. Y la interpretación matemática de los hechos adquiere cada vez más el aspecto de una especulación filosófica.

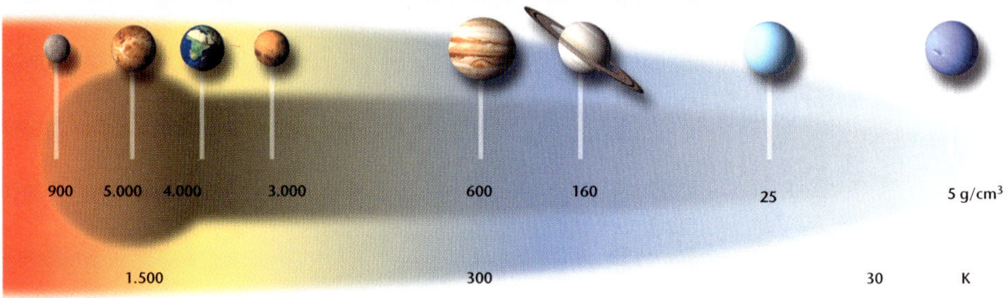

Allí, cuando la presión y la temperatura superan el umbral necesario, desencadenan las reacciones nucleares: así nació un protosol que, según la masa disponible, evolucionó de forma diversa ➢198-203. Al mismo tiempo, el resto de la nebulosa se habría concentrado en el plano ecuatorial. A partir de esta materia se cree que tuvieron origen los planetas y el resto de cuerpos de nuestro sistema solar.

A pesar de que los modelos evolutivos del sistema solar son continuamente modificados de acuerdo a los datos nuevos recopilados, por lo general los astrónomos coinciden en este modelo llamado «planetario»: además del Sol, donde se concentrará la mayor parte de la masa nebular, a partir de la condensación del disco ecuatorial se formaron objetos relativamente pequeños (en cuanto a número de kilómetros), llamados *planetésimos*. A su vez, por sucesivas acumulaciones, estos dieron lugar a los planetas y satélites; para este proceso se cree que bastaron unos pocos miles de años. Se cree que todo esto ocurrió hace unos $4{,}6{\cdot}10^9$ años, que es la edad estimada (a través del decaimiento radiactivo) para los meteoritos y las muestras lunares más antiguas. Según algunos científicos, los asteroides entre Marte y Júpiter son restos de los planetésimos primarios. Sin embargo, la mayoría de la masa de la nebulosa original se perdió: el viento solar expulsó los elementos más ligeros, sólo mínimamente capturados por la gravedad de los planetas exteriores de mayor tamaño ya formados.

Las fuertes emisiones de viento solar que tuvieron lugar en épocas remotas también justificarían que, a pesar de contener el 99,9% de la masa de todo el sistema, el Sol sólo conserve un 2% del momento angular. De alguna manera, el viento solar habría «transportado» hasta los confines del sistema solar la mayoría de la masa de la nebulosa y, con ella, el momento angular.

Nebulosa primitiva
Valores indicativos de temperatura (en K) y densidad (en g/cm³) en el anillo ecuatorial de la nebulosa primitiva a distancias del centro correspondientes a las de los diversos planetas. Estos datos siguen siendo muy controvertidos.

Evolución del sistema
Fases de formación del sistema solar y principales acontecimientos. La escala de tiempos es sólo indicativa y no está a escala.

4.999.900

Empieza la fusión del hidrógeno en helio: el Sol se enciende y la intensa radiación emitida en esta fase –conocida con el nombre de T Tauri, por el nombre de la estrella en que este fenómeno se observó por primera vez– expulsa la nube cercana a la estrella.

4.975.000

La acción del viento solar tiene un impacto distinto sobre los gases más ligeros y sobre el polvo: al acercarse al Sol quedan pocos materiales pesados; más lejos permanecerán materiales más ligeros, pero más abundantes.

4.920.000

Los planetésimos formados se mueven en todas las órbitas posibles, con todas las orientaciones compatibles con la estructura de la nube: un sistema muy aplanado, pero caótico; al chocar entre sí se sueldan formando cuerpos de dimensiones cada vez mayores hasta constituir los planetas, con órbitas circulares que ya no interseccionan.